utb 5025

Eine Arbeitsgemeinschaft der Verlage

Böhlau Verlag · Wien · Köln · Weimar
Verlag Barbara Budrich · Opladen · Toronto
facultas · Wien
Wilhelm Fink · Paderborn
A. Francke Verlag · Tübingen
Haupt Verlag · Bern
Verlag Julius Klinkhardt · Bad Heilbrunn
Mohr Siebeck · Tübingen
Ernst Reinhardt Verlag · München
Ferdinand Schöningh · Paderborn
Eugen Ulmer Verlag · Stuttgart
UVK Verlag · München
Vandenhoeck & Ruprecht · Göttingen
Waxmann · Münster · New York
wbv Publikation · Bielefeld

Prof. Dr. Georg Nagler ist seit 2013 Rektor der Dualen Hochschule Baden-Württemberg in Mannheim und Professor im Studiengang Öffentliche Wirtschaft. Er verfügt über langjährige Lehrerfahrung in den Bereichen Rechtswissenschaften, Rhetorik und Verhandlungsführung an den Hochschulen in Hof, München und Mannheim. Daneben betreut er in seinem Beratungsunternehmen Klienten im Einzelcoaching und in Seminaren. Als Geschäftsführer, Professor und Hochschulleiter spricht er regelmäßig vor bis zu mehreren Tausend Zuhörern.

Georg Nagler

Die Rhetorik-Matrix

Erfolgreich reden mit neurolingualer Intervention

A. Francke Verlag Tübingen

Bibliografische Information der Deutschen Nationalbibliothek
Die Deutsche Nationalbibliothek verzeichnet diese Publikation in der Deutschen Nationalbibliografie; detaillierte bibliografische Daten sind im Internet über http://dnb.dnb.de abrufbar.

Dischingerweg 5 · D-72070 Tübingen

Internet: www.francke.de
E-Mail: info@francke.de

Einbandgestaltung: Atelier Reichert, Stuttgart
Satz: pagina GmbH, Tübingen
Printed in Germany

utb-Nr. 5025
ISBN 978-3-8252-5025-6

Ich widme dieses Buch meiner Frau Kerstin
in Liebe
und
Dankbarkeit für viele – auch rhetorische – Einsichten

Inhalt

Vorwort

Gute und erfolgreiche Rhetorik: Seit Jahrtausenden wissen Redner, Zuhörer und die Rhetorik als Wissenschaft um die enorme Bedeutung des überzeugenden Redens. Eine erfolgreiche Rede kann sowohl an der Hochschule, etwa in einem Seminar, als auch im Berufsleben, etwa bei einer Projektpräsentation, entscheidende Vorteile bringen. Gute Redner sammeln daneben viele Pluspunkte im gesellschaftlichen Leben. Erfolgreichen Rednern wird viel Vertrauen gerade in ihre charakterlichen Eigenschaften und ihre Führungsfähigkeiten entgegengebracht. Dabei bieten sich dem Redner in unserer Zeit umwälzender wissenschaftlicher Erkenntnisse neue Chancen, aber auch enorme Herausforderungen. Immer deutlicher zeigt sich, dass neben der klassischen Rhetorik auch die neuen Ergebnisse neurolingualer Forschung eine wichtige Rolle für Erwerb und Anwendung rhetorischen Könnens spielen. Wer sie nicht verinnerlicht, wird das anspruchsvolle Ziel eines erfolgreichen Redners künftig kaum mehr erreichen können.

Die Rhetorik durchlebt in den letzten 20 Jahren eine tiefgreifende Revolution. Was früher als sogenannte klassische Rhetorik für Jahrhunderte galt und auch heute noch weitgehend an den Universitäten gelehrt wird, steht aktuell auf dem Prüfstand. Ausgangspunkt dieser Umwälzung sind die modernen Forschungsergebnisse der messenden, analytischen Psychologie. Sie führen zu neuen, sehr plausiblen Modellen dafür, welche psychologischen Prinzipien in vielen Kommunikationssituationen auf die Adressaten wirken. Denken Sie nur an das sogenannte Neuro-Marketing, die Psychometrie oder die modernen Aussagen der Verhaltensökonomie. Es gibt zunehmend neue wissenschaftliche Erkenntnisse auch dazu, wann ein Zuhörer bei vielen Rednern und Reden schlichtweg seine Aufmerksamkeit abschaltet oder gelangweilt weghört – aber bei anderen gebannt zuhört und sich zu dem ver-führen lässt, was dieser Redner beabsichtigt. Für viele Studierende, aber auch Praktiker in allen Bereichen von Wirtschaft und Gesellschaft stellt sich daher eine zentrale Frage: Sind die Regeln der klassischen Rhetorik heute noch ausreichend, um eine gute Rede zu schreiben, ein guter Redner zu werden? Oder kann ich auch moderne Ansätze für meine eigene Redepraxis nutzen?

Die klassischen Leitlinien und Lehrmeinungen von 2500 Jahren rhetorischer Wissenschaft können heute wirkungspsychologisch unterlegt werden. Die Ziele der Kommunikation bleiben zwar an sich unverändert: Es geht darum, im wissenschaftlichen Disput argumentativ die Oberhand zu behalten, den Zuhörer zu einer politischen Entscheidung in einer Wahl zu motivieren oder ihn zu einem Kauf oder einer zentralen Meinungseinstellung zu bringen. Aber was als rhetorische Strategie oder als Wirkmechanismus schon lange bekannt war, das kann nunmehr mit den sogenannten Urteils- und Kognitionsheuristiken psychologisch sehr genau analysiert und beschrieben werden.

Bislang glaubte man, es sei für eine Rhetorik-Ausbildung ausreichend, wenn man auf der Grundlage der klassischen Rhetorik eine Selbstanalyse des Redners durchführen und dann das Wesentliche an rhetorischer Wirkung durch Üben der einzelnen Teilbereiche verbessern würde. Wichtig war es dabei, den **Verstand** des Einzelnen als Ausgangspunkt und Zielwert im Auge zu behalten: Was logisch und vernünftig war, das sollte im logisch-vernünftigen Vortrag unter Verwendung der rhetorischen Stilmittel verbal und nonverbal an den Adressaten weitervermittelt werden. Wer etwa an der Universität im akademischen Disput unter Verwendung korrekter Argumentation überzeugender wirkte, der sollte logischerweise der erfolgreichere Redner sein (s. dazu beispielhaft den Bericht zum Münchner Debattier-Club der Universität „Ein Leben für Argumente", SZ vom 23.10.2017, S. R 6).

Donald Trump steht (aktuell) an der Spitze einer neuen – zwar total „unkorrekten", aber dennoch enorm wirkmächtigen – Rhetorik-Strategie: Sprich nicht an, was logisch und vernünftig ist! Sprich an, wovon du subjektiv eigentlich überzeugt bist, **auch wenn es nicht logisch und nicht objektiv vernünftig ist**. Und weil es sehr viele gibt, die das Gleiche tun (nicht nur in den USA, sondern auch in Europa), wirst du dann erfolgreich sein, wenn du bei den Hörern ihre tief im Unterbewusstsein verankerten und daher schon unbewusst wirkmächtigen subjektiven Überzeugungen adressierst. Verstärke diese emotional verankerten Einstellungen gezielt und so auch deinen Standpunkt, zumindest wenn du ihn der relativen Mehrheit deiner Sympathisanten vermitteln willst. Praktiziere das in einem Ausmaß, dass gerade diese Klientel sich vom Redner bestärkt fühlt und ihn deswegen umso mehr unterstützt.

Diese Rhetorik-Trends zeigen **etwas Revolutionäres**: Der Schlüssel zum neuen Verständnis der Rhetorik liegt **nicht** im bewussten Verstand – er liegt im Unterbewusstsein! Die Neuroökonomiker um Daniel Kahneman und die Neurobiologen um David Eagleman haben eine tiefgreifende Erkenntnis herausgearbeitet: Eigentlich alles, wovon wir glauben, bewusst überzeugt zu sein, ist weit überwiegend ein Produkt unserer unbewussten Voreinstellungen und Vorbewertungen. Nicht nur bei den klassischen sogenannten optischen

Täuschungen, sondern auch bei den argumentativen und rhetorischen Überzeugungen und Äußerungen bestimmt im Wesentlichen das, was der Mensch in vielen Jahren gelernt und im Unbewussten abgespeichert hat, sein Denken und Reden. Und zwar so umfassend, dass alles, was er letztlich bewusst als richtige Wahrheit auszusprechen glaubt, überwiegend vom Unterbewusstsein voreingestellt wurde. Selbst wenn der Mensch abstrakt zu denken glaubt, mit klarem Verstand und völlig unbeeinflusst – in den meisten Fällen gibt hier das unbewusste Denken mit abgespeicherten Beispielen, Bildern und Emotionen die Denkweise vor.

Wie findet der Mensch etwa die Beispiele für die Argumente und die Thesen, die er in einer abstrakten Erörterung anführt? Die klassische Rhetorik glaubt, dass der Redner nur eine vernünftige Argumentationsstrategie entwickeln müsse, dann füge sich alles automatisch ein. Dieses Credo dominiert auch heute noch weithin die Hörsäle. Aus der Sicht der Neuroökonomie ist es genau umgekehrt: Demnach werden die Beispiele und ihre Argumente im Unterbewusstsein aufbereitet. Diese vorfabrizierten Gedankengänge beeinflussen bereits messbar die Thesen sowie die Rede- beziehungsweise Antwortstrategie des Redners oder Diskutanten. In vielen Fällen gibt daher das Unterbewusstsein dem bewussten Reden Lösungstendenz und Argumentationsform vor – selbst wenn der Redner felsenfest davon überzeugt ist, aus vollem Bewusstsein heraus zu reden.

So stellt das neue Verständnis der Rhetorik die Prinzipien der klassischen Rhetorik teilweise auf den Kopf. Die provokante These, mit der wir uns in diesem Buch intensiv beschäftigen, lautet: Es kann nicht darum gehen, in erster Linie das **Bewusstsein** zu überzeugen. Wer den Zugang zu den unbewussten, lange vor der Rede abgespeicherten Bildern, Beispielen, Erfahrungen, Gedankenrahmen oder Denkmechanismen findet, der wirkt automatisch auch für das Bewusstsein überzeugend. Was als plausibel für das Unterbewusstsein und die dort neurobiologisch und neuroökonomisch abgespeicherten Denkweisen gilt, das findet das Bewusstsein plausibel. Und es geht sogar noch weiter: Es hält manches für wahr, obwohl man den Gegenbeweis führen könnte (wenn man Zeit hätte). Wir werden sehen, dass es für das Denken nicht nur optische Täuschungen gibt, sondern auch massive kognitive Irrtümer.

Damit stellt sich die Frage neu, wie Manipulationen in der Rhetorik funktionieren und wie man ihnen entgegentritt. Es geht darum, die nunmehr erforschten psychoneuronalen Mechanismen aufzudecken, vor allem um manipulative Rhetorik zu erkennen und ihr auf Augenhöhe zu begegnen. Eines steht fest: Die neuen Arbeits- und Forschungsergebnisse der Neurobiologie und Neuroökonomie müssen in die Rhetorik ganzheitlich einfließen – nur so kann etwa die Wirkweise von rhetorischen Stilmitteln für das menschliche Denken im Zusammenspiel von unbewusstem „Vordenken" und bewusstem „Nachdenken" erklärt werden. Und je besser wir ihre Wirkung verstehen, desto gezielter können wir sie anwenden. Dadurch wird freilich der Grat zwischen Überzeugen und Manipulieren schmaler denn je. Dieser Gefahr wirkt man aber nicht entgegen, indem man sie verschweigt: Hier etwas vorschnell auszuklammern, weil es möglicherweise missbraucht werden könnte, das wäre schlicht unwissenschaftlich. Und es würde letztlich die neuen Erkenntnisse einer modernen neurolingualen Sichtweise auf die Rhetorik mit Denkverboten belegen, die sehr gefährlich wären. Die wissenschaftliche Kommunikation ist damit ganzheitlich herausgefordert.

Die aktuelle Problemstellung für die Rhetorik ist eindeutig: Fake-Rhetorik ist ein Fakt – man sollte daher die modernen Denkweisen und auch Techniken analysieren und adressieren, mit denen sie arbeitet. Das „Fake-Potenzial" und den rhetorischen Umgang damit zeigen etwa die Beispiele von Donald Trump und anderen Zeitgenossen, die ich im Folgenden bei einzelnen Punkten eingearbeitet habe.

Dabei erleben wir aktuell ein Paradoxon: Zum einen können die Wirkprinzipien und damit die Grundsätze des erfolgreichen Redens und Argumentierens wissenschaftlich beschrieben werden; sie können damit viel leichter verstanden und erlernt werden. Man hat zum anderen aber das Gefühl, dass sich viele Menschen in Zeiten der „ein-Satz-Kommunikation" von Twitter und WhatsApp zunehmend von der Option verabschieden, erfolgreich durch gutes Reden zu sein. Man lernt etwa lieber, Emojis am Smartphone zu bedienen als Emotionen wirkungsvoll auszusprechen. Und die Redakteure von Talkshows gestehen unumwunden zu, dass etwa die Zahl präsentabler Gäste, die eine Gesprächsrunde mit sprachlich fundierten Beiträgen bereichern und beleben können, sehr überschaubar ist.

Dieses Buch will die althergebrachten Prinzipien der Rhetorik mit den neuen Einsichten der Psychologie und der sogenannten Verhaltensökonomie verbinden. Wir können heute besser denn je verstehen und beschreiben, wie und warum gutes Reden „tickt und funktioniert". Und daraus können wir ableiten, was zu einer guten Praxis als Redner gehört, und wie man gutes Reden lernen und praktizieren kann. Das ist für einen zeitgemäßen Dialog der Wissenschaften relevant, angefangen bei den erfahrenen Dozenten bis hin zum Erstsemester, aber auch in allen anderen beruflichen und gesellschaftlichen Bereichen. An dieser Stelle möchte ich mich für die hervorragende Unterstützung bedanken, die ich durch meine Lektorin Frau Dr. Valeska Lembke und das Team des Verlages erhalten habe.

Wer ein guter Redner ist, der kann alle sprachlichen Herausforderungen besser beherrschen, sei es die angesprochene sogenannte ein-Satz-Kommunikation, die berühmt-berüchtigte Milieusprache oder das Reden im Dialekt. Rhetorik ist daher generationen- und schichtenübergreifend wichtig, und sie steht jedem offen, der bereit ist, sich mit ihr zu beschäftigen und ihre Möglichkeiten zu entdecken. Die digitale Revolution zeigt: In der Welt des 21. Jahrhunderts ist richtiges und gutes Reden wichtiger denn je. Nur dann, wenn der Auftritt, die Präsentation, das Gespräch oder die Rede glaubwürdig, authentisch und professionell vorgebracht wird, bürgt das für Erfolg. Auch im Internet und der digitalisierten Welt gilt diese Binsenweisheit stärker als je zuvor: Jeder kann online leicht Millionen von Menschen weltweit ansprechen – die Herausforderung besteht darin, sie tatsächlich zu erreichen. Wir alle wissen, dass wir im richtigen Reden und wirkungsvollen Überzeugen geschult sein sollten, um erfolgreich im Beruf, an den Hochschulen und in der Gesellschaft zu sein – doch wie viele lassen sich wirklich darauf ein?

Ich lade Sie zu einer Reise in die moderne Rhetorik ein. Wir werden viele Einzelelemente kennenlernen, von nonverbaler Körpersprache bis hin zu den Kniffen, mit denen Fake-Rhetorik bedenklich wirksam argumentiert und funktioniert. Vieles fügt sich so zu einer hocheffektiven, komplexen Rhetorik-Matrix ineinander. Diese nur zu verstehen, wird dabei nicht ausreichen: Lernen Sie, die Rhetorik-Matrix selbst anzuwenden. Viele erfolgreiche Persönlichkeiten machen es uns vor – von Steve Jobs bis Mark Zuckerberg:

Schweigen ist nicht einmal mehr Silber! Gute rhetorische Kommunikation ist Gold!

Grundlagen

I. Einleitung: Wozu reden in Zeiten von WhatsApp und Twitter?

Die Nachfrage nach gutem Reden und guten Rednern ist heute konstant hoch. Gute Kommunikation spielt in einer als zunehmend komplizierter empfundenen sozialen und technischen Umwelt sowohl in Wirtschaft, Gesellschaft und natürlich auch Politik eine unveränderte große Rolle. Durchaus seriöse Schätzungen gehen alleine bei den sogenannten „Keynote-speaker"-Reden in Deutschland von einem Marktvolumen in Höhe von 400 Millionen Euro aus – pro Jahr! (Vgl. www.keynotespeakers.eu unter Bezugnahme auf den bekannten Redner, Autor und Trainer Hermann Scherer.) Ich muss gestehen: Wäre ich nicht Professor, könnte ich wohl auch als Rhetorik-Trainer meinen Lebensunterhalt durchaus passabel verdienen. Dies liegt nicht zuletzt daran, dass viele Studierende ihre Chance auf rhetorische Ausbildung an der Hochschule nicht nutzen. Einige durchaus repräsentative Erfahrungsdaten von meinen bisherigen Hochschulen belegen, dass die Rhetorik als Lerndisziplin von vielen so lange unterschätzt wird, bis sie selbst in der Erfolgsfalle sitzen, eine Rede halten zu müssen: Obwohl fast alle Hochschulen Rhetorik-Seminare anbieten, liegt der Anteil der Studierenden, die ein solches Seminar belegen, bei maximal 5 bis 8 Prozent eines Studienjahrgangs. Das heißt, dass sich über 90 Prozent potenzieller künftiger Führungskräfte und Politiker, Manager und Forscher, aber auch Lehrer, Sozialarbeiter, Journalisten und Marketingfachleute während ihrer zentralen akademischen Ausbildung an der Hochschule nicht mit diesem Thema vertieft beschäftigen (wollen), vom Rest der deutschen, ach so hochentwickelten Zivilgesellschaft ganz zu schweigen.

Erfahrungsgemäß stellen sich im Berufsleben dann für viele der „Nicht-Rhetoriker" die typischen Notlagen ein, in denen sie spüren, gerade in einer Redesituation weit unter den persönlichen Selbsterwartungen zu bleiben. Bereits bei Studierenden sind rednerische Defizite für jeden Prüfer ein Anlass, in Zweifelsfällen kritischer zu bewerten; dies sehen die meisten akkreditierten Prüfungsordnungen durchweg vor. Im beruflichen und gesellschaftlichen Alltag trennt sich nicht selten bei der Berufung zu Führungs- und Verantwortungspositionen die Spreu vom Weizen, wenn es darum geht, ob ein Kandidat gut reden, auftreten und präsentieren kann. In vielen Segmenten in Handel und Industrie bleibt das Kundengespräch der zentrale Point of Sale, egal ob für das Dax-Unternehmen oder den Existenzgründer. Und wer als Klassenlehrer einen Elternabend unbeschadet überstehen will, wird dankbar auf sein rhetorisches Rüstzeug zurückgreifen.

ex\ **Beispiele: Wo ist gutes Reden heute notwendig?**

- **Personalführung**
  - Mitarbeiter motivieren: für neue Projekte begeistern – Krisensituationen meistern
  - Mitarbeiter integrieren, lenken und auch das Controlling gewährleisten
  - **Mit** Mitarbeitern verhandeln: von der Gehaltsverhandlung über die Abmahnung bis zur Betriebsvereinbarung und den Tarifvertrag
  - **Als** Mitarbeiter verhandeln, einen Redebeitrag bei einer Projektdiskussion einbringen, sich bei einer Betriebsversammlung positiv durch einen Diskussionsbeitrag präsentieren
- **Wissenschaftliche Tätigkeiten**
  - Erfolgreich präsentieren: von der Keynote Speech eines Professors bis zum Referat eines Bachelorstudenten
  - Gut und wirkungsvoll argumentieren im wissenschaftlichen Seminar, einem Planspiel oder einer Fallstudie
  - Motivieren – in vielen Situationen hängt der nächste Pitch für ein wissenschaftliches Projekt von der exzellenten Vorstellung eines Projektes ab
- **Marketing**
  - Überzeugen im Kundengespräch: gezielt und interessenkonform informieren, den Kunden geschickt überzeugen, unmittelbar zur Kaufentscheidung motivieren
- **Öffentlichkeitsarbeit**
  - Statements zu Firmendaten und Unternehmensereignissen sowie Innovationen
  - Krisenmanagement
  - Podiumsdiskussionen und Interviews
- **Gesellschaftsleben**
  - Feiern im „circle of life": Taufe, Geburtstag (von eins bis zum hohen „runden"), Konfirmation/ Erstkommunion, Hochzeit, Todesfälle
  - Anlässe im „circle of the year": Weihnachtsfeiern, Mutter- und Vatertag, Jahreswechsel
  - Veranstaltungen im Vereinsleben: Jahreshauptversammlungen, Vereinsjubiläen, Festreden

Gutes Reden ist ein unverzichtbares Instrument für das moderne Management, die Politik, die Wissenschaft und das Gesellschaftsleben

Gleichwohl: Die Rhetorik als „Kunst gut zu reden" (lat. ars bene dicendi) halten viele Zeitgenossen auch und gerade im deutschsprachigen Raum nach wie vor für sehr verdächtig, seitdem auch zwei Titanen der deutschen Geisteswissenschaft sie als eher minderwertig eingestuft haben: Immanuel Kant und Johann Wolfgang von Goethe. So schimpft etwa Kant: „Rednerkunst ist, als Kunst sich der Schwächen der Menschen zu seinen Absichten zu bedienen (diese mögen immer so gut gemeint, oder auch wirklich gut sein, als sie wollen) gar keiner Achtung würdig" (Kant, Kritik der Urteilskraft, 1790). Und Goethe äußert sich in „Maximen und Reflexionen" (Nr. 1251) vergleichbar abschätzig: „Die Redekunst ist angewiesen auf alle Vorteile der Poesie, auf alle ihre Rechte; sie bemächtigt sich derselben und missbraucht sie, um gewisse äußere, sittliche oder unsittliche, augenblickliche Vorteile im bürgerlichen Leben zu erreichen" (vgl. Schlüter, Grundkurs, S. 9 f., eingehend Kramer, Goethe und die Rhetorik). Der fürchterliche Missbrauch, den die Rhetorik im Nationalsozialismus in Deutschland und vielen anderen totalitären Staatssystemen des 20. Jahrhunderts erlitten hat, lieferte einen weiteren Beitrag dazu, sie zu diskreditieren. So muss man sich auch nicht wundern, dass die Redekunst in den Lehrplänen der deutschen Schulen seit Generationen ein Schattendasein führt.

Dies ändert aber nichts an der objektiven Notwendigkeit der Rhetorik für die Kommunikation einer modernen Gesellschaft in allen Bereichen. Ein guter Beleg sind die Manöverkritiken zum Medienverhalten der beiden Kanzlerkandidaten im Bundestagswahlkampf 2017 in Deutschland (vgl. SZ vom 4. 9. 2017, „Duell versemmelt"). Auch die Schlammschlachten in den sozialen Medien während des Wahlkampfs zum österreichischen Nationalparlament 2017 zeigen, wie wichtig rhetorische Analysen und eine gute rhetorische Praxis wären. Es gibt aber offensichtlich noch vieles, was richtigzustellen ist. Der fundamentale Irrtum, dem etwa Kant erlag, war auf sein damaliges Unvermögen zurückzuführen, die Rhetorik als wissenschaftlich fundiertes Instrumentarium überhaupt begreifen zu können (vgl. zu den Nachweisen Plett, Systematische Rhetorik, S. 248 ff.). Die moderne Psychologie, die sogenannte Verhaltensökonomie und die Neurobiologie haben mit ihren Erkenntnissen dazu beigetragen, dass unser Verständnis von Rhetorik komplett neu zu bewerten ist. Dies gilt für die Performance von Reden in allen Medien, vom klassischen Podium bis hin zum selbstproduzierten Redebeitrag in Youtube (vgl. dazu die wirklich sehenswerten Beiträge des ehemaligen kalifornischen Gouverneurs Arnold Schwarzenegger gegen Präsident Donald Trump, z. B. Message on Charlottesville violence).

II. Strukturen unseres Denkens

Bevor wir uns der Rhetorik zuwenden, sind einige zentrale Ausführungen zu den neuen psychologischen und neurobiologischen Erkenntnissen über die Wirkmechanismen unseres Gehirns vorauszuschicken. Vieles von dem, was in den letzten Jahrzehnten im Kommunikationsprozess psychologisch untersucht und in vielen Einzelstudien detailliert analysiert wurde, trägt dazu bei, auch wichtige rhetorische Fragestellungen ganz neu zu sehen und zu beantworten. Häufig ist es dabei so, dass die klassische Rhetorik mit ihren Jahrtausende alten Erkenntnissen durchaus zu richtigen Schlüssen kam und kommt. Die dahinterliegenden (häufig unbewussten) Wirkmechanismen blieben aber verborgen und können erst heute verstanden werden.

Gerade die Bedeutung der unbewusst aktivierten neuronalen Denkprozesse wird in ihrem Umfang erst allmählich richtig begriffen. Daraus lassen sich für die Rhetorik und die rhetorische Wirksamkeit als analytischer Wissenschaft wichtige Aussagen generieren. Es wird aber auch klar, mit welchem Instrumentarium man daran gehen kann, die rhetorische Wirksamkeit noch intensiver zu verbessern. Besonders was sorgfältig vorbereitete Rednerauftritte in der Öffentlichkeit betrifft, können die Folgen dieser Entwicklung als revolutionär eingestuft werden. Davon kann nicht nur der „rhetorische Leistungssport" profitieren – schon wer als einfacher „rhetorischer Aktivist" unterwegs ist, kann seine Wirkung mit einigen grundlegenden neuen Erkenntnissen signifikant verbessern. Für dieses Ziel müssen wir allerdings im Folgenden einige wesentliche Grundsätze zur Psychologie des Redens intensiv beackern und uns Punkt für Punkt voranarbeiten (s. a. Wartenburger, Sprache und Gehirn, S. 196 ff.).

1. Zwei Sinnes- und Aktionssysteme

Das Reden ist ein psychisch-physischer Vorgang, der **zwei** Sinnes- und Aktionssysteme beim Redner / Sender und **zwei** Sinnes- und Aktionssysteme beim Zuschauer / Rezipienten aktiviert. Diese zwei Sinnes- und Aktionssysteme produzieren zum einen (natürlich) den bewussten Sprechvorgang. Hinzu treten aber eine Fülle von Aktivitäten der **unbewussten** Verarbeitung von rhetorisch relevanten Aktionen und Signalen. Die revolutionäre Erkenntnis der Neurobiologie war, dass das Ausmaß der unbewussten Verarbeitung von Eindrücken und die Generierung von Erkenntnissen daraus den Umfang der bewussten Gedankenarbeit um ein Vielfaches übersteigen. Dies kann mithilfe von Scans der Denkprozesse in modernen MRTs gemessen werden (vgl. Eagleman, Inkognito, S. 57 ff., S. 59 ff.; ders., The Brain, S. 45 ff.). Dieser Prozess der „verkörperlichten Kognition" („Embodied Cognition") im Unterbewusstsein ist der eigentliche Kernmechanismus (vgl. Wehling, S. 21 f.) für das Denken und Sprechen. Unterbewusstsein und Bewusstsein widmen sich parallel dem Ziel, eine Rede zu produzieren und den Redner ganzheitlich diese Aufgabe bewältigen zu lassen.

Der Redner nutzt also nicht nur bewusst seine Stimme – er ist auch **ganzheitlich** darauf eingestellt, zu reden, gesehen und gehört zu werden. Sein nonverbales Körperverhalten – also die Gesamtheit der körperbezogenen Transaktionen als Oberbegriff zur Körpersprache – ist daher automatisch – und zumeist unbewusst – überdurchschnittlich aktiviert. Es gibt eine wesentliche rhetorische Sondersituation, in der ein Redner diesen Zustand buchstäblich am eigenen Leib erfährt: Es ist die Situation, in der er subjektiv glaubt oder fürchtet, seine Rede gehe schief – also die Empfindung des Lampenfiebers. Kurt Tucholsky hat diese Empfindung in einem berühmten Zitat in treffende Worte gefasst: „Ein Podium ist eine unbarmherzige Sache – da steht der Mensch nackter als im Sonnenbad" (Tucholsky, Ratschläge für einen guten Redner, abgedruckt in Lay, S. 257).

Den zwei Sinnes- und Aktionssystemen des Redners entsprechen die beiden Sinnes- und Aktionssysteme des Rezipienten / Zuschauers: Er hört und sieht dem Redner bewusst zu und analysiert und reflektiert den Gesamteindruck in seinem Denken. Aber auch beim Rezipienten werden die meisten empfangenen Reize unbewusst verarbeitet: Die menschliche Erzeugung von Wirklichkeit ist weit überwiegend eine Denkleistung des Unterbewusstseins (Eagleman, The Brain, S. 45 ff.). Durch den Mechanismus der sogenannten Spiegelneutronen findet eine überwiegend unbewusste kognitive Simulation statt, die von Elisabeth Wehling so treffend beschrieben wird: „Wir begreifen, was einer sagt, indem unser Gehirn so tut, als würden wir selbst es sagen" (Wehling, S. 23).

Klassisches **Beispiel** dafür ist die berühmte Untersuchung zu der Frage, welche Eindrücke wesentlich für die Einschätzung eines Redners sind: Ist es der bewusst aufgenommene Inhalt des gesprochenen Wortes? Oder sind es vielmehr die Faktoren Stimme und Mimik sowie das Aussehen? Wir wissen mittlerweile eines sicher, auch wenn die Untersuchungen hierzu im Einzelnen unterschiedliche Prozentsätze gebracht haben: Unser Zuhörer-Eindruck wird zu einem wesentlichen Anteil durch die **nonverbalen** Faktoren beeinflusst, sicher zu mehr als 50 Prozent. Der Anteil des bewusst wahrgenommenen Inhalts unserer Rede hat in Studien selten mehr als 25 Prozent erreicht. Moderne Neurolinguisten und Verhaltenspsychologen gehen aufgrund ihrer Forschungen sogar so weit, dass sie dem bewussten Denken nur 2 Prozent der gesamten Denkleistung zubilligen (vgl. Wehling, S. 48 ff. mit weiteren Nachweisen). Eine wirkungsvolle Präsentation der nonverbalen „Show" für unseren Redeinhalt ist daher ausschlaggebend für den Erfolg als Redner.

2. Zwei Regelkreise

Die Steuerung des Redevorganges erfolgt im Gehirn über zwei „Regelkreise", deren Bedeutung erst in den letzten Jahrzehnten eingehend erforscht wurde. Das Modell des Denkens über zwei Regelkreise bzw. „Systeme" hat insbesondere das wirtschaftspsychologische Weltbild radikal verändert. Einer der prominentesten Vertreter dieser wirtschaftspsychologischen Schule ist der Psychologe Daniel Kahneman, der für die Entwicklung und Beschreibung dieses Modells im Jahr 2002 den Wirtschaftsnobelpreis erhielt.

Diese modellhafte Arbeitsstruktur unseres Denkens lässt sich wie folgt kurz beschreiben:

System 1 ist das **unbewusst** arbeitende, kognitive System, das laufend alle Eindrücke unserer Sinnesorgane „bemustert", bewertet und vergleicht und in das vorhandene ungeheuer vielfältige Netzwerk unserer inneren neuronalen Verdrahtungen bei Bedarf integriert (vgl. Rappmund, Manipulation, S. 64, S. 69 ff.). Daniel Kahneman (S. 33 f.) weist System 1 die permanente „Generierung von Eindrücken, Intuitionen, Absichten und Gefühlen" zu. Jeder von uns hat dieses Leben und Handeln in einem fast „automatischen" Zustand erlebt: ob beim Autofahren, der Morgentoilette oder Situationen, in denen etwa im Beruf Entscheidungen und Handlungen wie von selbst erfolgen – ein Zustand, der von einigen Wissenschaftlern auch als „Flow" beschrieben wird. Dieses Verhalten geht in der Regel auf die jahrzehntelangen Routinen zurück, die ein Mensch sich permanent aneignet, wieder aufruft, Schritt für Schritt erweitert – mit anderen Worten bewusst, aber noch viel häufiger unbewusst lernt.

Auch das Erlernen der Muttersprache ist eine der größten Leistungen des kindlichen Gehirns, die überwiegend unbewusst über beobachtendes Hören, spielerisches Üben hin zum Erwerb und der Anwendung erster Wörter bis zu ersten Sätzen erfolgt. (Eingehend zum Prozess des Sprachbegreifens auch Wehling, S. 20 ff., Eagleman, S. 100 ff.; zum allgemeinen Forschungsstand Viciano,

Daniel Kahneman und die zwei Systeme

Das Buch „Schnelles Denken, langsames Denken" von Daniel Kahneman erschien 2011 in den USA und ist seitdem eines der meistgelesenen Bücher zur sogenannten Verhaltensökonomie und Wirtschafts- und Kognitionspsychologie. Das Buch beruht auf den jahrzehntelangen Studien, die Kahneman mit seinen Kollegen, vor allem Amos Tversky (†) und Richard Thaler, erarbeitet hat. Kahneman und Thaler haben für ihren Anteil an den bahnbrechenden neuen Erkenntnissen der Wirtschaftspsychologie 2002 und 2017 unabhängig voneinander den Nobelpreis erhalten. Eines der zentralen Werke von Richard Thaler ist „Nudge – wie man kluge Entscheidungen anstößt", das ebenfalls 2011 erschienen ist.

Daniel Kahneman ist 1934 in Tel Aviv geboren und war als Hochschullehrer sowohl in Israel als auch in den USA tätig. Er widmete sich während seines gesamten wissenschaftlichen Wirkens in unterschiedlichsten Fragestellungen und Sachverhalten vor allem der Frage, wie das menschliche Denken – letztlich evolutionsbedingt – Entscheidungen trifft, die von rein mathematischen oder logischen Modellen abweichen. Das von ihm mitentwickelte und entscheidend propagierte Modell der „zwei Systeme" ist für das Verständnis von menschlichen Denkgewohnheiten und Entscheidungstendenzen von epochaler Bedeutung. Kahneman gelang es, die wesentlichen Handlungseigenschaften der beiden Systeme so konkret zu fassen, dass sie zur Erklärung menschlicher Entscheidungen sogar mit mathematischen bzw. statistischen Funktionen beschrieben werden können. Damit ist er einer der Väter der sogenannten Verhaltensökonomik (vgl. Beck, Behavioral Economics, S. 25 f.; Beispiel zur Beschreibung der sog. Endowment-Funktion S. 174).

„Der Baby-Code", SZ vom 13. 10. 2017, S. 14.) Die dabei gemessenen internen Verarbeitungsgeschwindigkeiten sind ungeheuer schnell und laufen im Bereich von einigen 100 Millisekunden ab (vgl. Rappmund, Manipulation, S. 77 f., Eagleman, S. 87 ff.).

Mit anderen Worten: Auch der Prozess des Sprechens von der Wortfindung bis hin zur Satzbildung läuft überwiegend unbewusst ab. Die Sprachbildung im Gehirn folgt einem unbewussten Regelmuster, das bei einem Redner jahrzehntelang eingeübt ist. Infolge dieser jahrelangen Übung sind die Ergebnisse der Spracherzeugung zwar in der Regel durchaus verständlich. Man sollte sich aber davor hüten, nur noch „automatisch, unbewusst" zu sprechen. Die unbewussten Fehlleistungen, die daraus resultieren, sind legendär. Seit Sigmund Freud sie in seinem berühmten Werk zur Psychopathologie des Alltagslebens analysiert hat, wissen wir zunehmend, welche Macht der unbewussten Gedanken selbst in einem unbedeutenden Versprecher zum Ausdruck kommen kann. Wehe also, Sie würden als Redner unkontrolliert unbewusst sprechen. Selbst der Volksmund kennt die Maxime: Unbewusstes Sprechen ist zu vermeiden – System 2 ist einzuschalten. Mit anderen Worten: Reden ist Silber – Schweigen (und Bedenken) ist Gold.

System 2 ist das **bewusst** arbeitende kognitive System, das letztlich für Konzentration und Aufmerksamkeit steht. Es ist notwendig, um sich bewusst auf die Gedankenführung und die Argumentation eines Redners zu konzentrieren und sie zu analysieren; das System ist aktiviert, wenn rhetorische Fragen gestellt werden und wir der Tendenz folgen, sie zu richtig zu beantworten. Das bewusste System 2 wird zum Beispiel bei uns als Zuhörern aktiviert, wenn uns etwas Unangenehmes oder Unnormales am Redner auffällt und wir uns plötzlich darauf konzentrieren, weil es uns tatsächlich in den Bann zieht.

Wer je den Sketch des Kabarettisten Loriot mit der Nudel in seinem Gesicht sah oder eine/-n Redner/-in vor sich hat, dessen Hosentüre geöffnet oder deren Make-up sichtbar verlaufen ist – der weiß, wie intensiv die Konzentration auf solche Details unsere Aufmerksamkeit fesselt und alles andere vergessen lässt. Dies gilt etwa auch für die beliebte Aufforderung: „Denken Sie jetzt **nicht** an einen weißen Elefanten!" In diesem Moment kann der Redner weiter sprechen, was er will – Sie sind bzw. Ihr System 2 ist „gebannt", der Rest wird von System 1 so erledigt, dass Sie sonst nichts mehr merken (hören, Umgebung beachten etc.): Sie denken an den weißen Elefanten!

Und natürlich leitet das bewusste System 2 den Redner, der bewusst Sätze und Argumente aktivieren muss, der das Auditorium im Blick hält, der Gesten gezielt einsetzt und die Stimmhöhe und das Tempo steuert. Vieles läuft dabei immer noch im Unterbewusstsein durch System 1 gesteuert ab: dies gilt etwa für die Stimmbildung, das Atmen, die Körperhaltung. Der Gesamtverlauf der Rede jedoch ist System 2 untergeordnet, das gezielt Schwerpunkte setzt, Konzentration verwendet und die „rhetorische Oberleitung und Überwachung" bei sich hält (vgl. Kahneman, S. 34 ff.). Dabei ist die psychologische Wissenschaft dem Prozess der Spracherzeugung zwar auf der Spur, aber noch lange nicht am Ergebnis angelangt (dann wäre der im Gehirn generierte Sprachprozess im

Experiment nämlich jederzeit reproduzierbar – und davon sind wir wohl noch Jahrzehnte entfernt). Das Wunderwerk des menschlichen Gehirns mit seinen mehr als einhundert Billionen Nervenzellen (Neuronen), seinen synaptischen Verschaltungen, die von wenigen Punkten bis hin zur Aktivierung ganzer Hirnareale reichen, arbeitet im Wesentlichen autonom und außerhalb der bewussten Wahrnehmung. Diese Vorgänge lassen sich daher vorerst nur teilweise beschreiben, unsere Erkenntnisse dazu sind allerdings für die Rhetorik von enormer Bedeutung: Man stellt in unserem Gehirn das multiple Zusammenarbeiten eines enorm vielgliedrigen neuronalen Netzwerkes fest, das für die Vielzahl von phonologischen, prosodischen, syntaktischen und semantischen Informationen eines Redevorganges notwendig ist. Dies lässt weiter darauf schließen, dass intern sogenannte synaptische Musterprozesse und Musterverarbeitungen ablaufen, die viel mit intern abgelegten und gespeicherten Zuständen und Wahrnehmungen, aber auch Reflexen und Reaktionen zu tun haben, die ein Mensch über Jahre und Jahrzehnte hinweg erworben hat (vgl. Wartenburger, Sprache und Gehirn, S. 189 ff.).

Es ist existenziell wichtig, dass auch der **unbewusste** Erwerb dieser „mustergestützten" Denkprozesse für das Sprechen auf das neuronale Speichern zurückgeht und damit eines der wichtigsten Elemente von Lernen durch aktives Merken, wenn auch unbewusst, darstellt (vgl. Eagleman, S. 100 f.). Mit anderen Worten: Was das Unterbewusstsein sich nicht merkt, das kann der Mensch gar nicht lernen! Oder drastisch für die Gegenwart gesagt: Wer nur Bilder auf dem IPad wischt, sie aber nicht aktiv oder sprachlich verarbeitet, wird keinen mustergestützten Merkprozess in seinen Neuronen verankert haben und auf dieses Detail des Denkens auch nicht so leicht oder gar nicht zugreifen können.

Bitte beachten Sie dabei, dass die Verwendung der Begriffe „System 1" und „System 2" ein Kunstgriff ist, also ein Modell, das der Veranschaulichung dessen dient, was im Gehirn mit unbewusst ablaufenden und den damit korrelierenden bewussten Prozessen vor sich geht. Es sind dies – das möchte ich betonen – Fiktionen, die ausnahmslos der besseren Verständlichkeit der psychologischen Prozesse dienen, indem sie sie anhand eines plausiblen Modells bildhaft darstellen (vgl. Kahneman, S. 103 f.).

Das bewusst arbeitende System 2 und das unbewusst arbeitende System 1 stehen miteinander in einem sehr komplizierten Prozess der **Zusammenarbeit**. Wichtig ist die wissenschaftliche Erkenntnis, dass das bewusste System 2 zwar „Chef im Ring" ist, etwa wenn es um komplizierte Denkkprozesse wie den abstrakten Aufbau einer Rede geht. Es lässt sich aber von System 1 in wesentlich größerem Umfang beeinflussen, als man gemeinhin glauben möchte: System 1 bietet permanent aus dem ungeheuren Schatz seiner unbewusst gespeicherten Eindrücke Optionen an, um vorhandene Sachverhalte und Unklarheiten verstehen und beantworten zu können. Diese Optionen sind prinzipiell nicht mathematisch korrekt bearbeitet – nein: die Optionen basieren auf der Annahme, dass sich damit ein erkannter Sachverhalt plausibel und wahrscheinlich lösen lässt. Damit haben wir die zentrale Leistung der sogenannten **Heuristik** des menschlichen Denkens angesprochen: Es ist, „technisch definiert, ein einfaches Verfahren, das uns hilft, adäquate, wenn auch oftmals unvollkommene Antworten auf schwierige Fragen zu finden" (Kahneman, S. 127), indem wir Schlussfolgerungen aus Informationen ziehen.

Heuristik: Wie unser Gehirn Entscheidungen trifft

Heuristik bezeichnet Strategien des Denkens, wie mit unvollständigen Informationen mit relativ großer Genauigkeit eine Entscheidung zu einer – durchaus schwierigen – Frage getroffen wird, ohne dafür zu viel Zeit in Anspruch zu nehmen (vgl. Gigerenzer, S. 380; Kahneman, S. 127 ff.). Das menschliche Denken verwendet dazu u. a. folgende bekannte Instrumente: Versuch und Irrtum (trial and error); Wiedererkennung (Rekognitionsheuristik); operationales Entscheiden „mit einem guten Grund" („One-Reason-Decision-Making" bzw. „Take the Best") oder soziale Information (Was machen deine Freunde/Vorbilder?). Gerd Gigerenzer zählt auch die sogenannten „Faustregeln" dazu. Er weist in seinem Buch „Risiko" nach, dass das weit verbreitete Urteil, Heuristiken seien „zweitbeste Lösungen", unzutreffend ist.

Ein berühmtes **Beispiel** sind die geometrischen und dreidimensionalen Täuschungen, mit denen man in populärwissenschaftlichen Abhandlungen gerne konfrontiert wird: Unterschiedlich lange Pfeile (die doch gleich lang sind), dreidimensionale Täuschungen und das bivalente Bild von Hexe oder Schönheit zählen dazu. Eagleman betont, dass auch diesen Täuschungen der unbewusste Eindruck des sogenannten mühelosen Erkennens zugrunde liegt. In all diesen Fällen schlägt unser Unterbewusstsein keinen Alarm, also hat das bewusste System 2 keinerlei Anlass, kritisch zu reflektieren (vgl. Eagleman, S. 32 ff.). Seien wir uns bewusst, dass gerade die sprachliche Kommunikation, und damit auch die Rede, ohne solche unbewussten heuristischen Vorgänge, ohne plausible Abkürzungen und Scheinbeweise schlichtweg nicht denkbar ist: System 1 **glaubt und akzeptiert bereits das, was plausibel erscheint** und mit den vorhandenen Modellen verträglich. Dabei kann es nachweislich mathematisch und auch erkenntnisbezogen **gewaltig falsch** liegen. Die von Kahneman (vgl. S. 136) beschriebenen Fehlermerkmale des heuristischen und intellektuellen Denkens in System 1 sind für sich genommen kaum zu glauben. Aber wer sie liest, muss sich eingestehen: System 1 ist ein geradezu omnipräsentes und leider auch omnipotentes Tool, um Lösungen anzubieten, die man gerne akzeptiert, bis man ernüchtert vom Gegenteil belehrt wird. Und das passiert in einer Rede bzw. rhetorischen Situation leider viel zu oft.

Das Pralinenexperiment: Dividende durch Schokolade

Ein wichtiges Beispiel zur „Verführbarkeit" mit messbarem Effekt liefert ein Experiment des amerikanischen Psychologen David Strohmetz (nach Dutton, Gehirnflüsterer, S. 110f.): In einem Restaurant wurden die Gäste in vier Gruppen eingeteilt. Zum Abschluss des Essens, und vor dem Bezahlen, brachte die Bedienung der ersten Gruppe keine Praline, der zweiten Gruppe eine und der dritten Gruppe zwei Pralinen. Bei der vierten Gruppe gab es folgenden Clou: Zunächst brachte die Bedienung eine Praline, ging dann weg, wandte sich um, als hätte sie es sich anders überlegt – und legte dann noch eine zweite Praline auf den Tisch. Die zentrale Frage war, welchen Einfluss das Verhalten der Bedienung auf die Großzügigkeit der Trinkgelder haben könne.

Das Ergebnis war verblüffend: Verglichen mit der Kontrollgruppe 1 (ohne Praline) zahlten diejenigen, die eine Praline erhalten hatten, durchschnittlich 3,3 Prozent höheres Trinkgeld. Bei zwei Pralinen waren es 14,1 Prozent – und bei der Gruppe mit der auffälligen Übergabe der zweiten Praline stieg das Trinkgeld um kaum glaubhafte 23 Prozent im Verhältnis zu Gruppe 1. Der scheinbar unerklärliche Sinneswandel – „Mensch, Leute, für euch zwei statt eine" – ist eine nicht erwartete Geste der Wertschätzung, die unmittelbar unser unbewusstes Denken anrührt und positiv stimmt. Durch nonverbales Verhalten wurde unmittelbar das Belohnungsverhalten angeregt. Eine Praline für 10 Cent und eine kleine Geste brachten eine enorme Dividende.

Wir werden diesen und andere Effekte noch bei der Analyse wichtiger Strategien der Argumentation und scheinlogischer Schlüsse intensiv bearbeiten. Und wir werden sehen: Auch das unbewusste System 1 **der Zuhörer** ist mit Inhalten des Redners einverstanden, die mit den plausiblen Eigenerfahrungen übereinstimmen, auch wenn sie nicht wirklich richtig sind! Und dies gilt auch dann, wenn wir „rhetorische Pralinen verteilen" …

→ aber möglicherweise, mit provokativen Aussagen System 2 zu aktivieren?

Lieber angehender Redner: Dies ist kein Appell an Sie, die Unwahrheit zu sagen! Aber es rechtfertigt die rhetorische Neigung, mit Plausibilität – rhetorisch geschickt verpackt – weiter zu kommen und effektiv zu sein.

Die Erkenntnis, dass das bewusste System 2 durch die unbewussten Plausibilitätslösungen von System 1 massiv beeinflusst werden kann, ist aber nur die eine Seite der Medaille: Natürlich können wir mit gezielten Eingriffen des bewusst arbeitenden und entsprechend trainierten System 2 wichtige Effekte nutzen, um das unbewusste System 1 massiv seinerseits zu beeinflussen oder auch zu manipulieren. Lassen Sie uns dazu drei Interventionsmethoden näher betrachten, die mittlerweile psychologisch gesicherte Erkenntnisse darstellen.

3. Drei wichtige Instrumente der neurolingualen Intervention

a) Priming

Die Erkenntnis, dass unser unbewusstes System 1 mit Plausibilität und auch Assoziationen intensiv arbeitet, führte in der Psychologie zu mittlerweile berühmten und auch allgemein anerkannten Experimenten, in denen reproduzierbar wissenschaftlich beschrieben und belegt wird, wie man auch mit Rhetorik auf das Unbewusste unmittelbar einwirken kann.

Einen wesentlichen Prozess nennt man „Priming" (vgl. Eagleman, Inkognito, S. 79 ff., S. 110 ff.; Kahneman, S. 72 ff.): Ein Redner spricht ein bestimmtes Thema an – dann formuliert das Unterbewusstsein des Hörers dazu sofort Assoziationsketten, die zu messbaren und vorhersagbaren Ergebnissen in seiner Reaktion führen. Ein einfaches Experiment kann diesen Prozess veranschaulichen. Ich nenne Ihnen den Begriff „Essen" und bitte Sie dann, folgenden Leertext zu ergänzen: „S…e". Fast niemandem würde jetzt als Lösung „Seife" einfallen, die meisten Testpersonen assoziieren „Suppe". Sie sind also durch das „primäre" Ausgangswort in ihren Assoziationen gezielt unbewusst „geprimt" worden (vgl. Kahneman, S. 72).

So wurde etwa eine Versuchsgruppe dazu gebracht, sich mit dem Thema „Altern" in einer bestimmten Situation zu beschäftigen. Der Versuch brachte den klar messbaren Effekt, dass sich die Probanden danach langsamer fortbewegten als eine Vergleichsgruppe, die sich mit derselben Situation beschäftigten, ohne dass das Altern dabei eine Rolle spielte (s. dazu auch Wehling, S. 37 f.). Allein die Reihenfolge zweier Fragen an Probanden führt zu geradezu unglaublichen Ergebnissen:

Erste Frage: Wie glücklich sind Sie zurzeit?
Zweite Frage: Wie viele Verabredungen hatten Sie im letzten Monat?

Wenn Sie diese beiden Fragen vertauschen und zuerst nach der Zahl der Verabredungen fragen, denken bildhaft gesagt zwei Drittel der Probanden tatsächlich, sie seien glücklicher, je mehr Verabredungen sie hatten (gleichgültig wie sie verliefen). Unser assoziativ arbeitendes Unterbewusstsein (System 1) ist also für das Angebot des Redners für Assoziationen nachweislich empfänglich – ohne dass dies je dem „Überwachungssystem 2" bewusst wird. Im Gegenteil: System 2 lässt sich von System 1 geleitet auf diesen Holzweg weiterführen!

Wer etwa Zuhörer in einer Rede assoziativ auf die positiven Eigenschaften von Geld bringt, löst messbar folgende Effekte aus: eine egoistischere Einstellung, weniger Hilfsbereitschaft und Solidarität, mehr Tendenz zum Individualismus (s. dazu eingehend Kahneman, S. 75 ff.). Wer Zuhörer mit vertrauten Erfahrungen, Beispielen bekannter Persönlichkeiten oder plausiblen Assoziationen anspricht, dem glaubt der Zuhörer mit erhöhter „kognitiver Leichtigkeit" auch nachfolgende Behauptungen des Redners: Damit haben Sie einen Wirkmechanismus verstanden, der die Macht von Zitaten zuvor genannter bedeutender Persönlichkeiten erklärt.

ex Die Macht eines Zitates

a) Standardsetting: Der Redner liest
„Es gibt nur eines, was teurer ist als Bildung – keine Bildung." (John F. Kennedy)
b) Intervention: Der Redner liest
„John F. Kennedy formulierte einmal zum Wert von Bildung: ‚Es gibt nur eines, was teurer ist als Bildung – keine Bildung.'"

Indem Sie zuerst den Autor des Zitates nennen, führt dessen enorme Bekanntheit und Wertschätzung dazu, dass der rhetorische Effekt für das Bewusstsein messbar höher wird (sogenannter Mere-Exposure-Effekt, vgl. Kahneman, S. 89 ff.).
Aber diese Effekte wirken auch umgekehrt – sind also **reziprok** in Richtung auf den Redner selbst: Wenn das bewusste System 2 beim Redner gezielt die Körpersprache positiv beeinflusst, also eine positive Stimmungslage etwa durch (situationsangemessenes) Lächeln oder gute Laune erzeugt, dann bewirkt dies auch beim Zuhörer eine positive Stimmungslage, die die kognitive Akzeptanz des Gesagten und die intuitive „Leichtigkeit" begünstigt. Dasselbe gilt „selbstinduktiv" aber auch für den Redner selbst; auch seine Stimmung verbessert sich spürbar (vgl. Kahneman, S. 81 f., S. 84).

Vor diesem Hintergrund gewinnt das alte chinesische Sprichwort eine ungeahnte Aktualität: „Wer nicht lächeln kann, soll kein Geschäft aufmachen" (Achtung: Autor vor Zitat – jetzt sind Sie mir mit dem eingesetzten Mere-Exposure-Effekt auf den Leim gegangen …).

Allerdings möchte ich hier eine Warnung anbringen: Die sogenannten Priming-Effekte führen zwar statistisch nachweisbar zu verändertem Verhalten. Das muss allerdings im Einzelfall nicht gelten. Wie so oft können wir uns daher nicht blind und gesetzmäßig auf automatisch ausgelöste Effekte verlassen. Deswegen seien Sie vorsichtig, wenn man Sie glauben machen will, man könne quasi automatisch „linguistisch programmieren" oder manipulieren (vgl. Kahneman, S. 77 ff.). Aber schon eine kleine Steigerung Ihrer positiven rhetorischen Effizienz mithilfe einiger bewusst eingesetzter einfacher Mittel kann, im Zusammenspiel mit anderen Faktoren, Ihre Überzeugungskraft als guter Redner deutlich verbessern.

b) Ankern

Die Wirkungsweise des Priming-Effektes führt zu einem weiteren Wirkfaktor, der gerade bei Verkaufsansprachen enorme Bedeutung hat und auch auf andere Redearten ausstrahlt. Es handelt sich um das Phänomen des sogenannten „Ankerns", das wir sogleich an einem belegten Fall betrachten (vgl. auch Fälle nach den Vorgaben von Northcraft / Neale bei Kahneman, S. 157 ff.; s. a. Kitz / Tusch, Psycho? Logisch!, S. 98 ff.):

Ein Immobilienhändler, der ein Immobilienprojekt vorstellt, erwähnt scheinbar beiläufig ein vergleichbares Projekt und die dabei erzielten Konditionen – gezielt mit einem Preisaufschlag von ca. 15 Prozent. Verblüffenderweise wird in den darauf folgenden Verhandlungen dieser Wert eine Orientierungsfunktion haben, die geeignet ist, den angestrebten Preis nach oben in diese Richtung zu verhandeln. Auch hier erleben wir unmittelbar einen erstaunlichen Effekt: Das bewusste System 2 glaubt völlig rational die wertbildenden Faktoren für ein Immobiliengeschäft ohne fremde Einflüsse zu ermitteln. Und dennoch arbeitet es auf der Grundlage von Assoziationen und Informationen, die es unbewusst aus den im System 1 dazu laufenden Erkenntnisprozessen abruft. Da auf jeden Fall System 1 unbewusst den vom Verkäufer aufgerufenen Preis registriert und verarbeitet hat, orientiert sich das „Entscheidungskonvolut", mit dem System 2 letztlich weiterverhandelt, tatsächlich in die Richtung des angesprochenen Preises – solange er plausibel klingt; ja manchmal selbst dann, wenn er völlig überhöht erscheint.

Ein anderer nachweislicher Fall, der unglaublich erscheint: Ein Jahrmarktverkäufer preist ein echtes Sonderangebot von Fertigsuppen in besten Worten an. Gleichzeitig erwähnt er, dass es nur maximal 12 Dosen pro Kunde gebe. Im identischen Vergleichsfall wird die Rationierung nicht erwähnt. Das Resultat ist bemerkenswert: Im ersten Fall hat der Verkäufer dem System 1 der Kunden einen dramatisch wirkenden Anker gesetzt: Rationierung. Daraus schließt das unbewusste System 1 auf eine gewisse Dringlichkeit. Konsequenz: Es werden doppelt so viele Dosen erworben wie ohne den Anker! Wissen Sie jetzt, was der Hinweis auslöst „Solange der Vorrat reicht"? (Kahneman, S. 160)

In vielen Experimenten hat die Psychologie die Wirkmächtigkeit derartiger Anker herausgearbeitet – die natürlich auch in Reden ohne weiteres Anwendung finden können. Hier ein zugegebenermaßen fieses **Beispiel** dafür (SZ vom 18.2.2016): „2015 hatten wir etwa 1 Million Zuwanderer. Es ist eine Tatsache, dass sich die Zahl der Straftaten durch Zuwanderer verdoppelt hat – auf über 200 000 Straftaten" – der hier gesetzte Zahlen-Anker bezieht sich auf die von der Presse völlig korrekt wiedergegebene Zahl der **Straftaten aller Zuwanderer insgesamt**, die das Bundeskriminalamt bekannt gab. Eine – natürlich nur stichprobenartige – Erhebung unter meinen Studierenden erbrachte als Ergebnis, dass diese weit überwiegend davon ausgingen, dass **jeder fünfte neue Zuwanderer** 2015 straffällig wurde – obwohl sich die Zahl der Straftaten auf die Gesamtzahl der Zuwanderer in Deutschland bezog: Die Kriminalitätsrate lag daher faktisch nicht einmal ein Viertel so hoch! Gleichwohl wirkte die angebotene Zahl als glaubwürdig dergestalt, dass niemand auch nur ansatzweise dieses Zahlenverhältnis in Frage stellen wollte.

Die Macht des unbewussten System 1 und seine massiven und permanenten Auswirkungen auf das bewusste System 2 werden dabei nach allgemeiner Meinung der Psychologie von den meisten Menschen völlig unterschätzt (vgl. Kahneman, S. 162). Dies ist eine wichtige Chance für eine effizienzorientierte Rhetorik, um hier erneut wirkungsvoll zu punkten. Wer Anker setzt, hat den Hörer an einem Haken, der unsichtbar ist und daher umso einflussreicher sein kann!

c) Framing

Die beiden Phänomene von Priming und Ankern zeigen, wie das unbewusste System 1 bereits durch wenige vorgegebene Informationen beeinflusst werden kann, die ein Redner bzw. Gesprächspartner bewusst vorgibt. Dies lässt den

Schluss zu, dass auch ganze „Gedankenrahmen", die von einem Redner vorgegeben werden, das Denken des Zuhörers, insbesondere über sein unbewusstes Assoziationssystem, aktiv beeinflussen können (s. dazu auch Bechmann, Sprachwandel – Bedeutungswandel, S. 270 ff.). Das zentrale Ergebnis einer Studie dazu ist bei Elisabeth Wehling nachzulesen (vgl. Wehling, S. 76, nach Zhong / Liljenquist). Zwei Versuchsgruppen mussten einen Text Wort für Wort abschreiben:

> Der Text der einen Gruppe handelte von einer guten Tat – jemand hatte einem Kollegen geholfen. Der Text der anderen Gruppe dagegen behandelte eine schlechte Tat – jemand hatte gegen seinen Kollegen intrigiert. Danach sollten die Teilnehmer angeben, wie sehr ihnen bestimmte Produkte gefielen. Und um solche Produkte ging es: Zahnpasta, Seife, Glasreiniger, Desinfektionstücher, Waschpulver, Orangensaft, Batterien, Post-It-sticker, CD-Hülle, Snickers und einiges mehr. Sie ahnen es schon: Diejenigen Teilnehmer, die eine schlechte Tat hatten abschreiben müssen, stuften die Reinigungsprodukte als viel attraktiver ein als jene, die von einer guten Tat geschrieben hatten.

Auslöser war ein assoziativer Frame: Moral wird mit Reinheit weitgehend gleichgesetzt und assoziiert. Die Folge der Assoziation war ein unmittelbarer Einfluss auf das Wahlverhalten der „unmoralischen" Gruppe: Sie suchte nach Reinigung, natürlich im assoziativen Sinn. In einem vergleichbaren Setting wurden die beiden Testgruppen gefragt, ob sie bleiben und unentgeltlich einen Studierenden bei einem Projekt unterstützen wollten. Das Ergebnis verblüfft nicht weiter: 70 Prozent der „Unreinen" entschieden sich, dem Studierenden zu helfen (und sich so zu rituell zu reinigen) – bei den „Reinen" belief sich dieser Anteil nur auf 40 Prozent (Wehling, S. 77).

Die Schlussfolgerung liegt auf der Hand: Beispiele, Zitate, Geschichten können ganze Assoziationsketten auslösen, die das weitere kommunikative Denken des Zuhörers voreinstellen. Man spricht dabei vom „metaphorischen Mapping" – es werden also regelrechte moralische Koordinatensysteme im Unterbewusstsein angestoßen und ausgelöst, die das weitere Denken und Sprechen sowie das weitere Handeln nachweislich beeinflussen können (vgl. Wehling, S. 77 f.). Selbst kontroverse Diskussionen können so gezielt gesteuert werden. Wehling beschreibt unter anderem das metaphorische Framing der „Vertikalisierung": Gutes / Gott ist oben angesiedelt; Schlechtes / der Teufel unten. Daraus folge, dass Bürger mit viel Vermögen als „Oberschicht" und damit implizit als „die Guten" bezeichnet werden, während der Begriff „Unterschicht" eine eindeutige Stigmatisierung der dazugehörenden ärmeren Mitbürger beinhalte (vgl. Wehling, S. 120). Ähnlich verhält es sich mit den Begriffen „Mindestlohn“ und „Lohnuntergrenze“, mit denen zwei unterschiedliche „Viewpoints“, also linguistisch verschlüsselte Positionierungen zum gleichen Thema gesetzt werden (Wehling, S. 137; s. auch unten S. 83).

Ist ein solcher Rahmen erst einmal vom Redner bewusst gewählt und dann gesetzt worden, so wird er beim Zuhörer zwangsläufig Assoziationsprozesse im Weg der kognitiven Simulation auslösen, die davon beeinflusst werden. Und je mehr der Redner dieses assoziative Gerüst weiter bedient, umso wirksamer wird das aktivierte unterbewusste System 1 dies affirmativ unterstützen: Diese Assoziationen hat es schließlich gelernt und im Unterbewusstsein als Lerneinheit gespeichert. Wer etwa vom „Humankapital“ spricht, der entpersönlicht Diskussionen – Arbeit wird zur rein betriebswirtschaftlich zu behandelnden Ressource. Ist der Einzelne hingegen einer, der für den „Daimler“, „Bosch“ oder andere hart arbeitet – dann belegt er als Malocher oder treuer Arbeitnehmer, dass der Verlust eines Arbeitsplatzes ungemein stärker wirkt als der Begriff vom „Arbeitsabbau“ (vgl. Wehling, S. 139 f.): „Wegrationalisierung“ wäre hier eine begriffliche Alternative, die deutlich negativer wirkt. Der assoziative Rahmen kann also bewusst durch solche wertenden Frames voreingestellt werden, was etwa in Podiumsdiskussionen durchaus erfolgsentscheidend sein kann.

Auch zum wirksamen Framing fehlen noch exakte wissenschaftliche Erkenntnisse, die dazu eine ganze Theorie formulieren können. Eines steht aber fest: Wir als „Humans“ lassen uns in unserem unbewussten System 1 massiv durch vorgegebene assoziative Frames in unserem Denken beeinflussen. Wer also für sich in bewusster sorgfältiger Auswahl den richtigen Sprachrahmen, die richtigen Metaphern und metaphorischen Rahmen setzt, kann zu seinen Gunsten einigen Einfluss auf das unbewusste System 1 des Zuhörers ausüben. Dieser Effekt wird sich auch auf das bewusste Denken des Zuhörers sehr subtil auswirken und kann dem Redeerfolg durchaus nachhaltig zugutekommen.

4. Rhetorik für „Econs“ (Vernunftmenschen) oder „Humans“ (Alltagsmenschen)?

Die Rhetorik als Wissenschaft war und ist seit Jahrtausenden darauf ausgelegt, auf den Grundlagen von sittlicher Vernunft, Argumentation und rationaler Entscheidungsfindung die wesentlichen Ziele von Wahrheitsfindung und Überzeugung durch richtiges Reden zu erreichen. Dabei stehen der „Ethos“ des Redners (seine Autorität und Glaubwürdigkeit) sowie der „Logos" der Rede (die Beweis- und Argumentationsführung) im Vordergrund, wie etwa Aristoteles in seinem Standardwerk „Rhetorik" ausführt (Aristoteles, Rhetorik, S. 11 f.; s. a. Krieger / Hantschel, Handbuch Rhetorik, S. 18). Psychologische Elemente der Redekunst waren zwar bekannt; sie konnten mangels der Kenntnis der Psychologie als Wissenschaft aber nur unvollständig beschrieben und eingeordnet werden: In der Benutzung von rhetorischen Elementen, die das „Gefühl" beeinflussen sollten, also der rhetorischen Funktion des Pathos, liegt das Hauptfeld dessen, was zwar als rhetorisch wirksam bekannt, aber letztlich nicht in seinen Wirkmechanismen verstanden war.

Die Rhetorik war damit am **Vernunftmenschen** ausgerichtet – genauso wie die klassische Volkswirtschaft am Econ, dem rationalen Entscheider / Agenten von wirtschaftlichen Sachverhalten (vgl. Kahneman, S. 508 f.). Die Geschichte der Wortschöpfung „Econs vs. Humans" ist auch bei Thaler / Sunstein in ihrem grundlegenden Buch „Nudge – Wie man kluge Entscheidungen anstößt" nachzulesen (S. 16 ff.); Richard Thaler hat für diese Theorien mit Recht den Wirtschaftsnobelpreis 2017 erhalten. Im Mittelpunkt der Rhetorik stand der Wettstreit der Econs um die Wahrheit vor dem Hintergrund des Einsatzes vernunftbetonter Argumente. Wer davon abwich und die „dunkle Seite" der Rhetorik anging, die Kunst der **Manipulation** und der **Verführung**, der wurde schnell mit dem Verdikt der Demagogie belegt, also verdächtigt, Rhetorik bewusst zur Propaganda und Massenlenkung zu missbrauchen. Die Opfer waren dann die „verführbaren Humans", die Alltagsmenschen, die allzu leicht den „schwarzen Redekünsten" auf den Leim gingen. Zu denken ist etwa an den rhetorischen Super-Beelzebub Josef Goebbels, der beispielsweise in seiner berüchtigten Sportpalastrede zum „totalen Krieg" 1943 das ABC der dunklen Rhetorik gnadenlos – und auch gnadenlos wirkungsvoll – durchdeklinierte.

Die moderne Psychologie bringt uns in der Rhetorik einen sehr nüchternen und klaren Standpunkt bei: Es gibt in der Rhetorik **keine Econs**! Es gibt **nur Humans**! Wirkungsvolle Rhetorik ohne die Berücksichtigung der elementaren psychologischen Grundlagen unseres Denkens ist schlichtweg nicht möglich. Letztlich gibt es kein rhetorisches Phänomen, das sich nicht diese Grundlagen zunutze macht. Rhetorik ist daher untrennbar mit der Bereitschaft verbunden, auch psychologische Wirkmechanismen und die wissenschaftlichen Erkenntnisse dazu zu nutzen. Gesicherte Forschungsergebnisse der modernen Neurobiologie und Verhaltenswissenschaften einzubeziehen, ist korrektes wissenschaftliches Verhalten. Dies ist – noch – keine Manipulation. Wer die Redekunst beherrschen will, muss künftig das ganze, und damit auch das psychologische Instrumentarium der Beeinflussung des Menschen als Human kennen und auch anwenden wollen. Die Frage der Demagogie ist eine der ethischen Bewertung des Einsatzes von Redekunst, und dann ganz gleich, ob religiöser Demagoge (etwa ein salafistischer Prediger) oder politischer Demagoge (z. B. der rechtsradikale Nazi).

Der Einsatz dieser modernen Erkenntnisse, deren Verwendung für die Rhetorik ich im Folgenden als **neurolinguale Intervention (NLI)** bezeichne, ist für den modernen Redner unausweichlich. Ihr Potential kann verglichen werden mit einem „Treibsatz" in der Chemie: Man kann mit ihm formen (etwa im Druckpressverfahren), man kann mit ihm Raketen für friedliche Missionen starten. Aber man kann damit auch zerstören (als Sprengstoff). Es liegt an uns, wie wir unser Wissen über die Wirkung rhetorischer Mittel verantwortungsvoll einsetzen.

Der weitere Aufbau des Buches trägt dieser Herausforderung an die moderne Rhetorik Rechnung: Jedem „klassischen" Thema der Redekunst, das man aus der Literatur und Praxis auch bislang kennt, wird der „wirkungspsychologische" Ansatz zugeordnet, der für Redner und Hörer relevant ist. Daraus ergeben sich manche interessante Querverbindungen und Aha-Effekte zu Erkenntnissen, wie wir sie etwa in den kurzweiligen Büchern von Rolf Dobelli zur „Kunst des klaren Denkens" und „klugen Handelns" aktuell erstaunt für unser wirtschaftliches Denken aufnehmen. Auch in der Rhetorik zeigt sich, wie profund wir im Alltagsleben mit Täuschungen und Illusionen konfrontiert werden, ihnen erliegen und trotzdem Erfolg haben können. Das Verständnis dieses Phänomens ist besonders wichtig für heute junge Menschen und die künftigen Generationen, die von Anfang an mit diesem Rüstzeug werden leben müssen. Auch in Zukunft wird erfolgreiche Kommunikation sich nicht auf Wischen und Klicken beschränken können. Wer nur „World of Warcraft" spielt, wird wohl allenfalls virtuell erfolgreich sein. Es ist und bleibt eine Illusion. Wer aber bereit ist, in Echtzeit auf modernster Grundlage rhetorisch zu sprechen, zu kommunizieren und zu führen, der kann das reale Game of Power gewinnen oder zumindest erfolgreich im Beruf und Privatleben sein.

III. Der Hörer ist das Ziel: Was ein Redner bei seinen Hörern voraussetzen kann – und wie er an sie herankommt

1. Die Interaktion Redner – Hörer

Nachdem wir die wesentlichen modernen Erkenntnisse erarbeitet haben, die dem kommunikativen Denken zugrunde liegen, können wir uns nun der Interaktion zwischen Redner und Hörer / Zuschauer zuwenden. Diese Interaktion heißt Kommunikation. Und auch hierfür gibt es einige wesentliche Grundlagen, die wir als Redner unbedingt kennen sollten: Nur dann können wir wirksam beeinflussen. Sollten Sie dies vertiefen wollen, darf ich Ihnen dazu eine Empfehlung mitgeben: Das deutsche Standardbuch hierzu ist nach wie vor von Friedemann Schulz von Thun „Miteinander reden 1: Störungen und Klärungen. Allgemeine Psychologie der Kommunikation"; es erscheint seit über 30 Jahren mittlerweile in der 54. Auflage (s. a. zu den psychologischen Grundlagen Höhle, Psycholinguistik).

Grundlage der wirksamen Kommunikation ist die Erkenntnis, dass sie auf **verschiedenen** Kanälen **parallel** erfolgt. Wir kennen zwei Hauptkanäle: **Verbale Kommunikation** und **nonverbale Kommunikation**. Beide Aktivitätsebenen „produziert" der Redner zur gleichen Zeit und parallel. Und nur dann, wenn beide „Produkte" authentisch und glaubwürdig parallel beim Zuhörer ankommen, wird dieser den Redner und seine Rede akzeptieren.

Da wir uns der nonverbalen Kommunikation noch später intensiv widmen, zuerst eine Darlegung der wichtigsten wissenschaftlichen Erkenntnisse zur verbalen Kommunikation. Die **verbale Kommunikation** ist – wie wir mittlerweile wissen – ein „Gemeinschaftsprodukt" von unbewusstem System 1 und bewusstem System 2. Diese Kooperation führt letztlich zu **vier potentiellen Inhalten einer Rede** und damit ihrer Kommunikationsaussage:

1. Die **Sachinformation**: Hier wird, klar von System 2 überwacht, das mitgeteilt, was sachlich-objektiv vermittelt werden soll.
2. Die **Selbstkundgabe**: Der Produktion der Sachinformation geht in wenigen Millisekunden in den aktivierten Gehirnteilen eine kaum messbare Fülle von neuronalen Abgleich-, Emotions- und Generationsprozessen voraus, die tief in den unbewussten Teil des System 1 hineinreichen. Damit ist unvermeidlich, dass wir auch viel von dem kundgeben, was buchstäblich

„in uns arbeitet", wie wir zu der mitgeteilten Information stehen: Zuversicht, Konstruktivität, Sorge, Destruktivität, neutrale Einstellung und vieles andere mehr. Wir haben dabei schon drei Instrumente kennen gelernt, die hier reflexiv unsere Einstellung mit beeinflussen: das Priming, das Ankern und das Framing (s.o. S. 31ff.). Dies gilt nicht nur für den Zuhörer, sondern auch für den Redner selbst: Wenn er zum Beispiel einen inhaltlichen Frame / Rahmen setzt, dann gibt er bewusst und auch unbewusst, also auf beiden Ebenen, kund, innerhalb dieses Frames weitersprechen und seine Gedanken an den Hörer vermitteln zu wollen. Gerade die Beeinflussung der unbewussten Gedankenführung darf hier nicht ausgeklammert werden; Frames können sich dabei über die Sprachverarbeitung hinaus sogar auf die Wahrnehmung auswirken (vgl. Wehling mit Beispielen, S. 32f.).
Ein kleines **Beispiel** aus meiner Praxis: Bei der Besprechung eines studentischen Projektes zur beruflichen Integration von Flüchtlingen ging es um die Frage von Eignungskriterien, die Flüchtlinge für eine Studienrichtung erfüllen sollten. Ich erwähnte dabei scherzhaft ein bekanntes Leitmotto der Justizvollzugsanstalt Stadelheim in München: „Wir nehmen jeden", um zu demonstrieren, dass man in einem Studienprojekt eben nicht jeden nehmen könne. Dies führte dazu, dass die Projektleiterin im folgenden Redebeitrag ausführte, welche Eigenschaften sie von ausgewählten Häftlingen (nicht Flüchtlingen!) erwarte. Errötend beschrieb sie mir später die unbewusste Denksequenz, die zu diesem belachten Versprecher führte – der Inhalt der Selbstkundgabe war Abgelenktsein und die Verarbeitung einer persönlichen Erfahrung.

3. Die **Beziehungsindikation**: Mit der unbewussten Verarbeitung einher geht auch die zumeist unbewusste Verarbeitung, wie das Gehirn des Redners zu Zuschauern und Umwelt steht. Dies kann von neutral und sachlich über wohlwollend bis hin zum Extremfall, der kundgegebenen Angst vor oder der Wut in der Kommunikationssituation reichen. Für den daraus resultierenden Gefühlssturm beim Redner kennen wir auch einen Begriff im Extremfall der Angst: das Lampenfieber (dazu eingehend Kapitel X.3). Wortwahl, nonverbale Signale bis hin zur Tonhöhe: eine Fülle von Parametern wird unbewusst beeinflusst, produziert, aber damit auch für den Zuhörer wahrnehmbar gemacht.
Die Kommunikationswissenschaft hat dabei überzeugend herausgearbeitet, wie eine gestörte Einstellung des Redners zum Zuhörer, versteckte Aggressionen, Sorgen und Ängste buchstäblich „zwischen den Zeilen"

durch das unbewusste System 1 des Redners eingearbeitet werden und konsequenterweise auch vom Hörer herausgelesen werden können. Die wichtige und bekannte Analysefrage „Was sagt er – was meint er" ist zentral mit dieser Beschreibung der Beziehungsebene verbunden.
Ein klassisches **Beispiel** für die Bedeutung der Beziehungsindikation finden wir beim Einstieg in die Rede: Hier ist es ein wesentliches Ziel, die Beziehungsebene zwischen Redner und Hörer vor allem zu Beginn einer Rede positiv zu gestalten. Ein gerade in den USA sehr beliebtes Mittel dazu ist etwa ein selbstironischer witziger Redeeinstieg. Der Redner konzentriert sich nicht auf die Sachinformation, sondern lockert die Atmosphäre dadurch auf, dass er sich selbst auf die Schippe nimmt. Er will damit von der Stufe der Rednerautorität herabsteigen und begibt sich auf eine Ebene mit den Zuhörern, insbesondere um Vorbehalte auszuschalten. Lachen über einen Witz steigert unmittelbar die sogenannte „kognitive Leichtigkeit" und das Wohlwollen des unbewussten System 1 des Hörers (vgl. Kahneman, S. 93; s. a. unten S. 237). Die Selbstkundgabe und die Gestaltung der Beziehungsebene stehen für den Redner in diesem Moment im unausgesprochenen (!) Vordergrund. Auch die alte römische Rhetorik kannte diese Wirkung – selbst wenn sie von der modernen Kommunikationswissenschaft noch weit entfernt war. Sie verwendete das Stilmittel der „captatio benevolentiae": Erheische das Wohlwollen des Auditoriums!

4. Die **Appell-Ebene**: In ihr kommt der Zweck der Kommunikation zum Ausdruck. Ich will den Zuschauer / Hörer zu einem bestimmten Verhalten, zu einer Entscheidung oder Einstellung auffordern.
   Schon auf der neuronalen Ebene der Redeschöpfung weiß das unbewusste System 1 durchaus, was es will. Es will mehr als nur die Beziehungsebene gestalten, sondern effektiv ein Ziel erreichen. Auf dem erfolgreichen Weg dorthin warten aber viele Hindernisse wie die geschickte Dosierung, die strategische Vorbereitung und die finale Aufforderung.
   Sicher steht diese Appell-Ebene nicht immer im Vordergrund, etwa bei der sogenannten Anlass- bzw. Festrede – es sei denn, man zählt den (ohnehin erwarteten) Applaus dazu. Bei der Überzeugungsrede hingegen ist die Appell-Ebene ganz klar der wesentliche Inhalt und das angestrebte Ziel des Redners. Dabei ist zu beachten, dass zu viel Appell das Gegenteil erreicht und abstoßend auf den Hörer wirken kann. Sehr leicht kippt die Stimmung, wenn der „Kauf mich, zahl es, zieh in den Krieg"-Appell

wiederholt, geradezu stakkatoartig intoniert wird. Wie es richtig geht, werden wir noch sehen.

Worauf soll ich mich als Redner bei diesen vier Ebenen konzentrieren – was soll ich als Zuschauer heraushören? Diese Fragen beziehen sich im Wesentlichen auf unser bewusst denkendes System 2. Seine Aktivität ist energieaufwendig und seine Aufnahmefähigkeit überschaubar – um seine Kapazitäten einzuschätzen, muss man nicht die (angebliche) Unfähigkeit des Mannes zum Multitasking bemühen. Beachten Sie daher unbedingt folgenden Hinweis: **Niemand** kann auch nur über einen kurzen Zeitraum hinweg **alle** vier Ebenen gleichzeitig bewusst kommunikativ gestalten oder mitverfolgen.

Die Konsequenz ist klar: Was wir bewusst übermitteln, bezieht sich in der Regel auf ein bis maximal zwei Kanäle von vier Kanälen; der Rest wird unbewusst durch System 1 mitgesteuert. Der Zuschauer verhält sich als Empfänger der Kommunikationsbotschaften genauso. Nur wissen wir in der Regel nicht, ob er sich gerade auch bewusst auf dasselbe konzentriert wie der Redner oder ob es nicht ein anderer Kanal ist. Daher sollte zumindest die unbewusste Mitsteuerung der **sonstigen** Mitteilungskanäle des Redners synchron verlaufen! Sonst fällt dem Zuhörer womöglich auf, dass zwischen dem bewussten und dem unbewussten Auftreten eine Diskrepanz besteht. Bedenken Sie, dass gerade dies unbewusst Misstrauen, Unglauben und Skepsis im Hörer hervorrufen kann. Er spürt intuitiv, dass etwas nicht stimmt. Der weitverbreitete Appell von Redetrainern: „Seien Sie natürlich, seien Sie authentisch“ setzt hier an. Wie wir das effektiv umsetzen, werden wir noch sehen.

2. Kommunikation als Transaktion

Kommunikation – auch in der Rede – ist gleichzeitig als Transaktion zu verstehen. Diese Dimension der Kommunikation bringt zum Ausdruck, dass man nicht nur spricht, „sondern der eine dem andern etwas tut und dieser wieder etwas tut“ (transactional stimulus und transactional response). So verstanden kann Reden also bereits Handeln sein! (Vgl. dazu Harris, S. 27 ff.) Von dieser Eigenschaft der Rede als Handeln, das wirken kann wie Gewalt oder Zuneigung, erzählen auch viele Sprichwörter.

„Lieber mit den Füßen ausrutschen als mit der Zunge.“
„Die Zunge hat keinen Knochen, aber sie kann ein Rückgrat brechen.“

Es liegt auf der Hand, dass sich der Redner daher bewusst sein sollte, dass er schon allein mit Worten handelt und was sein Handeln auslösen kann. Die Transaktionsanalyse als eine Teildisziplin der Psychologie hat dazu **zwei wesentliche Erkenntnisse für das richtige Reden** entdeckt und entwickelt. Die erste betrifft unsere Sicht auf uns und die anderen: o. k. oder nicht o. k. Die zweite betrifft die Instanzen, die diese Entscheidung beeinflussen: das Eltern-Ich, das Erwachsenen-Ich und das Kindheits-Ich.

Transaktionsanalyse: Alles eine Frage der Einstellung

Die Transaktionsanalyse als psychologische Theorie wurde von dem US-amerikanischen Psychiater Eric Berne (1910–1970) entwickelt und u. a. in dem wegweisenden Buch „Die Spiele der Erwachsenen: Psychologie der menschlichen Beziehungen" (1964) anwendungsorientiert beschrieben. Thomas Harris (1919–1995) als enger Mitarbeiter von Eric Berne konzentriert sich in „Ich bin o. k., Du bist o. k." (1963, Deutsch 1973) auf die wesentlichen Kernaussagen, die sich aus dem Verständnis der menschlichen Kommunikation als Transaktion ergeben. Dies betrifft zum einem die Aufdeckung von drei klassischen Ich-Zuständen, mit und in denen jeder Mensch situationsbezogen denken kann: Es handelt sich um das Eltern-Ich, das Erwachsenen-Ich und das Kindheits-Ich. Harris kombiniert diese „Seinszustände" (S. 33) mit der Beschreibung von vier möglichen Grundeinstellungen („Lebensanschauungen", S. 54 ff.) eines Menschen zu sich und seinen Mitmenschen. Damit legt er die Grundlage zu einem ganzheitlichen psychologischen Verständnis des menschlichen Denkens und seiner unbewussten, aber auch bewusst gestalteten Beziehung zur Umwelt mittels Kommunikation. Dieses Verständnis spielt auch für die Rhetorik als spezifischer Disziplin in der Schnittstelle der Kommunikation eines Redners zu seinem Publikum eine große Rolle.

Aus Sicht der Transaktionsanalyse ist die Einstellung des Redners zum andern und zu sich selbst letztlich fast digital: o. k. oder nicht o. k. (vgl. Harris, S. 54 ff.). Daraus resultieren vier grundsätzliche Lebensanschauungen/-einstellungen, die auch die Kommunikation zutiefst prägen (man spricht auch von den sogenannten emotionalen Kernpositionen):

a) Ich bin o. k. – du bist o. k.
b) Ich bin o. k. – du bist nicht o. k.
c) Ich bin nicht o. k. – du bist o. k.
d) Ich bin nicht o. k. – du bist nicht o. k.

Man muss kein studierter Psychologe sein, um zu wissen, dass die tendenzielle persönliche Einstellung zu sich selbst und die persönliche emotionale Kernposition zum anderen die Kommunikation und damit auch eine Rede enorm beeinflussen kann. Dabei kann gerade der „nicht o. k."-Modus des Selbst von Minderwertigkeitsgefühlen bis hin zur Selbstaggression reichen (vgl. Harris unter Bezug auf Alfred Adler, S. 62 f.). Natürlich muss das in der Rede nicht offenkundig sein. Wir wissen und wir werden noch weiter kennen lernen, wie hervorragend das bewusste System 2 auch schauspielern und täuschen kann. Nicht umsonst heißt das Hauptwerk von Eric Berne, dem Begründer der Transaktionsanalyse, „Spiele der Erwachsenen".

Egal wie gut Sie Ihr System 2 im Griff haben: Das unbewusste System 1 arbeitet währenddessen auf der Grundlage dieser „emotionalen Basisverdrahtung" in den Abermillionen seiner neuronalen Verknüpfungen permanent im „o. k. – nicht o. k."-Modus und generiert so auch die Vorlagen für das bewusste Sprechen. Damit generiert es auch die Vorlagen für das Verstehen! Beides geschieht folglich durch einen positiven oder negativen Filter. Für den Redner heißt das: Beeinflusse die Beziehung zum Zuschauer in Richtung „ich bin o. k. – du bist o. k.". Dieser Maxime entspricht die (rhetorische …) Frage des Rhetorik-Trainers: „Meinen Sie, Sie können mit einer negativen Selbstausstrahlung oder einem erkennbar negativen Selbstbild andere positiv rhetorisch lenken?" Und ebenso: „Meinen Sie, Sie können mit einer negativen Bewertung von Zuhörer und Publikum dieses positiv rhetorisch lenken?"

Daher ein wichtiger Hinweis für die Fans von „World of Warcraft" und Liebhaber des gepflegten Ego-Shootings: Wer glaubt, nach 150 virtuellen Tötungen habe das unbewusste Denksystem 1 einen Betriebsmodus des „du bist o. k." – der wird die bittere Erfahrung machen, dass dem nicht so ist: Er ist schlichtweg schon auf einen negativen Wert des Fremdsubjekts im wahrsten Sinn „geankert".

Mit der Grundprogrammierung auf „o. k. – nicht o. k." verbunden ist die andere zentrale Entdeckung der Transaktionsanalyse. Unser unbewusstes System 1 vereinigt in sich grundsätzlich **drei relativ eigenständige Denkweisen**: das Eltern-Ich, das Erwachsenen-Ich und das Kindheits-Ich. Das macht Reden und

Kommunikation nicht unbedingt leichter, wie sich der Leser jetzt denken kann. Nur: Es ist nicht von der Hand zu weisen, dass unsere Neuronen und Synapsen so arbeiten und schalten, und zwar in einem noch lange nicht vollends entschlüsselten Prozess, der die Menschheit seit Millionen von Jahren prägt. Was dies auch für die Rhetorik bedeutet, müssen wir uns im Folgenden vergegenwärtigen und daher diese drei Denkmodi kennen lernen, die jeder in sich trägt:

a) Das Eltern-Ich

Am Anfang unseres menschlichen Erlebens und damit auch Denkens stehen alle Erfahrungen der ersten sechs Lebensjahre, alle Regeln, Bewertungen und sonstigen Erfahrungen, die ein Mensch von seinen Eltern oder (den wenigen) vergleichbaren prägenden Personen übernimmt. Diese erworbenen Denk- und Verhaltensmodelle haben unbedingten Vorbildcharakter, weil all das, was ein Kind in diesem Stadium aufgenommen hat, von diesem Kind als **Wahrheit** wahrgenommen wird (vgl. Harris, S. 35). Aus der Sicht der Evolutionsbiologie ist dieses Verhalten elementar: Nur so kann ein Kind die Verhaltensmuster erwerben, die für das eigene Überleben unabdingbar waren und sind. Dieser „Eltern-Ich-Kodex“ wird mit Hunderten, ja Tausenden einfacher Lebensregeln aufgefüllt. Dazu zählen insbesondere solche, die mit den elterlich gesetzten Imperativen „du darfst nie / du musst immer / vergiss nie / pass auf wenn“ eingetrichtert werden. Unser unbewusst arbeitendes System 1 greift auf diese tief gespeicherten Eindrücke, Regeln und Werte automatisch zurück (s. dazu auch eingehend Eagleman, S. 220 ff., S. 129 ff.).

Für die Rhetorik hat die Entdeckung dieses Eltern-Ichs eine unmittelbare inhaltliche Auswirkung. Es gibt eine Fülle solcher Imperative, die für die überwältigende Mehrzahl aller Kinder und damit jetzt auch aller Zuhörer in gleicher Weise gesetzt wurden! Sie spielen also immer noch eine zentrale Rolle für das unbewusste Verstehen und Denken der meisten Zuhörer. Wer einen Anker mit einem solchen Imperativ in seiner Rede setzen oder seine Priming-Strategie auf diese Weise verstärken kann, der kann sich beinahe blind darauf verlassen, dass dieser Effekt seine Aussage nachhaltig kognitiv und emotional unterstützt. Dies geschieht tief im Unterbewusstsein, auf eine Weise, die das bewusste System 2 gar nicht mitbekommt.

Eine dramatische, sicher auch traurige Rolle spielt in der aktuellen politischen Diskussion hier etwa der zentrale Erziehungssatz, der wohl jedem von uns von den Eltern definitiv eingetrichtert wurde: „Pass auf vor einem Fremden, du weißt nicht, ob er böse ist; sei vorsichtig, geh auf keinen Fall mit ihm." Auch wenn in jeder seriösen Diskussion zur Flüchtlingspolitik die Angst vor Überfremdung relativiert und die Notwendigkeit der Integration mit sachlichen Argumenten belegt werden kann: Man muss kein Psychologe sein, um den unbewussten Einfluss dieser zentralen abgespeicherten Aussagen und damit Verhaltensvorgaben des Eltern-Ichs bei tendenziell fremdenfeindlichen Reden als Anker-Phrase gewärtigen zu müssen.

Ein weiteres wirksames Ankern ist etwa der Verweis auf Übungen und Gewohnheiten, die unsere Eltern traditionell praktizierten und die wir derart tradiert auch in eine Rede einpflegen. Der Satz „Lehrjahre sind keine Herrenjahre" ist beispielsweise als Zitat schon eine Autorität – aber als Anker verstärkt er sich noch mehr, wenn es etwa um die Frage von Disziplin und Ordnung in einem Redebeitrag geht.

b) Das Kindheits-Ich

Spiegelbildlich zu den „Wahrheiten" der Eltern, die man vermittelt bekommt, speichert jedes Kind im unbewussten Erinnern die innere Wahrnehmung und Empfindung dessen, was es sieht, hört oder spürt. Es ist nicht verwunderlich, dass dieses Erleben aus unmittelbaren Gefühlen besteht, an die ein Kind teilweise ein Leben lang zurückdenkt – und vorher natürlich auch zurückfühlt! Ganz gleich ob mit Freude oder – wohl häufiger – mit negativen Gefühlen wie Schmerz, Zurückweisung, Frustration (vgl. Harris, S. 40 ff.). Damit ist klar, dass Erfahrungen, die mit dem Kindheits-Ich verknüpft sind, ebenfalls eine mächtige Rolle für die Bewertung von Sachverhalten spielen und damit rhetorisch nutzbar gemacht werden können. Auch sie stellen ein wesentliches Fundament der emotionalen und bewertenden „Schaltungen" im unbewusst arbeitenden System 1 dar.

Beispiel: In einer Diskussion über die Rechtfertigung von Kündigungen setzte ein Diskussionsteilnehmer einen wirkungsvollen Anker mit dem Satz „Wer nicht hören will, muss fühlen", als er die Bedeutung von verhaltensbedingten Kündigungen auch wegen kleiner Verfehlungen verteidigte. Welcher Zuhörer hatte diesen Satz nicht schon dutzendmal in sein Kindheits-Ich eingebläut bekommen?

c) Das Erwachsenen-Ich

Die Entwicklungspsychologie hat herausgearbeitet, dass ein Kind ab dem 10. Lebensmonat die Fähigkeit besitzt, ein eigenständiges Bewusstsein und Denken zu entwickeln. Thomas Harris liefert dazu eine prägnante Beschreibung:

> Das Erwachsenen-Ich füllt sich mit Inhalten – und Denkoperationen –, sobald das Kind die Fähigkeit besitzt, selbständig zu klären, worin sich die Lebenswirklichkeit unterscheidet von dem „gelernten Weltbild" seines Eltern-Ichs und dem „gefühlten Weltbild" seines Kindheits-Ichs. Das Erwachsenen-Ich baut (Schritt für Schritt) sein eigenes „gedachtes Weltbild" auf, indem es Informationen über die Realität sammelt und verarbeitet. (Harris, S. 45)

Letztlich bildet sich damit das bewusst operierende System 2 mehr und mehr aus. Dies ist die Grundlage zum vollständigen Denken als Human – einschließlich der wesentlichen Fähigkeit zur Wahrscheinlichkeitsabschätzung und zur Kreativität. Es entwickelt sich zeitgleich die Fähigkeit zum Sprechen und damit zur bewussten Verbalisierung des Denkens. Mit anderen Worten: Nur ein Mensch, der dieses Erwachsenen-Ich ohne größere Abweichungen (Devianzen) entwickelt, ist zum objektiven Lernen, zur objektiven Auseinandersetzung mit der Wirklichkeit imstande. Nur dann wird er auch ein anerkannter Redner sein und als Zuhörer eine Rede reflektieren können.

Auch das Erwachsenen-Ich produziert aber eine Fülle von typischen Denkfehlern (Bias). In seinem epochalen Werk „Schnelles Denken, langsames Denken" hat Daniel Kahneman diese strukturellen Probleme herausgearbeitet (vgl. Kahneman, insbes. Kap. 7 und 8). Ein **Beispiel** für diese Denkfehler ist die Schwäche fast jedes Menschen, die Wahrscheinlichkeit seltener Ereignisse realistisch zu bewerten. Gerade wenn Ereignisse mit negativen Gefühlen und Erfahrungen oder mit großen Schäden verbunden sind, passiert Folgendes: Menschen überschätzen die Wahrscheinlichkeiten unwahrscheinlicher Ereignisse (vgl. Kahneman, S. 396 ff.) und messen ihnen bei ihren Entscheidungen übergroßes Gewicht zu. Die auffallende publizistische Hysterie in den Medien bei der Diskussion von Selbstmordattentaten oder Amokläufen kann man damit erklären – ja sogar auch manipulieren!

Wenn Sie jetzt bereits an das geflügelte Wort denken sollten, nur solche Statistiken zu verwenden, die Sie vorher selbst gefälscht (oder geschönt: interpretiert) haben – dann liegen Sie hier bestimmt nicht falsch. Es ist eine wichtige Voraussetzung, zu verstehen, dass und wie man das bewusst arbeitende

System 2 beeinflussen und gegebenenfalls auch manipulieren kann. Für eine effiziente Rhetorik haben Sie also gerade hier interessante Ansatzpunkte. Wir werden sie vor allem bei den Fragen der Argumentationslehre noch eingehend durcharbeiten.

3. Auf dem Weg zur neurolingualen Intervention (NLI)

Auf Grundlage der Erkenntnisse zu Lebensanschauungen und Denkweisen zeichnet sich immer mehr ab, wie Rhetorik wirksam eingesetzt werden kann. Wir sehen aber auch, wie Rhetorik natürlich auch dazu verwendet werden kann, die Zuhörer zu manipulieren! Die Literatur zur „Kunst der Manipulation", zu „satanischen Redefähigkeiten", zur „neurolinguistischen Totalprogrammierung" und was es da noch alles gibt, ist dabei kaum zu übersehen. Das Problem mit diesen „teuflischen Künsten" und „Programmierungscodes" ist nur: Es gibt niemanden, der auch nur annähernd perfekt einsetzen kann, was er als Autor oder Schüler perfekt zu beherrschen vorgibt. Auch die selbst ernannten Großmeister im Bereich „Macht der Rede" haben hier offensichtlich Probleme, als „überirdische Rhetorikmagier" Anerkennung zu finden. Ich rate daher dringend davon ab, eine solide rhetorische Ausbildung durch solche „rhetorische Schwarze Magie" ablösen zu wollen.

Davon abzugrenzen ist die sogenannte **neurolinguistische Programmierung (NLP)**: Obgleich offensichtlich eine exakte Definition fehlt, versteht man unter NLP ein regelbasiertes, psychologisch und linguistisch (= sprachwissenschaftlich) verortetes methodisches Instrumentarium, aufgrund dessen seine Nutzer in der Lage sind, sich selbst und eine andere Person vollständig wahrzunehmen und durch die Verwendung exakter Handlungs- und Verhaltensanweisungen das Denken, die daraus resultierenden Entscheidungen einer anderen Person und deren Verhalten gezielt und weitgehend zu beeinflussen und zu verändern (vgl. zur Einführung Seidl, NLP, und Mohl, Der Zauberlehrling).

NLP kann schon deswegen in der Rhetorik nicht oder nur schwer funktionieren, weil wesentliche Elemente ihres Instrumentariums für die Kommunikation mit einer **Gruppe nicht anwendbar** sind. Schwerpunkt ist die Kommunikation mit einem individuellen Gegenüber (vgl. Seidl, NLP, S. 35). Wer versucht, eine ganze Zuhörergruppe in ihrer Gesamtheit mit den zentralen Elementen der NLP kommunikativ zu bearbeiten, sie also zu kalibrieren, sie auf ihre „sprachlichen Repräsentationssysteme" zu analysieren oder „Augenzugangshinweise" zu sammeln, um dann zu „leaden" oder zu „pacen", dass der Versammlungsraum nur so wackelt, der ist nach meiner Kenntnis damit bislang grandios gescheitert (vgl. dazu u.a. Rappmund, Manipulation, S. 134 ff., Mohl, Der Zauberlehrling, S. 137 ff., S. 191 ff., s.a. Braun, Die Macht der Rhetorik).

Ich will nicht verhehlen, dass viele Erkenntnisse und Thesen derartiger Autoren durchaus mit ernsthafter wissenschaftlicher Methodik erarbeitet wurden. Der – selbst nur teilweise – experimentelle Nachweis der wissenschaftlichen Richtigkeit der Gesamttheorie ist aber nicht existent; auf jeden Fall nicht, soweit es die Bedeutung der NLP für die Rhetorik als eigenständiger und ganzheitlicher geisteswissenschaftlicher Technik und Disziplin betrifft. Vor diesem Hintergrund rate ich zu einer realistischen Bescheidenheit, wenn es darum geht, das Potenzial der modernen wissenschaftlichen Erkenntnisse von Psychologie, Linguistik und weiteren sozialwissenschaftlichen Teildisziplinen als Grundlage für eine optimierte Theorie und wissenschaftliche Deutung der Rhetorik zu nutzen.

Die vorstehenden und nachfolgenden Darlegungen zeigen, wie hochkomplex die Rhetorik ist. Nicht umsonst heißt sie ja Redekunst; sie ist mit Sicherheit kein bloßes Redehandwerk. Wer also eine realistische Bestandsaufnahme der aktuellen – praxisbezogenen – Rhetorik angeht, der wird eingestehen müssen, dass die Rhetorik in ihrer vielschichtigen Matrix von unterschiedlichen Teilelementen von einer exakten Wissenschaft der algorithmischen neurolinguistischen Programmierung weit entfernt ist. Der Anspruch mancher Autoren, „nicht nur systemisch perfekte Manipulationskonzepte (der Sprache) zusammenstellen zu können, sondern auch immer zu wissen, warum sie funktionieren", ist schon bemerkenswert (so aber z. B. Rappmund, Manipulation, S. 50 f.). Letztlich ist diese Behauptung nichts anderes als eine ziemlich bedenkliche und manipulative (!) Marketingstrategie, die dem selbst gesetzten wissenschaftlichen Anspruch bei Weitem nicht entsprechen kann. Zwar wird sich die Rhetorik durchaus unter der Einwirkung der neuen wissenschaftlichen Erkenntnisse konstant fortentwickeln. Gleichwohl ist es zweifelhaft und wird es jedenfalls noch lange kaum möglich sein, eine in sich völlig schlüssige rhetorische Theorie und Wissenschaft als Zusammenfassung gesicherter wissenschaftlicher Ansätze mit einem **umfassenden wissenschaftlichen Geltungsanspruch** für die Rhetorik zu formulieren. Eine solche „allgemeine rhetorische Relativitätstheorie" müsste ansonsten ja folgenden Ansprüchen – mindestens – gerecht werden:

- eine exakte Einordnung aller verbalen und nonverbalen Analytik und Praxis der rhetorischen Instrumente zu leisten
- eine exakte linguistische und psychologische Beschreibung der Rhetorik mit universeller Verwendbarkeit bei allen gängigen Sprachen zu vollbringen
- eine exakte sozialpsychologische, sprachwissenschaftliche, kulturwissenschaftliche, soziologische und politologische Beschreibung des Einsatzes der Rhetorik zur Erzielung gewünschter Transaktionsergebnisse formulieren

Davon ist die Rhetorik als Teildisziplin der Geisteswissenschaften noch Lichtjahre entfernt – wenn diese Vielzahl an Zielen überhaupt je erreicht werden könnte. Sie kann jedoch schon heute davon profitieren, was die Erforschung der neuronalen Struktur unseres Gehirns und seiner Arbeitsweise gerade im **unbewussten** Bereich erbringt. Wir erkennen zunehmend die Funktionen der neuronalen Schaltungen des Unbewussten, die dem bewussten Denken Lösungen für erkannte Fragen und Probleme anbieten. Diese unbewussten Vorgänge kann sich die Rhetorik zunutze machen, um gezielt eigene Fragen zu platzieren und überzeugende Antworten zu präsentieren. Der theoretische Ansatz und das damit eingeführte Instrumentarium können unter einem neuen terminus technicus zusammengefasst werden: Neurolinguale Intervention. Damit wird zum einen die Leistung des Instrumentariums beschrieben, aber auch die Aufgabe und die Zielsetzung, die der Einsatz des neuen rhetorischen Ansatzes auf der Grundlage der Verhaltenspsychologie verfolgt.

Derzeit lassen sich folgende **wesentliche Erkenntnisse und Einzelelemente** der NLI formulieren:

Die „neuronale Heuristik" des menschlichen Denkens ist nicht „rational-linear", sondern basiert auf elementaren Bewertungen des **unbewussten** Denkens mit „Berechnungen von Ähnlichkeit und Repräsentativität, Kausalattributen und Bewertungen der Verfügbarkeit von Assoziationen und Musterbeispielen" (Kahneman, S. 120). Die ungeheure Vielfalt permanenter Berechnungen, Wertungen und Assoziationsabgleiche, die ständig im Gehirn stattfinden, führt daher im unterbewusst arbeitenden System 1 zu keinen rational abgeleiteten Antworten und Lösungen, die in Sprache und Rede umgewandelt werden. Die Methodik der Erkenntnis- und Entscheidungsfindung gleicht vielmehr einer mentalen Schrotflinte, mit der das Unterbewusstsein aus der Fülle seiner Er-

NLI: Klassische Rhetorik und moderne Psychologie

Die neurolinguale Intervention (NLI) versteht sich als ein rhetorisches Konzept, das die modernen psychologischen Erkenntnisse zur Funktionsweise menschlichen Denkens, seiner Wahrnehmungs- und Problemlösungsmechanismen sowie die Grundlagen der Transaktionsanalyse und der Kommunikationspsychologie auf ihre Relevanz für die Rhetorik hin überprüft. Sie formuliert daraus ein methodisches Instrumentarium, mit dem die wesentlichen Prozesse der Rhetorik ganzheitlich schlüssig erklärt und gezielt beeinflusst werden können. Grundlage der NLI ist ein neues Verständnis des rhetorischen Gestaltungs- und Wirkungsprozesses, der überwiegend durch das unbewusste System 1 des menschlichen Denkens gesteuert wird und in vielen Facetten das bewusste System 2 beeinflusst. Die NLI trägt der aus der Verhaltensökonomie übernommenen Erkenntnis Rechnung, dass der Mensch durchweg weniger als Econ rational-logisch versteht, denkt und spricht, sondern als fehleranfälliger Human auch seine rhetorischen Prozesse gestaltet. Dies gilt für alle Teilelemente der Rhetorik, insbesondere die Argumentation, die rhetorischen Instrumente und die nonverbalen Elemente einer überzeugenden Rede. Die NLI bietet für alle diese Bereiche Ansätze und Methoden, die auf das unbewusste System 1 und damit das Zentrum menschlicher Denk- und Entscheidungsprozesse zielen. Das entsprechende Instrumentarium entwickelt sie analog zur modernen Verhaltens- und Kommunikationspsychologie dynamisch und versteht sich daher als offenes Konzept, dessen theoretische und praktische Grundsätze im Anschluss an die Forschung kontinuierlich weiterentwickelt werden.

fahrungen die Register treffen will, von denen es eine Lösung für das Problem erwartet. Bei der weiteren Auswahl von Lösungsansätzen arbeitet das Unterbewusstsein dann gerne mit Analogien und der Ersetzung von komplizierten Fragen durch einfache (Kahneman, S. 125, S. 127, S. 133).

Das menschliche Denken lässt sich damit auch **nicht hundertprozentig bewusst manipulieren.** Der aktuell bekannte rhetorische Prozess der Produktion einer Rede ist aber durchaus einer **gezielten Intervention** zugänglich, die der neuronalen Denkheuristik eines Zuhörers „neuronale Leitplanken" vorgeben oder „heuristische Angebote" machen kann: Das können Lösungsbilder, Affekte, Gefühlsmomente, Wertmuster oder gedankliche Frames sein. Sie führen, in einer Rede bewusst eingesetzt, sofort dazu, dass die neuronale Heuristik des

Zuhörers sich damit beschäftigt. Wenn diese dann Ähnlichkeiten, potenzielle Lösungen für die interne Heuristik-Maschine darin sieht, dann ist das Denken tatsächlich mit der Intervention in neue Bahnen geleitet; auf diesen können dann weitere Interventionen stattfinden.

Die nachweisliche Wirksamkeit solcher rhetorischer Einzelinterventionen zeigt sich beispielsweise an einem verblüffenden Verhalten in der wissenschaftlichen Praxis, das Kahneman ausführlich beschreibt (S. 142 f.): Selbst erfahrene Wissenschaftler unternehmen weniger Anstrengungen bei der Erarbeitung wissenschaftlicher Erkenntnisse und ihrer Präsentation, als notwendig wäre, um ein wirklich valides Ergebnis aus ausreichend großen Stichproben zu erzielen. Im Gegenzug akzeptiert auch das Publikum bei der Präsentation fremder Ergebnisse die Aussagekraft unzureichender Stichproben genauso bereitwillig (Kahneman, S. 143; s. dazu auch Gigerenzer, S. 30 ff.). Die neuronale Bereitschaft des unbewusst arbeitenden System 1 für voreilige Schlussfolgerungen ist unglaublich groß. Entscheidend ist allein die „Kohärenz der Geschichte", die System 1 damit erschafft; die Menge und Qualität der Daten, auf denen die Geschichte beruht, ist weitgehend belanglos (Kahneman, S. 112 mit Quellen). System 1 wird damit zur „Maschine für voreilige Schlussfolgerungen", es arbeitet nach dem Prinzip „What you see is all there is (WYSIATI)" (Kahneman) – „nur was man gerade weiß, zählt".

Daraus resultiert, dass auch das träge arbeitende bewusste System 2 permanent von vielen neuronalen Lösungsvorschlägen und intuitiven Überzeugungen des System 1 geflutet wird und diese in der Regel auch berücksichtigt. Erst wenn System 2 völlig in den bewusst-logischen Denkmodus schaltet, wird dies anders (und das geschieht viel zu selten, etwa auch während einer Rede, der man „mal eben so" folgt). Das unbewusste System 1 beeinflusst daher auch eher sorgfältigere Denkabschnitte, da sein Input für das bewusste System 2 permanent läuft (Kahneman, S. 113).

Damit ist eine weitere Erkenntnis verbunden: Das neuronale System 1 des Zuhörers muss auf den Redner buchstäblich hören wollen – mit anderen Worten: Beeinflussung setzt eine **emotionale und neuronale Bereitschaft** des Zuhörers für die Aufnahme solcher Signale voraus. Je ablehnender das Auditorium einem Redner gegenübersteht, umso mehr schaltet System 1 darauf um, Lösungen zu finden, mit denen man das Angebot des Redners erfolgreich ablehnen oder sogar konterkarieren kann. Es ist daher eine wichtige Aufgabe eines erfolgreichen Redners, entweder die Bereitschaft zum Zuhören zu wecken oder alternativ für einen „Aufmerksamkeitsmodus“ zu sorgen, in dem System 1 des Zuhörers einfach mitläuft.

Es gibt eine Reihe von **„Denktendenzen“ von System 1**, die durch rhetorische Angebote und Formulierungen äußerst effektiv angetriggert werden können. Dazu gehören folgende **Beispiele** (vgl. Kahneman, S. 139 ff.):

- Die Neigung, schon den Ergebnissen kleiner Stichproben Glauben zu schenken
- Die Neigung, eher zu glauben als zu zweifeln, mit dem Risiko, die Konsistenz und Kohärenz dessen, was man sieht, zu überzeichnen (Neigung zu voreiligen Schlussfolgerungen)
- Die Neigung zu kausalem Denken. Das klingt zunächst ungefährlicher als es ist; es hat aber mindestens eine dramatische Gefahrenstelle: das Risiko von massiven Fehlern, wenn man rein zufällige Ergebnisse „buchstäblich so hinstellt, dass das kein Zufall sein kann“ (der „Hand Gottes-Bias“, vgl. Dobelli, S. 97 ff.). Wenn der Einzelne daraus vermeintlich plausible Schlüsse zieht, dann ist System 1 wieder unbewusst einem Einflüsterer (oder Redner) auf den Leim gegangen.

Menschen sind eher dann empfänglich für Interventionen in das unbewusste System 1, wenn sie sich **nicht in einem „Zustand erhöhter Vigilanz“** befinden, der etwa das kritikfähige System 2 aktivieren würde. Auch hier gibt es einige typische Situationen, die **derartige Interventionen messbar** erleichtern und die Aufnahmebereitschaft für gezielte Thesen des Redners signifikant erhöhen.

Beispiele:

- Zuhörer sind gut gelaunt, weil sie gerade an eine glückliche Episode in ihrem Leben gedacht haben
- Zuhörer sind noch mit einer vorausgegangenen anstrengenden Aufgabe befasst (etwa durch eine Fragestellung) und daher abgelenkt
- Man gibt Zuhörern das Gefühl, Macht zu haben
- Man präsentiert den Zuhörern eine Geschichte, die sie als kohärent und plausibel bewerten können und daraufhin zur vom Redner gewünschten Einstellung gelangen
- Zuhörer werden daran erinnert, dass sie hohes Vertrauen in ihre Intuition haben können – oder aber:

- Zuhörer werden daran erinnert, dass sie ihrer Intuition misstrauen sollten. Mit der Erkenntnis, dass ihre intuitiv vorhandenen Urteile auf struktureller Selbstüberschätzung und verzerrter Wahrnehmung beruhen, wächst die Bereitschaft, stattdessen dem Redner zu glauben.

Die neurolinguale Intervention sollte behutsam erfolgen und am besten so **unterschwellig** ausgeprägt sein, dass sie das bewusst arbeitende System 2 nicht aktiviert und zu Zweifeln anregt. Eine wesentliche Rolle für eine effiziente unterschwellige Intervention spielt die **Körpersprache**, auf die wir noch intensiv eingehen werden. Solange diese Körpersprache als authentisch empfunden wird, als glaubwürdiger „nonverbaler Begleitkontext" einer Rede, ist System 1 nicht veranlasst, argwöhnisch oder skeptisch zu reagieren. Der Redner ist dann offensichtlich so, wie er redet – und diese Kongruenz wirkt doppelt, da sie unbewusst die Neigung verstärkt, dem Gegenüber Glauben zu schenken.

Die NLI kann eine Fülle der typischen „heuristischen Fehler" (Bias) des unbewusst arbeitenden Systems 1 geschickt in die eigene Argumentation einbauen. Damit wird eine Rede zwar nicht „wahr" – aber kohärenter und plausibler.

Hierfür gibt es zahlreiche **Beispiele**, die Econs sprachlos machen; zitiert sei ein besonders krasses, das von Humans in der Fernsehwerbung aber schlichtweg als wahr akzeptiert wird: Es ist die „Verivox"-Werbung der Jahre 2015 / 2016 zu Strompreisvergleichen mit den Geissens. Es gibt zuerst die zwar richtige, aber typisch „leicht doof" ausgesprochene Feststellung von Frau Geissen: „Wer vergleicht, kann beim Verbrauch sparen." Der zentrale Antwortsatz des „verschlagen-schlauen" Herrn Geissen lautet: „Und wer **mehr verbraucht, spart** auch mehr" – dazu lacht er sein Kapitalistenlachen und schaltet das Flutlicht für den Swimmingpool ein. Es stellt sich nun die Frage, ob die Geissens tatsächlich mehr sparen, wenn sie mehr verbrauchen, und **sich daher auch mehr leisten können**. Diese Frage wurde von den meisten von mir befragten Studenten in einer – sicher nicht repräsentativen – Umfrage für richtig gehalten. Obwohl diese Schlussfolgerung zumindest konkret leicht widersinnig ist: Wer mit Flutlicht seinen Pool beleuchtet, der spart nicht, sondern verbraucht aberwitzig viel Strom und wirft das Geld buchstäblich zum Fenster hinaus!

Man kann nun weiter fragen: Warum glauben die Zuseher den Spruch von Herrn Geissen „Wer mehr verbraucht, spart auch mehr"? Vieles hat schlicht mit dem „Erfolgssetting" der Millionärsfamilie Geissen zu tun, die als zwar etwas schlicht empfunden wird, gerade deswegen aber auch als glaubwürdig. Das ist sogar wissenschaftlich erwiesen: Wenn Sie einen erfolgreichen Millionär zitieren, dann ist die Neigung, das für wahr zu halten, was er sagt, überdurchschnittlich hoch (der Bias des sogenannten Halo-Effektes, vgl. Kahneman, S. 254, s. a. Dobelli, S. 157 f.).

Wir werden solche Bias-Manipulationen im Folgenden noch häufig ansprechen, weil sie eben rhetorisch enorm wichtig sind.

Das unbewusste System 1 und das bewusste System 2 haben eine Schwäche: Sie können nicht allzu viel von dem Gehörten merken und so abspeichern, dass die Erinnerung daran nachhaltig bestehen bleibt. Diese Erkenntnis erlebt jeder von uns, wenn er ein Gedicht auswendig lernen soll. Die Konsequenz für eine Rede ist offensichtlich: Beide Systeme des Zuhörers übernehmen geradezu dankbar plausible, klare und leicht memorierbare Botschaften für ihren Denkprozess. Dies ist der eigentliche Kern für die allgemeine Weisheit der praktischen Rhetorik: Konzentrieren Sie sich auf drei bis maximal fünf Aussagen, die man für wichtig hält – mehr kann man nicht im Kopf behalten. Diese „Merkweisheit“ gilt übrigens für beide – den Zuhörer und den Redner!

Dabei sollten Sie als Redner sorgfältig vorbereiten, wie Sie Ihre Merksätze im Kopf des Zuhörers verankern: Nur wenn das Aufgenommene in einer „merkfähigen“ Übereinstimmung zum assoziativen Denk- und Verarbeitungssystem des Zuhörers steht, ist der „Merkerfolg“ sicher. Dies kann übrigens auch so passieren, dass die Rede genau das Gegenteil von dem trifft, was ein Zuhörer über ein Thema annimmt; dass also etwas Dargestelltes derart weit weg vom Gewussten liegt, dass es geradezu eine komische Note annimmt – und dann gerade deswegen einprägsam wird.

Ein **Beispiel** ist die – zumindest für jeden erwachsenen Bayern und Deutschen – berühmte Rede des früheren bayerischen Ministerpräsidenten Edmund Stoiber zur Vision des Transrapid in München: „In 10 Minuten vom Hauptbahnhof zum Flughafen“. Diese Rede bedient die dargelegte These der leichteren Merkbarkeit doppelt: Edmund Stoiber formuliert darin wiederholt die für einen Zuhörer schier unmögliche Vorstellung: „Sie checken am Hauptbahnhof München ein und sind in 10 Minuten am Flughafen“; sie kann durch diese Wiederholung leichter im Gedächtnis verankert werden. Und sie ist dank Stoibers rhetorischer Performance des hilflosen Faselns von einer derartigen selbstsatirischen Absurdität, dass daraus ein unvergesslicher Witz wird.

Viele der rhetorischen Stilformeln beruhen in ihrer Wirksamkeit auf dieser Regel: Sie sind in ihrer Prägnanz leicht merkbar und können buchstäblich bildlich gesehen werden – wir werden dies noch eingehend analysieren.

Zusammenfassung

Wie wir gesehen haben, gibt es viele neurolinguale Einzelelemente, die ein geschickter Redner als Instrumentenkasten für seine erfolgreiche Rede verwenden kann. Die Basis ist das rhetorische Wissen; ihm muss die rhetorische Übung und sorgfältige Vorbereitung des eigenen rednerischen Auftrittes folgen. Nicht umsonst heißt es seit Jahrtausenden: **„poeta nascitur, orator fit"**: Zum Dichter wird man geboren, zum Redner hingegen kann man geschult werden. Die Übung des wirkungsvollen Auftritts, der richtigen Körpersprache und einer „gefälligen" Argumentation entfaltet in Verbindung mit modernen Erkenntnissen der NLI ihre Wirkung. Dies wollen wir nun bei einer Fülle von Einzelpunkten als Teilelementen der Rhetorik-Matrix im Folgenden bearbeiten.

Vorbereitung

IV. Die richtige Strategie für eine Rede = die richtige Vorbereitung einer Rede

„Kein Wind ist demjenigen günstig,
der nicht weiß, wohin er segeln will."
(Michel de Montaigne, 1533–1592)

Wahrscheinlich ist es Ihnen auch schon passiert: Sie wussten, dass Sie eine Rede oder einen Vortrag (z.B. 25 Minuten lang) halten mussten – aber zwischen Ihnen und der Rede lag ein furchterregendes Tier: der innere Schweinehund. Immer wenn Sie an die Rede dachten, hielt dieses Tier Sie von einer Ausarbeitung ab – bis endlich 48 Stunden vor dem Termin der Panikmodus Sie endlich dazu brachte, dieses Vieh zu vertreiben. Schnell zimmerten Sie eine Gliederung und machten sich an drei bis fünf Gedanken, Sie vergaßen ein Zitat nicht und schrieben zwei Seiten mit Ihren Ideen handschriftlich voll. Mit gemischten Gefühlen gingen Sie in die Veranstaltung – „es wird schon gut gehen" –, nach ein paar Versprechern und nervösem Haspeln ging es dann halbwegs passabel weiter und am Schluss erhielten Sie einen freundlichen Applaus (der vielleicht ein wenig länger hätte ausfallen können). Und auf die drängende Frage „Wie war ich?" (sie ist als Kalauer bei Männern und Rednern zentral) folgt das nett gemeinte „war o.k." Ihrer Kollegen oder Kommilitonen, was im ganzen Satz ungefähr bedeutet: „Dein Vortrag war so durchschnittlich wie der Beitrag einer langweiligen Tagesschau". Es bleibt eine kurze Erleichterung und das fade Gefühl: Bei diesem Auftritt wäre mehr drin gewesen. Und trotz dieser Erfahrung geht das gleiche Spiel beim nächsten Vortrag wahrscheinlich wieder von vorne los.

Dabei haben Sie, wenn Sie nicht gerade Berufspolitiker sind oder Zentralvorstand eines großen Unternehmens, die Gelegenheit zu einer mittelgroßen Rede (ab 20 Minuten) maximal einmal pro Monat – wenn überhaupt so oft. Auch für Studierende gilt für Seminararbeiten und Präsentationen das Gleiche. Maximal einmal pro Monat haben Sie die Chance, sich einer größeren Zahl von Zuhörern zu präsentieren und einen positiven Eindruck zu hinterlassen. Der potenzielle Effekt einer maximal mittelmäßigen Rede hingegen: Ihre Rede war nach einem Tag vergessen. Wieviele Reden sind Ihnen zumindest als Eindruck eigentlich heute noch in Ihrer Erinnerung positiv präsent? Welche davon war besonders bzw. an welchen Redner erinnerten Sie sich noch länger und woran lag das? Sicherlich nicht daran, dass der Vortrag solides Mittelmaß war.

Vor einer Rede sollten Sie daher **nicht** auf Ihre Intuition vertrauen oder Ihre Fähigkeit zum spontanen Glanzauftritt. Die Erkenntnisse der NLI sind eindeutig: Der Erfolg einer gelungenen Rede hängt davon ab, das unbewusste „kollektive System 1" der Zuhörer anzusprechen und gerade damit Ihre wesentlichen Redebotschaften im Bewusstsein der Zuhörer zu verankern. Das bedeutet aber: **viel Arbeit in die Vorbereitung stecken** – und es zahlt sich mehrfach aus! Wieso? Das erkläre ich Ihnen gerne, wenn Sie die nachfolgenden 4 Schritte gelesen und verstanden haben:

1. Vier Schritte für die Vorbereitung einer Rede

Schritt 1: Der richtige Auftrag

Ihrer Rede geht immer ein Auftrag voraus, den Sie von Ihrem Professor, Ihrem Vorgesetzten, Ihrem Publikum und am besten von sich selbst erhalten.

Er lautet **nicht**: Halten Sie eine Rede.

Er lautet: Halten Sie eine **gute** Rede.

Nicht mehr, aber auch nicht weniger. Eine Rede ist nur dann gut, wenn sie beim richtigen Publikum gut ankommt und das erwünschte Feedback auslöst. Und eine gute Rede ist niemals Mittelmaß.

Was bedeutet das – eine gute Rede? Man müsste meinen, dass ein Arbeitsplatz, an dem es per definitionem nur Berufsredner geben darf, die beste Messlatte dafür ist, was gutes Reden ausmacht. Dieser Platz heißt Parlament – also „der Ort der Redner" (von lateinisch „parlare" = es ausreden, bereden). Wer aber je auf einer Besuchertribüne des Bundestages oder eines Landesparlamentes saß (und ich mache mir manchmal die Mühe, mit meinen Studierenden genau das zu tun), der wird erschüttert festgestellt haben: Geboten wird durchweg rhetorischer Durchschnittsfraß – der letztlich auch erklärt, warum kein Parlament der Welt es wagt, für so etwas Eintrittsgeld zu verlangen.

Werden wir deutlich: Dieser rhetorische Durchschnittsfraß begegnet uns überall; ja selbst dann, wenn ein Vorstandsvorsitzender eines DAX-Unternehmens von der Aktionärsversammlung einen Vertrag verlängert haben will, der ihm Millionen pro Jahr einbringt, oder ein Bundesminister im Parlament eine Rede hält, die zumindest in Ausschnitten Millionen Menschen abends in den Nachrichten sehen. Angesichts dieses rhetorischen Umfelds ist die Aufgabe eines guten Redners gar nicht einmal so schwer:

Seien Sie in mindestens **10 Einzelelementen** Ihrer Rede besser als der durchschnittliche Redner – und man wird Sie als guten Redner einstufen. Oder auch realistischer: Begehen Sie in Ihrer Rede nur 5 Fehler weniger als der durchschnittliche Redner und setzen Sie 5 gute rhetorische Einzelelemente drauf!

Dieser Weg beginnt aber mit einem wichtigen ersten Schritt, den viele erfahrungsgemäß am Anfang nicht aussprechen – und damit auch konsequent einen Fehlschlag in Kauf nehmen. In diesem ersten Schritt geben Sie sich als Redner **vor** der Rede einen **besonderen Auftrag** (den mindestens 98 von 100 Abgeordneten im Bundestag vor ihrer Rede sich so eben nicht gegeben haben und daher mangels Reflexion diesen Auftrag auch nicht erfüllen können):

Sie wollen eine **gute Rede** halten.

Schritt 2: Die Zielgruppe und ihre Erwartungshaltung

Sie analysieren die Zielgruppe Ihrer Rede. Ob Gelegenheitsrede, Sachvortrag oder Überzeugungsrede: Die Zuhörergruppe hat in der Regel eine spezifische Zusammensetzung und eine gezielte Erwartung. Wir unterscheiden dabei im Wesentlichen **4 Zielgruppen**, die sich jeweils durch ganz spezifische Eigenschaften auszeichnen, auf die der Redner unbedingt eingehen muss:

1. **Privat:** Der engere Familienkreis und der Freundeskreis, in dem Sie auch sehr Persönliches geschützt weitergeben können.
2. **Gesellschaftsleben:** Vereine, Gesellschaften, Versammlungen anlässlich bestimmter Jubiläen oder Gedenken, aber auch zufällige Gruppen wie etwa bei Sportveranstaltungen; hinzu kommen religiöse Veranstaltungen und Feiern. Das Gesellschaftsleben ist eine Fundgrube für Reden aller Arten! Neben Gelegenheitsreden kann da auch schon mal ein Sachvortrag angesagt sein, aber auch Bewerbungsreden für einen Vereinsposten kommen vor. Gute Reden sind selten, gute Redner sind daher hoch im Kurs. Aber bedenken Sie eines: Gerade hier können Sie auf keinen Fall mit dem Schutz der Vertraulichkeit des Wortes rechnen; im Gegenteil: die moderne Medienkultur bringt es mit sich, dass Sie Ihre Rede (gerade dann, wenn es garantiert nicht sein muss …) sofort auf Youtube und anderen sozialen Medien wiederfinden.
3. **Beruf und Wissenschaft** – und zwar über alle Fakultäten hinweg, von den Geisteswissenschaften über die Sozialwissenschaften bis hin zu Wirt-

schaft, Recht und Technik. Denken Sie auch hier an die enorme Vielfalt von Gruppen, die von Ihnen erfolgreiche Reden erwartet: Arbeitsgruppe, Abteilungsmeeting, Instituts- oder Fakultätsrat, Projektgruppen, Selbsthilfegruppen, Zeugniskonferenzen, Sitzungen der Geschäftsleitung, Sitzungen der Anteilseigner oder Trägergruppen der Unternehmen. Möglicherweise ist auch einmal Ihre Rede oder Ihr Beitrag bei Podiumsdiskussionen, Debatten oder Verhandlungen gefragt, oder Sie wurden gebeten, Ihre Hochschule bei einem Informationstag potenziellen neuen Studenten vorzustellen. Gute Redner haben die Chance, unmittelbar von Entscheidungsträgern wahrgenommen zu werden, was erfahrungsgemäß positiv für Fortkommen und Einkommen sein kann.

4. **Politik:** Denken Sie hier auf keinen Fall nur an den Bundes- oder Landtag; vergessen Sie nicht, dass diese „Krönungstempel der politischen Rede" in der Regel nur über die sonderbare und mühselige Ochsentour erreicht werden können, die Kommunalpolitik heißt: Hier, vor Ort, werden mehr als 98 Prozent der politischen Reden gehalten! Politische Ortsvereine, Kreisverbände, Gemeinderat, kommunale Beiräte und Kreisausschüsse – nur wer hier an der Basis die „rhetorische Lufthoheit" erringen kann, der kann auf ein Landtags- oder Bundestagsmandat hoffen. Es sind klassische Gelegenheiten, bei denen der Rhetorik-Kandidat seine Sporen verdienen muss – oder eben einsehen muss, dass das wohl nichts wird. Denn wer noch schlechter redet als Mittelmaß, wird sehr wahrscheinlich irgendwann auf der Strecke bleiben.

Die Charakterisierung der Zielgruppe ist eine eher leichte Übung – ob Freundeskreis, Fachkollegen oder politisches Plenum, die spezifische Zusammensetzung dieser Gruppen und ihre Anforderungen an den Redner erklären sich fast von selbst. Damit stecken Sie aber auch einiges ab, was den kollektiven Assoziationscode und die Sprechoptionen betrifft, die Sie bedienen sollen. Hier zeigt sich die soziale und auch neurolinguale Varianz und Sprachkompetenz des Redners am besten. Je mehr er auf die spezifischen Besonderheiten der Zuhörerschaft eingehen, sie verstehen, aufnehmen und in seiner Rede berücksichtigen kann, umso mehr wird der Redner im wahrsten Sinn des Wortes „verstanden". Die damit zusammenhängenden Fragen hat ein Teilbereich der Psychologie, die Kommunikationspsychologie, eingehend untersucht (vgl. dazu wegweisend: Schulz von Thun u. a., Miteinander reden: Kommunikationspsychologie für Führungskräfte).

Ein **Beispiel** ist die Verwendung von ironischen Formulierungen oder Witzen: Was der eine Hörerkreis geradezu erwartet – und auch belohnt –, das können andere Hörergruppen im wahrsten Sinn des Wortes überhaupt nicht lustig finden. Wird der Witz in der ersten Gruppe als Demonstration der Authentizität des Redners gewertet, so wäre er in der zweiten Gruppe eine Demonstration mangelnder Diplomatie oder Genderbewusstseins (vgl. dazu Schulz von Thun u. a., Miteinander reden: Kommunikationspsychologie für Führungskräfte, S. 53 ff.).

Sehen Sie es mir nach – aber der an sich überholte Herrenwitz ist ein nach wie vor taugliches Beispiel. Es gibt immer noch Kreise, in denen diese Humorform in Reden außerordentlich goutiert wird – und dann muss und wird der Redner das auch bedienen. Schließlich will er häufig das zentrale Anliegen erreichen, von den Hörern als „einer von uns" akzeptiert zu werden. Was an der einen Stelle für wohlwollendes Gelächter sorgt, kann für ein anderes Publikum ganz schnell ein No-Go sein. Ich will hier die Frage der Political Correctness bewusst nicht weiter bedienen – der derzeitige wütende Disput zwischen Verfechtern und Gegnern dieser Disziplin ist ja nicht nur in den USA zu beobachten. Entscheidend für die Rhetorik ist der linguale – ja, auch neurolinguale Brückenschlag zum Publikum. Wenn das Publikum auch im unbewussten System 1 emotional fühlt, dass der Redner wie „einer von uns" ist, denkt, spricht, versteht, dann ist das unmittelbare Anliegen der Rede erreicht – übrigens auch im Sinn eines Werte- und Entwicklungsrasters der Führungs- und Kommunikationspsychologie: Der Redner hat in diesem Fall den Balanceakt zwischen Authentizität und Wirkungsbewusstsein erfolgreich absolviert (vgl. Schulz von Thun u. a., Miteinander reden: Kommunikationspsychologie für Führungskräfte, S. 53 f.).

Neben der Analyse der Zielgruppe spielen ihre **spezifischen Erwartungen** eine zentrale Rolle und sind deswegen sorgfältig zu analysieren. Das ist häufig nicht allzu schwer – aber unterschätzen Sie es nicht, hier „den richtigen Erwartungston" zu finden. Bei der Gelegenheitsrede zum Beispiel steht im Vordergrund der Erwartungshaltung des Publikums die emotionale Verstärkung einer gemeinsamen Gefühlshaltung zu einem bestimmten Anlass. Ob Trauerrede, Dankesrede, Jubiläumsrede: Die Zuhörer werden in ihrer überwiegenden Mehrheit eine bestimmte „kollektive emotionale Einfärbung" besitzen, die der Redner vorfindet und von der aus eine emotionale Verstärkung und Bestätigung aufgebaut werden muss.

Ein **Beispiel** aus meiner eigenen Redepraxis: Als Rektor stand ich einmal vor der äußerst heiklen Aufgabe, für einen (auch von mir) hochgeschätzten Professoren-Kollegen die Trauerrede zu halten. Dieser Kollege war am Ende seiner Laufbahn an einer massiven Depressionsphase schwer erkrankt und nahm sich das Leben, eine Woche nachdem seine Mutter hochbetagt gestorben war. Beide wurden gemeinsam beerdigt. Die **Erwartung der Trauergemeinde**, die sich aus Familienangehörigen, Kollegen, ehemaligen Schülern und Vereinskameraden zusammensetzte, war nach den Gesprächen, die ich führte, vielschichtig: Zum einen sollten unbedingt der hochanständige Charakter des Kollegen, seine beruflichen Verdienste und sein allgemein geschätztes freundliches und hilfsbereites Wesen herausgehoben werden. Aber man wollte auch die Dimension des Suizides, den tiefen Schock für alle, dieses geradezu Konterkarieren eines erfolgreichen Lebens unbedingt angesprochen wissen. Trauer, Trost und die Botschaft: Es hätte doch nicht sein müssen, wir alle hätten dir doch so sehr einen erfüllten Ruhestand gewünscht – wollte ich **professionell** in dieser nicht einfachen Situation handeln, so musste das alles angesprochen werden, ob ich wollte oder nicht. So schrieb ich in einigen Stunden die Rede, Wort für Wort, suchte passende Zitate und Metaphern – und ich wusste, dass ich die Rede auch tatsächlich vom Manuskript wörtlich vorlesen musste, sollten mich nicht selbst die Gefühle übermannen und ich stockend als Redner versagen. Am Schluss der Feier durfte ich an den dankbaren Kommentaren feststellen, dass die Rede gelungen war – auch wenn sie zu einer von denen zählte, die ich lieber nie gehalten hätte.

Schritt 3: Das Ziel

Als Nächstes definieren Sie das **Ziel** Ihrer Rede und die dafür erforderlichen **Kernbotschaften**. Hier zählt das nüchterne Abschätzen: Was will ich wirklich und wie sollen die Hörer sich das **merken**. Einiges dazu lässt sich schon aus der vorgehenden Analyse von Publikum und Erwartungshaltung gewinnen. Wirkliche rhetorische „Wirkungstreffer" werden aber erst dann gesetzt, wenn die Erwartungshaltung des Publikums schlichtweg übertroffen werden kann. Oder wenn es gelingt, darüber hinaus in Inhalt und Zielsetzung die Überraschungsmomente zu setzen oder die Botschaften zu formulieren, die das Publikum fesseln bzw. für die Rede positiv einnehmen. Hier ist auch Platz dafür, das gesamte inhaltliche Repertoire an Argumentation, Metaphern und rhetorischen Hilfsmitteln zu durchforsten mit dem Ziel: Was kann die Wirkung meiner Kernbotschaften verstärken? Und das ist eine gezielte Vorbereitung doch allemal wert!

Ein **Beispiel** dafür, wie es schlecht funktioniert, ist – einmal wieder – den Wahlkämpfen für die US-Präsidentschaftswahl entnommen: Im ersten Wahlkampf von Barack Obama im Jahr 2008 war die Gouverneurin von Alaska, Sarah Palin, die Kandidatin des republikanischen Widersachers John McCain für das Amt des Vizepräsidenten. Als junge, 44-jährige Frau schien sie mit einer stramm konservativen Ausrichtung eine geradezu ideale Ergänzung des politischen Teams der Republikaner für den Wahlkampf. Ihr unkonventioneller Stil (viele Kommentatoren benutzten dazu vornehm den Begriff „loses Mundwerk") und ihr telegenes Auftreten waren dabei wichtige Pluspunkte. Seriösen Quellen zufolge betrug das Budget für Kleidung, Schminke und Frisur im Wahlkampf unglaubliche 150 000 US-Dollar (vgl. Meier, „Palins neue Kleider", Stern vom 23. 8. 2008; SZ vom 16./17. 4. 2016). So weit, so rhetorisch gut!

In TV-Interviews und im TV-Duell mit Obamas Vizekandidaten Joe Biden unterliefen Sarah Palin jedoch wiederholt falsche Aussagen zu Kernbotschaften des Wahlkampfes. So hielt sie Afrika für ein Land – keinen Kontinent; sie konnte nicht die (drei!) Mitgliedsländer der nordamerikanischen Freihandelszone (NAFTA) nennen und antwortete ernsthaft auf die Frage, was sie über Russland wisse, dass man das Land an klaren Tagen von Alaska aus sehen könne. Ihre rhetorischen und inhaltlichen Fehltritte häuften sich. In kürzester Zeit geriet sie aufgrund mangelnder inhaltlicher Vorbereitung zu einem Wahlkampfrisiko für John McCain – der die Wahl gegen Barack Obama dann auch deutlich verlor. Zu guter oder vielmehr schlechter Letzt war sie gern genutzte Zielscheibe von Comedians und Satirikern in den amerikanischen Medien.

Dieses Beispiel spektakulären Scheiterns zeigt eindrucksvoll: Auch wer rhetorisch und persönlich seine Kernbotschaften geradezu ideal verkörpert, kann dies in kürzester Zeit dann ruinieren, wenn die inhaltlichen und argumentativen Äußerungen dazu mangels Vorbereitung und Kenntnis dilettantisch sind und so auch beim Publikum ankommen.

Schritt 4: Inhaltliche Präzision und Prägnanz

Um Ihre Redezeit optimal zu nutzen und Ihre Zielgruppe ohne Umwege zu erreichen, präzisieren Sie bereits vorab die Inhalte Ihrer Rede und verleihen ihnen gezielt Prägnanz mithilfe der geeigneten rhetorischen Mittel. Durch das Wissen um Redezeit, die inhaltliche und argumentative Organisation und die

Auswahl der rhetorischen Instrumente gelingen Ihnen wichtige Schritte schon in der Vorbereitung, um die Ziele zu erreichen:

a) Sie vergeuden keine Zeit, weder in der Vorbereitung noch während der Rede.
b) Sie setzen die Eckpunkte für die wichtigsten drei Phasen der Rede: Anfang, Schluss und das, was Sie selbstverständlich an Wichtigem dazwischen unbedingt bringen wollen.
c) Sie erarbeiten gezielt Bilder, Anker und Priming-Begriffe für das assoziative (unbewusste) System 1 und damit für den neurolingualen Kontext der Zuhörer wichtige Überzeugungsschritte, so dass mindestens die Mehrheit dies kollektiv positiv aufnimmt und so auch kollektiv bestärkt.
d) Sie fokussieren sich auf die individualisierten sprachlichen Mittel und Instrumente, die Ihre Zuhörer verstehen und als für sich angemessen empfinden.

ex

Ein gutes Beispiel:
Die **geglückte** Rede eines Gruppenführers der Feuerwehr zum 40-jährigen Dienstjubiläum des Feuerwehrkommandanten sollte

- keinerlei Fremdwörter enthalten (die Feuerwehrleute untereinander wohl kaum verwenden), wohl aber Begriffe aus der „Gruppenfachsprache" einsetzen („Wasser marsch", „C-Rohr" o. ä.)
- einfache Satzstrukturen verwenden
- an gemeinsame Erlebnisse und unvergessliche Feuerwehreinsätze erinnern
- zwei populäre Zitate verwenden
- mit neurolingualer Intervention die Kernbotschaften ansprechen, die bei jedem Zuhörer zu diesem Anlass unbewusst assoziativ aktiviert sind: sei treu, sei ein Kamerad, sei hilfsbereit, sei ehrlich, sei uneigennützig
- im Appell „so ist er" auch den Zuhörer in der unbewussten Selbstreflexion „so will und so kann ich auch sein" ansprechen

Klarheit über die Zielgruppe, Erarbeitung der Kernbotschaften, inhaltliche Prägnanz – es ist offensichtlich, dass solche Pluspunkte im wahrsten Sinn „erdacht“ werden müssen. Wer glaubt, er könne intuitiv und aus dem Stegreif so weit kommen, ist erfahrungsgemäß auf dem Holzweg. Am selben Beispiel lassen sich leicht die Folgen einer ungenügenden Vorbereitung demonstrieren.

Ein schlechtes Beispiel:
Die **gescheiterte** Rede eines Gruppenführers der Feuerwehr zum 40-jährigen Jubiläum des Feuerwehrkommandanten sollte

- Fremdwörter enthalten – der Redner will ja seine Bildung heraushängen lassen und den Kameraden zeigen, wie unterbelichtet sie sind
- komplizierte, lange Satzstrukturen verwenden, denen kein Zuhörer folgen kann
- an zufällig memorierte Erlebnisse erinnern, mangels Vorbereitung aber wichtige und unvergessliche Feuerwehreinsätze nicht erwähnen
- keine Zitate verwenden
- ohne neurolinguale Intervention zu wenige Kernbotschaften ansprechen und damit die unbewussten Assoziationen der Zuhörer ungenutzt lassen – vielleicht allenfalls: „Hans – du altes Haus, du bist eine ehrliche Haut und dafür mögen wir dich alle!"
- im Appell „so ist er" verharren und die Zuhörer nicht weiter in der unbewussten Selbstreflexion ansprechen

Was läuft hier falsch? Der Redner vernachlässigt, was die Hörer erfahren wollen; die Kernbotschaften entfallen oder werden auf unverbindliche Belanglosigkeiten reduziert. Genauso ist es mit der inhaltlichen Prägnanz, die der routinierten Plattitüde weichen muss. Dies ist auch für den Zuhörer erfahrungsgemäß erkennbar – der Hörer „spürt" geradezu, ob ein Redner vorbereitet ist oder ob er das Risiko der Improvisation eingegangen ist und damit eine vertane Rede bewusst in Kauf genommen hat. Die Reaktion der Zuhörer bei einem derartigen „Phrasendreschen" ist verheerend: Das unbewusste System 1 kommt in seiner Analyse mit „verfügbaren Erfahrungen" zum Schluss: „alles schon mal gehört", „das ist nicht neu", „das sagt ja jeder". Das bewusst arbeitende (und bekanntermaßen eher faule) System 2 nutzt dieses Urteil zum Abschalten mit der vernichtenden Begründung: Der ist es nicht wert, dass man ihm zuhört. Konsequenz: abwesende Gesichter, verstohlene Blicke zum Smartphone oder zur Uhr, zufallende Augen – und zum Schluss freundlicher Applaus der vernichtenden Art …

Ganz fatal wirkt sich das bei Redekandidaten aus, die eigentlich auf ein „kreatives Redeerlebnis" angewiesen wären, weil mit der Rede etwa ein beruflicher Aufstieg verbunden wäre, zum Beispiel bei der Präsentation eines Papers auf einem wissenschaftlichen Kongress. Diese karriererelevante Kreativität benötigt eben in der Regel auch Zeit. Wer sich diese Zeit nicht nimmt und unvorbereitet in einen Vortrag stolpert, wird dann glatt doppelt bestraft: Die gelungene Pointe, das einprägsame Bild und das unvergessliche Zitat waren wieder einmal in der Kürze der „Panikvorbereitung" nicht auffindbar, und System 1 und 2 der Zuhörer (in diesem Fall erfahrungsgemäß Konkurrenten und potenzielle Mitglieder der nächsten Berufungskommission) kommen zum Urteil: „Langweiler" – dieses Urteil ist kollektiv! Der Redner weiß um dieses Urteil auch – zumindest uneingestanden auf der unbewussten Ebene. Diese Frustrationserfahrung motiviert in den meisten Fällen nicht dazu, es beim nächsten Mal besser zu machen, sondern verstärkt eher die Redeaversion des Redners, die sich so zu einer waschechten Logosthenie auswachsen kann (s. dazu unten Kapitel X.).

2. Die kluge Vorbereitung – sammeln, prüfen und sortieren

Die Pädagogik kennt seit Jahrhunderten einen auch für die Vorbereitung von Vorträgen geltenden Erfahrungssatz: Einmal selbst geschrieben ist mehr als siebenmal gesprochen oder gelesen. Dieser Wert kann sicher nicht exakt verifiziert werden (erfahrungsgemäß ist er wohl eher noch größer). In jedem Fall sprechen für die schriftliche Ausarbeitung der wesentlichen Passagen einer Rede im Voraus einige Vorteile. So gibt es für die **Vorbereitung** einige **Faustregeln**:

Nehmen Sie sich die Zeit für eine sorgfältige **Gliederung** (s. u. Kapitel V.).

Denken Sie in Richtung Ihres Redeziels die Argumente und **auch die Gegenargumente** durch. Bedenken Sie dabei: Nichts ist nach dem Gesetz der Dialektik alternativlos – es gibt **immer** Gegenargumente!

Ein prominentes **Beispiel** für die Missachtung dieser Regel ist Angela Merkel. Schon bald nach ihrer Wahl, insbesondere aber in der Weltwirtschaftskrise nach der Lehman-Pleite, der Eurokrise mit der Griechenlandpleite und auch später in der Flüchtlingskrise verwendete sie gerne die Argumentation, ihr Handeln sei „alternativlos" – und zwar mit derartiger Penetranz, dass eine frustrierte Öffentlichkeit das Wort „alternativlos" sogar zum Unwort des Jahres 2010 wählte. Heike Göbel erklärt das in ihrem Kommentar in der FAZ-Netausgabe vom 18. Januar 2011 so: „Mit dem Etikett ‚alternativlos' stellt sich Politik als ohnmächtiges Vollzugsorgan eines von höherer Macht bestimmten Schicksals hin. Das schafft Verdruss beim Wähler. Warum soll er überhaupt noch seine Stimme abgeben, wenn Regierungshandeln so alternativlos ist, wie behauptet?"

Und die Jury des „Unwort des Jahres“ ergänzt: „Das Wort suggeriert sachlich unangemessen, dass es bei einem Entscheidungsprozess von vornherein keine Alternativen und damit auch keine Notwendigkeit der Diskussion und Argumentation gebe. Behauptungen dieser Art sind 2010 zu oft aufgestellt worden, sie drohen, die Politik-Verdrossenheit in der Bevölkerung zu verstärken.“ (www.unwortdesjahres.net)

Nutzen Sie auf der Suche nach zusätzlichen Argumenten auch die gängigen **Kreativtechniken**, die Ihnen persönlich weiterhelfen: Ob Brainstorming, Mind-Mapping, „Fundgrubensuche“ oder was auch immer – der Zuhörer ist für jedes bislang ungehörte Zitat oder ein weiterführendes und erhellendes Argument dankbar und spürt die Sorgfalt, mit der sich der Redner auf ihn vorbereitet hat.

Hier hat der Redner heutzutage einen enormen Vorteil: 2500 Jahre lang musste er mühsam Materialien in Bibliotheken, eigenen Zettelkästen und seinem Gedächtnis zusammensuchen – jetzt gibt es die Internet-Suchmaschinen. Die bekanntesten zu nennen (Google, Yahoo, Bing), hieße Eulen nach Athen zu tragen (in diesem Satz sind übrigens gleich zwei rhetorische Kunstgriffe verborgen – zur Auflösung siehe unten die Stichwörter Präteritio und Metapher). Mit alternativen Suchmaschinen wie DuckDuckGo, Qwant, IxQuix und Blekko können Sie sich auch spurenlos auf die Suche machen, ohne Ihre Daten quasi kostenlos den Suchmaschinenstaubsaugern zu überlassen. Aber denken Sie bitte daran: Im Fall einer Debatte oder einer Diskussion wird Ihr Redegegner/-partner mit Sicherheit auch im Internet recherchiert haben. Suchen Sie daher im Zweifel auch jenseits der Seite 1, die Ihnen Google anbietet – sonst könnten Sie ins Staunen geraten, dass Ihr Gegner schneller und besser vorbereitet war als Sie! Und vergessen Sie dabei nicht, dass kommerzielle Suchmaschinen dem Vernehmen nach Suchergebnisse auch gegen Entgelt vorpositioniert haben könnten.

Der dann (hoffentlich) angehäufte Wust an Zetteln, Ideen und Bildern kann aber nicht planlos verwertet werden. Es gibt bewährte Muster, nach denen Sie Ihre Ideen strukturieren können, bevor sie dann mit Argumenten und der Gliederung zur Rede umgearbeitet werden. Diese Strukturprinzipien haben einen weiteren großen Vorteil: Sie zeigen Ihnen, wo Sie möglicherweise noch inhaltliche Defizite und Schwächen haben, und dienen damit Ihrem gedanklichen Controlling.

AIDA – die Werbung macht es vor!

Schon vor über 100 Jahren hat der Amerikaner Elmo Lewis das Grundprinzip einer universellen Marketingstrategie entwickelt – und da der Redner seine Ideen ja auch an den Kunden, nämlich an sein Publikum bringen will, ist dieser Methodentransfer sicher legitim. Dem AIDA-Modell nach gibt es vier Stufen oder Prozessabschnitte, in denen ein Kunde / Hörer letztlich vom unentschlossenen Einstieg zur Kaufentscheidung / Überzeugung für etwas geführt werden soll. Sie lauten

Attention – Aufmerksamkeit erwecken
Interest – Interesse des Kunden erregen
Desire – den Wunsch nach dem Produkt erzeugen und verstärken
Action – die gewünschte Aktion / Reaktion auslösen: Kauf des Produktes oder Applaus und Umsetzung der präsentierten These

Auch der Redner sollte seine Ideen in die unterschiedlichen Prozessphasen einordnen. Dies gibt ihm zum einen die Sicherheit, quasi wie im Direktmarketing, sein Produkt rhetorisch verkaufen zu können. Zum andern zeigt ihm das Ergebnis seiner Stoffsortierung, wo möglicherweise noch Defizite bestehen. Hier kann er dann gezielt nacharbeiten und so eine vollständige Stoff-Basis für seine Rede generieren.

Die 6-Schritt-Methode

Diese Strukturierungsmethoden wurden in der Folgezeit entwickelt, um den Redner noch gezielter an weitere Aspekte / Notwendigkeiten in seiner Rede zu erinnern (vgl. Wieke, Handbuch Rhetorik, S. 96 – „5-Schritt-Methode"; Mohl, Der Zauberlehrling, S. 209 f. – „Six-Step-Methode"):

1. Aufmerksamkeit / Interesse wecken
2. das Problem benennen
3. Argumente für die vorgeschlagene Problemlösung
4. Argumente gegen die vorgeschlagene Problemlösung
5. Beispiele / Geschichten / Analogien zur Problembehandlung
6. die Lösung formulieren und an sie appellieren

Beachten Sie: Mit dieser Methode haben Sie noch keine Gliederung erarbeitet – es geht nur darum, möglichst optimal eine Stoffsammlung zu gestalten. Allerdings haben Sie am Ende der Stoffsammlung mit dieser Methode schon ein ziemlich gutes Gliederungsgerüst aufgebaut.

Die Journalisten-Recherche: Die 7 W-Fragen

In vielen Fällen ist die Recherche-Arbeit eines Journalisten vergleichbar mit der Stoffsammlung eines Redners: Am Ende muss ein guter Text stehen, der die jeweiligen Anforderungen erfüllt. Hierfür haben die Journalisten seit langem ein ziemlich gutes Frageschema erarbeitet, das auf mindestens 6 W-Fragen beruht; aus meiner Sicht sollte es um eine siebente Frage unbedingt ergänzt werden (vgl. Wieke, Handbuch Rhetorik, S. 97 f.):

1. **Was** ist geschehen?
2. **Wer** hat es getan / war beteiligt?
3. **Wo** fand das Geschehene statt?
4. **Wann** ist es passiert?
5. **Wie** war der Ablauf?
6. **Warum** ist es dazu gekommen?
7. **Welche** Beweise / Quellen gibt es?

Diese journalistische Aufbereitung spielt vor allem für Sachreferate eine große Rolle, in denen ein Redner über bestimmte Vorgänge berichten soll. Die damit erarbeiteten Informationen sind weitgehend vollständig und können dann guten Gewissens in eine Rede umgearbeitet werden. Auch für Beiträge in Diskussionen und Debatten erhält der Redner auf diese Weise eine gute sachliche Vorbereitung.

Die historische Stoffsammlung

Diese Form der Stoffsammlung ist als Recherchemethode dann gut geeignet, wenn ein Rückblick im Zentrum der Rede stehen sollte, gegebenenfalls verbunden mit einer Ausschau in die Zukunft. Dies ist übrigens häufiger der Fall, als man annimmt: Bei Festreden für einen bestimmten Anlass, bei der Feier eines Jubiläums oder auch Geburtstages und in der wichtigen Redegattung der Trauerrede geht es ja darum, den Gegenstand der Rede vor allem in seiner zeitlichen Abfolge, natürlich auch mit den Höhen und Tiefen, zu beleuchten. Auch für die Präsentation eines Lebenslaufes, etwa bei einem Assessment Center, bietet das Prinzip der historischen Stoffsammlung eine nützliche Grundlage. Die **drei Gliederungspunkte** liegen auf der Hand: Gestern – Heute – Morgen.

Das **Gestern** ist der Schwerpunkt der historischen Sammlung. Denken Sie dabei nicht nur im strikt zeitlichen Ablauf; konzentrieren Sie sich auch auf die Fragen: Was war ein Höhepunkt, ein Erfolg? Was war ein Tiefpunkt, eine Niederlage? Was waren besondere Herausforderungen? Was war kurios? – Dieser Punkt ist bei Lebensläufen derjenige, der erfahrungsgemäß das Publikum besonders fesselt. In meinen Seminaren frage ich die Studierenden systematisch nach einem Schwank aus ihrem Leben – man glaubt nicht, welche Geschichten das Leben tatsächlich schreibt! Und es sind genau die Kuriositäten und besonderen Geschichten, an die sich die Seminarteilnehmer nach der Präsentation mehrerer Lebensläufe eindeutig häufiger erinnern – der durchschnittliche glatte Rest ist schon abgehakt und im Zweifel vergessen.

Untersuchungen der Psychologen stützen diesen Befund: Das unbewusste System 1 scheint demnach bevorzugt auch „das Leben als eine Geschichte“ zu strukturieren (vgl. Kahneman, S. 476–481). Die intuitive Bewertung ganzer Lebensläufe sowie kurzer Episoden scheint besonders auf Höchst- und Tiefstände sowie die Endzustände abzustellen, nicht auf die Dauer eines Lebens oder seinen langen sonstigen Verlauf (vgl. Diener u. a.: End Effects of Rated Life Quality, S. 124–128). Die historische Stoffsammlung bietet daher einen wichtigen Ansatzpunkt für die neurolinguale Intervention.

Das **Heute** ist die faktische Kulmination der Geschichte: Im Jetzt zeigen sich die Entwicklungsstränge mit allen ihren Problemen, aber auch Chancen. Darauf muss der Redner natürlich eine Antwort geben – selbst bei der Trauerrede ist dieses Jetzt entscheidend (s. dazu unten Kap. V.1.). Daher sollten Sie Ihr Material in der Stoffsammlung unbedingt auf diese Punkte prüfen.

Das **Morgen** ist für die Stoffsammlung und die Gliederung unter folgender Perspektive wichtig: Welche konkreten Pläne gibt es, welche Entscheidungen sollen umgesetzt werden? Sind in der Zukunft Entwicklungen zu erwarten, die für diese Pläne von Bedeutung sind – positiv wie negativ? Gibt es Meilensteine und andere Abschnitte auf dem künftigen Weg, die schon jetzt feststehen?

Die Plus-Minus-Formel

Im Gegensatz zur 6-Schritt-Methode, die von einem Problem ausgeht, ist die Plus-Minus-Formel dann geeignet, wenn von vornherein **unterschiedliche und auch valide Gegenpositionen** für ein bestimmtes Thema bekannt sind, die gemeinsam abgehandelt werden sollten – verbunden mit der eigenen Positionierung des Redners. Die Themen für solche Reden kommen schwerpunktmäßig in der Überzeugungsrede, aber auch im Sachvortrag vor. Einige von vielen Beispielen aus den Jahren 2016 / 17 sind etwa:

- Pro und Contra Autobahnmaut in Deutschland
- Pro und Contra Braunkohleabbau in Deutschland
- Pro und Contra Verfassungsreform in Italien oder Spanien
- Pro und Contra TTIP oder CETA

Auch hier bietet sich eine systematische Stoffsammlung an, die schwerpunktmäßig der rhetorischen Schule der Dialektik entnommen ist (vgl. Lay, S. 116 ff., Wieke, Handbuch Rhetorik, S. 99):

- Was sind die unterschiedlichen Positionen?: objektiv erarbeiten
- Was sind wichtige Vorfragen / Definitionen, die zu klären sind?
- Welche Argumente gibt es pro und contra die jeweilige Position?
- Welche sonstigen Vor- und Nachteile sind für die jeweilige Position relevant und erkennbar?
- Welche Positionen und Argumente lehnen Sie als Redner ab – ggf. mit welchen zusätzlichen Informationen?
- Welche Positionen und Argumente unterstützen Sie als Redner; wie und mit welchen ggf. zusätzlichen Informationen präsentieren Sie sie dem Zuhörer?

Diese Methode der Stoffsammlung ist schon von den Fragestellungen her für Themen prädestiniert, die häufig in einer längeren Rede abgehandelt werden. Sie gibt Ihnen auch die Disziplin, um allzu voreilige Festlegungen methodisch zu vermeiden. Gerade für längere Debatten gibt diese Stoffsammlung daher auch das Rüstzeug, um umfassend vorbereitet zu sein und so auch zu wirken!

Fazit: Wer bereit ist, für eine 20-minütige Rede vor 50 Zuhörern etwa 3 Stunden Vorbereitung zu aufzuwenden, investiert einmalig etwa 150 Euro an Arbeitszeit – ein positiver Eindruck einer Rede kann aber sehr wahrscheinlich zu einer besser bezahlten Position führen, in der Sie dauerhaft 150 Euro pro Monat zusätzlich verdienen können. Wo hat man in Zeiten lausiger Zinsen eine bessere Rendite? Und für Studierende, die im Studium, bei Bewerbungsgesprächen oder ersten öffentlichen Redegelegenheiten die Grundlagen für ihren späteren persönlichen und beruflichen Erfolg legen, ist die erzielte Dividende mit Sicherheit noch höher!

Der positive Eindruck einer gut vorbereiteten Rede kann sich auf **mehrere** Persönlichkeitsebenen beziehen und sich vorteilhaft auswirken: Zum einen auf Ihre Wahrnehmung als fachlich kompetenter Experte in bestimmten Bereichen, zum anderen auf Ihre persönliche Wertschätzung als guter Redner, der sich in Vorbereitung, Formulierung und Umsetzung einer sicher nicht einfachen Redeaufgabe gewachsen gezeigt hat, und abschließend natürlich auf den Gesamteindruck eines guten Redners. Denken Sie aber auch an Sarah Palin und daran, was man durch ungenügende Vorbereitung verlieren kann: im schlimmsten Fall 150 000 Dollar und das Vizepräsidentenamt.

V. Der Redeaufbau – die richtige Gliederung für den richtigen Redetyp

„Die Strategie ist eine Ökonomie der Kräfte" (Carl von Clausewitz)

Die Schlüsselstelle der Redevorbereitung ist nun erreicht: Nach der sorgfältigen Vorbereitung und Materialsammlung geht es nun darum, die richtige Gliederung für den richtigen Redetyp zu finden. Gemäß der Aussage des großen Militärstrategen von Clausewitz steht nun die Überlegung im Vordergrund, wie die begrenzten rhetorischen Ressourcen optimal ökonomisch eingesetzt werden können: Welcher Redetyp, welche Argumente, welche Ausführlichkeit, welche Zielgruppe oder welches Publikum – all das kann ohne ein effizientes Gerüst der Rede nicht bewältigt werden. Dies gilt umso mehr, als ja für die Rede in der Regel eine bestimmte Zeit vorgegeben ist – im Zweifelsfall die Zeit, die ein Publikum gewillt und in der Lage ist, aufmerksam zuzuhören. Die Redezeit muss also ökonomisch bestmöglich genutzt werden. Hier findet die Konzentration aller Faktoren statt. Wer seine Rede **ohne** erkennbare Gliederung hält, der stellt das bewusste System 2 und noch mehr das unbewusste System 1 des Zuhörers vor kaum lösbare kognitive Aufgaben: Wie soll man dem Redner überhaupt folgen können?

Eine Gliederung schafft hingegen Übersichtlichkeit – und Lernbarkeit, also die Chance, dass der Zuhörer das aufnimmt, was er vom Redner erfährt, es kognitiv verarbeitet und als heuristisch zutreffend in seinem Denken behält. Einzelne Strukturmethoden der Stoffsammlung können schon das Grundgerüst für die Gliederung liefern (vgl. oben Kapitel IV.5.). Darüber hinaus hängt die Gliederung vor allem vom **Redetyp** ab, dessen charakteristische Inhalte und Ziele den Redeaufbau maßgeblich prägen sollten. Dabei gibt es bezogen auf die Redeaufgabe zwei Fragegruppen: Die eine beschäftigt sich mit der **sozialen Zielgruppe** der Rede, die andere hat den **konkreten Anlass** der Rede zum Gegenstand. Die Rhetorik-Matrix verknüpft beide Aufgabenelemente miteinander.

Auf die soziale Zielgruppe bin ich bereits im Zusammenhang mit der Redevorbereitung (Kapitel IV.1.) detailliert eingegangen; wir kennen die vier Hauptkategorien:

a) Privat
b) Gesellschaftsleben
c) Beruf
d) Politik

Zentral ist es nun, Redeanlass und Redeziel richtig zu lokalisieren; sie werden in der Regel vier Formen von Reden zugeordnet.

1. Die Gelegenheitsrede – nutzen Sie die Gelegenheit!

Die Gelegenheitsrede ist in der Regel eine „Anlassrede" – und glauben Sie mir: Wenn Sie unbedingt reden wollen, lässt sich ein Anlass bestimmt immer finden! Neben der Goldenen Hochzeit der Großeltern oder dem Abitur der kleinen Schwester im familiären Umfeld bieten vor allem Vereine und Gesellschaften oft eine Bühne zu zahlreichen Gelegenheiten: Gründungsjubiläen, die Jahreshauptversammlung eines Vereines, das Gedenken an frühere oder die Ehrung besonders verdienter Mitglieder. Angesichts dieser Vielfalt sind allgemeine Aussagen zur Zielgruppe kaum möglich.

Die Anlassrede ist im modernen Verständnis aber anders als nach der klassischen Definition von Aristoteles nicht nur eine „aufzeigende / hinweisende Redegattung" (epidikteische Rede, vgl. Aristoteles, Rhetorik, S. 19, sowie Wieke, Handbuch Rhetorik, S. 92). Das Gattungsbild ist weit umfassender. Daher soll hier mit einem weitverbreiteten Vorurteil aufgeräumt werden, nach dem die Gelegenheitsrede als reine „Gebrauchsrede" nur einen geringeren Stellenwert hat. Das Gegenteil ist der Fall! Die weitaus meisten Reden werden entweder als Sachvortrag oder eben als Gelegenheitsrede gehalten. Sicherlich ist das Sujet der Gelegenheitsrede nicht so schicksalhaft beladen wie eine Überzeugungsrede zu wichtigen Fragen der Politik. Die schiere Masse von Gelegenheitsreden zeigt aber, dass gerade hier die Möglichkeit gegeben ist, einen nachhaltigen Eindruck als guter Redner zu hinterlassen. Hier, im rhetorischen Alltagsleben, trennt sich die Spreu vom Weizen: Wenn eine wechselnde Zuhörerschaft, die aber dennoch erfahrungsgemäß Schnittmengen zu vielen anderen Menschen hat, den positiven Eindruck gewinnt: Gute Vorbereitung – gute Gliederung – gute Gedanken – und ein gutes Gefühl – dann ist der Redner dabei, sich einen guten Ruf zu erwerben, von dem er dauerhaft profitieren kann.

Dasselbe gilt natürlich auch für Gelegenheitsreden im Beruf und in der Politik, denken Sie nur an Betriebsfeiern aller Art und Rahmenreden für einen bestimmten Festanlass.

ex\ **Norbert Lammert: Redekunst in Vollendung**

Der langjährige Präsident des deutschen Bundestages Norbert Lammert war durch sein Amt in mehrerer Hinsicht daran gehindert, für seine Partei Überzeugungsreden zu halten – zu Überparteilichkeit verpflichtet repräsentierte er die Bundesrepublik Deutschland bei mannigfachen Anlässen (= Gelegenheiten) mit den entsprechenden Gelegenheitsreden. Er praktizierte dies mit bemerkenswerter Sorgfalt und einer Vorbereitung, die man buchstäblich mitlesen kann (schließlich hatte er ja mit dem wissenschaftlichen Stab des Bundestages einen der größten wissenschaftlichen Dienste Europas zur Verfügung). Diese Sorgfalt gerade für Gelegenheitsreden hat ihm mit Recht die Verleihung des renommierten Dolf-Sternberger-Preises für seine Verdienste um den Zusammenhang von Politik und Sprache eingebracht.

Der Inhalt der Anlassrede wechselt damit regelmäßig und ist thematisch unbedingt als Grundlage zu beachten: Begrüßen, Feiern, Trösten, Danken, Verabschieden, Ehren, Würdigen etc. Die Behandlung der mit dem Anlass assoziierten **Gefühle** und der **gefühlsbezogenen Einstellung** der Anwesenden zu dem Anlass stellt einen **zentralen Schwerpunkt** der Rede dar. Das unbewusste System 1 jedes Anwesenden hat schon vor dem Beginn der Rede zu dem Thema eine emotionale Verbindung hergestellt, die im Publikum insgesamt gleichartig ausfallen dürfte (vgl. Kahneman, S. 108 f.): Die Hörer sind bereits in ihrer großen Mehrheit in einer bestimmten Feier-, Trauer- oder Anlassstimmung. Der unausgesprochene Wunsch ist es daher, vom Redner buchstäblich weiter „eingestimmt“ zu werden. Das sogenannte „erlebte Wohlbefinden“ spielt für die emotionale Bewertung eines Ereignisses – wie etwa einer Rede – eine belegbar relevante Rolle; das gilt vergleichbar auch für das „erlebte Trauerbefinden“ (s. Kahneman, S. 482–485).

Das wesentliche Arbeitsziel des Redners muss daher von folgender Frage abhängen: Welches gemeinsame Stimmungsbild der Anwesenden ist am Anfang gegeben? Dieses gemeinsame Stimmungsbild der Hörer ist aufzunehmen, vielleicht noch etwas zu verstärken: Takt und Rücksicht auf die Hörer sind unbedingt wichtig. Der Redner muss die Hörer in ihrer emotionalen Situation abholen und sie mitnehmen auf eine emotional bestimmte Reise durch oder über den Anlass. Der Anlass steht im Mittelpunkt – also in der Regel ein anderer Mensch – und **nicht** der Redner: Die Stilfigur der „Selbstverkleinerung" und des dienenden Redners, der sich persönlich zurücknimmt, kommt erfahrungsgemäß auch im Unterbewusstsein der Hörer gut an. Obwohl er auf dem Podium aus der Menge hervorragt und mit hohem persönlichen Einsatz zwangsläufig auch sich selbst präsentiert, wird das Publikum einen demütigen Redner emotional nicht als selbstbezogen, arrogant oder rücksichtslos bewerten.

Bilder, Geschichten, prägnante Erlebnisse zum Anlass sind ausdrücklich erwünscht – die schon erwähnte Vorliebe des unterbewussten System 1 für plausible Geschichten kann hier voll bedient werden (vgl. Kahneman, S. 139 ff.; s. a. Dobelli, S. 169 ff.). Zitate können den Anlass in einen „höheren" und noch wirksameren Gesamtzusammenhang bringen und den Eindruck des Gesagten noch weiter rhetorisch verstärken. Eine Sentenz von John F. Kennedy wirkt so nachweislich stärker als die gleiche Sentenz ohne den „großen Namen". Und sorgen Sie für Abwechslung: Ein wenig Nachdenklichkeit in der Freude oder ein kleiner Scherz in der Trauer kann nicht schaden – solche Brechungen zeigen den Redner als souveränen Denker über den Tellerrand hinaus.

Gerade bei solchen emotionalen Wohlfühlelementen gilt aber für die Gliederung: Fassen Sie sich kurz – Langeweile vernichtet jedes Stimmungsbild, nicht nur das positive, sondern sogar die Trauer. Wichtig ist daher für die Gliederung, dass es völlig genügt, nur einen oder wenige prägnante Gedanken in Zusammenhang mit dem Thema zu entwickeln. Gemeinsame Geschichten, gemeinsame Hoffnungen, gemeinsame Gefühle können dabei immer in prägnante Bilder umgesetzt werden. Das Unterbewusstsein ist ohnehin schon auf den Anlass eingestimmt, verzichten Sie daher auf die rhetorisch-emotionale „Dampframme". Die behutsame rhetorische Verstärkung der Stimmung der Gruppe ist immer von Nutzen, sie sollte aber nicht übertrieben werden.

Eine Besonderheit der Anlassrede ist ihr **Schluss**, der meist vorgegeben ist. In der Regel wird vom Redner eine „Anlass-Handlung" im weitesten Sinn erwartet: ein Geschenk, einen Pokal oder ein Diplom zu überreichen, ein Prosit auszubringen oder einen Willkommensgruß zu sprechen, einen Gong zu schlagen oder mit einer stehenden Formel zu enden wie der Münchner Oberbürgermeister mit dem „O'zapft is!" bei einer der populärsten Anlassreden Deutschlands, der Eröffnung des Oktoberfestes. Der Redner sollte dieses anlassbezogene Ritual unbedingt in seine Gliederung einbeziehen. Er findet damit einen idealen Schlussakkord vor, den er nur nutzen muss.

2. Die Sachrede / das Referat: Information geht vor rhetorischen Spielchen

Die Sachrede ist neben der Gelegenheitsrede der zweite Fall einer „Gebrauchsrhetorik“. Jeder Leser dieses Buches hat vermutlich bereits einige der Reden gehalten, die zu dieser Gattung zählen: Berichte, Fachvorträge, Fachpräsentationen, ein einführendes Referat mit nachfolgender Diskussion (Forum, Podium), ein Lehrvortrag und die klassische Vorlesung.

Die **Zielgruppe** von Sachvorträgen ist in der Regel rational organisiert: Das Auditorium trifft sich zu einem objektivierbaren Zweck. Dazu zählen Arbeitsgruppen von Unternehmen, wissenschaftliche Ausschüsse, Fachausschüsse und Kommitees von öffentlichen, kommunalen oder regionalen Einrichtungen, Schulklassen bei Referaten oder Kommilitonen bei wissenschaftlichen Studienpräsentationen oder Seminararbeiten.

Das **Ziel** der Rede ist vorrangig die Informationsvermittlung: Der Sachvortrag wendet sich in erster Linie an das bewusste System 2 des Hörers, um bestimmte Sachverhalte, ihre Begründung und Konsequenzen rational unter vernunftbestimmten Kriterien darzulegen.

Daraus resultiert, vergleichbar zur Gelegenheitsrede, eine spürbare Geringschätzung des Sachvortrages aus rhetorischer Sicht: Da offensichtlich die reine Informationsvermittlung ohne wertende oder emotionale Kommentare im Vordergrund steht und auch Bewertungen rein rational erarbeitet werden sollen, sei es überflüssig, auf den Sachvortrag viel rhetorische Aufmerksamkeit zu verwenden. Diese Auffassung ist völlig verfehlt: Das **unbewusste System 1 arbeitet immer mit**. Kein Sachvortrag wird daher nur auf der Sachebene vom bewussten System 2 verarbeitet. Bei vielen Fakten werden zudem **auch Wertungen** im Hinblick auf Sachverhalte und Schlussfolgerungen vermittelt. Daher spielt es eine große Rolle, auch beim Sachvortrag die Neigung des System 1 zu voreiligen Schlussfolgerungen und speziellen Denkmustern in diesen Redeprozess mit einzubeziehen.

Gerd Gigerenzer und die Psychologie des Risikos

Gerd Gigerenzer (geb. 1947) ist habilitierter Psychologe und beschäftigt sich in seinem wissenschaftlichen Werk schwerpunktmäßig mit dem Thema der menschlichen Kognition und Heuristik, also der Frage, wie die menschliche Psyche Entscheidungen unter unvollständigen Erkenntnismöglichkeiten treffen kann und trifft – und wie in diesem Kontext auch richtige Entscheidungen getroffen werden können. In seinem Buch „Risiko. Wie man die richtigen Entscheidungen trifft" (2013) fasst er nach seinem Bestseller „Bauchentscheidungen. Die Intelligenz des Unbewussten und die Macht der Intuition" (München 2007) seine Forschungen zum Thema der sogenannten Psychologie des Risikos zusammen. Ausgehend von der These, dass Gewissheit eine Illusion ist, erarbeitet er Instrumente dafür, risikokompetent zu werden, und schildert die vielen Tricks, Fallen und Denkunzulänglichkeiten, die dem im Wege stehen. Dies zielt nicht nur auf das Risikoverhalten des Einzelnen, sondern auch auf die Risikokompetenz einer modernen Gesellschaft. Gigerenzer plädiert dafür, diese Fähigkeit als wichtige Schlüsselkompetenz bereits in der Schule zu unterrichten.

Kahneman hat eindrucksvoll mit den Beobachtungen der Verhaltensökonomie nachgewiesen, wie Urteile im Unterbewusstsein entstehen und beeinflusst werden können. Dabei spielen etwa der Halo-Effekt, der die Aussage eines namhaften Experten glaubhaft erscheinen lässt, und die Neigung einer Gruppe zu sogenannten korrelierenden Fehlern eine große Rolle. Gerd Gigerenzer, einer der bekanntesten Risikoforscher der Gegenwart und Leiter des Harding-Centers für Risikokompetenz des Max-Planck-Instituts für Bildungsforschung in Berlin, beschreibt in seinem äußerst lesenswerten Buch „Risiko" eine Fülle von Fällen, in denen durch die unterschiedliche (jeweils korrekte) Beschreibung von gleichen statistischen Risiken eine völlig unterschiedliche Wahrnehmung bei den Zuhörern erzeugt werden kann. Jede Art von Wahrscheinlichkeit „lässt sich verwirrend oder verständlich darstellen" (vgl. Gigerenzer, S. 41). Entsprechend lässt sich jede Statistik gezielt so präsentieren, dass ihre Aussagen den Absichten eines Redners entsprechen und gleichzeitig das Publikum in eine bestimmte Denktendenz leiten, die schwerpunktmäßig von den kognitiven Denkbewertungen des unbewussten System 1 beeinflusst wird.

Korrelierende Fehler der Fluglehrer

Die Verhaltensökonomie bezeichnet es als korrelierenden Fehler bzw. illusorische Korrelation, wenn eine Gruppe eine Hypothese aufstellt und (nur) nach Mustern sucht, die diese Hypothese bestätigen (vgl. auch Beck, Behavioral Economics, S. 53). In einer Diskussion über Flugtraining wiesen erfahrene Fluglehrer darauf hin, dass auf das Lob für eine gute Landung häufig eine schlechtere Landung beim nächsten Versuch folgt, während auf scharfe Kritik nach einer holprigen Landung für gewöhnlich eine Verbesserung beim nächsten Versuch folgt. Die Fluglehrer gelangten zu dem Schluss, dass – im Gegensatz zur herrschenden psychologischen Lehrmeinung – verbales Lob dem Lernen abträglich sei, während verbaler Tadel dem Lernen förderlich sei. Damit sind die Fluglehrer einem statistischen Irrtum erlegen, und zwar der Ausblendung der sogenannten „Regression zum Mittelwert": In vielen Fällen wird auf eine schlechte Leistung in der Regel eine Verbesserung folgen – eben die Annäherung an den Mittelwert –, während auf eine hervorragende Leistung für gewöhnlich eine Verschlechterung folgen wird – unabhängig vom Kommentar des Ausbilders (Kahneman, S. 530 f.).

Dies bedeutet nach den Prinzipien der NLI: Da kaum ein Sachvortrag existiert, der nicht mit Wahrscheinlichkeiten oder statistischen Fragen verbunden ist, gibt es eine Fülle von Inhalten, die mithilfe neurolingualer Intervention ohne Weiteres gezielt so präsentiert werden können, dass insbesondere das unbewusste System 1 diese Präsentation für plausibel hält und so auch die Denktendenz von System 2 beeinflusst. Die Fülle an Denkfehlern, die Kahneman und andere Autoren, etwa Dobelli, beschreiben, kann ein Redner sich äußerst geschickt zunutze machen – wenn er sie denn kennt.

Das Aufnahme- und Lernvermögen des bewussten System 2 ist begrenzt – dies erfordert die sorgfältige Überlegung, welche **Kernbotschaften** auf jeden Fall vermittelt werden müssen. Diese Erkenntnis ist an sich selbsterklärend: Fast jedes Sachreferat hat ein bestimmtes Zeitlimit; dem entspricht die beschränkte Aufnahmefähigkeit der Zuhörer. So hält etwa Rupert Lay, und mit ihm viele andere Rhetorik-Experten, 45 Minuten für eine auch kommunikationspsychologisch relevante Obergrenze. Sie wird auch bei den meisten Sachreferaten nicht überschritten. Entsprechend gilt die rhetorische Herausforderung, sich auf das Relevante zu konzentrieren. Das erfordert eine ganz klare Fokussierung auf wenige Kernbotschaften, die wiederum in einer überschaubaren Zeit dargelegt und begründet werden müssen. Erfahrene Rhetoriker nehmen dazu bewusst die Formulierungshilfen, Statistiktricks und Argumentationsmuster zu Hilfe, die sich als die wirksamsten für den Standpunkt des Redners anbieten. Je eher das aufnehmende bewusste System 2 bereit ist, aufgrund der „kognitiven Flüssigkeit" des Vortrages gerade für das unbewusste System 1 den Vortrag zu akzeptieren, umso eher darf der Redner von einem Erfolg seiner Thesen ausgehen.

ex\

Das Bauchgefühl der Manager

Im Kapitel „Führungsstil und Intuition" seines Buches „Risiko" beschreibt Gerd Gigerenzer das nachweisliche Phänomen, dass der Erfolg vieler Industriekapitäne darauf beruht, sogenannte Bauchentscheidungen zu treffen (vgl. Gigerenzer, S. 152 ff.). Gigerenzer fährt fort: „Doch wären Manager wahrscheinlich schlecht beraten, wenn sie öffentlich zugäben: ‚Ich habe es gespürt.' In unserer Gesellschaft ist Intuition verdächtig. Aus diesem Grund verbergen Manager in der Regel ihre Intuitionen …"

Die Folge davon: Manager müssen ihre Entscheidung „nachträglich rationalisieren" – also gezielt ihren Sachvortrag rhetorisch darauf abstellen, dass die intuitive Entscheidung richtig war. Das geschieht etwa durch die Beschäftigung teurer Berater, die diesen Job übernehmen – auch mit erfahrenen (und teuren) Rhetoriktrainern oder Kommunikationsexperten!

Es gibt viele Themen, die über bestimmte Formulierungen oder auch kognitive Kunstgriffe völlig unterschiedlich präsentiert werden können: In ihrem bahnbrechenden Buch „Nudge – Wie man kluge Entscheidungen anstößt" beschreiben Richard Thaler und Cass Sunstein, wie über gezielte Veränderungen des verbalen und rhetorischen **Framings** eines Sachverhaltes beim Verbraucher / Zuhörer völlig unterschiedliche Entscheidungen bewirkt werden können.

Das **Schlüsselexperiment** dazu wird auch bei Kahneman (S. 512) beschrieben: Ein Gesetz zum Vermögensaufbau von Arbeitnehmern in den USA bedient sich gezielter verhaltensökonomischer Erkenntnisse. Und weil es so formuliert wurde, war es erfolgreich, während etwa die vergleichbare Riester-Rente an ihrer undurchsichtigen Struktur und ihrer weitgehend unverständlichen, verbraucherabschreckenden Formulierung in Deutschland zu scheitern droht. Das Office of Information and Regulatory Affairs (US-Behörde für Informationspolitik und Regulierung), das Sunstein von 2009 bis 2012 im Weißen Haus unter Obama leitete, verfährt nach dem Grundsatz: „Die Präsentation ist von großer Bedeutung; wird beispielsweise ein potenzielles Ergebnis als ein Verlust dargestellt, so wird sich dies unter Umständen stärker auswirken, als wenn es als Gewinn präsentiert wird" (vgl. Kahneman, S. 513).

Vor diesem Hintergrund wird die Bedeutung neurolingualer Interventionen auch bei Sachreden überdeutlich: Präsentiert der Redner in seinem Sachvortrag eine Lösung, die verhaltenspsychologisch und verhaltensökonomisch für das Unterbewusstsein und das Bewusstsein gleichzeitig akzeptabel und erträglich ist, so kann das seine Überzeugungskraft im Publikum erheblich verbessern und damit seinen Redeerfolg massiv beeinflussen.

Mindestlohn und Lohnuntergrenze

Die Expertin für den Bereich des sogenannten politischen Framings, die deutsch-amerikanische Professorin Elisabeth Wehling, beschreibt eindrucksvoll die unterschiedlichen kognitiven Reaktionen, wenn ein Thema in unterschiedliche verbale Rahmen (= Frames) gepackt wird. Thema ist die Diskussion über Lohngestaltung anhand der Begriffe „Mindestlohn" und „Lohnuntergrenze" (vgl. Wehling, S. 135 ff.). Die Begriffe verschieben jeweils den kognitiven „Viewpoint" (= Blickwinkel) als „linguistisch verschlüsselte Positionierung": Lohnuntergrenze definiere, dass „man nicht weiter nach unten gehen dürfe", damit sei aber auch alles, was nicht unter der Untergrenze liegt, „in Ordnung, denn es liegt ja innerhalb der aufgezeigten Grenzen". Der Frame „Mindestlohn" hingegen suggeriere das Streben von unten „hin zu einem Zielpunkt, bis zu dem man es mindestens schaffen will, möglichst aber darüber hinaus". Er vermittle aber auch, „dass das Mindeste eigentlich nicht ausreicht" (vgl. Wehling, S. 137).

Mit einem gezielten Frame gelingt es also auch in Sachreferaten, das kognitive Aufnahme- und Bewertungspotenzial im unbewussten System 1 der Hörer mit Absicht zu positionieren und zu verändern (Wehling, S. 136).

Jeder Sachvortrag wird inhaltlich sorgfältig vorbereitet – warum nicht auch in rhetorischer Hinsicht? Es ist eine Tatsache, dass viele Redner für einen erfolgreichen Sachvortrag mehr Zeit in die Vorbereitung investieren als etwa für eine Gelegenheitsrede. Die Aufbereitung der relevanten Fakten, das Sammeln der Argumente für einen Abwägungs- und Entscheidungsprozess und des Materials für die Begründung der vorgeschlagenen Lösung – dies alles erfordert Zeit, insbesondere auch, weil das angesprochene Publikum in der Regel fachlich versiert und vorgebildet ist. Der Vortrag in einem Hochschulseminar ist hier beispielhaft: Der Redner weiß, dass relevante Fehler im Vortrag nur schwer verziehen würden oder sogar zum Fehlschlag der Präsentation führen könnten, was auch ein phlegmatischer Typ auf jeden Fall vermeiden will.

Vor diesem Hintergrund liegt es nahe, in die Vorbereitung auch den rhetorischen Schliff als Agendum unbedingt einzuplanen. Damit rundet der Redner seine Performance für einen Sachvortrag ab. Als Prüfer habe ich oft erlebt, dass die Spitzenbewertung eines Vortrages von der rhetorischen Präsentation abhing oder eben nicht vergeben wurde, weil hier Defizite vorhanden waren. Es ist eben eine Binsenweisheit, dass auch im fachlich-sachlichen Bereich derjenige Redner durchweg erfolgreicher ist, der (sich) besser verkaufen kann. Ich gehe sogar aus meiner Erfahrung heraus einen Schritt weiter: Gerade der Redner, der einen Sachvortrag überzeugend gestalten kann, hat auch das Potenzial, bei der Überzeugungsrede sachlich glaubwürdiger zu wirken.

Für eine erfolgreiche Gestaltung und Gliederung des Sachvortrages sind **12 Tipps** zu beachten:

- Die **sprachliche Struktur** des Vortrages sollte dem Sachvortrag angemessen, sachlich und zweckgerichtet sein. Es muss nicht zu blumig und metaphorisch zugehen. Und denken Sie daran: Ein gezieltes neurolinguales Framing verpackt Ihre Tatsachen wirksamer als manche vordergründig effektvolle rhetorische Phrasierung.
- Wenn Sie die Möglichkeit haben, verwenden Sie unbedingt **bildhafte Hilfsmittel**: Sie entschlacken den Vortrag und bündeln die Fakten. Handouts, Fakten, Skizzen sagen in der Tat mehr als viele Worte! Sie visualisieren Ihre Thesen und sind auch lernpsychologisch für beide Denksysteme – Bewusstsein und Unterbewusstsein – sehr hilfreich.
- Halten Sie Ihr **Zeitlimit** ein: Wer nicht überzieht, beweist, dass er die Fakten und seinen Stoff beherrscht und noch dazu Rücksicht auf das Publikum nimmt. Der Hörer bleibt höchstens für die Dauer der Zeit aufmerksam, die angekündigt wurde oder üblich ist – danach müssen Sie sich über Unruhe oder neutral-negative Reaktionen nicht mehr wundern. Der „Zeitklau“ ist ein Vergehen, das nicht vor Gericht, aber vom Hörer und auch von einem Prüfer sofort bestraft wird!
- Achten Sie auf Ihre **Stimme**: nicht zu schnell sprechen, aber dynamisch im stimmlichen Einsatz sein.
- **Beziehen Sie die Hörer mit ein**; stellen Sie ggf. (sinnvolle!) Fragen. Aber: Der Hörer darf auf keinen Fall bloßgestellt werden.
- Wie bei jeder Rede können Sie auch beim Sachvortrag die Aufmerksamkeit der Hörer bewusst schon am Anfang fesseln oder aber gründlich verlieren. Daher sollten Sie das **Interesse gleich zu Beginn gezielt wecken**, indem

Sie beispielsweise ausführen, wie das Thema das Publikum unmittelbar betrifft.

- Verwenden Sie auch im weiteren Verlauf des Vortrags **Beispiele**, um das Problem und die Lösung zu illustrieren.
- Beachten Sie die **Aufnahmefähigkeit** der Hörer, hilfreich ist beispielsweise ein kurzer Überblick über den Aufbau des Vortrags und wichtige Aspekte am Anfang.
- Zwischengeschaltete Zusammenfassungen strukturieren die Faktenfülle und entlasten deutlich die Konzentrationsfähigkeit der Hörer.
- **Bleiben Sie fokussiert**. Schon Voltaire wusste: „Das Geheimnis zu langweilen besteht darin, alles zu sagen." Wortwitz und Prägnanz sind durchaus erwünscht!
- Nicht vergessen: Die abschließende **Zusammenfassung**. Der Hörer freut sich aus mehreren Gründen auf sie, daher steigert er zum Ende der Rede noch einmal seine Aufmerksamkeit.
- Die **Abschlussbotschaft** muss sitzen: Sie wird mehr als alles andere erinnert oder aber vergessen und hat schon über so manchen Erfolg oder Misserfolg entschieden.

3. Die Überzeugungsrede – die Königin der Reden

Seit Jahrtausenden fasziniert dieser rhetorische Kerntypus das Publikum – und die Rhetorik: Wie gelingt es einem Redner, das Publikum für ein Thema so zu begeistern, dass es förmlich mitgerissen wird und zu Handlungen bereit ist, die man vorher nicht für möglich gehalten hätte? Wir alle kennen solche Reden, die in die Geschichte eingegangen sind und bewirkt haben, dass ganze Heere und Menschenmassen aus freiem Antrieb für ihre Überzeugung sogar ihr Leben aufs Spiel setzen wollten. Bekannte Beispiele stammen aus der sogenannten dunklen, demagogisch kriminellen Rhetorik wie etwa Joseph Goebbels' Sportpalastrede am 18. Februar 1943, aber auch von Ikonen der Bürger- und Menschenrechtsbewegung wie Martin Luther King. Ich empfehle Ihnen hierzu die Lektüre von 85 Reden der Welt- und Literaturgeschichte, die Hermann Schlüter in seinem „Handbuch der Rhetorik" (Schlüter, Grundkurs, S. 71–312) zusammengestellt hat.

Die Überzeugungsrede kann zu verschiedenen Gelegenheiten zum Einsatz kommen, die sich neben der Politik gerade in der Wirtschaft entwickelt haben; die wichtigsten Beispiele sind:

- Unternehmensrede: Vorstellung der Jahresziele durch die Geschäftsführung mit der Absicht, die gesamte Belegschaft zu motivieren, diese Ziele zu erreichen; Präsentation der Jahresbilanz auf der Aktionärsversammlung mit dem Ziel der Genehmigung und natürlich der Wiederbestellung der Geschäftsführung.
- Werberede, Verkaufsrede, „Pitch“: Denken Sie nur an das berühmte Beispiel der Vorstellung des ersten IPhone am 9. Januar 2007 durch Steve Jobs, die weltweit geradezu einen Kaufhype auslöste. Des Weiteren: Vorstellung von neuen Produkten oder Produktlinien bis hin zu Beschwichtigungsreden nach Produktskandalen mit dem Ziel, die Käuferschaft zu halten und zum Kauf als zentraler Entscheidung und Handlung zu motivieren.
- Gerichtsrede / Mandantenvertretung / Pressegespräch: das klassische Plädoyer zur Verteidigung, die Attacke der Staatsanwaltschaft zur Einforderung einer gerechten Bestrafung, die Verhandlung für einen Steuerkompromiss, die Presseerklärung, um die kritische Presse davon zu überzeugen, dass kein Skandal vorliegt.
- Kanzelrede: die klassische jahrtausendealte religiöse Appellrede, endlich das Böse zu unterlassen und das Gute zu tun. Über Jahrhunderte des Mittelalters hinweg wurde so in den Predigerschulen auch die Rhetorik faktisch hochgehalten und gepflegt.
- Politische Rede: ihr Ort ist die Versammlung, das Parlament oder der Marktplatz vor einer Menschenmasse; auch die Verbands- oder Gewerkschaftsrede ist politisch. Die politische Rede ist die bekannteste Form der Überzeugungsrede im politischen Meinungsstreit: Bezweckt wird die Wahlentscheidung und die Abstimmung zugunsten der eigenen Position des Redners gegen den erfahrungsgemäß erbitterten Widerstand des politischen Gegners.

Die **Kernaufgabe** der Überzeugungsrede besteht darin, die Einstellung des Hörers zu beeinflussen oder ihn zu einer Handlung zu bewegen: Der Redner will verändern, aufrufen, motivieren, bestärken, auslösen. Sein Ziel ist also die zweckorientierte Überredung zum freien Willensentschluss des Hörers, der Aufruf zu einer Entscheidung oder Tat. Die Rede ist daher nur dann erfolgreich, wenn dieser Entschluss mit größter Wahrscheinlichkeit erfolgen wird oder bereits unmittelbar erfolgt ist. Dieser Teilbereich der Rhetorik ist auch ein Kerngebiet der Dialektik als der Kunst, Überzeugungen auf andere zu übertragen.

Entscheidend ist die Menschenführung durch effiziente Redekunst. Zwischen Rhetorik und Demagogie verläuft dabei ein schmaler Grat. Rhetorische Mittel können auch eingesetzt werden, um politisch verwerfliche Ziele zu erreichen oder totalitäre Systeme zu stabilisieren. Der unethisch handelnde politische Redner ist der **Demagoge.**

Um erfolgreich auf das Publikum einwirken und es in die gewünschte Richtung führen zu können, ist der erste Arbeitsschritt bei der Vorbereitung einer Überzeugungsrede daher die sorgfältige Analyse des Publikums unter folgenden **drei Leitfragen**:

1. Was ist die **Ausgangslage**, wie ist die Haltung des Publikums? So ist es ein erheblicher Unterschied, ob der Redner ein Publikum vorfindet, das im Wesentlichen die Auffassungen des Redners teilt, oder ob erst eine vorhandene Skepsis überwunden werden muss.
2. Was ist das **genaue Ziel**, das der Redner erreichen will? Hier ist sorgfältig zu differenzieren, da es eine ganze Bandbreite von möglichen Zielen gibt. Diese reichen von: „Ja, wir wollen unsere Meinung ändern" über: „Ja, wir hatten schon immer die richtige Meinung" bis hin zu: „So denken wir und so wollen wir handeln". Wenn die identifizierte Ausgangshaltung des Publikums skeptisch ist und der Redner auf eine Meinungsänderung hinarbeitet, dann wird er seine Rede anders strukturieren als bei dem Ziel „So denken wir und so wollen wir handeln", denn hier muss er weniger zur Überzeugungsbildung beitragen als vielmehr zum konkreten Handlungsaufruf.
3. Welche **Mittel** verwendet der Redner zur Überzeugungsänderung im Einzelnen: Manipulation oder Argumentation? Beachten Sie, dass auch hier die Meinungsänderung durch **Argumentation** die operative Grundlage darstellt – sie ist nicht nur moralisch angenehmer, sondern wirkt auch nachhaltiger. Es gilt die Regel: So viel Argumentation wie möglich, so wenig bewusste Manipulation wie nötig – aber auf jeden Fall gezielte neurolinguale Intervention!

Die Analyse des Publikums lässt sich als **konkrete Umsetzung der NLI** verstehen: Auch bei einer Überzeugungsrede arbeiten das unbewusste System 1 und das bewusste System 2 in den Köpfen der Zuhörer kognitiv zusammen. Je mehr der Redner die intuitiven und unbewussten Wertungen ansprechen kann, mit denen die Hörer (überwiegend) gedanklich arbeiten, umso mehr kann er eine „Überzeugungsbrücke" zwischen sich und dem Hörer erstellen. Dies bedeutet, dass der Redner die **bisherige Einstellung** des Publikums in seiner entscheidenden Mehrheit **unbedingt zu akzeptieren** hat; darin spiegelt sich seine Wertschätzung des Publikums wider. Je mehr Kongruenz hier zwischen Redner und Zuhörerschaft besteht, umso weniger besteht im Unterbewusstsein der Zuhörer ein Anlass zum Misstrauen und zur Vorsicht. Ein Angriff auf die Ausgangshaltung des Publikums ist daher der beste Weg zum Misserfolg und strikt zu unterlassen.

Diese Ausgangshaltung der Zuhörer muss im Folgenden argumentativ geändert werden – hier sind wir mitten im „Über-reden" und Überzeugen. Dazu sind die sachbezogenen Fakten und Einzelargumente einzusetzen, die unten noch sehr eingehend beschrieben werden. Bedenken Sie dabei, dass schon eine schlüssige plausible Argumentation genügt, um die Thesen des Redners überzeugend zu vermitteln. Lassen Sie sich nicht auf den Versuch ein, allgemeingültige objektive Wahrheiten vermitteln zu wollen. Berücksichtigen Sie außerdem die bekannten heuristischen Arbeitsabläufe unseres Gehirns. Indem Sie das Unterbewusstsein mit bildhaften Argumenten ansprechen, bringen Sie die unterbewusste Assoziationsmaschine in Gang, die einen Sachverhalt intuitiv weiter durchdenkt und plausible Argumente für das unterbewusste System 1 noch überzeugender erscheinen lässt. Hinzu kommt die kognitive Leichtigkeit, die über Denkschemata wie den Halo-Effekt, rhetorische Figuren und weitere vorgefertigte „Urteilsangebote" erzeugt wird, und schließlich die gezielte Ansprache der Neigung unseres Unterbewusstseins zu voreiligen Schlussfolgerungen (vgl. Kahneman, S. 69 f., S. 81 f., S. 105 f.).

Während der Vorbereitung einer Überzeugungsrede empfiehlt es sich, einige wichtige Einzelelemente gezielt zu beachten. Hierzu **8 Faustregeln**:

- Was der Zuhörer fühlt, ist wichtig und völlig verständlich.
- Formulieren Sie gemeinsame Ziele (Auswahl von Gedanken und Zielen; zweckmäßiges Herausarbeiten von gemeinsamen und im Umkehrschluss auch gegnerischen Standpunkten): „Das wollen wir gemeinsam."
- Formulieren Sie gemeinsame Gegner / Gefahren: „Das wollen wir doch auf keinen Fall!"
- Nutzen Sie Schlüsselsätze und Zielsätze als Redegerüst: Diese kann sich der Zuhörer merken und so wichtige Inhalte der Rede auch lernen.
- Verwenden Sie diejenigen Argumente, Fakten und Belege, die Sie in der Vorbereitung als am wirksamsten bewerten.

- Motivieren Sie den Zuhörer, für Ihre Position einzutreten: Welche Vorteile wird der Zuhörer haben, wenn er sich auf die Seite des Redners schlägt?
- Halten Sie den Zuhörer mit rhetorischen Mitteln in ständiger, positiver Spannung. Das Unterbewusstsein ist immer auf der Suche nach Neuem, Unterhaltsamem, sonst gäbe es keine ausufernden Comedy-Shows! Wer unterhaltsam ist, dem glaubt man gerne. Insbesondere Schauspieler profitieren von dieser konkreten Form des Halo-Effektes und zwar auch dann, wenn sie Fernsehwerbung für alles Mögliche betreiben.
- Betreiben Sie Zeitmanagement: Argumentieren Sie konsequent auf das Ziel hin und konzentrieren Sie sich auf das Wesentliche: Mehr Zeit haben Sie nicht und sie wird Ihnen auch nicht geschenkt.

Wie bei jeder Rede zahlt sich die gründliche Vorbereitung aus. Scheuen Sie sich nicht, Checklisten abzuarbeiten und Ihr Redemanuskript auf wichtige inhaltliche und rhetorische Elemente zu prüfen.

4. Der Diskussionsbeitrag

In den letzten Jahrzehnten hat sich die Podiumsdiskussion zu einem wichtigen Format für die Behandlung von Sachthemen entwickelt. Legendär ist der „Internationale Frühschoppen", der seit 1953 an jedem Sonntagmittag (inzwischen unter dem Label „Presseclub") in der ARD ausgestrahlt wird. Das ist für ein reines Rede- und Dialogkonzept sicher eine rekordverdächtige Laufzeit. Die Diskussionsrunde als Kommunikationsformat wurde inzwischen durch viele Fernsehsender geradezu inflationär aufgebläht. Die modernen Talkshows, aber auch die „Kampfformate" wie etwa „hart aber fair" sind Belege dafür und setzen durchaus Maßstäbe. Wer sich als erfolgreicher Redner bewährt, darf damit rechnen und sollte darauf vorbereitet sein, auch zu derartigen Diskussionen und Podien eingeladen zu werden, seien es gesellschaftliche, berufliche oder politische Veranstaltungen, nicht nur im Fernsehen.

Diskussionen werden von einem **Moderator** geleitet, der im Idealfall kundig in das Thema einleiten und mit der ihm zustehenden Autorität auch als Schiedsrichter und Verlaufslenker auftreten sollte. Diskussionen sind erfahrungsgemäß ein Panoptikum an Charakteren und Ideen, die Sie als Zuhörer verfolgen können. Für den Redner ist es wichtig, in dieser Gruppe als überzeugend und seriös zu gelten und mitzuwirken. Bedenken Sie, dass bei einem Podium mit 5 Teilnehmern plus Moderator bei 60 Minuten Dauer für jeden Einzelnen maximal 8 Minuten Redezeit bleiben, die Pausen und Übergänge abgezogen! Dabei haben die Teilnehmer in der Regel 3 rituelle Statements: das Eröffnungsstatement, den Diskussionsbeitrag (normalerweise auch noch einen mehr) und das Schlussstatement.

Die Diskussion wird in ihrem Ziel schwerpunktmäßig davon bestimmt, was der **Veranstalter** dem Publikum an Mitteilungen vermitteln will, und nicht der Redner! Diese Kernstruktur wird in der Regel bei der rhetorischen Analyse ausgeblendet. Als Diskussionsteilnehmer ist der Redner daher zuerst **Mittel zum Zweck**. Bei der Vorbereitung auf eine Diskussion reagieren erfahrungsgemäß die meisten Seminarteilnehmer überrascht, wenn sie von einem Rhetoriktrainer darauf eingestellt werden.

So läuft etwa die Talkshow „Anne Will" in der ARD mit beachtlichem Erfolg seit 2007. Das wesentliche Anliegen der Redaktion ist es dabei garantiert **nicht**, einen einzelnen Redeteilnehmer groß darzustellen oder seine Meinung schwerpunktmäßig zu vermitteln (dies übersieht etwa Rupert Lay, S. 178 ff., in seiner Darstellung der Kommunikationsform der Diskussion). Entscheidend ist, dass das Format Talkshow vom Publikum dafür geschätzt wird, dass ein aktuelles Thema in seiner Vielschichtigkeit und Varianz von mehreren als kompetent eingestuften Diskussionsteilnehmern aufgearbeitet und vielleicht auch mit Lösungshinweisen versehen bearbeitet wird („I feel informed / convinced – on a higher level").

Der Redner darf vor diesem Hintergrund auf keinen Fall versuchen, sich dominant oder sogar arrogant zu präsentieren. Für ihn gibt es folgende zentrale rhetorische Ziele:

- Er wird vom Publikum als glaubwürdige, authentische Persönlichkeit wahrgenommen.
- Er vermittelt sachbezogene Informationen, die plausibel sind.
- Auch im unübersichtlichen Debattengetümmel wirkt er mit seiner positiven Argumentation nicht polemisch, sondern darum bemüht, das angesprochene Thema konstruktiv zu lösen.

Es ist daher auch hier von großer Bedeutung, dass das unbewusste System 1 der Zuschauer – ergänzend zu den bewusst aufgenommenen Inhalten – kognitiv positiv angesprochen wird. Dabei ist klar, dass ein Diskussionsteilnehmer in 8 von 60 Minuten nicht die vollständige Wahrheit zu einem Thema vermitteln kann – wer den Versuch unternimmt, wird grandios darin scheitern, auch nur über die ersten 5 bis 10 Sätze hinauszukommen. Und er wird riskieren, etwa von professionellen Diskussionsteilnehmern gnadenlos dialektisch angegriffen oder zerpflückt zu werden. Auch hier ist also die gezielte Vorbereitung unerlässlich, um als Redner einen positiven Eindruck zu erzielen – und von Veranstaltern **wieder** zu Diskussionen eingeladen zu werden!

Zur Vorbereitung einer erfolgreichen Teilnahme empfiehlt es sich, folgende **Fragen** zu beantworten:

- Was ist der genaue Gegenstand und das angestrebte Ziel der Diskussion?
- Wie würde ich mich in 3 Sätzen persönlich vorstellen und meine Beziehung zum Gegenstand der Diskussion beschreiben? – Bedenken Sie, dass das Ihr Vorstellungsgespräch für das Publikum ist, der erste Eindruck zählt!
- Welche anderen Personen nehmen an der Diskussion teil, welche Meinung vertreten sie wahrscheinlich? Wie kann ich sie als Persönlichkeit einstufen?
- Was ist mein persönlicher Standpunkt zu Gegenstand und Ziel der Diskussion?
- Was ist die mehrheitliche Einstellung des Publikums?
- Welche wesentlichen 5 Thesen und Argumente zu meinem Standpunkt kann ich formulieren?
- Welche wesentlichen 5 Thesen und Argumente kann man gegen meinen Standpunkt vorbringen?
- Welcher Diskussionsteilnehmer ist eher ein Gegner oder Befürworter meines Standpunktes?
- Mit welchen Fragen / Rückfragen kann ich die gegnerischen Argumente angreifen? Mit welchen Argumenten kann ich die gegnerischen Argumente wiederlegen?
- Welche Beispiele kann ich für und gegen meine Argumente finden?
- Wo kann ich das Publikum abholen?
- Wie kann ich meinen Standpunkt überzeugend durchsetzen?

Dies alles zeigt, dass eine Diskussionsteilnahme mindestens genauso anspruchsvoll ist wie eine eigene Rede (vgl. Lay, S. 178 ff.). Hinzu kommt der Umstand, dass Emotionen in einer Diskussion erfahrungsgemäß eine wichtige Rolle spielen. Der Teilnehmer sollte beachten, dass er gerade in seiner Emotionalität vom Publikum wahrgenommen und in jedem Fall unbewusst bewertet wird. Seien Sie also kein aggressiver Provokateur, sondern ein engagierter Lösungssucher (vgl. Krieger / Hantschel, Handbuch Rhetorik, S. 184 ff.). Dies gelingt gerade dann, wenn Sie sich um positive Formulierungen bemühen und aggressiv-negative Attacken abfangen, etwa durch Fragen oder ergänzende Richtigstellungen.

Dasselbe gilt auch für die nonverbalen Elemente des rhetorischen Auftretens: Das Publikum nimmt wahr und spricht erfahrungsgemäß auch darüber, „wie Sie sich aufführen“. Versuchen Sie also locker und entspannt zu bleiben. Und hüten Sie sich davor, dass Ihnen der Gaul durchgeht! Seien Sie unbedingt auf der Hut davor, sich zu unbedachten, aggressiven, provozierenden und beleidigenden Äußerungen hinreißen zu lassen und diese auch noch durch entsprechende Gestik unbewusst zu verstärken. Sie können sicher sein, dass man gerade dann gefilmt und gepostet wird, wenn man aus der Rolle fällt! Dagegen können Sie Ihre Präsenz im Raum auch geschickt nutzen, um Ihre Ziele zu erreichen (vgl. dazu auch Kapitel XI zur Körpersprache, insbesondere zur „Proxemik“). Schon Rupert Lay (S. 181) empfahl: Da die meisten Moderatoren nach **rechts** schauen, versuchen Sie einen Platz rechts vom Moderator zur ergattern. Indem Sie sich in sein Blickfeld bringen, können Sie dort später auch schneller rhetorisch re-/agieren können.

Je kontroverser das Thema, desto wichtiger ist in der Vorbereitung ein Testlauf. Sie können von Frank Plasberg halten was Sie wollen, in einem ist er Meister: Geschickt durch Fragen, Statements und einführende Tatsachenberichte in seiner Sendung „hart aber fair“ für eine kontroverse Atmosphäre zu sorgen, in der auch Medienprofis wie interview- und debattenerprobte Berufspolitiker aufs rhetorische Glatteis geführt werden. In solchen Runden können Sie im „rhetorischen Boxring“ nur punkten, wenn Sie sich vorher durch einen vergleichbaren Sparringspartner auf alle obigen Fragen haben trainieren lassen.

5. Der richtige Gliederungstyp für die individuelle Rede

Die dargelegte Vielfalt an möglichen Redeformen und Redeinhalten legt eines nahe: Es kann **keine universelle Gliederung** für alle Reden geben. Allerdings wissen wir aufgrund der Vorbereitung, dass die Stoffsammlung ja bereits nach einem Aufbauschema erarbeitet wurde; es bietet sich also an, diese Schemata darauf zu überprüfen, welches für die jeweilige Rede am besten geeignet ist (s. o. S. 72 ff.). Außerdem müssen wir natürlich wissen, mit welchen inhaltlichen Instrumenten wir das Publikum für unseren Standpunkt einnehmen wollen: Die Auseinandersetzung mit Argumenten und Argumentationsformen folgt in Kapitel VII. Erst dann sind wir so weit, für unsere Inhalte eine effiziente Gliederung zu erarbeiten, die es ermöglicht, dass unser Standpunkt letztlich der Standpunkt unserer Zuhörer wird.

Für die „Meta-Gliederung" der Rede gibt es fünf zentrale Aufbaumöglichkeiten der Argumentationsführung: Hier muss ich das Rad nicht neu erfinden, sondern kann auf bewährte rhetorische Praxis zurückgreifen. Natürlich sind sie eingebettet in die unverzichtbaren Gliederungspunkte Anfang / Einleitung und Abschluss / Finale, auf die anschließend noch gesondert eingegangen wird. Es zahlt sich jetzt aus, dass der Redner eine vorstrukturierte Stoffsammlung für seinen Inhalt bereits durchgeführt hat. Nun lässt sich leichter entscheiden, welche Gliederung die beste Möglichkeit bietet, die Stoffsammlung wirksam einzubinden und das Publikum so gut wie möglich zu fesseln.

Die dramatische Gliederung (mit Steigerungstechnik)

Jeder Abiturient im deutschen Sprachraum ist mit dieser fünfstufigen Gliederung aus dem Theater der Klassik vertraut. Sie geht im Wesentlichen bereits auf die Antike zurück, wo sie beispielhaft etwa von Horaz dargelegt wurde (Epistula ad pisones / Der Brief an die Pisonen). Die Übernahme der Grundstruktur dieser Gliederung in eine Rede ist eigentlich banal: Was im Theaterstück über 2 Stunden funktioniert, das kann eigentlich bei einer kürzeren Rede doch nicht falsch sein. Es gibt genügend Dramen, die das Publikum in Vergangenheit und Gegenwart schlicht faszinieren und das nicht zuletzt aufgrund ihres Aufbaus. Aus langer Erfahrung heraus scheint diese Struktur besonders geeignet zu sein, das Publikum zu fesseln, indem sie für die Argumentation ein bestimmtes Muster vorgibt:

Einleitung / Exposition des Themas: Das Publikum wird plastisch mit dem Gegenstand der Rede vertraut gemacht – dabei spielt die Einleitung eine wichtige Rolle, damit der Redner das Publikum für seinen Plot einnehmen kann.

Steigerung und Komplikation der Argumente: Die Gegenargumente werden vom Redner schwerpunktmäßig mit Argumentation für seinen Standpunkt abgearbeitet – dabei nimmt das Gewicht der Gegenargumente zu.

Klimax / Höhepunkt: Nun muss der Standpunkt des Redners endgültig das Übergewicht erhalten – das stärkste Argumente gibt den Ausschlag.

Retardation: Auf hohem Niveau verlangsamt sich die Spannung zugunsten des Redners, mit anderen Worten, es werden noch einmal gewichtige Argumente gegen den eigenen Standpunkt eingebracht und abgehandelt.

Finale: Der klassische Appell zugunsten des Standpunktes des Redners, verbunden mit einem seiner stärksten Argumente sowie einer Zusammenfassung.

Mit der dramatischen Gliederung strukturieren Sie also eine Argumentationskette, bei der die eher schwächeren Argumente am Anfang stehen und die stärksten am Höhepunkt; genau umgekehrt werden potenzielle Gegenargumente eingebaut und behandelt. Aus **neurolingualer Sicht** produzieren Sie eine schlüssige Geschichte, in der der Redner den Sieg seiner Argumentation nachvollziehbar im Höhepunkt erreicht (deutlich nach der Hälfte der Redezeit) und diesen Spannungsbogen dann bis zum Ende aufrechterhält. Damit bedient der Redner das Faible des unbewussten System 1 für „eine Geschichte" (vgl. Kahneman, S. 476 ff.). Auch das „erinnernde Selbst" arbeitet mit Geschichten, da so offensichtlich Geschehenes am besten verarbeitet und erinnert werden kann (Kahneman, S. 477). Die moderne Psychologie liefert damit auch hier die wissenschaftliche Begründung für ein Phänomen und eine Struktur (den klassischen Dramenaufbau), die unbewusst seit über zweitausend Jahren aus der Erfahrung heraus entwickelt wurde: Theater ist eben für Humans gemacht – nicht für Econs …

Der dialektische Aufbau

Der dialektische Aufbau basiert auf den Entwicklungen der antiken Philosophie und ist gekennzeichnet durch die bekannte dreistufige Gliederung „These – Antithese – Synthese" (s. dazu eingehend Lay, S. 110 f.). Diese Gliederung wird in der modernen Rhetorik auch als „Plus-Minus-Gliederung" bezeichnet (s. dazu u. a. Krieger / Hantschel, Handbuch Rhetorik, S. 61 f.). Der dialektische Aufbau eignet sich insbesondere dann, wenn der Redner in einer Disputsituation durchaus bereit ist, letztendlich gewisse Kompromisse sachlicher Art einzugehen, also eine Synthese anzusteuern und so einen sachlichen Ausgleich zu erzielen. Dabei ist klar, dass die eigene Auffassung des Redners den Abschluss darstellen muss: Der eigene Standpunkt soll ja beim Publikum haften bleiben und auch im Kompromiss die eigenen Position möglichst stark vertreten sein.

Der dialektische Aufbau gestaltet sich im Einzelnen wie folgt:

Nach der Einleitung (nach den üblichen Regeln, vgl. unten S. 238 ff.) sollte sogleich die Darlegung der Problemstellung folgen: Formulierung des Redethemas und Darlegung seiner Bedeutung anhand eines kurzen Beispiels.

Dann empfiehlt es sich zuerst als „**These**", technisch gesprochen, jeweils die Argumente der **Gegenseite** einzubringen und diese ggf. auch mit Beispielen und Fakten taktisch zu unterlegen.

Erst danach wird die **eigene Auffassung als Antithese** formuliert. Sie wird begründet, und zwar schwerpunktmäßig damit, dass man die Gegenposition eliminiert. Rupert Lay, der Nestor der Dialektik, weist auf den wichtigen Kunstgriff hin, dass die dialektische Rede schon dann erfolgreich wirkt, wenn die Widerlegung des gegnerischen Standpunktes gelingt. Er lässt dabei ausdrücklich den Einsatz einer emotionalen Diskussion zu (vgl. Lay, S. 244).

>\ Rupert Lay: Dialektik für Manager. Methoden des erfolgreichen Angriffs und der Abwehr, 3. Aufl. München 2001.

Abschließend wird dem Hörer die angestrebte **Synthese** als akzeptabler Kompromiss präsentiert. Dies wird auch als „Überzeugungstransfer-Dialektik" bezeichnet, der Lay eine hohe Effizienz zumisst (vgl. Lay, S. 17, S. 217 ff.). Sie ist auch der angestrebte „Zielsatz", also der Redeinhalt, der mit einem Appell letztlich das Publikum für die Auffassung des Redners einnehmen sollte.

Aus **neurolingualer Sicht** ist diese Gliederungsform dann besonders wirksam, wenn es dem Redner gelingt, mit den Instrumenten der „humanen Irrtümer" das Publikum zur Ablehnung der vom Redner bekämpften Position zu bringen. Kahneman schildert hierzu beispielhaft, wie man durch konsequente „Negativierung" eine These oder eine Auffassung bekämpfen kann: „Ein negativer Eindruck und negative Stereotype entstehen schneller und sind widerlegungsresistenter als ihre positiven Entsprechungen" (Kahneman, S. 371, nach Baumeister u. a., Bad, S. 323). Negativitätsdominanz und Verlustaversion beim Publikum können so wirksam in die Strategie des Redners für seine Argumentation eingebaut werden.

Lassen Sie mich als **Beispiel** ein durchaus strittiges Thema anführen: In der modernen Diskussion spielen diese dialektischen Strategien etwa bei der Behandlung der **Flüchtlingsfrage** eine große Rolle. Die Höhe der Kosten für Integration, die Verluste der Gesellschaft und ihr Zwang zum Verzicht (denken Sie nur an die gesperrten Turnhallen für den Schulsport und die Vereine), die gezielte Kriminialisierung von Flüchtlingen anhand plastischer Einzelfälle, die Gefahr einer weiteren Destabilisierung der Gesellschaft durch weitere Flüchtlingsströme: Ein Redner, der dies in seinen Reden gezielt und nicht übertrieben einsetzt, kann es einem Gegenredner sehr schwer machen, wenn dieser versucht, in seiner Antithese die humanitären und ethischen Notwendigkeiten einer humanen Flüchtlingspolitik darzustellen. In solchen Situationen kann wohl nur ein vernünftiger Kompromiss, die Synthese, angestrebt werden. Ein

Beharren auf extremen Gegensatzpositionen wird das Publikum ratlos zurücklassen und eher negativ, auch im unbewussten System 1, gegen die Diskutanten einstimmen. Es sei denn natürlich, dass das Ziel der Veranstaltung ist, die Unvereinbarkeit der Gegensätze plakativ darzulegen.

Der historische Aufbau

Mit dieser Gliederungsform werden dem Hörer die wesentlichen Argumente als Beispiele aus einer Geschichte präsentiert, die sich mit dem Thema der Rede verbindet. Die historische Gliederung eignet sich bei **Gelegenheitsreden** aller Art besonders gut: Wer einen bestimmten Anlass begeht und würdigt (ganz gleich ob traurig, glücklich oder festlich), der kann dazu in der Regel einzelne Informationen aus dem Gestern und dem Heute präsentieren und in die Zukunft blicken. Nicht selten kann aber dem Publikum auch in Sachvorträgen oder Überzeugungsreden zu einem Thema vorgeführt werden, wie sich ein verblüffend ähnlicher Verlauf schon in der Vergangenheit abgespielt hat; dies kann dann geradezu idealtypisch mit den Thesen verbunden werden, die ein Redner vermitteln will.

Beispiel: Der Ablauf vieler tiefer Wirtschaftskrisen der letzten 150 Jahre ist erstaunlicherweise ziemlich ähnlich; und nicht selten begann er mit einem mittlerweile schon sprichwörtlichen „Schwarzen Freitag", so etwa der 25. Oktober 1929. „Das Rad der Geschichte dreht sich" – dieses plausible Bild ist natürlich eine Metapher, aber da sie plausibel und kognitiv leicht verständlich ist, können wir sie neurolingual dazu einsetzen, besonders eindrücklich eine Geschichte für die eigene Argumentation daraus zu formulieren.

Der **Aufbau** der Gliederung gestaltet sich damit wie folgt:

Nach der **Einleitung** (gerne mit einer prägenden Szene aus oder einem passenden Zitat zur präsentierten Geschichte) folgt die **Abhandlung** des Themas in seinem geschichtlichen Ablauf: Was war der historische Beginn, was sind wesentliche geschichtliche Details des Themas, zu dem der Redner spricht? Gibt es Ereignisse, die sich geradezu als Schlüsselereignisse bezeichnen lassen und die so außergewöhnlich sind, dass sie auch im Gedächtnis der Zuhörer haften? Wie stellt sich das Thema, das Subjekt in der Gegenwart dar? Was sind Erwartungen, Hoffnungen, Probleme, Ziele, die sich damit in der Zukunft verbinden? Es folgt der **Schluss**, der je nach dem Redetyp (s. o.) gestaltet wird.

Kahneman beschreibt unter Verweis auf Studien des amerikanischen Psychologen Ed Diener die suggestive Kraft dieses „story telling" (vgl. Diener,

End Effects of Rated Life Quality, S. 477, s. a. Dobelli, S. 169 ff. zur Bedeutung plausibler Geschichten). Dabei ist aber unbedingt zu beachten, dass das eigene Argument, die eigene These der „krönende“ Abschluss dieser Geschichte sein muss, sonst würde sich der Effekt nachweislich ins Gegenteil verkehren. Bedenken Sie dies, wenn Sie fürchten müssen, dass ein Gegenredner schlagfertig aus der Geschichte Kritisches zu Ihrem Vortrag bringen könnte.

Aus **neurolingualer Sicht** ergibt sich der weitere Vorteil, dass der Hörer einer solchen Geschichte mühelos folgen kann, sie also für ihn eine gewisse „kognitive Leichtigkeit“ besitzt; dies verbessert auf jeden Fall für das unbewusst arbeitende System 1 die Akzeptanz des Präsentierten (vgl. Kahneman, S. 81 ff., S. 476 ff.). Die Geschichte ist glaubhaft – weil sie eine Geschichte ist! Damit berührt der Redner die Bereitschaft der Zuhörer zu einem der wichtigsten „humanen Irrtümer“, und nicht nur ihr Unterbewusstsein ist bereit, das vom Redner Vorgetragene zu glauben. Und was noch wichtiger ist: Zuhörer erinnern sich an eine Geschichte viel besser, als wenn vergleichbare Tatsachen und Argumente nur abstrakt wiedergegeben würden. Denken Sie an Münchhausen und manch andere haarsträubende Geschichte! Für Generationen deutscher Kinder sind etwa die Geschichten von Käpt'n Blaubär geradezu unvergesslich, genauso wie die Märchen der Brüder Grimm für unsere Vorfahren. Weil sie eben auch Geschichten sind, die tief hinein in das unbewusste System 1 wirken.

Die ABBA-Gliederung

Diese Gliederung ist stilbildend für Gerichtsreden, die dem Urteil (das den gleichen Aufbau hat) vorausgehen; dies galt für die Antike und gilt für die Moderne, etwa in Deutschland, und ist auch mir als Juristen geradezu in Fleisch und Blut übergegangen: **A**nfang – **B**ericht / Sachverhalt – **B**eweis / Argumentation – **A**bschluss.

Nach einer (eher kurzen) Einleitung werden zuerst die Fakten und der Sachverhalt mit allen positiven und negativen Tatsachen sowie Fragen dargelegt. Darauf folgt die sachliche und argumentative Beweisführung, um abschließend das Ergebnis zu präsentieren und das Finale (das berühmte „letzte Wort“) anzuschließen.

Die ABBA-Gliederung hat in Zeiten der massenhaften „Gerichts-Soaps“ in den Medien durchaus eine gewisse Popularität: Die Trennung von Tatsachenerörterung und Argumentation führt aber dazu, dass sie nach den **Grundsätzen der NLI** als problematischer im Vergleich zu den ersten drei Gliederungen einzustufen ist: Der Redner wird gezwungen, eine einheitliche Argumentation aufzugeben und sie in zwei Blöcke aufzuteilen. Hat zum Beispiel ein Verteidiger im Tatsachenbereich gewichtige Gründe für einen Freispruch mangels Beweisen herausgearbeitet, kann er im rechtlichen Bereich dazu gezwungen sein, vorsorglich für den Fall einer Verurteilung etwa Gründe für einen minder schweren Fall zu diskutieren. Dies ist nicht unbedingt förderlich dafür, dass das Publikum dem Vortrag folgen kann. Damit verliert der Redner ggf. die wichtige Ausgangsposition und ist wieder mitten in der angenommenen „Verurteilungslage". Hier muss er geradezu die beiden Gliederungspunkte „Tatsachendarstellung – Würdigung der Situation" umdrehen oder am Schluss noch einmal engagiert die Freispruchsituation wieder aufnehmen, um dann mit einem konsequenten Schlussantrag zu enden.

Ist die Materie allerdings nicht so komplex, dann ist die ABBA-Gliederung außerordentlich hilfreich. Dies gilt etwa für Jubiläen oder Gedenkreden: Zuerst wird das Leben des Jubilars oder die historische Entwicklung eines Ereignisses nachgezeichnet; danach kommen Gedanken zu besonderen Eigenschaften, Bezügen oder Bedeutungen, die damit verbunden sind. Am Schluss steht als letzte Handlung dann das Ritual der Ehrung oder des Gedenkens als solchem (vgl. Wieke, Handbuch Rhetorik, S. 101 f.). Die Neigung des unbewussten System 1, das Denken entlang von schlüssigen Geschichten zu entwickeln, wird so auch mit der ABBA-Gliederung geradezu idealtypisch vom Redner bedient (vgl. zur Affinität des unbewussten Denkens zur eigenständigen Erfindung von Geschichten auch Eagleman, S. 157 ff.).

Die AHA-Gliederung (oder Sinfonie-Gliederung)

Die Dreiteiligkeit einer Präsentation ist als Stilelement in der Kommunikation weit verbreitet, beispielsweise auch in der klassischen Musik (als eigenständiger Kommunikationsform). Sie findet sich im „konventionellen Redegeschäft" in allen Redegattungen am häufigsten, da sie einfach und sehr flexibel ist: **A**nfang / Einstieg – **H**auptteil – **A**bschluss.

Der Einstieg orientiert sich an den allgemeinen Regeln (s. u. S. 236 ff.); im Hauptteil werden die einzelnen Thesen, Argumente und Beispiele der Reihe nach durchgearbeitet. Dabei sollte in sich gegliedert und übersichtlich vorgegangen werden: Das Publikum darf auf keinen Fall die Übersicht verlieren. Denken Sie allerdings daran, dass bei der AHA-Gliederung die Wirksamkeit der Argumentation schwächer sein kann als etwa beim dialektischen oder dramatischen Aufbau! Hat der Redner allerdings die Trümpfe in seiner Hand und muss sich weniger um die Gegenargumentation kümmern, kann er so sehr direkt auf sein Ziel zusteuern. Den Schluss bildet erneut die Zusammenfassung, ggf. verbunden mit dem zentralen Appell, oder das erwartete und übliche Ritual der Ehrung oder des Gedenkens.

Diese Gliederung ist also ein „Generalstandard". Vor allem bei den sogenannten „Anlassreden" im Gesellschafts- und Geschäftsleben sowie den Familienreden ist sie ein wirklich robustes Hilfsmittel, um die meisten Herausforderungen angemessen zu meistern. Hinzu kommt die Eignung der AHA-Struktur als Gliederung eines Debattenbeitrages, etwa bei Podiumsdiskussionen: Man nimmt mit der Einleitung den Faden auf, den man etwa mit einer Kritik am Vorredner oder einem vorbereiteten Zitat schafft. Dann erarbeitet man dem Publikum die eigene Auffassung und schließt sie pointiert ab. Dies wirkt bei Weitem eleganter und überlegter als das blinde unstrukturierte Anschließen an die Vorredner.

Gibt es die optimale Gliederung für ein Sujet?

Diese Frage lässt sich wohl kaum mit „ja" beantworten; sinnvoll ist eher die negative Annäherung: Welche Gliederungsstruktur soll der Redner im Einzelfall auf keinen Fall verwenden? So dürfte ein Debattenbeitrag wohl nie „dramatisch" aufgebaut sein; dafür fehlt schlicht die Zeit oder es wird (als Höchststrafe) vom Diskussionsleiter das Wort entzogen.

Der **Mehrwert** der Frage nach der richtigen Gliederung liegt darin, dass der Redner in seiner Vorbereitung gezwungen ist, methodisch innezuhalten. Auch die Gliederung der Rede dient einzig dem Zweck, das Publikum so gezielt und effizient wie möglich zu führen. Denken Sie daran, dass die Aufmerksamkeit und Aufnahmekapazität des Publikums schlichtweg neurobiologisch begrenzt ist. Sie können noch so geschickt nach den Grundsätzen der NLI reden, das unbewusste System 1 wird eine zu lange und schlecht gegliederte Rede als glatten Zeitklau nachhaltig negativ speichern: „An gute Reden erinnert man sich nicht immer, schlechte vergisst man nie" (Bernard Weatherill; zitiert nach https://www.mueller-krey.de/zitate-zu-rede-und-rhetorik/).

Strategien der Argumentation

VI. Vom Standpunkt des Redners zur Überzeugung des Zuhörers

Mit der sorgfältigen Vorbereitung der Rede, der Analyse von Zielgruppe, Ziel und richtigem Typ der Rede, einer angemessenen strukturierten Stoffsammlung und der Wahl einer effizienten Gliederung haben wir bereits wesentliche Elemente der Rhetorik-Matrix durchgearbeitet. Nun stehen wir vor der Hauptaufgabe: Es gilt, durch eine effiziente Argumentation und die durchdachte sprachliche Gestaltung die Rede so zu formulieren, dass der Hörer den Standpunkt des Redners nachvollziehen kann, ihn geradezu neurolingual verinnerlicht und letztlich auch durch seine bewusste Willensentscheidung zu seiner Überzeugung werden lässt. Auch hier werden wir sehen, dass im Mittelpunkt der Überzeugungsbildung weniger ein vollständig rational verstehender, denkender und entscheidender Econ steht. Es gilt, den Zuhörer als Human mit seiner unbewussten emotional getriggerten Kognitionsheuristik neurolingual anzusprechen und ihn vor allem durch Plausibilität und rhetorische Instrumente zu überzeugen. (Zur persuasiven Funktion der Rhetorik auch Eco, Einführung in die Semiotik, S. 179 f.)

1. Reden, um zu überzeugen

Eine Rede ist weder Doktorarbeit noch poetischer Vortrag. Das Ziel ist es, den Hörer von der Auffassung des Redners zu überzeugen. Um diese Überzeugungsarbeit erfolgreich zu leisten, ist es aber erforderlich, wesentliche Erkenntnisse der modernen Psychologie und der Rhetorik kennen und umsetzen zu lernen.

Rhetorik und die Unwahrheit

Rhetorik heißt nicht, dass die wissenschaftliche Wahrheit gewinnen muss. Nur der Redner ist erfolgreich, der den Zuhörer überzeugt – und sei es von Falschem. In meinen Rhetorik-Seminaren komme ich gerade an dieser Stelle an einen heiklen Punkt mit erregten Diskussionen. Studierende mit einem (völlig verständlichen) idealistischen Weltbild protestieren nicht selten wütend, was mir einfalle, so etwas zu vertreten. Doch auch wenn es uns nicht gefällt, zeigen erschütternde Beispiele aus den letzten Jahrzehnten, dass diese zentrale These der Rhetorik leider zutrifft. Durch den Einsatz seriöser Stilmittel wie

Beweismitteln (die sich als gefälscht erweisen), historischen Erkenntnissen und mannigfaltigen Argumenten wurden und werden weltweit permanent Reden für zweifelhafte und auch verurteilenswürdige Absichten gehalten. Und das Schlimme ist: Die Zuhörer schenken diesen Reden vollständig Glauben und sind anschließend tatsächlich bereit, die vom Redner gewünschten Aktionen umzusetzen! Nicht ohne Grund wurde zum „Wort des Jahres" 2016 in Deutschland der Begriff „postfaktisch" gewählt. Dies erfolgte in Übereinstimmung mit einem internationalen Trend: Die Redaktion des Oxford English Dictionary (also des „Englischen Dudens") wählte den synonymen Begriff „post-truth" zum internationalen Wort des Jahres 2016 (vgl. Scheer, Die Faktendämmerung hat eingesetzt, FAZ-net vom 11.12.2016).

Eines der wohl bekanntesten **Beispiele** der letzten 50 Jahre für die Wirkung „postfaktischer" Argumentation ist die Begründung des zweiten Irakkrieges durch George W. Bush und seinen Außenminister Colin Powell. Die Kampagne kulminierte in der Rede Colin Powells am 5. Februar 2003 vor dem höchsten Gremium der Vereinten Nationen, dem Weltsicherheitsrat. Sie ist ein Beispiel brillanter Rhetorik für ein Ziel, das mit glatten Lügen begründet wurde (vgl. den umfangreichen Artikel „Begründung des Irakkriegs" in Wikipedia). Der Rededuktus war sinngemäß folgender:

Saddam Hussein war und ist ein krimineller Despot. Er besitzt Massenvernichtungswaffen. Wir können das vollständig beweisen. Saddam Hussein wird nicht zögern, diese Waffen einzusetzen – insbesondere gegen Israel. Nur ein erneuter Krieg mit dem Ziel der vollständigen Niederwerfung des Irak kann Frieden für den Mittleren Osten bringen.

Die wahren Fakten: Wir wissen mittlerweile, dass auch nach jahrelanger Suche im Irak nicht eine einzige Massenvernichtungswaffe chemischer, biologischer oder atomarer Art gefunden werden konnte. Und wir wissen auch, dass dies der amerikanischen Regierung am 5. Februar 2003 durchaus bewusst war. Die weitreichenden Konsequenzen dieser Lüge sind bekannt.

Die Vorgänge liefern ein besonders eindrucksvolles Beispiel für die schmerzhafte Wahrheit: Rhetorik, ja sogar glänzende Redner müssen nicht unbedingt die Wahrheit sagen. Viel zu oft dienen rhetorische Mittel zur Verbreitung von Unwahrheiten. In der Darstellung der vielschichtigen Rhetorik-Matrix sind wir damit an einem sehr sensiblen Punkt angelangt.

Rhetorik und Überzeugungsbildung

Rhetorik und ihre Instrumente sind ein sehr effizientes Mittel, um in sozialen Gruppen bestimmte Ziele und Interessen des Redners durchzusetzen, gegebenenfalls auch mit dem Einsatz von Halbwahrheiten oder Unwahrheiten. Um mit Halbwahrheiten zu überzeugen, nutzen erfolgreiche Redner die Arbeitsweise unseres unbewussten „schnellen" System 1: Es bietet in Millisekundenschnelle Schlussfolgerungen aus wahrgenommenen Sachverhalten, die das Unterbewusstsein für wahrscheinlich zutreffend hält und deren Fehlerquote es als akzeptabel bewertet. „System 1 wettet auf eine bestimmte Antwort und die Wetten werden von unseren bisherigen Erfahrungen bestimmt. Die Wettregeln sind intelligent: Jüngste Ereignisse und der gegenwärtige Kontext haben das größte Gewicht bei der Interpretation" (Kahneman, S. 106). In vielen Fällen präsentiert so das unbewusste System 1 eine Entscheidung, aber man hat von der Entscheidungsfindung nichts mitbekommen – auch nicht von den sofort unbewusst verworfenen Alternativen (Kahneman, S. 106).

In uns arbeitet eine rasend schnell operierende Assoziationsmaschine, die permanent eine subjektive Wirklichkeit schafft, die eine „plausible Kohärenz" haben sollte. „Die Kombination aus einem nach Kohärenz strebenden System 1 und einem trägen (bewusst arbeitenden) System 2 hat zur Folge, dass System 2 viele intuitive Überzeugungen unterstützt, in denen sich die von System 1 erzeugten Eindrücke recht genau widerspiegeln (Kahneman, S. 113). „Natürlich kann System 2 Daten auch systematischer und sorgfältiger verarbeiten ... Doch wird System 1 auch die sorgfältigeren Entscheidungen beeinflussen. Sein Input hört nie auf" (Kahneman, S. 113).

Kahneman und seine Fachkollegen, insbesondere auch Thaler / Sunstein, postulieren so etwas an sich Ungeheures, aber Unumstößliches: Das menschliche Denken basiert grundsätzlich auf **voreiligen Schlussfolgerungen** („Urteilssprüngen") auf beschränkter Datenbasis. Dies sei auch die Grundlage für das Verständnis des intuitiven Denkens. System 1 als seine Grundlage sei dabei völlig unempfindlich für die Qualität und Quantität der Informationen, aus denen Eindrücke und Intuitionen hervorgehen. Die wesentlichen Fehler, die System 1 dabei unterlaufen, sind (s. zum Folgenden eingehend Kahneman, S. 114 ff.):

Selbstüberschätzung: Schon jeder Gauner, der Sie mit dem Hütchenspiel reinlegt, nutzt das gnadenlos aus.

Framing-Effekte: Die haben wir in Kapitel II.3 schon kennen gelernt.

Basisratenfehler: Wir kommen bei der rhetorischen Bedeutung von Statistik noch darauf zu sprechen. Nur eines vorweg: Die Tendenz unseres Unterbewusstseins, niedrige Wahrscheinlichkeiten überzugewichten, ist allgegenwärtig. Zwei aktuelle Phänomene, die jedermann beschäftigen, haben damit unmittelbar zu tun: Zum einen die subjektive Bedrohungslage bei terroristischen Anschlägen, die mit objektiven Risikoabschätzungen in der Regel überhaupt nichts zu tun hat. Und zum anderen unser allgegenwärtiger Glaube, beim nächsten Jackpot todsicher zu gewinnen.

Die Tendenz, eher zu glauben als zu zweifeln – bevor wir darauf intensiv eingehen, dazu drei rhetorische Beispiele, die jedem geläufig sind: „I have a dream" – Martin Luther King, „Yes we can" – Barack Obama; „Wir schaffen das" – Angela Merkel.

Der Fokus auf dem Verlust: System 1 gewichtet Verluste im Schnitt doppelt so stark wie Gewinne (Kahneman, S. 430 ff.). Richard Thaler bietet dafür ein wichtiges **Beispiel** (Thaler / Sunstein, S. 53 f.). Probanden wurden mit folgenden Szenarien konfrontiert:

> Frage A: Sie haben sich möglicherweise mit einer Krankheit infiziert, die binnen einer Woche tödlich ist; die Wahrscheinlichkeit, dass Sie sich infiziert haben, beträgt 1:1000. Es gibt einen Impfstoff, der nur so lange wirksam ist, wie noch keine Symptome aufgetreten sind. Was wäre der Höchstpreis, den Sie für den Impfstoff zu zahlen bereit wären?
> Frage B: Wir suchen für ein Forschungsprojekt gegen die oben dargestellte Erkrankung Freiwillige. Sie müssen nicht mehr tun, als sich einem Ansteckungsrisiko von 1:1000 auszusetzen. Was ist der Mindestbetrag, den Sie verlangen würden, um freiwillig an diesem Programm teilzunehmen? (Es würde Ihnen nicht erlaubt sein, den Impfstoff zu kaufen.)
> An sich ist der „Wert des Preises" statistisch gleich: Die Chance zu erkranken und zu sterben liegt jedes Mal bei 1:1000; mit anderen Worten: Einer von tausend Probanden wird in beiden Fällen sterben. Aber die Vergütung, die Freiwillige im Fall B fordern, war im Schnitt fünfzigmal so hoch wie die Vergütung bzw. die Preisvorstellung für den Impfstoff in Fall A; das ist eine schlichtweg unglaubliche Differenz.
> Dieses Experiment beschreibt ebenso die Abneigung von System 1 dagegen, ein erhöhtes Risiko gegen einen anderen Vorteil einzutauschen (vgl. Kahneman, S. 432). Statistische Kalkulationen haben da keine Chance.

Der Glaube an Ursache und Wirkung: Die Assoziationsmaschine sucht nach Ursachen, auch wo keine sind (Kahneman, S. 146 ff.): Viele Tatsachen der Welt sind auf Zufälle zurückzuführen und werden doch von unserem Gehirn mit einer kausalen Erklärung versehen (vgl. Dobelli, S. 97).

Das Streben nach Vereinfachung: System 1 kann schwierige Fragen intuitiv durch einfachere Fragen ersetzen, die es leichter beantwortet und die dann für die Antwort des langsamen und sprechenden Systems 2 zentrale Vorgaben werden (vgl. Kahneman, S. 128 f.; Polya, Die Schule des Denkens, S. 5 f.). Ein **Beispiel** wäre die „schwierige Frage": „Wie viel sind Sie bereit auszugeben, um eine bedrohte Art zu retten?" Ersetzende (heuristische) Frage an System 1: „Wie sehr berührt es mich, wenn ich an sterbende Delfine denke?" Jeder weiß, dass diese Umstellung vom Großen auf das Kleine, Persönliche (den sympathischen unschuldigen Delfin) sofort die Spendenbereitschaft deutlich hebt. Damit wird der Denkmechanismus des Systems 1 (Ersetzung einer schwierigen, eher komplex-abstrakten Frage durch eine leicht zu beantwortende Frage) gezielt ausgebeutet.

Diese Resultate der Verhaltenspsychologie und Neurobiologie haben – wie dargestellt – unmittelbare Auswirkungen auf rhetorische Prozesse. Daraus folgt auch eine notwendige und wichtige inhaltliche **Erweiterung der Grundsätze der NLI**:

Die **Erkenntnisgewinnung** (Heuristik) des Zuhörers kann gezielt beeinflusst werden. Das träge arbeitende bewusste System 2 des Zuhörers folgt gerne den formulierten Denkmustern des Redners, die das System 1 des Zuhörers in seiner Assoziationstätigkeit als akzeptabel bewertet, ohne genauer oder bewusst nachzuprüfen, ob dieses mentale Arbeitsresultat von System 1 wirklich angemessen ist. Solange das System 1 in seiner kognitiv-heuristischen Arbeit keinen Anlass hat, misstrauisch zu sein, wird es auch nicht Alarm schlagen. Im Gegenteil: Auch das System 2 des Zuhörers wird nicht ohne Anlass von der Vorbewertung des Systems 1 abweichen, es fühlt sich sogar ausdrücklich bestätigt. Es fühlt sich nicht überfragt, es musste sich bei der Antwort nicht allzu stark anstrengen, und es bemerkt nicht einmal, dass nicht die Frage beantwortet wurde, die eigentlich gestellt worden ist.

Aus den vorbezeichneten Befunden lässt sich zusammenfassend ein neues und zentrales **neurolinguales Theorem zur Argumentationslehre** ableiten:

Letztlich sind **alle** in der Argumentationslehre und der rhetorischen Stillehre vorhandenen Instrumente zur Meinungsbeeinflussung und Überzeugungsbildung auf psychologisch erklärbare Denkmuster und Erkenntnismechanismen des **unbewusst denkenden Systems 1** und seiner permanenten Assoziations- und Heuristikautomatismen zurückzuführen.

Dieses Wissen über die Arbeits- und Denkweise von System 1 und System 2 gilt es stets zu berücksichtigen, um mit rhetorischen Mitteln erfolgreich auf Humans einzuwirken. Auf diese Weise können wir selbst dann überzeugen, wenn wir die rein logische, mathematisch-exakte Gedanken- und Beweisführung nicht praktizieren, was in der knappen Zeit einer Rede ohnehin fast nie möglich wäre (s. dazu auch Thaler / Sunstein, S. 16 ff.). Die nachfolgende Darstellung der Instrumente von Argumentation und rhetorischen Mitteln folgt daher einem **neuen Arbeitsweg**: Nach der Beschreibung der jeweiligen Argumentationsform, etwa dem Argumentationsinstrument der Analogie, folgt die Beschreibung des wirkpsychologischen Mechanismus, der diese Argumentationsform erklärt, sowie seine neurolinguale Erklärung mit spezifischen Kognitionsmustern von System 1, die von System 2 in die bewusste rhetorische Redeführung übernommen werden. Auf dieser Grundlage können wir uns mit weiteren Einzelfragen und natürlich auch mit der Widerlegung des Instruments beschäftigen.

2. Reden mit Gefühl – mental-emotionale Hörerführung

Lassen Sie sich als Zuhörer von Gefühlen leiten, die ein Manager oder Politiker in seine Reden einbaut, um ein bestimmtes Ziel zu erreichen – oder treffen Sie Ihre Entscheidung im Endergebnis aufgrund der präsentierten rationalen Fakten?

Diese Frage konfrontiert uns mit **dem** zentralen Dilemma der rhetorischen Argumentation: Natürlich glauben viele Zuhörer, ihre Entscheidung nach einer Rede überwiegend rational zu treffen. Die aktuellen Untersuchungen der Neurowissenschaften erbringen jedoch einen gegenteiligen Befund: Für die endgültige Entscheidung für oder gegen eine Alternative spielt die „emotionale Besetzung / Bewertung" der gewählten Begriffe und Bilder eine sehr wichtige Rolle! (Kahneman, S. 447 ff., Thaler / Sunstein, S. 57 ff, S. 99 ff.) Der Wortrahmen oder das Rahmenbild eines gewählten Beispiels oder einer dem Zuhörer präsentierten Entscheidungssituation kann massiv Emotionen beim Zuhörer evozieren und darüber geradezu zwangsläufig auch sein Denken und seine Entscheidung beeinflussen. Dieser Effekt wird **„emotionales Framing"** genannt. Und auch Sie werden mir sogleich damit auf den Leim gehen. Kahneman sowie

Thaler / Sunstein beziehen sich dabei auf ein klassisches Experiment an der Harvard Medical School:

Zwei Gruppen von Ärzten erhielten statistische Daten über die Ergebnisse von zwei unterschiedlichen Behandlungsmethoden für Lungenkrebs: entweder Operation oder Bestrahlung. Dabei spricht die Fünf-Jahres-Überlebensrate eindeutig positiv für die Operation, aber auf kurze Sicht ist eine Operation riskanter als die Bestrahlung. Die beiden Gruppen erhielten nun unterschiedliche statistische Angaben: Gruppe A erhielt statistische Angaben zur Überlebensrate bei der Operation, Gruppe B die gleichen Informationen zur Sterblichkeitsrate bei der Operation.

Gruppe A: Die Überlebensrate im ersten Monat nach der Operation liegt bei 90 Prozent.

Gruppe B: Die Sterblichkeitsrate im ersten Monat nach der Operation liegt bei 10 Prozent.

Eigentlich sind die beiden Aussagen identisch. Aber System 1 bewertet den Begriff „Überleben" nachweislich emotional positiver, während „Sterblichkeit" eine negative Assoziation hervorruft. Kurz gefasst emotional: „Überleben ist gut – Sterblichkeit ist schlecht." Folglich ist „90 Prozent Überleben" für das unterbewusste System 1 emotional ermutigend, während „10 Prozent Sterblichkeitsrate" erschreckend und negativ klingt. Und dieser Effekt wirkt selbst auf medizinische Profis, denen man eine vollständig nüchterne Bewertung nach dem Denkschema eines Econs hätte zutrauen können: Beim Frame A „Überleben" entschieden sich 84 Prozent der Ärzte für Operieren, bei Frame B „Sterblichkeit" waren 50 Prozent der Ärzte für die Bestrahlung! Bei medizinisch ungebildeten Laien fiel das Ergebnis ebenso deutlich aus.

Selbst ein Medizinstudium kann also die „Tiefenwirkung" der Emotionen, die System 1 beeinflussen und für System 2 die Entscheidungsvorlage liefern, nur schwer oder überhaupt nicht verändern. Wenn es dem Redner also gelingt, ein emotionales Frame-Muster zu formulieren, das für System 1 fast zwangsläufig positive oder negative Emotionen für das gewünschte Denkergebnis anstößt, dann hat er sein rhetorisches Wirkungsziel schon fast erreicht.

Ein wichtiges und aktuelles **Beispiel** für die Nutzung solcher Mechanismen ist Donald Trumps Instrumentalisierung der Angst vor Überfremdung. Es zeigt die Wirkmächtigkeit dieser sogenannten „Affektheuristik" im politischen Kontext. Im Präsidentschaftswahlkampf der USA 2016 formulierte Trump ein Wahlprogramm, das unter anderem versprach, die geschätzt 11 Millionen Immigranten, die illegal in den USA leben, großenteils auszuweisen und sich vor neuen Wellen der illegalen Immigration durch eine Mauer an der Grenze zu Mexico zu schützen, die Trump als „Wunderwerk der Technik“ bezeichnete. Nach einem gut inszenierten, aber widersprüchlichen Besuch beim mexikanischen Präsidenten Nieto in Mexico City am 31. August 2016 sprach er noch am selben Abend in Arizona auf einer Parteiversammlung. Dabei sagte er wörtlich: „Mexiko wird für die Mauer bezahlen, zu einhundert Prozent. Sie wissen es noch nicht, aber sie werden zahlen.“ Das Publikum im Saal jubelte frenetisch – soweit es die Übertragung im deutschen Fernsehen vermittelte. Genauso gut hätte Walter Ulbricht im Jahr 1961 verkünden können, die Berliner Mauer werde gebaut und der Westen würde diese Mauer samt Tötungsanlagen auch noch bezahlen – kompletter Nonsense. Warum konnte aber Trump sein Publikum mit diesem Nonsense derart begeistern?

Rhetorisch nutzte Trump gezielt die Emotionen der überwältigenden Mehrheit auf der Parteiversammlung, die etwa von der Süddeutschen Zeitung als „nationalistisch und fremdenfeindlich“ eingestuft wurde (SZ vom 2.9.2016, S. 7). Die affektive Stimmung im unbewussten System 1 des Kollektivs der meisten Anwesenden war: „Wir müssen etwas gegen diese Fremden tun; eine hohe Mauer kann da sicher nutzen.“ Bedenken Sie, dass Trump auch **nur dieses Kollektiv** der Zuhörer als Redner bedienen wollte und musste: Dass der Rest der Welt mit Kopfschütteln reagiert, ist für ihn in diesem Moment irrelevant. Die Forderung nach der Mauer hat das unbewusste System 1 seiner Zuhörer also passiert, und nun kommt das bewusst arbeitende System 2 ins Spiel: Auch wenn die Psychologen diesem System 2 die „oberste Zuständigkeit zubilligen, den Vorschlägen von System 1 zu widersprechen und logische Analysen oder Selbstkritik durchzuführen“, so schreibt Kahneman ernüchtert weiter: „Doch im Kontext von Einstellungen ist System 2 eher ein Fürsprecher der Emotionen von System 1 als ein Kritiker dieser Emotionen – eher ein Unterstützer als ein Kontrolleur … Ein aktives nach (interner) Kohärenz strebendes System 1 schlägt einem anspruchslosen System 2 (die entscheidenden) Lösungen vor“ (Kahneman, S. 134). Das rhetorische Ergebnis in der Parteisitzung war konkret: Mit Billigung von System 2 der überwältigenden Mehrheit der Zuhörer wurde die emotionale Vorwertung der Äußerungen von Trump akzeptiert und enthusiastisch unterstützt.

Für die **neurolinguale Intervention** folgt daraus, dass in erster Linie die emotionale Befindlichkeit des System 1 der großen Mehrheit der Zuhörer rhetorisch, etwa mit Bildern, Wertungen und Beispielen, gezielt angesprochen werden muss. Die damit aktivierte Affektheuristik führt dazu, dass selbst abwegige

Lösungsvorschläge für Probleme von System 1 für plausibel gehalten werden können. Insofern lieferte Donald Trump eine rhetorische Meisterleistung ab.

Emotionale Bedürfnisse – der Schlüssel zu System 1

Ein wesentliches Element des Appells an die Emotionen im unterbewussten System 1 sind die Wünsche und Bedürfnisse des Zuhörers. Diese muss der Redner in Form der kollektivierbaren Wünsche des Publikums analysieren: Welche emotionalen Wünsche hat die Mehrheit des Publikums, und welche davon stimmen mit der Zielsetzung des Redners überein?

Dabei gilt der Grundsatz: Was die Werbung richtig macht, kann in der Rhetorik nicht falsch sein (vgl. Dutton, Gehirnflüsterer, S. 11 f.). Der zentrale Schlüssel für das Marketing sind die Bedürfnisse des Menschen als Kunden. „Ein Mensch wird ausschließlich dann etwas tun, wenn dem ein unbefriedigtes Bedürfnis zugrunde liegt. Ohne unbefriedigtes Bedürfnis, ohne Motiv kein menschliches Verhalten. Das ist ein Grundgesetz menschlichen Handelns" – mit diesen Worten beschreibt Ralph Jeske prägnant die zentrale Bedeutung der Bedürfnisbefriedigung als Kern der menschlichen Handlungsmotivation (vgl. Jeske, Erfolgreich verhandeln, S. 47 ff.). Die Psychologie hat die Verortung menschlicher Bedürfnisse und ihre zentrale Bedeutung auch für das emotionale Verhalten seit vielen Jahrzehnten herausgearbeitet. Pionier dieser Untersuchungen war der amerikanische Psychologe Abraham Maslow. Das von ihm erarbeitete System der Bedürfnisse findet sich in der berühmten nach ihm benannten Maslow'schen Bedürfnispyramide wieder. Abweichend vom „alten Standardmodell" mit 5 Ebenen verwende ich das differenzierte Modell, das Maslow am Ende seiner Forschungen entwickelt hatte und das 8 Ebenen enthält. Die moderne Forschung hat daraus nach sorgfältigen Untersuchungen ein plastisches „Mehrfunktionsgebilde" gemacht, das Modell der Pyramide ist aber für die Einstufung der Wünsche immer noch maßgebend.

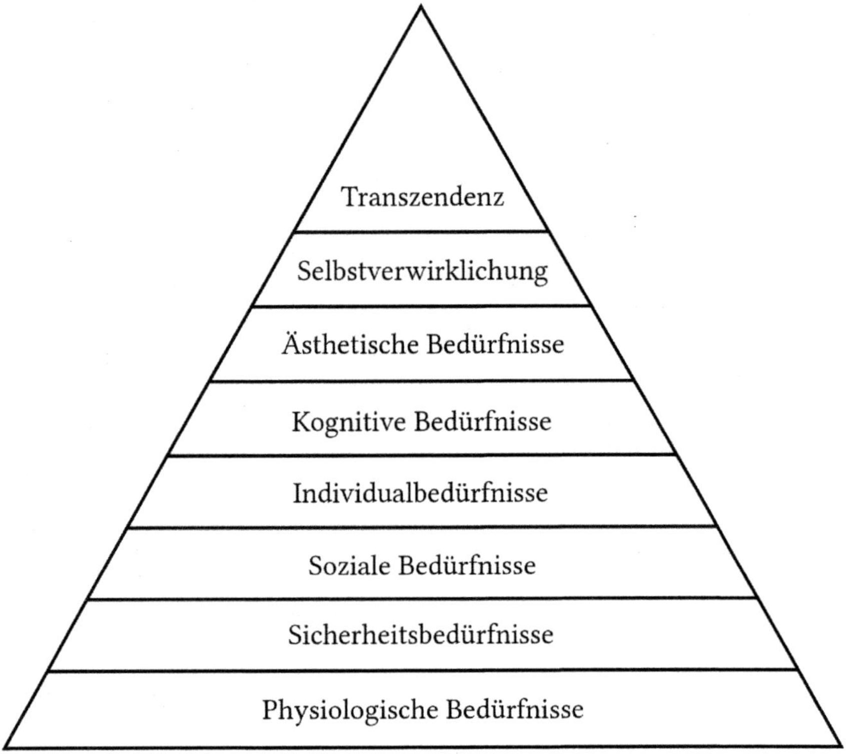

Die sogenannte erweiterte Bedürfnispyramide nach Abraham Maslow auf der Grundlage seines letzten Werkes „Farther Reaches of Human Nature" (1971)

Diese Bedürfnisse sind vorrangig evolutionsbiologisch und auch durch das sozialisierende Lernen des Menschen tief in unserem Unterbewusstsein verankert. Die Kontrollfrage dazu an den Leser ist einfach: Welches der oben dargestellten Bedürfnisse haben Sie eigentlich nicht bzw. ist Ihnen völlig fremd? Vor diesem Hintergrund ist offensichtlich, dass ein Redner, der eines dieser in jedem Menschen verankerten, unbewussten, aber wirkmächtigen Bedürfnisse adressieren kann, System 1 des Hörers schlichtweg an den emotionalen Haken genommen hat. Es wird diesem Hörer schwer fallen, diesen Einfluss auf das bewusste System 2 auszublenden.

ex **Martin Luther Kings Traum**

Die weltberühmte Rede von Martin Luther King „I have a dream" vom 28. August 1963 ist ein Musterbeispiel der Adressierung der kollektiven Bedürfnisse eines ganzen riesigen Auditoriums im Hinblick auf die zentralen Sicherheits- und Sozialbedürfnisse aus der Maslow'schen Bedürfnispyramide. Ich empfehle Ihnen nachdrücklich, diese Rede nachzulesen oder zum Beispiel bei youtube nachzuhören. Ich bin überzeugt, dass diese Rede auch Sie anrühren wird in ihren vorgetragenen Träumen und kollektiven Wünschen. Müsste ich Ihnen noch sagen, warum?

Es ist daher eine wesentliche Voraussetzung, kollektivierte Wünsche und Bedürfnisse des Publikums zu kennen. Sowohl bei jeder Überzeugungsrede als auch bei jeder Gelegenheitsrede sollten sie als Einstimmung zur emotionalen Verstärkung des Anlasses (Gelegenheitsrede) verwendet werden. Nachstehend habe ich aus der Bedürfnispyramide exemplarisch einige **zentrale Wünsche** abgeleitet, die von Ihnen rhetorisch eingesetzt werden dürfen:

- Wunsch nach Geltung, Achtung und Gleichbehandlung (vgl. Jeske, Erfolgreich verhandeln, S. 60 f.)
- Wunsch nach Friede, Sicherheit und Geborgenheit (vgl. Jeske, Erfolgreich verhandeln, S. 61 f.)
- Wunsch nach Schönheit und Gesundheit
- Wunsch nach Geselligkeit oder Freiheit und Abenteuer
- Wunsch nach Wissen und Macht, Reichtum
- Wunsch nach Liebe

Natürlich gilt auch hier der Grundsatz: Der Redner muss authentisch und glaubwürdig bleiben; hüten Sie sich davor, etwa in einem „rhetorischen Zitat" wie ein neuer Martin Luther King wirken zu wollen!

Emotionale Ängste

Die Kehrseite der emotionalen Medaille sind die kollektivierbaren Ängste und Sorgen des Zuhörers, die ebenfalls vom Redner adressiert werden können. Hierfür gibt es zwar bereits Darstellungen einer „Angstpyramide"; diese sind aber noch nicht wissenschaftlich fundiert ausgearbeitet. Es liegt allerdings auf der Hand, dass jeder normale Mensch versucht, solche negativen Zustände zu vermeiden, die jeweils im Gegensatz zu seinen Bedürfnissen stehen.

Man wird in diesem Zusammenhang sogar noch weiter gehen müssen: Unterbewusste Wünsche sind zweifellos als wichtige Bewertungskriterien für System 1 und folglich auch für System 2 bedeutend. Daneben hat die Verhaltensökonomik aber eine weitere wichtige Entscheidungsinstanz herausgearbeitet und beschrieben, nämlich die ausgeprägte Verlustaversion des menschlichen Denkens. Kahneman, Thaler und andere weisen darauf hin, dass die Verlustaversion in Form von Vermeidung von Negativität und Bereitschaft zur Flucht deutlich stärker ausgeprägt ist als Positivität und Bereitschaft zur Annäherung (vgl. Kahneman, S. 369 ff.; Thaler / Sunstein, S. 53 ff.). Entsprechend wirksam scheinen unterbewusste Ängste für das kognitive Entscheidungsverhalten eines Human zu sein. Kahneman begründet diese sichtbare Asymmetrie zwischen der Macht positiver (Wünsche) und negativer Erwartungen (Ängste) als evolutionsgeschichtlich bedingt. „Lebewesen, die Bedrohungen vordringlicher behandeln als Chancen, haben höhere Überlebens- und Fortpflanzungschancen" (Kahneman, S. 347). **Kollektive Ängste** sind etwa:

- Angst vor Verlust, Unsicherheit und Verletzung
- Angst vor Krankheit, Entstellung und Bedeutungslosigkeit
- Angst vor Einsamkeit, Kontrolle, Einöde, Langeweile
- Angst vor Fremdsteuerung, Ohnmacht, Dominanz eines übermächtigen Dritten; Angst vor Unbekannten und „Überfremdung"
- Angst vor Ablehnung und Hass
- Angst vor Hunger, Siechtum und dauerhaftem Leid

Wenn es dem Redner gelingt, diese Faktoren der menschlichen Verlust- und Angstaversion zu stimulieren und sein eigenes Interesse als Mittel zur Bekämpfung der Ängste seiner Hörer zu präsentieren, kann er mit dieser Strategie große Überzeugungskraft entfalten. Er sollte sich allerdings genau überlegen, wie weit er geht. Es gibt dazu nämlich eine alte rhetorische Weisheit: Übertriebene Angstappelle können eine negative Stimmung im Publikum erzeugen, die auch dem rhetorischen Effekt schadet. Der Hörer kann seine Abwehrhaltung auf den Sprecher übertragen. Es käme dann zur „unmittelbare Projektion" und einem **negativen Priming**; beides lässt den Redner als Überbringer schlechter Botschaften erscheinen. Die immanente Verlustaversion würde zu Abwehreffekten führen oder zu der klaren Reaktion: „Das will ich aber wirklich nicht hören." Mit Bedacht eingesetzt ist der Effekt, etwa in Anlassreden, Predigten oder politischen Appellen zur Geschlossenheit gegen gemeinsame Gegner, gleichwohl von enormer Wirkung.

Edeka lässt Opa sterben

Ein ungewöhnliches Beispiel dafür lieferte ein bemerkenswerter Werbespot der Handelskette Edeka zu Weihnachten 2015. Er belegt die enorme emotionale Bedeutung der Angst vor Einsamkeit und Tod und war viel diskutiert. Das Video erhielt sogar den deutschen Webvideopreis 2016 in der Kategorie Commercial: Ein Großvater versendet an seine Familie seine eigene Todesanzeige, um mit der Einladung zu einer vermeintlichen Trauerfeier zu erreichen, dass sie nach vielen Jahren endlich einmal zu Weihnachten alle bei ihm zusammenkommen. Der Spot war äußerst umstritten, ausnahmslos wurde aber seine emotionale Wucht der Beschreibung des Alleinseins gewürdigt. Seine Werbewirkung ist jedoch fraglich: Die Ratingagentur Advertising befürchtete sogar einen eher verkaufshemmenden Effekt, da das Unternehmen mit den negativen Reizen Einsamkeit, Trauer und Tod in Verbindung gebracht wird (vgl. Weihnachtswerbung im Neuromarketing-Vergleich, in: e-commerce magazin vom 6.1.2016). Die dargestellten Ängste könnten den positiven Werbeeffekt überlagern.

3. Wahrscheinlichkeit und Plausibilität schlägt Wahrheit

Fast jede Rede hat mit Inhalten, Schlussfolgerungen und Appellen zu tun, die sich nicht vollständig logisch erklären lassen. Es muss daher zwangsläufig mit Wahrscheinlichkeiten, statistischen Annahmen, Vergleichen gearbeitet werden, um das Publikum von den Zielen des Redners zu überzeugen. Die Wirkung und Funktion dieser rhetorischen Instrumente zu kennen, gehört zum elementaren Handwerkszeug des Redners. Dabei ist es nicht verwunderlich, dass viele der dazu vorhandenen Erkenntnisse historisch aus der Rechtswissenschaft gewonnen wurden. Schließlich gilt es vor Gericht, einem (hoffentlich) unparteiischen Richter die volle Überzeugung für sein Urteil zu verschaffen.

Die wissenschaftliche Theorie unterscheidet bei Argumenten und Beweisinstrumenten in der Regel drei Kategorien:

1. Argumente und Beweisinstrumente, die einen **vollen Beweis** für eine Annahme erbringen.
2. Argumente und Beweisinstrumente, die eine mehr oder weniger große **Wahrscheinlichkeit** für das Vorliegen einer Annahme erbringen.
3. Argumente, die für eine gewisse **Plausibilität** einer Annahme sprechen: Laut Duden (Bd. 8: Synonymwörterbuch) sind plausible Argumente „einleuchtend“, „verständlich“ und „begreiflich“. Sie werden damit als eine

potenziell mehrheitsfähige Begründung für eine Annahme eingestuft (vgl. Koch u. a., Versuch über Plausibilität, S. 193–204).

Der Aufbau eines Argumentes folgt in jedem Fall der klassischen Definition: Auf eine zentrale Behauptung (Konklusion) folgt ihre Begründung bzw. ihre Rechtfertigung und der Versuch eines Beweises (Darlegung der Prämissen) – je nachdem wie stark der Beweis ausfällt.

Wer eine Rede hält, sollte daher genau wissen, wie weit die von ihm geplanten Argumente tragen. Viel häufiger als gedacht sind Beweisführungen nämlich nicht logisch vollkommen zwingend. Im Gegenteil: Wer nur die aktuellen Diskussionen in den Medien und den Parlamenten zu den unterschiedlichsten Themen verfolgt, wird ernüchtert feststellen, wie selten tatsächlich logisch zwingende oder wirklich „alternativlose" Gedankenführungen vorkommen. Ganz gleich ob Flüchtlingsdebatte, Staatsschuldenkrise oder Fragen der sozialen Gerechtigkeit: Überall stellen wir fest, wie die Mehrheit der Argumente eigentlich der schwächsten Wirkungskategorie, der Plausibilität, zugeordnet werden müssen. Und wir beginnen zu ahnen, dass nicht selten von Rednern trickreich versucht wird, Überzeugungen auf eine Weise zu beeinflussen, die wir manipulativ nennen müssen. Die Literatur zu solchen „satanischen Instrumenten" (vgl. Ruede-Wissmann, Satanische Verhandlungskunst) oder zur „Manipulation durch Rhetorik" ist jedenfalls beachtlich. Aber Vorsicht: Nicht jeder, der solche Argumente verwendet, handelt schon vorsätzlich oder grob fahrlässig. Es ist das Verdienst von Rolf Dobelli, in seinen beiden Bestsellern „Die Kunst des klaren Denkens" und „Die Kunst des klugen Handelns" gezeigt zu haben, wie oft wir selbst exakt diesen Denkfehlern erliegen, die häufig den sogenannten Plausibilitätsargumenten zugrunde liegen, ohne dass sie uns ein anderer erst vermitteln musste.

Wer bis hierher genau aufgepasst hat, weiß bereits, worin der Zusammenhang zwischen **Plausibilität und neurolingualer Intervention** besteht: Jedes Plausibilitätsargument der Rhetorik lässt sich auf ein sogenanntes „heuristisches Entscheidungsmuster" unseres unbewusst arbeitenden System 1 zurückführen, das mal wieder nicht von unserem kritisch bewusst arbeitenden System 2 beanstandet wurde! Zur modernen Rhetorik gehört deshalb unbedingt die gründliche Kenntnis der Argumentationslehre. Gerade damit gelingt es etwa einem Redner in seiner Vorbereitung, unzulängliche Gedankenführungen eines Opponenten aufzuspüren, sie zu widerlegen und dann den eigenen Stich zu setzen. Davon profitieren Sie letztlich als Redner selbst, denn so schulen Sie Ihr analytisches

Denken und verbessern Ihre eigene Methode der Entscheidungsfindung, weil Sie derartige Gedankenfallen vermeiden.

Es ist offensichtlich, dass die Lehre vom richtigen Einsatz der Argumentation für die Überzeugungsrede als der Königin des politischen, gesellschaftlichen und juristischen Disputes in den letzten 2500 Jahren entwickelt wurde. Vergessen Sie aber nicht, dass eine Vielzahl von Argumentationsformen auch bei der sogenannten Gelegenheitsrede oder dem Sachvortrag eingesetzt werden kann. Der Einsatz von wirksamen Argumenten hat damit ein **universelles rhetorisches Anliegen**: die Wirkung der Rede gezielt zu verstärken, in welchem Kontext auch immer. Es wird daher bei den einzelnen Argumentationstypen auch analysiert werden, inwieweit diese auch außerhalb der Überzeugungsrede zum Einsatz kommen können.

VII. Die Argumentation und ihre unterschiedlichen Wirkungsniveaus

Wie dargestellt wird ein Zuhörer nur dann bereit sein, die Standpunkte und Thesen des Redners zu akzeptieren und für seine Überzeugung zu übernehmen, wenn ihre Begründung dem unbewussten System 1, aber auch dem bewussten System 2 einleuchtend-plausibel oder sogar zwingend erscheint. Wir untersuchen daher nun die unterschiedlichsten Kategorien von Argumentationen mit ihren Wirkungsniveaus von zwingend / logisch bis zu reinen Scheinargumenten. Lassen Sie uns mit der „Königsklasse" beginnen – also bei Argumentationsformen, die zumindest für das logische Denken unwiderlegbar sind. Aber auch hier werden wir die eine oder andere Überraschung erleben.

1. Zwingende oder logische Argumente

Die Domäne des zwingenden Beweises durch logische Argumentation ist die **Gerichtsrede** als wichtige Form der Überzeugungsrede. Nur dann, wenn es dem juristischen Redner gelingt, mit seinem Vortrag den vollen Beweis zur Überzeugung des Richters zu erbringen, wird seine Rede erfolgreich sein. Dies gilt insbesondere dann, wenn er die spezifische Beweislast hat; ansonsten würde es genügen, den Beweisvortrag der Gegenseite zu erschüttern. Die nachfolgenden Ausführungen zum logischen Beweis verdanken wir daher im Wesentlichen den Erkenntnissen der Rechtsphilosophie und der Jurisprudenz in den letzten zwei Jahrtausenden, zu entnehmen etwa den Reden von Marcus Tullius Cicero im 1. Jahrhundert v. Chr. (z. B. Vierte Rede gegen Catilina, in: Schlüter, Grundkurs, S. 82 ff.).

Wer als Redner auch in anderen Redeformen in der glücklichen Lage ist, ein zwingendes Argument vorzubringen, hat es leicht, denn damit wird durch den Tatsachenvortrag (Prämissen) der volle Beweis für die Gültigkeit seiner Behauptung (Konklusion) an sich logisch erbracht. Dies gilt gerade für die Sachrede, die zweite Domäne des sachbezogen-logischen Vortrages.

Denken Sie im Folgenden aber daran, dass diese an sich banale Erkenntnis im 21. Jahrhundert auf verblüffende Weise infrage gestellt wird. Es gibt politische Bewegungen, die logische Fakten mit dem Argument anzweifeln, dass es dazu „alternative Fakten" gäbe, die etwas anderes aussagen würden; ja man geht sogar so weit, dass man Tatsachen und Fakten in der Entscheidungsfindung auszublenden bereit ist, weil man „postfaktisch" richtig entscheiden würde. Seriöse Quellen gehen davon aus, dass diese gezielte Desinformation auch in wichtigen Reden einflussreicher Politiker eine wesentliche Rolle für mindestens zwei doch überraschende Abstimmungsergebnisse im Jahr 2016 spielte: beim „Brexit", dem Referendum zum Austritt Großbritanniens aus der Europäischen Union, sowie insbesondere bei der Wahl von Donald Trump zum 45. Präsidenten der Vereinigten Staaten.

Dieses Phänomen sollte auch für die Rhetorik ein Anlass sein, gerade den Begriff „Wahrheit" so ernst zu nehmen, wie er auch von der Logik und der Dialektik als zentraler Ausgangspunkt des Denkens entwickelt wurde (s. dazu auch Lay, S. 83 ff.). Als juristisch erfahrener Rhetorik-Trainer muss ich allerdings darauf hinweisen, dass in der Praxis weniger die **Wahrheit** einer Behauptung im Mittelpunkt steht, sondern vielmehr die Frage des **Beweises** als der stichhaltigen Begründung für eine Behauptung. Für die Beweisführung gibt es einige wesentliche Kategorien, die auf der Grundlage der Logik entwickelt wurden:

Der Syllogismus

Diese zentrale juristische – und logische – Instanz lässt sich leicht beschreiben:

Wenn A, dann B (Prämisse)
A ist gegeben
Also ist B die Folge (Konklusion)

Beispiel:

Bürgerrechte gelten für Deutsche (Prämisse) – wer Deutscher ist (A), hat Bürgerrechte (B)
Anna ist Deutsche (A)
Für Anna gelten die Bürgerrechte (B) (Konklusion)

oder alternativ:

Hillary ist Ausländerin (bzw. Hillary ist nicht Deutsche = nicht A)
Für Hillary gelten die Bürgerrechte nicht (Konklusion = nicht B)

Damit verbunden sind häufig sogenannte „Wenn-dann"-Aussagen, die sehr einleuchtend klingen und auch unbewusst-flüssig im System 1 bereits durchgewunken werden, ohne dass das System 2 sich damit groß Arbeit machen muss (vgl. Haft, Juristische Rhetorik, S. 75 ff., Edmüller / Wilhelm, S. 50). Derartige Bedingungsbestätigungen haben daher auch rhetorisch eine sehr hohe Wirkungskraft.

Beispiel:

Wenn du Deutscher bist (Bedingungselement), dann gelten Bürgerrechte für dich (Konsequenzelement).

Aus dieser zutreffenden „Wenn-dann"-Aussage ließe sich nun eine weitere, vermeintlich ebenso überzeugende ableiten:

Wenn du dich als Flüchtling in Deutschland aufhältst, dann gelten alle Grundrechte für dich – auch der Grundrechtsschutz durch das Bundesverfassungsgericht.

Dieser Satz trifft jedoch so nicht zu, da es eine Reihe von Grundrechten gibt, die nur den Deutschen explizit zustehen, also sogenannte Bürgerrechte sind; zum Beispiel die Versammlungsfreiheit oder die Berufsfreiheit.

Hinreichende und notwendige Bedingungen

Diese Wenn-dann-Sätze haben auch bei kausalen Ereignissen (also „angestoßenen Verläufen" und nicht nur in der statischen Beschreibung wie oben) eine enorme Bedeutung; diese kann allerdings auch **gefährlich** sein!

Beispiele für Kausalbedingungen:

(1) Nur wenn neue Erdölvorkommen gefunden werden, können die Erdölvorräte nicht zur Neige gehen.
(2) Wenn das Ölangebot auf dem Weltmarkt knapper wird, dann steigen die Ölpreise.
(3) Wenn ich den Elektromotor laufen lasse, wird die Batterie leer.

Das Beispiel 1 illustriert deutlich die Wirkweise einer notwendigen Bedingung. Die Beispiele 2 und 3 legen allgemein einleuchtende Kausalitäten dar, die eine **hinreichende Bedingung** für die Folge darstellen. Beachten Sie nun aber, was bei der **Umkehrung** dieser beiden Kausalitäten passiert:

Wenn die Ölpreise steigen, dann ist das Ölangebot auf dem Weltmarkt knapper.

Diese Aussage klingt plausibel – aber sie ist **nicht richtig**; es kann auch andere Ursachen, zum Beispiel Devisenspekulationen, gegeben haben, die zu einem Preisanstieg geführt haben.

Wenn die Batterie leer ist, dann haben wir den Elektromotor laufen lassen.

Diese Behauptung ist ebenfalls zwar plausibel; sie stimmt aber nur, wenn an der Batterie keine anderen Stromfresser angeklemmt waren.

Hier zeigt sich klar, dass im ersten Fallbeispiel eine sogenannte notwendige Bedingung am Werk war, im zweiten und dritten Fall eine sogenannte hinreichende Bedingung. Die hinreichende Bedingung muss nicht allein kausal die Konsequenz auslösen, es kann auch andere Ursachen geben; die notwendige Bedingung wirkt exklusiv und direkt. Eine Probe bietet der Umkehrschluss zur notwendigen Bedingung beim Erdölbeispiel:

Wenn die Erdölvorräte zur Neige gehen, dann sind keine neuen Erdölvorkommen gefunden worden.

Und jetzt die **Manipulation** zu den hinreichenden Bedingungen: „Die Ölpreise sind erneut gestiegen, weil das Ölangebot auf dem Weltmarkt durch die OPEC verknappt wurde. Wir müssen endlich etwas gegen dieses OPEC-Kartell unternehmen." Der Redner hat hier das Thema Devisenspekulation bewusst übergangen. Die zugrunde liegende Kausalität (Wenn-dann-Beziehung) ist daher der Ausgangspunkt für eine Forderung, die zwar sehr plausibel klingt, aber möglicherweise auf völlig falschen Tatsachen beruht! Und dennoch war zumindest unser unbewusstes System 1 bereit, diese plausible Feststellung zu glauben, was zur Folge hatte, dass System 2 bewusst keine Einwände dagegen erhoben hat.

Erkenntnis: In der Rhetorik sollte man gerade bei Erwiderungen sorgfältig darauf achten, ob der Gegenredner nicht solche unzulässigen Kausalbeziehungen aufgestellt hat, die ziemlich glaubwürdig klangen. Und ich muss leider hinzufügen: Es gibt viele Redner, die gerne mal schlampige „logische Schlüsse" verwenden, weil sie so plausibel klingen (und verdammt manipulativ wirken können).

Der Beweis der Konsequenzverneinung

Die nächste Fallgruppe zeigt die Ambivalenz logischer Schlusstaktiken. Die sogenannte Konsequenzverneinung ist an sich eine anerkannte Technik, um etwas schlüssig und vollständig zu belegen. Sie führt aber auch zu wichtigen Beispielen dafür, wie scheinbar mit logischen Schlüssen hantiert wird und man geneigt ist, das auch zu glauben – bis sich überraschend herausstellt, dass man glatt getäuscht wurde! Hierzu ein umstrittenes juristisches **Beispiel** aus dem Präsidentschaftswahlkampf 2016 der USA:

Der Staatsanwalt erklärt, man warte die Erkenntnisse des FBI ab, ob Hillary Clinton Dienstvorschriften im Computergebrauch verletzt habe. Wenn der begründete Verdacht einer Dienstpflichtverletzung nicht besteht, wird keine Anklage gegen Hillary Clinton erhoben. In vielen Fällen wie diesem haben wir es mit folgender komplizierter Konstellation für den logischen Schluss zu tun, der allerdings auch logisch auf die falsche Fährte führen kann:

Obersatz: Wenn A, dann B: Wenn Verdacht, dann Anklage (Prämisse)
Konkreter Sachverhalt: Nicht B: Keine Anklage (man wartet ab)
Schlussfolgerung 1: Keine Anklage, also kein Verdacht der Staatsanwaltschaft (Nicht B, also Nicht A) (Konklusion)

Aus dem Nichtvorliegen einer logisch zu postulierenden Folge (Konsequenz) schließt man auf das Nichtvorliegen der notwendigerweise zu fordernden Voraussetzung. Dieser Grundkonsequenz liegt damit ein Syllogismus zugrunde, der auch als logisch anerkannter Schluss gilt:

Wenn A, dann B
Nicht B → Nicht A

Die Grenzen dieses Syllogismus zeigt ein weiteres Beispiel:

Wenn Waffen geliefert werden, werden die Kampfmaßnahmen fortgeführt.
Die Kampfmaßnahmen haben aufgehört, also wurden keine Waffen geliefert.

Kann man aber nun weiter gehen und hier sogar sagen:

B → A ?
Also: Die Kampfmaßnahmen werden weitergeführt, also wurden Waffen geliefert?

Dieser Schluss ist eindeutig nicht logisch zwingend: Es können ja schon Waffen vorhanden gewesen sein, die gebunkert oder versteckt worden waren. Dennoch nutzte Donald Trump genau diese scheinbar logische Argumentation, um im Kampf gegen Hillary Clinton eine weitere denkbare „alternative“ Schlussfolgerung 2 für die Vorgänge zu liefern:

Ermittlungen, also Verdacht (B möglich, also A)

– und das wurde von ihm gnadenlos angesprochen. Mit Recht? Es handelt sich offensichtlich um eine weitere Stufe einer potentiellen Schlussfolgerung

B möglich → A ?
Ermittlungen werden geführt; eine Anklage ist möglich, also besteht der Verdacht, dass Hillary Clinton die Gesetze verletzt?

Das geht zu weit und ist logisch falsch: Am Ende der Ermittlungen kann ja auch die völlige Entlastung Clintons stehen! (Also: B möglich → Nicht A!) Dieser **Fehlschluss** ist aber nur **schwer bemerkbar**. Und das macht die Gefährlichkeit dieser Argumentation aus. Dem Zuhörer, insbesondere seinem unbewussten System 1, wird ohne Protest des bewussten System 2 ein logischer Schluss vorgegaukelt, der letztlich nicht stimmt. Und damit ist das Publikum schon konsequent auf einen Holzweg geführt – wie im Beispiel mit Hillary Clinton.

Zu Recht wird darauf hingewiesen, dass derartige Fehlschlüsse in Politik und Gesellschaft auch zur Vermeidung von Reformen angeführt werden; das kann fatale Konsequenzen haben (vgl. Edmüller / Wilhelm, S. 65 ff.).

Beispiel: Der linke Flügel der SPD und Die Linke argumentieren: „Wenn wir die Sozialreformen nach Hartz IV durchführen, dann werden viele Hunderttausende vom sozialen Abstieg bedroht werden (A → B). Wir sollten auf die Sozialreformen verzichten, dann bleiben auch Hunderttausende vom sozialen Abstieg verschont!“ (Nicht A → Nicht B). Dieser Schluss ist verfehlt, da möglicherweise ohne die Sozialreformen die übermäßige Belastung der Sozialsysteme fortgeführt worden wäre, was die Konkurrenzfähigkeit der deutschen Wirtschaft vollends gefährdet und noch mehr Arbeitslosigkeit produziert hätte. Millionen von Wählern haben aber exakt dieser Argumentation geglaubt. Das kognitive Angebot eines logischen Schlusses mit einer gezielten Abwandlung lief also unbemerkt von System 1 und nicht aufgehalten vom bewussten System 2 glatt durch. Aus **neurolingualer Sicht** handelt es sich um den sogenannten „Endowment-Effekt“ (vgl. Kahneman, S. 356 ff.): Das Denken des unbewussten System 1 ist geprägt von einer deutlichen Verlustaversion. Eine unmittelbare Bedrohung des einkommensabhängigen Lebensstandards wird als viel relevanter eingestuft als die Option, in der Zukunft sicherer leben zu können – da übersehen sowohl System 1 als auch System 2 des Hörers gerne den logischen Denkfehler.

Das Hantieren mit logischen Schlüssen, die aus dem **Nichtvorliegen** von Konsequenzen gezogen werden, kann also gefährlich sein.

Erkenntnis: In der Rhetorik ist es üblich, als logischen Beweis das Vorliegen oder das Nichtvorliegen von Folgen in Relation zum Vorliegen oder Nichtvorliegen einer Ausgangsproblematik zu setzen. Das unbewusste System 1 neigt dabei dazu, diese Schlüsse als zumindest plausibel zu akzeptieren, ohne dass eine nähere Prüfung durch das bewusste System 2 erfolgt. Daher sollte man bei der Vorbereitung sorgfältig darauf achten, ob der Gegenredner nicht solche unzulässigen Rückschlüsse ziehen wird, die ziemlich glaubwürdig klingen können. Die Beispiele zeigen eindrucksvoll, dass der Unterschied zwischen richtigen Rückschlüssen und manipulativen Fehlgriffen nicht groß ist. Das Gefährliche ist dabei, dass solche Fehlschlüsse selbst guten Rednern fahrlässig unterlaufen können, ohne dass sie im Publikum kritisiert werden, weil dies überhaupt nicht bewusst wird. Umso dramatischer wird es, wenn Redner gezielt solche falschen Rückschlüsse ziehen, um daraus gnadenlos Profit zu ziehen.

Der indirekte Beweis

Gerade in der Gerichtspraxis wird dieser Beweis als ziemlich elegant eingestuft – weil er von der **Richtigkeit des Gegenteils** als Annahme ausgeht und diese als unmöglich nachweist. Auf diese Weise kann die eigentliche Behauptung verifiziert werden.

Prämisse:	Wenn A, dann B
Sachverhalt:	A setzt aber C logisch voraus
	C ist nachweislich nicht gegeben
Konklusion:	A kann nicht gegeben sein
	Nicht A → Nicht B

Beispiel: Toni wird beschuldigt, die bei ihm gefundene goldene Cartier-Uhr bei Juwelier Stolz gestohlen zu haben.

(1) Vor Gericht weist sein Anwalt darauf hin, dass Toni sicher dann der Dieb sein könnte, wenn er sich zum angegebenen Zeitpunkt des Diebstahls im Juweliergeschäft befunden hätte.
(2) Dazu legt der Anwalt eine klar erkennbare Fotografie mit automatischer Datumsaufnahme vor: Demnach war Toni zum angegebenen Zeitpunkt etwa 100 Kilometer entfernt wegen Geschwindigkeitsübertretung geblitzt worden.
(3) Also könne er die Tat unmöglich begangen haben.

Der indirekte Beweis ist somit eine logische Schlusskette: Vergleichbar dem Argumentum a tuto (s. S. 175) ist Ausgangspunkt die Unterstellung, die Tatsache (1) träfe zu. Es folgt nunmehr eine zwingende Schlussfolgerung, die mit dieser

Ausgangsannahme völlig unvereinbar ist (2). Daraus resultiert die weitere Schlussfolgerung, dass die Ausgangsannahme unmöglich zutreffen könne (3).

Die kognitive Wirksamkeit dieses indirekten Beweises beruht regelmäßig darauf, dass sowohl dem unbewussten System 1 als auch dem bewussten System 2 des Zuhörers ein Sachverhalt dargelegt wird, der völlig widersprüchlich ist. (Hier: Die geklaute Uhr ist bei Toni gefunden worden; aber er kann nicht am Tatort gewesen sein, weil er ein Alibi hat.) Dies löst eine Reaktion der Überraschung aus, die von außerordentlicher kognitiver Prägnanz ist: Womit ich nicht gerechnet habe, das muss ich lernen, um es beim nächsten Mal zu wissen – dies ist ein zentraler Satz der Lernpsychologie. Die Information verankert sich daher massiv und trägt so zur Überzeugungsbildung – über den eigenen logischen Wert hinaus – bei (vgl. Kahneman, S. 96 f.). Diese logische Konstellation ist so packend, dass beispielsweise ein erheblicher Teil der Krimis in Literatur und Fernsehen davon lebt!

Der logische Alternativschluss: entweder – oder

Der berühmteste Fall dieses Alternativschlusses der neueren Geschichte wird Angela Merkel in der Flüchtlingskrise zugewiesen – auch wenn sie das hartnäckig auch heute noch bestreitet: Die Flüchtlingswelle im Herbst 2015 konnte nur dadurch gelöst werden, dass man versuchte, entweder (a) die sogenannten Dublin-Regeln zu exerzieren und die EU-Grenzen zu schließen oder (b) die Grenzen öffnete, um den Flüchtlingsansturm durch eine Aufnahme und den Versuch einer Verteilung der Menschenmassen in Europa zu regeln. Eine dritte Lösung war nicht denkbar. Die Schließung der Grenzen hätte angesichts des nahenden Winters vermutlich zu einer humanitären Katastrophe an den Außengrenzen der EU sowie in den Balkanstaaten und zu unabsehbaren politischen Folgen geführt. Dies war der Grund, warum Bundeskanzlerin Merkel die Variante (b) als „alternativlos" bezeichnete und entschied – vermutlich unter Inkaufnahme eines Verfassungsbruches –, dass die deutschen Grenzen geöffnet wurden.

Dieser logische Schluss hat aber eine Prämisse, die sorgfältig vorab zu prüfen ist: Gibt es tatsächlich keine weiteren Alternativen? Wahrscheinlich hätte es eine weitere Variante c) gegeben: Der im Raum stehende Kompromiss einer Obergrenze für Flüchtlinge in Deutschland mit der Option der gerechten Inanspruchnahme aller EU-Mitgliedsstaaten war denkbar. Als aber die Grenzen geöffnet waren, war es für diese Option zu spät, da sich die meisten anderen EU-Staaten letztlich hinter dem vorbildlichen Aufnahmeverhalten Deutschlands, Österreichs und weniger anderer Länder „wegducken" konnten.

Der logische Alternativschluss hat neben seiner Bedeutung für die philosophische und rhetorische Argumentation auch einen festen Platz in der Strafjustiz – es handelt sich um die sogenannte „Wahlfeststellung“:

Dieb oder Hehler?
Findet die Polizei bei Toni Diebesgut, kann ein Diebstahl (wenn Toni den Diebstahl selbst begangen hat) oder auch eine Hehlerei gegeben sein (wenn Toni das Diebesgut von einem Dritten übernommen hat, um es zu verwerten). Wenn feststeht, dass Toni eine dieser beiden Straftaten begangen hat, kann man nicht nach dem Grundsatz „in dubio pro reo" alternativ freisprechen, nur weil der eigentliche Nachweis des Tatherganges unklar bleibt. Die Gerichte verurteilen Toni nach dem Grundsatz „entweder – oder" und wenden das jeweils mildeste Strafmaß an.

Es kann also im Leben – ob in Politik, Gesellschaft oder Beruf – durchaus Situationen geben, in denen alternative Sachverhalte angenommen werden können. Daraus können sich sehr interessante rhetorische Herausforderungen ableiten. Zu weit geht allerdings der Versuch, „alternative Fakten“ zu konstruieren und so eine Rechtfertigung für das eigene Handeln und Denken zu finden.

Alternative Fakten
Die ganze Welt diskutiert immer noch die Frage, wie viele Teilnehmer bei der Amtseinführung von US-Präsident Donald Trump in Washington anwesend waren. Die Medien berichteten – gestützt auf Bildmaterial und die Erinnerung von Augenzeugen –, dass deutlich weniger Teilnehmer die Amtseinführung von Donald Trump besuchten als vier Jahre vorher die von Barack Obama. Die Präsidentenberaterin Conway stellte dazu fest, dass es „alternative Fakten" gebe, die für die Auffassung des Sprechers von Präsident Trump sprächen, dass die Zahl der Besucher „die größte" gewesen sei.

Für einen logischen Schluss „entweder – oder alternativ“ reicht dies auf keinen Fall, da sich die beiden Alternativen in jedem Fall ausschließen – „entweder wahr oder falsch“. Kein Redner sollte sich dabei ertappen lassen, die Unwahrheit zu sagen. Die allgemeine Reaktion auf die Präsentation der „alternativen Fakten“ durch das Weiße Haus hat das ziemlich drastisch belegt.

Erkenntnis: Auch in der Rhetorik ist es denkbar, die Entscheidungssituation eines Entweder – Oder als logischen Beweis für die Entscheidung **zugunsten**

einer Option zu werten. Das unbewusste System 1 neigt dazu (wie im Fall der Flüchtlingswelle 2015), diesen Schluss als zumindest plausibel zu akzeptieren, ohne dass eine nähere Prüfung durch das bewusste System 2 erfolgt: Im Gegenteil – das Beispiel zeigt, wie derartige „alternativlose" Situationen geradezu eine emotionale Welle der Entscheidungsunterstützung auslösen können! Ein mit dieser Situation konfrontierter Redner sollte daher sorgfältig die zentrale Prämisse dieses logischen Alternativschlusses prüfen – und zwar, ob nicht zumindest ein dritter Weg gegeben ist. Dies wäre in der Dialektik fast immer in Form der Synthese denkbar (vgl. Lay, S. 243 f.).

Bemerkenswert ist, dass auch erfahrene Redner fahrlässig in solche „alternativlosen Entscheidungsszenarien" geraten können. Kahneman bezeichnet dieses Phänomen als „WYSIATI – What you see is all there is": Stehen dem unbewussten System 1 nur die dargelegten Informationen zur Verfügung, neigt es dazu, seine Entscheidung nur aufgrund dieser Alternativen zu treffen (Kahneman, S. 112 ff.). Umso bedenklicher wird es, wenn Redner gezielt solche angeblichen Entscheidungsalternativen nutzen, um ihre politischen Intentionen zu rechtfertigen. Dies nennt man auch das **„TINA-Prinzip"** („there is no alternative") – und wie wir sehen, ist dabei große Vorsicht geboten.

Die „Indizienkette"/ der Kettenschluss

In einer Vielzahl von juristischen Fällen und auch in vielen anderen Sachverhalten ist es nicht möglich, die Lösung aus einfachen „wenn-dann"-Beziehungen zu präsentieren. Häufig müssen mehrere dieser „wenn-dann"-Beziehungen in einer Kette hintereinander geschaltet werden, um die Lösung oder den Beweis zu finden.

ex **Plädoyer eines Verteidigers in einem Vergewaltigungsprozess**

Wenn Lothar das Opfer Irina vergewaltigt haben soll, dann müssen sich körperliche Spuren von Lothar am Körper von Irina finden lassen. Diese hat der Gerichtsmediziner in Form von Haaren und Speichel auch nachgewiesen. Die Anklage des Staatsanwaltes endet hier: Er sagt, die Vergewaltigung sei damit eindeutig nachgewiesen – und das ist unzureichend. Wenn wir diese körperliche Spuren gefunden haben, dann müssen wir feststellen, dass diese nicht von einem einvernehmlichen gemeinsamen Körperkontakt stammen. Wenn wir die vorliegenden Fotoaufnahmen in einer Bar sehen, dann bemerken wir, dass Lothar und Irina eindeutig in voller Harmonie gegenseitig leidenschaftlich Zärtlichkeiten ausgetauscht haben. Wenn also eine Vergewaltigung stattgefunden haben soll, dann muss diese später stattgefunden haben. Hier haben wir aber die Aussage von Lili, der Schwester von Lothar, wonach Lili und Lothar unmittelbar nach dem Barbesuch zu einer anderen Party fahren mussten und Irina völlig aufgebracht zurückgelassen haben. Da die behauptete Vergewaltigung allerdings zu einem Zeitpunkt stattfand, als Lothar auf der anderen Party mit seiner neuen Bekanntschaft Marlene intensiv flirtete, muss ich unterstellen, dass Irina sich an Lothar auf gemeine Art rächen wollte und die Tat frei erfunden hat.

Dieses Plädoyer belegt zum einen, dass logische Kettenschlüsse eine sehr wirksame Form der Überzeugungsbildung sein können – es belegt aber auch, wie der Kettenschluss letztlich logisch angegriffen werden kann: Es genügt, dass nur einer der dargelegten logischen Schlüsse als unzureichend oder falsch entlarvt wird, dann können ganze Beweisgebäude zum Einsturz gebracht werden.

Kettenschlüsse sind wegen ihrer Anschaulichkeit auch in vielen Überzeugungsreden beliebt – bei Redner und Zuhörer. Für den Zuhörer erzeugt ein logischer Schluss wie dargestellt den Eindruck kognitiver Leichtigkeit im unbewussten System 1; diese setzt sich bei einer Kette solcher Schlussfolgerungen dann fort, sofern sie sich in der ersten Analyse als plausibel darstellen. Solange sich die Schlussfolgerungen verständlich und kausal aneinander reihen, besteht auch für das bewusste System 2 kein Anlass, die Ausführungen des Redners kritisch zu analysieren: Beide Systeme schenken den Schlussfolgerungen Glauben – und der Redner hat sein Publikum im Griff.

Dafür kann ich auch ein **Beispiel aus neurolingualen Studien** anbieten: „Wie viele Tiere jeder Art nahm Moses mit in die Arche?“ Kahneman verwendet diese auch „Moses-Illusion“ genannte Frage, um zu zeigen, dass den meisten Lesern überhaupt nicht auffällt, dass es nicht Moses war, der die Arche baute – sondern Noah! (Vgl. Kahneman, S. 99.) Der angesprochene Bibelkontext verbunden mit dem Namen Moses und dem Bild der Arche erweckt unbewusst den Eindruck, hier werde eine normübliche Frage gestellt. Der gleiche Effekt kann einer Kettenabfolge von logischen Schlüssen zugewiesen werden: Auch hier registriert man unbewusst die dargestellte „assoziative Kohärenz“ der logischen Folgerungen und akzeptiert sie schneller und leichter, als es möglicherweise gerechtfertigt wäre (vgl. auch Kahneman, S. 101). Dies kann aber in folgendem bedenklichen **Beispiel** enden:

Einwanderung in die Sozialsysteme

Redner: „Wir alle wissen, dass die meisten Flüchtlinge in den ersten Jahren auf soziale Hilfen angewiesen sind; je mehr Flüchtlinge also kommen, umso stärker wird das soziale System beansprucht; je stärker das soziale System beansprucht wird, umso mehr steigt die Gefahr sozialer Einschnitte aufgrund der Notwendigkeit zu Einsparungen. Am Ende wird das die sozial Bedürftigen treffen, die ihr Leben lang hart gearbeitet haben und nun gerade einmal das Existenzminimum erhalten. Alle, die hart arbeiten, zahlen die Zeche für diese verfehlte Politik."

Diese Kette an vermeintlich kausalen / logischen Schlussfolgerungen baut sich auf, der Hörer folgt ihr im Rahmen der Akzeptanz vermeintlich logischer Annahmen – und plötzlich merkt er, dass da eine Kurve gefahren wurde, die mitten in eine Diskussion führt, die sehr schnell als ausländerfeindlich bezeichnet werden muss. Dabei liegt der Clou in der Tatsache, dass die einzelnen Schlussfolgerungen bei Weitem nicht so logisch bzw. kausal sind wie angenommen, vor allem ab Satz 3. Der Zuhörer, der sich eingesteht, irgendwo nicht mitgekommen zu sein, scheut sich, zu widersprechen – jetzt ist es auch zu spät. Er ist vom Redner gezielt in eine Richtung geschoben worden, mit der er vorher nicht gerechnet hatte.

Erkenntnis: In Reden kann die Verwendung einer Kette von logischen / kausalen Schlussfolgerungen und Verknüpfungen dazu führen, dass gezielt Ergebnisse konstruiert werden, die objektiv nicht zutreffen, aber sehr wohl im Interesse des Redners liegen (vgl. dazu auch Haft, Juristische Rhetorik, S. 122 ff.). Das unbewusste System 1 neigt dabei dazu, diese Schlüsse als zumindest kausal plausibel zu akzeptieren, ohne dass eine nähere Prüfung durch das bewusste System 2 erfolgt, weil diesem die Problematik des faktisch nicht-logischen Schlusses kaum bewusst wird. Dies zeigt deutlich, dass der Unterschied zwischen an sich richtigen Schluss-Ketten und manipulativen Ketten nicht groß ist. Die Versuchung ist daher für jeden Redner groß, solche Schluss-Ketten in die Rede einzubauen, um das Publikum für seine Thesen positiv einzustimmen. Die Neigung des unbewussten System 1, in vergleichbaren plausiblen kausallogischen Verknüpfungen zu denken, macht die Fehlererkennung sehr schwer – mit dem Ergebnis, dass der Hörer am Schluss einer Auffassung zustimmt, aber nicht mehr genau weiß, warum: Es klang nur so plausibel.

2. Argumente mit hohem Überzeugungswert

Die Argumente, die im Folgenden behandelt werden, erbringen – wie schon die Überschrift sagt – **keinen** vollen oder logisch gültigen Beweis für die damit vertretene These. Gleichwohl sind die meisten Menschen bereit, sie als Teil einer schlüssigen Gedankenführung zu akzeptieren – und zwar ohne viel weiteres Nachdenken! Die Frage, ob das Argument mit einer mehr oder weniger großen Wahrscheinlichkeit zutrifft, wird allenfalls kurz gestreift; ansonsten sind die Zuhörer bereit, das Argument als stichhaltig zu akzeptieren. Die Psychologie hat eine Fülle denktechnischer Arbeitsmerkmale, kognitiver Verzerrungen und emotional-beeinflusster Erkenntnisinstrumente (Heuristiken) identifiziert, die kühn in unserem Unterbewusstsein mit Wahrscheinlichkeiten und Bewertungstendenzen jonglieren. Sehen Sie sich dazu nur das Exzerpt an, das Kahneman zu den Arbeitsmerkmalen von System 1 erarbeitet hat (Kahneman, S. 521–568): Es enthält alleine 22 methodische Besonderheiten, die das unbewusste Denken abseits der rein logischen Denkweise praktiziert. Die erstaunliche Konsequenz ergibt sich aber dann, wenn Sie diese „Denkmuster“ mit den Argumentationsmustern vergleichen. Verblüffenderweise entspricht jedes dieser an sich nicht stichhaltigen, aber für wirksamen gehaltenen Argumente einer typischen „Erkenntnismasche“ unseres Unterbewusstseins. Mit anderen Worten: Die Argumente funktionieren so, wie unser unbewusstes Denken funktioniert – es gibt eine fast vollständige Kongruenz von subjektiver Denkmethode des Zuhörers und der Glaubwürdigkeit einer bestimmten Argumentationsform. Dies ist der zentrale Inhalt des **neurolingualen Theorems der Argumentationslehre**.

Der **Redner** argumentiert also so unzulänglich, wie er unzulänglich denkt, und da die **Zuhörer** unbewusst die gleichen unzulänglichen Erkenntnisinstrumente im System 1 verwenden, stimmen sie in ihren Ergebnissen mit den Argumenten des Redners überein. Die Plausibilität und Akzeptanz einer Argumentation ist damit die Folge der Übereinstimmung der Denkmuster und Erkenntnisinstrumente von Redner und Zuhörer. Ein Redner, der weiß, wie das unbewusste Denkmuster der Mehrheit der Zuhörer funktioniert, kann also gezielt die Eigenheiten, ja Schwächen dieser Denkmuster für seine Argumentation einsetzen – und die Zuhörer werden ihm vollständig Glauben schenken, weil sie genauso denken und genauso zu den vom Redner vertretenen Ergebnissen kommen.

Ein mittlerweile klassisches Beispiel der modernen Erkenntnispsychologie ist der sogenannte „Rückschaufehler“ (vgl. Kahneman, S. 247 ff.; Dobelli, S. 57 ff.):

Das menschliche Unterbewusstsein konstruiert mit den beschränkten Informationen, die es besitzt, eine bestmögliche Geschichte und suggeriert, das wäre alles, was man über das Thema wissen kann (und wissen muss!). Kahneman betont, dass es paradoxerweise leichter ist, eine kohärente Geschichte zu entwerfen, wenn man wenig weiß, weil man weniger Mosaiksteinchen zusammenfügen muss. Und er schreibt wörtlich den (geradezu alarmierenden) Satz: „Unsere beruhigende Überzeugung, dass die Welt einen Sinn hat, ruht auf einem sicheren Fundament: unserer beinahe unbegrenzten Fähigkeit, die eigene Unwissenheit zu ignorieren."

Das aktuelle **Beispiel** hierfür ist die sogenannte „Lehman-Krise" des Jahres 2008: Lesen Sie zum Beispiel die Prognosen im Wirtschaftsteil einer anerkannten deutschen Tageszeitung, etwa der Frankfurter Allgemeinen, aus dem Jahr 2007. Man ging geradezu optimistisch die nächsten Jahre an – und 12 Monate später befand sich das weltweite Finanzsystem in einer bedrohlichen existenziellen Krise, die alle mit der Depression der 30er Jahre verglichen. Nur das Fluten der Märkte mit Kapital in einer zuvor nie gekannten Weise rettete das Weltwirtschaftssystem vor dem Kollaps. Viele behaupteten danach, dass sie schon vorher wussten, die Finanzkrise würde unvermeidlich kommen. Kahneman und Dobelli stellen übereinstimmend fest: Hunderttausende Ökonomen versuchten engagiert, die Zukunft der Wirtschaft zu analysieren – um daraus natürlich für sich Gewinn zu schöpfen (etwa ggf. durch Wetten auf einen Zusammenbruch eines Unternehmens oder einer Währung durch sogenannte Leerverkäufe). Aber sie glaubten definitiv nicht, dass der Zusammenbruch der Weltfinanzwirtschaft (so bald) kommen würde. Kahneman folgert daraus nüchtern: Die Krise war nicht vorhersehbar. Daher sei dies der klassische Fall dafür, wie sogar eine große Expertengruppe dem sogenannten Rückschaufehler erlegen sei.

Die Konsequenz für die Rhetorik im konkreten Fall ist offensichtlich: Die meisten Politiker suchten in ihren Reden die Schuldigen für das Lehman-Desaster – weil es doch voraussehbar war! Man wollte Blut fließen sehen, harte Urteile für die Verbrecher, die das angezettelt hatten. Die Politiker, die das als Redner forderten, etwa Barack Obama oder Angela Merkel, bekamen lauten Applaus. Der Rückschaufehler war damit im vollen Gange, denn zur Empörung aller stellte sich in den Strafprozessen, die folgten, meistens heraus: Die Manager waren nicht klüger, aber auch nicht dümmer, als die Ökonomen oder die Gerichtssachverständigen es vor der Krise waren, und bei einer nüchternen Analyse bedeutete das „Freispruch". Und es kommt noch besser: Weil wir glauben, die Vergangenheit zu verstehen, folgern wir, dass wir wissen, wie wir die Zukunft besser gestalten (vgl. Kahneman, S. 254 ff., S. 527 ff.) – getreu dem alten Satz, der tief in unserem Innersten schlummert und geradezu ideal den sogenannten „Rückschaufehler" verkörpert: „Aus Schaden wird man klug." Dies mag für das Verbrennen der Finger an der Herdplatte gelten – und genauso funktioniert ja auch unser unbewusstes Denken. Ob daraus Weltwirtschaftskrisen genauso verstanden und künftig vermieden werden können, das ist die große Frage. Die Psychologie nennt dieses Denkschema den sogenannten „Ergebnisfehler" (outcome bias). „Die Neigung, die Geschichte der eigenen Überzeugungen im Lichte der tatsächlichen Ereignisse umzuschreiben, erzeugt eine robuste kognitive Illusion" (Kahneman, S. 252) – mit der unser unbewusstes System 1 aber unbeirrt weiterarbeitet!

Wer aber einem Redner applaudiert, der sagt, wir verstehen die Vergangenheit und mit diesem Wissen werden wir die Zukunft besser gestalten – der ist als Zuhörer vermutlich auf dem besten Weg, dem Rückschaufehler und dem Ergebnisfehler zugleich zu erliegen. Dieses Denkschema liegt etwa dem Argumentum e contrario oder dem Argumentum a tuto zugrunde: Wir tun etwas nicht, weil wir wissen, wie es falsch ist oder wie es anders geht. Die Frage ist nur: Wussten oder wissen wir das wirklich?

Wir wissen nur, dass unser Unterbewusstsein kollektiv eine Geschichte über die Vergangenheit ausdachte, die wirkmächtig weiterlebt. Wer als Redner dieses Denkergebnis unseres System 1 anspricht, erzeugt unbewusst Kongruenz und Glaubwürdigkeit. Damit haben wir herausgearbeitet, **wie die Argumente funktionieren**, die nicht hundertprozentig stichhaltig sind: Sie entsprechen der Denkweise unseres unbewusst arbeitenden System 1, die nicht von unserem eher faulen, unkritischen System 2 beanstandet wird. Es wird spannend sein, dies nun Argument für Argument zu analysieren.

Die Verwendung von Statistiken

Der Einsatz von statistischen Werten verschafft dem Redner in der Regel eine gewisse Glaubwürdigkeit beim Zuhörer. Gibt er noch dazu die Quelle an, so steigert dies die Wirkung seines Argumentes zusätzlich. Nun muss man nicht unbedingt ein Politiker sein, um den Satz zu kennen, den man gemeinhin Winston Churchill zuschreibt: „Ich verwende nur Statistiken, die ich selbst zuvor gefälscht habe" (vgl. zur Autorschaft Drösser, Kolumne in der ZEIT vom 25. 4. 2002). Gleichwohl akzeptiert der Zuhörer zumindest Statistiken mit Quellenangaben in der Regel. Dem scheint ein Mechanismus im unbewussten System 1 zugrunde zu liegen, der intuitiv vorgibt: Zahlen sind Fakten, der

Redner hat sie noch dazu schwarz auf weiß. Wenn die Zahl – überschlägig geschätzt – plausibel scheint, dann wurde sie von Menschen erarbeitet, die zumindest rechnen können und sich damit befasst haben. Die Notwendigkeit, selbst rechnen zu müssen, wird damit in der Problemlösung unbewusst durch die Vorarbeit eines anderen ersetzt, die vom eher trägen System 2 unbeanstandet durchgewunken wird. Dies wird unter anderem als Beispiel für den sogenannten „mere exposure effect" angeführt (vgl. Kahneman, S. 90 f.; zur Bedeutung dieses Effektes bei rhetorischen Figuren s. a. unten Kapitel VIII.2 zu Reimungen). Auf diese Weise kann der Redner eine Behauptung durch eine Statistik mit hoher Wahrscheinlichkeit als glaubwürdig untermauern – und die Zuhörer werden dies als wichtiges Argument akzeptieren (sofern sie nicht unmittelbar durch eine andere Statistik eines Gegenredners zum Zweifel motiviert sind).

Hinzu tritt ein weiteres Phänomen unseres unbewussten System 1 bei der Bewertung von Statistiken: Unser Unterbewusstsein beherrscht auf keinen Fall statistische Berechnungen (s. dazu Kahneman, S. 208 ff.). Daher neigt das unbewusste System 1 dazu, die schwierige Frage nach der Wahrscheinlichkeit durch die Frage nach der Ähnlichkeit von zwei Sachverhalten zu ersetzen. Diese „heuristische Ersetzungsmethode" hat enorme Auswirkungen: Letztlich glaubt das Gehirn damit die Präsentation von glaubwürdig erscheinenden Zahlen, die es erst selbst analysieren müsste, um sie glauben zu dürfen. Es generiert damit nach Gigerenzer „einfache Lösungen für komplexe Probleme" (vgl. Gigerenzer, S. 47). Dabei ist allgemein bekannt, dass Statistiken typische Fehlerquellen haben können, die ihren Wert erheblich vermindern oder sogar völlig beseitigen. Und wir wissen auch, dass die Bezugsfaktoren, auf die sich eine Statistik bezieht, einen Aussagewert massiv verändern können. Das unbewusste System 1 kann daher Statistiken völlig unterschiedlich bewerten – je nach dem Kontext, in dem diese präsentiert werden!

Hierzu zwei **Beispiele**. Was würden Sie von folgender Diskussion halten:

Beispiel 1: Inflation und Wachstum

Redner A: „Wir von der SPD nehmen in den nächsten Jahren eine Inflation von 5 Prozent in Kauf – das ist noch akzeptabel und hilft der deutschen Wirtschaft, weil die Löhne ebenfalls um mindestens 5 Prozent steigen werden und das Wachstum angekurbelt wird."

Redner B: „Wenn die SPD 5 Prozent Inflation ansteuert, dann bedeutet dies, dass schon in 14 Jahren ein 100-Euro-Schein nurmehr die Hälfte wert ist! Wir verlieren also 50 Prozent unserer Spareinkommen durch diese unverantwortliche Politik."

Beide Redner verwenden tatsächlich den gleichen statistischen Wert. Dennoch wirkt die Aussage von Redner B geradezu bedrohlich – und wird nach den einschlägigen Untersuchungen auch von den Zuhörern eher als „wahr" angenommen als Rede A (vgl. Dobelli, S. 141 ff., „Das exponentielle Wachstum"; Kahneman, S. 90 ff.).

> ex\ **Beispiel 2: Fehlerwahrscheinlichkeit**
> Verteidiger können vor Gericht einen DNA-Test, mit dem man einen Angeklagten überführen will, auf folgende zwei Arten in Zweifel ziehen:
> Verteidiger A: „Die Wahrscheinlichkeit einer falschen Übereinstimmung beträgt 0,1 Prozent."
> Verteidiger B: „Eine falsche Übereinstimmung tritt schon in einem von tausend Fällen auf."

Kahneman (S. 407) weist nach, dass natürlich die zweite Formulierung (die das Gleiche aussagt!) von System 1 als viel anschaulicher bewertet und daher von Hörern als bei Weitem überzeugender eingestuft wird.

Wichtig ist daher zuallererst, sich als Redner neurolingual der richtigen Präsentation einer Statistik bewusst zu sein. Es geht um das richtige Framing der Zahlen, das es Ihnen ermöglicht, die Aussagen einer Statistik in Ihrem Sinne auszulegen. Dazu bedarf es allerdings einer genauen Analyse der Daten, sonst laufen Sie Gefahr, durch Ungenauigkeiten im Umgang mit Statistiken widerlegt oder gar einer Falschaussage überführt zu werden, was sich natürlich für Ihre Glaubwürdigkeit verheerend auswirken würde. Edmüller / Wilhelm (S. 112), Gigerenzer (S. 30 ff.) und Kahneman (S. 208 ff.) geben folgende Faustregeln für die glaubwürdige Verwendung von Statistiken:

- Sind die Begriffe / Sachverhalte, die statistisch gemessen werden, genau definiert?
- Wurden hinreichend große Datenmengen für die Bewertung der Sachverhalte gesammelt?
- Ist das Erhebungsverfahren für die Daten korrekt?

Denken Sie dabei auch an das Szenario mit dem Impfstoff als einem der häufigsten Denkfehler (S. 108): Auch in solchen Fällen kann alleine durch die Fragestellung die Aussage einer Statistik gezielt verändert werden. Dies belegt zum einen die Wirkmächtigkeit von Statistiken – aber auch die Problematik ihrer Verwendung. Wenn es dem Redner allerdings gelingt, die vorstehenden drei

Fragen mit einem „ja" zu beantworten, so dass ein potenzieller Gegenredner sich mit der Widerlegung deutlich schwerer tun würde, kann der Einsatz von Statistiken rhetorisch akzeptiert werden.

Der Einsatz von Statistiken wird neben der Überzeugungsrede auch im Sachvortrag von entscheidender Bedeutung sein. Hier, wo es in der Rede schwerpunktmäßig um nüchterne Zahlen und Fakten geht, ist diese Argumentationsform elementar. Hingegen dürfte sie in der Gelegenheitsrede eine eher untergeordnete Rolle spielen. Allerdings ist bei Festreden, Jubiläen und Ähnlichem die pointierte Verwendung dort von großer Wirkung, wo sie eine bestimmte Aussage des Redners zu bestätigen geeignet ist. Ein beliebtes Beispiel sind etwa die Statistiken zur durchschnittlichen Betriebszugehörigkeit gerade dann, wenn es darum geht, die Verdienste eines altgedienten Mitarbeiters zu loben, der diesen statistischen Durchschnittswert bei Weitem überschritten hat. Statistiken haben hier eine klare Hilfsfunktion und sollten nicht den Hauptinhalt der Rede ersetzen!

Der Einsatz von Autorität

Können Sie sich vorstellen, dass viele Millionen Menschen täglich fast bedenkenlos Autoritäten glauben? Und das, obwohl gerade das in der Schule von (antiautoritär geprägten) Lehrern als unzulässig eingepaukt wird. Tatsächlich haben wir aber Autoritäten für Sport, Politik, Gesundheit, Sicherheit, Internationales, die „Yellow Press" (also die Reichen und Schönen), Sexualität, Mode, Religion und vieles andere mehr. Der gezielte Einsatz von Autoritäten in Kommunikationssituationen ist also für die moderne Rhetorik eine Selbstverständlichkeit – auch wenn man sich fragen sollte: Warum ist jemand eine Autorität und ab wann?

Herrmann u. a. (Schlüsselkompetenz Argumentation, S. 23) nennen dazu folgende Fallgruppen von Autorität, die allerdings hinterfragt werden müssen:

Experten / Wissenschaft – Populäre Personen – Mehrheitsmeinung – Statistiken – Persönliche Bekanntschaft – Gesetze – Dogmen

Dabei sollten meines Erachtens Statistiken und Mehrheitsmeinungen ggf. gesondert behandelt werden (s. o.); sie wirken zwar als „Autorität", haben aber schon per definitionem gewisse Einschränkungen ihrer Gültigkeit. Gesetze und Dogmen sind ggf. den logischen Gesetzmäßigkeiten zuzuweisen, sofern sie relativ oder absolut unumstößlich sind (z. B. die Naturgesetze). Persönliche Bekanntschaft ist ebenfalls eher eingeschränkt geeignet, als Maßstab für Autorität zu wirken – das könnte nur für Bekanntschaften gelten, die auch die Mehrheit des Publikums akzeptieren würde.

Eine Sonderstellung nimmt das Zitat (als Beleg der Auffassung einer populären Person bzw. eines Experten, vgl. oben) ein: Es handelt sich hier um eine „inhaltliche Autorität", die daraus ihre Kraft bezieht, dass das Zitat in der Regel von einem Experten oder einer populären Person stammt.

Für welche Tatsachen und Argumente kann ich die Autorität einsetzen?

Die Frage, warum eine Autorität als sehr stark wirkendes Argument wirken kann, kennt eine historische Begründung – und erneut eine wissenschaftliche belegbare Erkenntnis der modernen Psychologie. Historisch gesehen ist der Einsatz einer Autorität bzw. eines Experten für eine These so begründbar:

Die Persönlichkeit N. N. ist ein Experte in einem der genannten Bereiche; seine Äußerungen sind also mit hoher Wahrscheinlichkeit zutreffend. Die Persönlichkeit N. N. erklärt, dass eine Aussage „A" in diesem Bereich zutrifft. Die Aussage „A" gehört zum Bereich, in dem N. N. Experte ist. Also (= Schlussfolgerung / Conclusio): Die Aussage „A" ist mit Sicherheit oder hoher Wahrscheinlichkeit zutreffend (vgl. auch Edmüller / Wilhelm, S. 123).

Schon diese Begründung ist durchaus relevant; nach überwiegender Auffassung in der Argumentationslehre zwingt sie automatisch einen Gegenredner, diese anerkannte Autorität erst einmal zu widerlegen – und das kann in einer zeitbegrenzten Redesituation Zeit, Energie und den Raum für andere Argumentationen kosten. Es gibt in der Fachliteratur aber auch eindrucksvolle Anleitungen dazu, solche – zumeist tatsächlich fehlerhaften oder unvollständigen – Äußerungen von Autoritäten zu relativieren (vgl. Edmüller / Wilhelm, S. 131 f.).

Es muss in diesem Zusammenhang allerdings auffallen, dass etwa in Talkshows oder auch bei heftigen Publikumsdiskussionen die Autorität von „Experten" kaum ernsthaft und erfolgreich in Zweifel gezogen werden kann. Die eigentliche wissenschaftliche Begründung für das enorme unbewusst wirkende Gewicht von „Experten" und „Spezialisten" liefert denn auch die Psychologie aus der Analyse unseres unbewussten System 1: Es handelt sich um den sogenannten **„Halo-Effekt"**. Dieser wurde von dem Psychologen E. L. Thorndike bereits vor ca. 100 Jahren entdeckt und von der Psychologie seither in unzähligen Studien verifiziert (vgl. Dobelli, S. 158 ff.; Kahneman, S. 108 ff.): Unser System 1 erliegt einer sogenannten kognitiven Verzerrung im Hinblick auf den

Eindruck von Menschen, Tatsachen und Kausalitäten. Es überträgt bestimmte – vor allem positive – Tatsachen, die es zu Personen kennen gelernt hat, auf den Gesamteindruck von diesen Personen. Die Assoziationsmaschine erzeugt so ein einfacheres und kohärenteres Bild der Wirklichkeit. Aus einer positiven Wahrnehmung wird so ein positives Gesamturteil zu allem, was diese Person sagt und tut: Sie ist ja eine Autorität!

Der Halo-Effekt ist eine der am meisten psychologisch untersuchten und vom Marketing auch gezielt eingesetzten „Affektheuristiken" überhaupt: Wer schön oder erfolgreich ist, muss immer schön oder erfolgreich sein und auf jeden Fall recht haben! Dies bringt den „positiven Imageträgern" Millionen ein, die wir als Verbraucher messbar durch unseren Konsum finanzieren. Die Wirkung einer „Teil-Autorität" wird verallgemeinert und kann bewusst eingesetzt werden; und das gilt natürlich auch in der Rhetorik. Ein anderes Beispiel ist im Bereich der Erziehung, auch an der Hochschule, die Erkenntnis, dass aufgrund einer positiven (aber auch negativen) Voreinstellung des Prüfers zu einem Schüler oder Studierenden auch die künftigen Benotungen beeinflusst werden. Dies ist auch der eigentliche Grund für die Anonymisierung von Prüfungen.

Wer also als Autorität gilt, dessen Äußerungen können selbst über den Bereich seiner Expertise hinaus wirkungsvoll eingesetzt werden! Diese psychologische Erkenntnis geht über den „Autoritätsanspruch" der historisch-statistischen Begründung weit hinaus. Wer zum Beispiel als Manager oder Unternehmensvorstand in der öffentlichen Wahrnehmung bislang als erfolgreich gilt, der wird vom Publikum nachweislich sogar generell als Vorbild akzeptiert. Ein Beispiel: Steve Jobs, der Gottvater von Apple, ist mittlerweile in der Auffassung der Allgemeinheit beinahe zum Heiligen „kanonisiert". Was er tat, ist gut. Was er sagte, ist gut. Der Halo-Effekt wirkt geradezu religiös. Die Schattenseiten schildert etwa die autorisierte Biografie über Steve Jobs, die Walter Isaacson 2011 veröffentlicht hat (dazu auch Andrea König, „Der Führungsstil von Steve Jobs", www.cio.de vom 4. 9. 2017). Hiernach hatte Jobs auch und gerade als Erwachsener ziemlich negative Charaktereigenschaften: ungeduldig, stur, übertrieben kritisch und manchmal gemein; hinzu kam sein launenhaftes, forderndes und tyrannisches Verhalten. Außerdem verantwortete er als CEO von Apple gezielt ein Steuermodell, mit dem der Multimilliardenkonzern in Europa weniger Steuern zahlte als mancher Mittelständler in absoluten Euro-Beträgen in Deutschland. Der Steuersatz betrug kaum glaubbare 0,05 Prozent! Die Europäische Union verlangte jedenfalls im Jahr 2016 sage und schreibe 13 Milliarden Euro als unerlaubte Beihilfe für dieses Verhalten von der Republik Irland bzw. Apple (vgl. Handelsblatt.com vom 4.10.2017: „EU-Kommission bringt Irland vor Gericht").

Nennt man das unternehmerische ganzheitliche Verantwortung? Bitte verstehen Sie die Frage als rein rhetorisch – ich kann und will nicht am Heiligenschein von Steve Jobs rütteln, es wäre vor dem Podium der „Weltmeinung" auch sinnlos. Für die Wirkung des Halo-Effektes ist aber dieses Beispiel durchaus von hoher Aussagekraft. Die rhetorische Erkenntnis ist eindeutig: Wer die Meinung von Experten oder auch nur ein Zitat der Person verwendet, kann sich des positiven Effektes der Person für seine Rede gewiss sein.

Dasselbe gilt natürlich auch für den Fall der sogenannten **„negativen Autorität"**: Wer sich als Bösewicht in das kollektive Unterbewusstsein eingearbeitet hat, wird immer und ganzheitlich böse sein, egal was er tut. Dies gilt für Politiker und auch für Manager, gerade dann, wenn sie nach einer positiven Vergangenheit letztlich scheiterten und tief gefallen sind. Der negative „Halo-Effekt" produziert so die Sündenböcke, die man ja auch benötigt. Denken Sie an das Image von Wladimir Putin nach der sogenannten Krimkrise, Thomas Middelhoff nach der Karstadt-Pleite oder Manfred Winterkorn, dem CEO von Volkswagen, nach dem Bekanntwerden des sogenannten Diesel-Manipulations-Skandals, der die Autoindustrie – und nicht nur VW – in ihren Grundfesten erschütterte.

Das Argumentum de auctoritate ist somit, trotz seiner methodischen Unzulänglichkeit, eines der wirksamsten in der Rhetorik. Den eigentlichen Grund hierfür können wir 2500 Jahre nach seiner Entdeckung nun genau beschreiben. Bitte kritisieren Sie mich nicht dafür, dass ich die Rhetorik hier mit wirtschaftspsychologischen Erkenntnissen deute – denken Sie lieber darüber nach, ob George Clooney je ein Kaffee-Experte war, wenn Sie die nächste Portion „Nespresso"-Kapseln teuer kaufen („what else?").

Verwendung von Analogie

In vielen Fällen der rhetorischen Praxis schlägt der Redner für ein konkretes Problem vor, eine Lösung zu praktizieren, die in vergleichbaren Fällen erfolgreich war oder ist. Ein aufsehenerregendes **Beispiel** hierfür findet sich derzeit in Deutschland bei der Frage, wie man Väter dazu zwingen kann, ihrer Unterhaltspflicht gegenüber ihren Kindern nachzukommen. Da die Zahlungsmoral in diesen Fällen bekanntermaßen schlecht ist, formulierten Rechtspolitiker folgenden Lösungsvorschlag:

Die Drohung mit dem Entzug der Fahrerlaubnis ist für viele Männer ein geradezu existenzieller Eingriff, den sie mit allen Mitteln vermeiden wollen. Dies zeigt sich bei Sucht- und Gewaltdelikten ganz deutlich. Wenn wir unterhaltssäumigen Männern androhen die Fahrerlaubnis zu entziehen, werden sie das mit allen Mitteln vermeiden wollen. Die Androhung des Entzuges der Fahrerlaubnis ist also ein wirksames Mittel, um die Zahlungsmoral bei unterhaltssäumigen Männern deutlich zu verbessern (vgl. www.merkur.de vom 7. 8. 2016).

Sachlich-logisch gesehen wird folgendes Argumentationsschema angewendet:

Die Fallkonstellation B ist ähnlich der Fallkonstellation A
Fallkonstellation A wurde durch eine bestimmte Methode gelöst
Die Methode ist also auch in Fallkonstellation B wirksam

Die rhetorische Argumentationslehre hält Analogien an sich für ein eher schwaches Argumentationsinstrument: Es gibt keine Übereinstimmung der beiden Fälle nach den Gesetzen der Logik und es existiert dafür in der Regel auch keine statistische Erkenntnis. Also könne dieses Argument an sich nur ein eher schwaches Argument aus dem Kreis der sogenannten „Plausibilitätsargumente" sein, die leicht zu widerlegen seien. Dazu müsse man nur die vergleichbare „Disanalogie" finden – also auf die Unterschiede zwischen den beiden Konstellationen verweisen. So wird etwa im obigen Fall darauf hingewiesen, dass ja auch die Androhung der Todesstrafe oder die Drohung mit einer Genitalverstümmelung oder ähnlicher Unfug sicherlich wirksam sei, aber überhaupt nicht in Frage komme. Hinzu komme, dass Väter ohne Führerschein faktisch keinen Arbeitsplatz bekommen könnten und dann begründet auch keinen Unterhalt zahlen müssten (vgl. Edmüller / Wilhelm, S. 133 ff.).

Dennoch stellt sich die Frage, warum gewichtige Stimmen offensichtlich von Analogien an sich angetan sind. Dies wird etwa mit einer „Grundintuition" begründet, dass alles, was essenziell gleich sei, auch essenziell gleich zu beurteilen ist (vgl. Herrmann u. a., Schlüsselkompetenz Argumentation, S. 24 ff.). Auch die herrschende Rechtsprechung des Bundesverfassungsgerichtes zu Fragen der Gleichbehandlung geht in dieselbe Richtung, wenn postuliert wird, dass „wesentlich gleiches gleich und wesentlich ungleiches ungleich behandelt werden" müsse (vgl. Jarass / Pieroth, Grundgesetz, Kommentar, Art. 3 Rd. 7 ff.).

Neben der abstrakt-logischen Analyse liefert allerdings auch hier erst die Wirtschaftspsychologie den eigentlichen Grund für die Attraktivität von Analogien im menschlichen Denken: Das unbewusste System 1 arbeitet permanent mit dem Denkmechanismus einer **Verfügbarkeitsheuristik**. Unbewusst werden gegebene Sachverhalte binnen Millisekunden darauf geprüft, ob sie bereits einmal gelöst waren; ist dies nicht unmittelbar der Fall, ersetzt die Verfügbarkeitsheuristik diese durch eine andere, leichtere bzw. bereits gelöste Frage. Dabei wirken die erlebten oder aktuell gefühlten Emotionen unmittelbar auf den Entscheidungsprozess ein. So wird uns eine Welt subjektiv als aktuell erlebt präsentiert, die „viel geordneter ist als die Wirklichkeit“ (vgl. Kahneman, S. 165 ff., S. 174 ff.).

So bieten Analogieschlüsse zu bereits bekannten ähnlichen Sachverhalten eine bekannte Lösung zu einem ähnlichen Problem – die bereits erwähnte „mentale Schrotflinte“ unserer unbewussten Lösungssuchmaschine hat also zumindest in die Nähe der schwarzen Zehn getroffen. Denken Sie an das bereits angeführte Beispiel zu der Frage, was Sie bereit sind auszugeben, um eine bedrohte Art zu retten. Kommt in diesem Zusammenhang die heuristische Frage, wie sehr es Sie berührt, wenn Sie an sterbende Delfine denken, haben Sie eine subjektive Antwort unmittelbar bereit. Provokativ darf ich Ihr Unterbewusstsein aber nun darauf lenken, was Sie fühlen, wenn ein weißer Hai mit dem abgerissenen blutigen Bein eines Tauchers im Maul erschossen wird: Je nachdem, welche bedrohte Art der Redner für die Analogie heranzieht, ändern sich die heuristischen Ergebnisse nachhaltig. Beide Alternativen zeigen, wie mit metaphorischen Bildern völlig automatische Denkprozesse in unserem Unterbewusstsein vorbereitet werden: Kommt es zu einer „Ersetzungslösung“ durch eine vom Redner dem System 1 gezielt präsentierte und von diesem akzeptierte Analogie, wird diese von System 2 – das bekanntermaßen in der Regel träge arbeitet – als adäquat durchgewunken, wenn sie nicht völlig abwegig ist. Und was noch wichtiger ist: Unsere Emotionen unterstützen dies auch noch subjektiv. Die Attraktivität des Analogieschlusses liegt daher zutiefst in unser aller Denkweise begründet, mit einer affektiv unterstützten Urteilsheuristik die Situationen unseres Lebens zu meistern.

Die Rhetorik macht sich diesen Mechanismus seit Jahrtausenden zunutze. Analogien sind gerade für kreative Berufe von hoher Bedeutung, weil sie zu Perspektivwechseln führen. Daher kann auch die Rhetorik von dieser Technik profitieren, da sie möglicherweise Perspektivwechsel auslösen kann, die – vom Publikum akzeptiert – den Erfolg des Redners signifikant steigern! Dazu sollte er Analogien suchen, die drei Anforderungen erfüllen:

1. Je ähnlicher die Analogie der zu ersetzenden Lebensfrage ist, umso besser – auch für die Akzeptanz unserer unbewussten „Analogiesuchmaschine“ System 1.
2. Ist die Lösung der Analogie geeignet, die Argumentationsziele des Redners zu unterstützen?
3. Ist die gesuchte Analogie so schwach, dass ein Gegenredner möglicherweise mit einer sogenannten Gegenanalogie die eigene Redestrategie entkräften kann? Denken Sie hier etwa an das Beispiel mit dem „blutrünstigen Hai“: Bei der Bewahrung der Natur und ihren notwendigen Kosten mit der Rettung der Delfine zu punkten ist gut – wenn allerdings die Gegenseite den „mörderischen Hai“ auspackt, wird es eng. Eine andere – sehr aktuelle – Gegenanalogie in diesem Fall wäre etwa die Ausrottung der Mücken, die das Zika-Virus übertragen: Hier sorgt die Verlust- oder Krankheitsaversion sogar dafür, dass die Ausrottung dieser heimtückischen Viruskrankheit und ihrer Überträger vom Publikum gefordert werden dürfte – koste es was es wolle …

Bei der Suche nach Analogien hat der Redner eine große Auswahl an sogenannten Analog-Sachverhalten und ihrer Herkunft. Der Autor Graham Horton hat auf der Website zephram.de eine gute Technik zur Auswahl geeigneter Analogien beschrieben, die im Wesentlichen auf Aristoteles und sein grundlegendes Werk „Topik“ zurückgeht. Die Technik der Lösungsfindung durch Analogie vollzieht sich in 4 Schritten:

1. Was ist eine wichtige Eigenschaft der Ausgangssituation? (Attribut)
2. Wer oder was sonst hat diese Eigenschaft? (Analogie)
3. Wie würde dieser die Aufgabe lösen? (Fremdlösung)
4. Wie könnten wir diese Lösung auf unsere Situation übertragen? (Übertragung)

Hier ein aktuelles **Beispiel** für eine Raum-Analogie aus der Baupolitik:

(1) Das Thema der Rede ist die zunehmende Verstädterung und die damit einhergehende Raumnot durch Zuzug aus Deutschland und dem Ausland, etwa in München und Hamburg (Attribut ist die Raumnot der Stadt).

(2) Die Raumnot zeigt sich etwa auch, wenn eine Familie in einem Einfamilienhaus Nachwuchs bekommt und gleichzeitig die pflegebedürftigen Großeltern einziehen (Analogie).

(3) Wie würde die Familie diese Aufgabe lösen? Sie würde das Haus aufstocken und so auf gleichem Raum die Wohnfläche verdoppeln (Fremdlösung) – dabei würde sogar der Garten nicht angetastet werden!

(4) Wie könnten wir diese Lösung auf die Situation in München oder eine andere Großstadt übertragen? Statt München weiter ins Umland wachsen zu lassen und der Zersiedelung und dem umweltzerstörerischen Flächenverbrauch Vorschub zu leisten, heißt die Lösung: Nachverdichten von vorhandenen Wohn- und Bauflächen in großem Stil; Erhöhung der zulässigen Geschosszahl; aber: die grünen Lungen der Stadt müssen – und können – unangetastet bleiben (Übertragung).

Herrmann u. a. (S. 23) führen als denkbare Kategorien für eine Analogie (in Anlehnung an Aristoteles) an:

Raum – Zeit – Gattung – Ursache – Wirkung – Material – Form – Quantitäten – Absicht / Zweck – Involvierte Personen

Dabei können im Rahmen von Kreativitätsteams auch noch andere Kategorien denkbar sein – denken Sie etwa an Lösungen der Natur für Probleme von Menschen (dazu gibt es mittlerweile auch einen neuen Forschungszweig: die Bionik).

Die Analogietechnik kann so für den Redner und für Sie als Leser eine schöne Denkübung werden. Das Auffinden von Analogien dient als Mittel zur Kreativitätssteigerung von Autoren, wie etwa Graham Horton und Jana Görs auf zephram.de dies mit Recht als interessante Methode für Ideen- und Innovationsworkshops beschrieben haben. Das kann auch Ihnen nutzen – und System 1 sowie auch System 2 zur Hochform bringen!

Dazu ein **Beispiel** aus meiner beruflichen Praxis – Sie können den entsprechenden Fachartikel in den Veröffentlichungen der staatlichen Obersten Baubehörde Bayern, München 2012, finden. Es geht um die Kategorie „Material". Ausgangssituation: In München sollte auf dem Effnerplatz direkt über dem Effnertunnel eine monumentale 50 Meter hohe Kunstfigur errichtet werden: die Skulptur „Mae West". Allerdings war ein Bau der Figur aus Stahl oder Glasfaser / Stahl nicht möglich, weil das Kunstobjekt zu schwer geworden wäre – der Tunnel wäre so einsturzgefährdet gewesen. Dies war dem damaligen Oberbürgermeister Christian Ude (SPD) auch durchaus recht, weil er die Figur unmöglich fand. Kein Wunder, dass deswegen die Politiker der Grünen und sogar der CSU das Projekt unbedingt realisieren wollten (man wollte den erfolgreichen OB einfach mal wieder ärgern).

Das problematische **Attribut** des Sachverhalts war also **das Gewicht des Materials**. Es ging somit um die Frage, wie diese Eigenschaft des Materials verändert werden konnte. Als Geschäftsführer einer Holding war ich damals mit einer neuartigen Technologie beschäftigt: der Produktion von hochwiderstandsfähigen Bauteilen aus Karbonfasern. Diese sollten vorwiegend für den Schiffs- und Flugzeugbau verwendet werden. Entscheidend ist dabei die Tatsache, dass dieses Material bessere Eigenschaften als Stahl oder Glasfasern hat – und dabei viel leichter ist. Die **Analogie** war also: gleiche technische Eigenschaften bei geringerem Gewicht.

Kann man aus Karbon eine Kunstfigur bauen? – Ja, da ein neues patentiertes Verfahren des Unternehmens zum Weben von Rohren genau das ermöglichen würde (**Fremdlösung**).

Kann man also ein Kunstwerk am Effnerplatz aus Karbon weben? (**Übertragung**) Sie werden es vermuten: Unser Team hat die Nuss geknackt. Seit einigen Jahren ist Mae West das größte je gebaute (bzw. gewebte!) Kunstwerk der Welt aus Karbon. Das Gewicht war so gering, dass die Statik des Effnertunnels nie gefährdet war; die Projektlösung wurde von der TU München als Pioniertechnologie von Anfang an begleitet und brachte einen Durchbruch beim Bauen mit neuen Materialien im Hochbau.

Dieses Gliederungsschema der Analogie lag auch meiner Präsentation zugrunde, die für die Anbahnung des entsprechenden Bauvertrages gehalten wurde. An der Tatsache, dass Mae West mittlerweile zum festen Sightseeing-Programm Münchens gehört, können Sie sehen, dass auch der rhetorische Einsatz erfolgreich war. Bei den Einweihungsreden wurde unsere Methode, für ein bautechnisches Problem eine Lösung durch Analogie zu gewinnen, als sehr kreativ gewürdigt. Seien daher auch Sie als Redner mit der Analogie als Argumentationsinstrument kreativ! Übungen mit den anderen Analogiekategorien können auch in Rhetorikseminaren und rhetorischen Kreativworkshops hervorragende Trainingseinheiten sein – etwa auch für Pro- und Contra-Reden.

„Mae West" von RIta McBride, realisiert im Rahmen von QUIVID, dem Kunst-am-Bau-Programm der Stadt München, Foto: Haubitz + Zoche

ex **Beispiele für andere Analogiekriterien:**

- Zeit: Aufnahme von Flüchtlingen nach dem Zweiten Weltkrieg
- Involvierte Personen: Können Experten eine gute Regierung bilden? Analogie: Historische Beispiele
- Wirkung: Erfindung des standardisierten Containers führte zur Revolution der Logistik; Erfindung der standardisierten Nachricht im Internet (Internet-Protokoll) führte zur Revolution der Kommunikation
- Ursache: Spekulation als Gefahr für eine Volkswirtschaft? Mögliche Analogien: Tulpenspekulation; Weltwirtschaftskrise 1929; Lehman-Krise: Vorsicht für Spekulationsentwicklungen in der Zukunft

3. Plausible Argumente: 11 klassische Argumente der Antike

Plausible Argumente geraten in Zeiten von Fake News zunehmend in den Fokus der rhetorischen Diskussion: Da sie nicht zwingend logisch sind, aber einleuchtend klingen, ist ihre Abgrenzung zum reinen „Fake“ eine der Fragestellungen, die man nicht ausblenden kann. Einer gängigen Definition zufolge (vgl. Oliver Bendel, Stichwort „Fake News“, in: www.wirtschaftslexion.gabler.de) bezwecken „Fakes“ eine Täuschung. Sie müssen so plausibel klingen, dass ein Hörer oder Leser sie für möglich hält. Lassen Sie uns daher im Folgenden die wesentlichen klassischen Argumente analysieren, die in der Rhetorik als plausible Argumente bekannt und insofern auch anerkannt sind (Überblick möglicher Argumente bei Haft, Juristische Rhetorik, S. 114 f.). Auf diese Weise können wir am besten ihre wichtige neurolinguale Wirkung bestimmen und auch die Grenzen zum „Fake“ kennenlernen.

Beispiele sind in Anlehnung an Marcus Knill (http://rhetorik.ch/Argument/Formen.html) formuliert. Knill nutzt als Thema das Rauchen; hier wird die Argumentationstheorie am Alkoholkonsum durchexerziert.

Argumentum a priori

Definition: Beweis mittels rein logischer, von der Erfahrung unabhängiger Gründe. Es handelt sich hierbei um das sogenannte „Kausalitätsargument“.

Rhetorische Anwendung: „Beim Alkoholkonsum setzen sich messbar Schadstoffe in der Leber ab – denken Sie nur an die Gamma-CT-Werte. Die weitere Wirkung ist, dass Millionen Hirnzellen geschädigt werden. Dies zeigt klar, dass Alkoholkonsum schädlich ist.“

Funktionsweise des Arguments: Bei Verwendung dieses Arguments stellt der Redner eine Kausalbeziehung zwischen den durch die Wissenschaft festgestellten Tatsachen und seiner eigenen Behauptung her. Das Argument ist daher als ziemlich stark einzustufen.

Neurolinguale Bewertung: Auch aus Sicht der Psychologie spielt die Frage der Herstellung von Kausalitätsbeziehungen zwischen wahrgenommenen Phänomenen durch das unbewusste System 1 eine überragende Rolle in den Denkprozessen (vgl. Kahneman, S. 100 f.). Kahneman weist allerdings darauf hin, dass das Unterbewusstsein dabei häufig zu voreilig kausales Denken einsetzt, obwohl statistische oder wirklich kausale Verknüpfungen tatsächlich so nicht existieren. Der Redner sollte daher zur Vermeidung logischer oder psychischer Trugschlüsse Vorsicht walten lassen: In der Praxis ist immer zu prüfen, ob die in der Rede vorgetragene Kausalbeziehung tatsächlich gegeben ist. So ist die Geschichte der Redekunst – und der menschlichen Erkenntnis – gespickt mit Kausalitätsannahmen, die sich zwar als plausibel, im Endergebnis aber doch als falsch erwiesen haben.

ex\ **Sinn und Unsinn von Zahnseide**

2016 wurde zweifelhaft, was seit Jahrzehnten als unumstößlich galt: dass die tägliche Verwendung von Zahnseide das Leben um bis zu 6 Jahre verlängern kann. Diese Kausalität wird nun nicht mehr uneingeschränkt akzeptiert. Der eigentliche Grund für den angeblichen positiven Effekt von Zahnseide könnte allein darin liegen, dass Benutzer von Zahnseide auch beim Zähneputzen und der sonstigen Mundhygiene sehr sorgfältig sind. Die USA haben die Verwendung jedenfalls aus ihren offiziellen Empfehlungen für ein gesundheitsbewusstes Verhalten gestrichen (vgl. Weber, „Ist Zahnseide wirklich nötig?", in www.spiegel.de vom 15. 8. 2016).

Die zentrale Frage lautet daher, ob ausgeschlossen werden kann, dass die vorgetragene Kausalität nicht besteht oder ob nicht vielmehr eine andere kausale Korrelation durch einen dritten, sonstigen Faktor gegeben ist (vgl. Edmüller / Wilhelm, S. 149). Edmüller / Wilhelm weisen auch darauf hin, dass die Kausalität in mehreren Stufen bestehen und ggf. im Rahmen dieser komplexen Verknüpfung ein Fehler auftreten kann.

Ein **starkes Beispiel** für falsche Kausalitätsannahmen ist eine Untersuchung zur Diskriminierung von Frauen an der Universität Berkeley. Diese Geschichte hat sogar als wissenschaftliches Beispiel für ein statistisches Fehlurteil Bedeutung (sogenanntes Simpson-Paradoxon, s. dazu etwa Edmüller / Wilhelm, S. 150 f.). Eine Studie behauptete, dass 1973 an der Universität Berkeley weibliche

Bewerber viel öfter abgelehnt wurden als Männer und zwar in einem Volumen, das statistisch nicht mehr erklärt werden konnte (Ablehnungsfaktor bei Männern: 56 Prozent, bei Frauen: 65 Prozent). Die genaue Nachprüfung ergab aber keine Diskriminierung. Man hatte schlicht übersehen, dass es zwischen den Geschlechtern große Unterschiede in der Vorliebe für bestimmte Fakultäten gab – der Erfolg einer Bewerbung hing tatsächlich nicht mit dem Geschlecht, sondern mit den unterschiedlichen Zulassungsquoten der jeweiligen Fakultäten zusammen.

Sie sehen also, dass es in vielen Disziplinen – von der Medizin bis hin zur Volkswirtschaft – sehr schwierig sein kann, die richtigen Kausalketten oder Erklärungen zu finden.

Rhetorische Praxisempfehlung: Als Redner sollten Sie sich zumindest vorab vergewissern, dass Ihr Argumentum a priori auf die richtigen Kausalitäten setzt (das ist nicht immer so einfach wie beim Alkoholismus). Sicher kann dann auch die Versuchung groß sein, einmal den Pfad der Tugend zu verlassen: Man kann – entsprechend dem Fall von Berkeley – eine These aufstellen, die für sich genommen nicht korrekt ist, aber nur unter großem Aufwand widerlegt werden kann (was für das Simpson-Paradoxon sicher zutrifft). Ein „Manipulations-Guru“ würde Ihnen dazu vermutlich sogar raten. Ich halte es lieber mit der Weisheit: „Ehrlich währt am längsten.“

Argumentum e fortiori

Definition: Beweis, dass die in Frage stehende Behauptung noch sicherer ist als eine bereits mit hinlänglicher Sicherheit bewiesene bzw. dass die Behauptung schon bewiesen ist.

Rhetorische Anwendung: „Jetzt gibt es schon unzählige Untersuchungsreihen in langen Jahren an vielen Kliniken, die beweisen, dass Alkoholkonsum schädlich ist. Müssen wir uns damit wirklich noch näher auseinandersetzen?“

Funktionsweise des Arguments: An sich klingt dieses Argument doch ganz plausibel – oder? Aber Vorsicht: Nicht immer muss die angegebene Quelle auch auf den vorliegenden Sachverhalt des Redners zutreffen. Was halten Sie etwa von folgender Behauptung in einer Verkaufspräsentation:

„Wir haben für unsere Schönheitskollektion ‚Banal Nr. X‘ die Schauspielerin N. N. als Botschafterin gewinnen können. Sie setzt seit Jahren auf die Produkte von ‚Banal Nr. X‘. N. N. weist mit Stolz und Überzeugung darauf hin, dass für sie Schönheit kein Zufall ist. Die modebewusste Frau von heute kann ihr bedenkenlos folgen und ‚Banal Nr. X' verwenden."

Auch Rolf Dobelli berichtet in einem einprägsamen Beispiel von dem vergleichbaren Irrtum des Börsenhändlers Nassim Taleb: Um einen schönen, athletischen Körper zu bekommen, begann er regelmäßig zu schwimmen. Er hatte nämlich herausgefunden, dass alle Schwimmer im Fernsehen gut geformte Körper hatten, da Schwimmen ein Sport ist, der den gesamten Körper und seine Muskulatur bewegt. Nachdem er nach langem Schwimmen sein Spiegelbild überprüfte, musste er feststellen, dass aus ihm kein Athlet geworden war. Da bemerkte er seinen Fehler. Seine Annahme war gewesen: Es ist erwiesen, dass Schwimmen den ganzen Körper trainiert. Dies führt zu einem ansehnlichen Körperbau, wie man ihn sonst nur durch qualvolles Bodybuilding vielleicht erreicht. Er musste allerdings feststellen, dass die Kausalität völlig anders war: Sportler, die athletisch gebaut sind – also eine entsprechende Veranlagung besitzen –, können gute Schwimmer werden. Sie sind also nicht athletisch, weil sie viel schwimmen – nein: weil sie athletisch sind, sind sie exzellente Schwimmer.

Neurolinguale Bewertung: Nassim hat also statt von einer Ursache auf die Wirkung fehlerhaft von der Wirkung auf die Ursache geschlossen – und das unbewusste System 1 hat ihm (unbeanstandet von System 2) einen Streich gespielt, der erneut damit zu tun hat, wie das unbewusst arbeitende System 1 Kausalitäten konstruiert. Dabei können Ursache und Wirkung allerdings verwechselt werden; dann kann man einer sogenannten „Kausalitätsillusion" erliegen und das in einem Ausmaß, dass der Proband völlig davon überzeugt ist, das Richtige wahrgenommen und die richtigen Schlüsse gezogen zu haben. Psychologen haben diesen Effekt auch nachgewiesen und festgestellt, dass die Probanden diese fehlerhafte Kausalität sogar buchstäblich sehen konnten – so stark war das Unterbewusstsein von dem Erlebten und daraus Gefolgerten überzeugt!

Praktische Empfehlung: Als Redner sollten Sie sich bewusst sein, dass Kausalitätsillusionen definitiv manipulativ sind. Kahneman schreibt dazu schonungslos, dass Humans eindeutig dazu neigen, kausales Denken unsachgemäß anzuwenden. Allerdings muss man zugestehen, dass Kausalitätsillusionen offensichtlich ohne jedes Bedenken in der modernen Kommunikation eingesetzt werden und etwa in der täglichen Werbung gang und gäbe sind. Was Dax- und Dow-Jones-Konzerne tun, kann nicht falsch sein – oder? Ich bin daher Realist und prophezeie, dass wohl jeder Redner der Versuchung erliegen wird, hieraus süßen – wenn auch zweifelhaften – Honig zu saugen. Seien Sie sich aber bewusst: Ihr Counterpart kann Sie durchschauen und Ihr Redeargument zerpflücken – sagen Sie dann nicht, Sie seien nicht gewarnt worden …

Argumentum e contrario

Definition: Beweis durch den Nachweis der Falschheit des Gegenteils.

Rhetorische Anwendung: „Alkoholkonsum ist gesund? Warum sterben dann so viele Alkoholabhängige an ihrer Sucht oder tragen unheilbare Schäden davon?"

Funktionsweise des Arguments: Der „Beweis des Gegenteils bzw. der Falschheit des Gegenteils" ist eine wichtige Argumentationsform, die gerade bei Justizprozessen eine Rolle spielen kann. An sich wählt der Redner dabei einen Kunstgriff: Er versetzt sich in die Position des Gegners und stellt gerade dessen Behauptung auf – „Alkoholkonsum ist gesund!" Damit steht fest, dass der Redner in dieser Situation gar nichts beweisen müsste. Er wechselt ja geradezu die Seite und vertritt (scheinbar) die Gegenbehauptung. Die Wirksamkeit der Beweisführung zeigt sich aber dann, wenn nun gerade die Tatsachen angegriffen werden, die diese Gegenbehauptung stützen sollen: „Ist es gesund, wenn Alkoholabhängige sterben oder unheilbare Schäden davontragen?" Auf diese Weise kann die Überzeugungskraft der Gegenbehauptung massiv erschüttert, wenn nicht sogar beseitigt werden.

Damit umfasst das Argumentum e contrario **zwei Alternativen**:

Erstens den Beweis des Gegenteils durch eine sogenannte indirekte Beweisführung (reductio ad absurdum). Hier wird die zu beweisende Tatsache dadurch bestätigt, dass man belegt, dass ihr genaues Gegenteil nicht existieren kann. Dies setzt voraus, dass ein Sachverhalt besteht, in dem eine Tatsache entweder gegeben ist oder nicht gegeben sein kann. Ist also das Gegenteil der Tatsache definitiv nicht gegeben – muss die Tatsache vorliegen!

Die logische Aussage lautet:

Entweder A oder Nicht A
Nicht A liegt nicht vor
Also muss A gegeben sein

Ein **Beispiel** dazu (in Erweiterung eines Beispieles nach Edmüller / Wilhelm, S. 92) bietet das Plädoyer eines Verteidigers: „Nach den Feststellungen des kriminaltechnischen Institutes steht fest: Entweder das Opfer wurde vergiftet oder es ist mangels äußerer Einwirkungserscheinung eines natürlichen Todes gestorben. Man hat bei der sorgfältigen Obduktion keinerlei Giftrückstände im Leichnam gefunden. Also kann das Opfer nur eines natürlichen Todes gestorben sein."

Zweitens die Erschütterung der Gegenbehauptung durch ein Gegenbeispiel. Der Redner gewinnt hier die Argumentationshoheit, indem er das Gegenargument erschüttert: „Es gibt aber eine Unzahl von Menschen, die uralt werden und darauf bestehen, dass ihnen ein Glas Rotwein zu den Hauptmahlzeiten zeitlebens unentbehrlich war. Alkohol kann also an sich durchaus zur Gesundheit beitragen!"

Diese beiden Anwendungsfälle zeigen, wie wirkungsvoll der Einsatz des Beweises des Gegenteils methodisch sein kann. Der Redner kann zwar keinen exakten Gegenbeweis führen, aber er kann mit einem treffenden Gegenargument operieren. Damit hat die Methode aber auch ihre Tücken. So können bei ihrer Anwendung im Hinblick auf die Hauptbehauptung des Redners mindestens **zwei Fehlschlüsse** unterlaufen:

Erstens: Der eine Fehlschluss kann dann passieren, wenn man für eine bestimmte Tatsache (Tod von Alkoholkonsumenten) nur eine einzige Ursache identifiziert – konkret „Alkoholkonsum". Dabei wird übersehen, dass – obwohl die These „Man kann an Alkoholkonsum sterben" richtig ist – diese Kausalität nicht unbedingt eintreten muss. Wenn es stimmt, dass vermutlich 90 Prozent der Menschen, die Alkohol konsumieren, nicht an Alkoholkonsum sterben und ein gewisses Maß an Alkoholgenuss keine bleibenden Schäden verursacht, dann stimmt der Beweis des Gegenteils jedenfalls nicht! Es muss dann andere notwendige zusätzliche Bedingungen geben, die zum Tod durch Alkohol führen (was ja auch stimmt, etwa die subjektive Veranlagung zum Suchtverhalten).

Dieser Fehlschluss der „Konsequenzbestätigung" (Edmüller / Wilhelm, S. 65) ist allerdings oft hervorragend „versteckt" und nur mit einiger Mühe zu finden. Wir müssen uns daher nicht wundern, wenn das Publikum ihn nicht bemerkt, das unbewusste System 1 aller Zuhörer hat ja eine Kausalität präsentiert bekommen, die so plausibel ist, dass es gar nicht auf die Spur kommt, hier könnte etwas nicht richtig sein.

Zweitens: Der zweite Fehlschluss kann ebenfalls an diesem Beispiel demonstriert werden; er wird der „Fehlschluss der Bedingungsverneinung" genannt (Edmüller / Wilhelm, S. 62 ff.). Demnach ist es gefährlich, zu glauben, dass eine angesprochene Folge (Tod oder Erkrankung) dann nicht eintritt, wenn man die im Argument angesprochene Ursache (Alkoholkonsum) vermeidet. Man sollte nicht vergessen, dass es auch andere Ursachen geben kann, die zur angesprochenen Folge (Tod) führen. Auch solche Fehlschlüsse können in einem an sich plausiblen Argument so versteckt werden, dass das Publikum diesen Fehlschluss nicht bemerken muss.

Neurolinguale Bewertung: Die dargestellten Mechanismen belegen, dass wir das Argumentum e contrario ebenfalls zu den potenziellen Kausalitätsillusionen zählen müssen. Eine Tatsache oder eine Erfahrung als Folge eines Ursache-Wirkungs-Szenarios zu sehen, ist unserem unbewussten System 1 wohl schon evolutionär in unsere Denkmechanismen eingebaut worden. Kahneman (S. 102) berichtet von Untersuchungen, die zeigen, dass schon sechs Monate alte Säuglinge solche Ursache-Wirkungs-Mechanismen praktizieren! Bereits in diesem Alter zeigen also Menschen die Veranlagung, „Eindrücke" von Kausalität zu haben – und diese sind bei einem Kind auf keinen Fall davon abhängig, ob es über das Kausalitätsmuster nachdenkt. Das unbewusste System 1 arbeitet von Anfang an so! Man kann davon ausgehen, dass dieser Mechanismus auch deshalb eine so große Rolle für unser Denken spielt, weil er das Lernen als einen der wichtigsten Denkprozesse überhaupt erst ermöglicht. Dies zeigt aber auch die Wirkmächtigkeit der Kausalitätsillusion gerade dann, wenn solche Kausalitäten tatsächlich nicht bestehen.

Praktische Empfehlung: Für die Redekunst und die Frage, ob ein Redner das Argumentum e contrario verwenden sollte, ergibt sich ein klares: Auf jeden Fall ja! So ist das Argumentum e contrario aus der Gerichtspraxis nicht wegzudenken, weil es ein legitimes Instrument einer Partei ist, durch die Erschütterung von Tatsachen des gegnerischen Vortrages die eigene Position zu stärken. Dadurch kann auch gegebenenfalls der entscheidende Gegenbeweis argumentativ vorbereitet werden, der dann endgültig sticht. Noch dazu sind in vielen Fallkonstellationen die damit angesprochenen Kausalitätsbeziehungen tatsächlich formulierbar.

Seit Jahrtausenden zählt daher das Argumentum e contrario zum Instrumentarium eines Redners, der seinen Tatsachenvortrag und seine Handlungsabsichten wirkungsvoll untermauern will. Wir können dazu nun auch die eigentlichen psychologischen Wirkungsgrundlagen formulieren: die evolutionär verankerte Vorliebe des (unbewussten) menschlichen Denkens, Kausalbeziehungen herzustellen. Die dargestellten potenziellen Fehlschlüsse sind allerdings durch den Redner als Manipulationspotenzial einerseits zu bedenken – andererseits auch als Gefahr dafür, dass die Gegenseite in der Gegenrede dieses Argument zerpflückt. Je präziser das Argumentum, umso größer der Redeerfolg! Sollte dabei dem Redner die beschriebene Sonderalternative des sogenannten indirekten Beweises gelingen, ist er ohnehin auf der Gewinnerstrecke.

Argumentum a posteriori

Definition: Auf die Erfahrung gestützter Beweis.

Rhetorische Anwendung: „Jeder, der zu viel Alkohol getrunken hat, merkt, dass er beim Sport nicht mehr so leistungsfähig ist, dass er zittert, dass er vergesslich ist, dass er nicht mehr so produktiv bei der Arbeit ist."

„Seit in Mannheim auf dem Paradeplatz die Videoüberwachung eingeführt wurde, ist die Zahl der Diebstähle und Drogendelikte dort spürbar gesunken; die Bürger fühlen sich dort sicherer. Die Maßnahme hat also gewirkt."

Funktionsweise des Arguments: Der Beweis dadurch, dass konkrete auf der Erfahrung basierende Beispiele in die Diskussion eingebracht werden, zählt zu den häufigsten Instrumenten der Argumentation in einer Rede. Dies geht zumindest in der deutschen (und wohl auch europäischen) Schultradition im Wesentlichen darauf zurück, dass die Präsentation von Beispielen für eine These zwingend die Textform der Erörterung bzw. des Besinnungsaufsatzes prägt. Millionen von Abiturienten kannten und kennen daher im Schlaf die Aufbautrias: These – Argument – Beispiel. Für eine These kein Beispiel, insbesondere keines aus der Erfahrung anführen zu können, war gleichbedeutend mit einem schweren inhaltlichen Fehler des Schulaufsatzes – die Bedeutung des Beispiels hat sich daher geradezu traumatisch in das Erfahrungsgedächtnis von Generationen von Erwachsenen und Schülern eingeprägt.

Entscheidend für die Bewertung eines Beispiels (aus Erfahrung) ist die Prüfung, ob das Beispiel tatsächlich die in der These aufgestellte Behauptung repräsentiert und unterstützt. Ist das Beispiel in der Wahrnehmung des Publikums „typisch" und repräsentativ, so kommt ihm eine erhebliche Wirkung bei der Überzeugungsbildung zu (vgl. Edmüller / Wilhelm, S. 178 f.). Durch ein Beispiel wird induktiv die allgemeine Richtigkeit einer Annahme bzw. These belegt.

Daraus ergeben sich wichtige Kriterien dafür, ob ein Beispiel tatsächlich als wirksam eingestuft werden kann.

a) Gibt es ein Gegenbeispiel? Dann ist das Beispiel in seiner Wirkung erheblich erschüttert bzw. völlig untauglich (es würde dann nämlich als Argumentum e contrario vom Gegner verwendet werden).
b) Ist das Beispiel genügend verallgemeinernd; kann es daher (auch statistisch gesehen) als repräsentativ eingestuft werden? Hier bestehen enge Beziehungen zum statistischen Beweis als solchem (s. o. S. 136 f.).
c) Ist die gezogene Schlussfolgerung präzise genug, um einen induktiven plausiblen Zusammenhang herstellen zu können? Der Redner sollte sich

vor allzu weiten Schlussfolgerungen hüten, für die er sein Beispiel verwendet. So kann etwa das obige Beispiel zur Videoüberwachung am Mannheimer Paradeplatz nicht dazu verwendet werden, die Einführung einer allgemeinen Videokontrolle zu fordern. Hier könnte sofort mit Gegenbeispielen oder dem Argument der Gefahr des Überwachungsstaates gekontert werden.

Neurolinguale Bewertung: Die rhetorische Wirkung von Erfahrungsbeispielen hängt eng mit der Bedeutung von Erinnerungen für das assoziative Denken zusammen. Es ist eine gesicherte Tatsache, dass das unbewusste System 1 Geschichten oder in Geschichten verpackte Erfahrungen und Tatsachen bei Weitem besser erinnert als die Aufzählung abstrakter, nackter Tatsachen und Formeln. Die „Abrufleichtigkeit von Erinnerungen, ihre Anschaulichkeit und die Leichtigkeit der Imagination" tragen wesentlich dazu bei, welches Entscheidungsgewicht einem Sachverhalt zur unbewussten Entscheidungsfindung durch das System 1 beigemessen wird (vgl. Kahneman, S. 404).

Gerade dann, wenn einprägsame Geschichten als Beispiele präsentiert werden, deren Aussage von der Mehrheit eines Publikums geteilt wird, kann von einer erheblichen Affektsteigerung gegenüber den damit verbundenen Botschaften des Redners ausgegangen werden. Die angesprochene Mehrheit der unbewussten Systeme 1 verbindet mit dem Beispiel vergleichbare Emotionen, die in einer bestimmten Bewertung des Beispieles ihren Ausdruck finden – positiv oder negativ. Der schon mehrfach erwähnte Mechanismus der sogenannten „Affektheuristik" wirkt für solche Beispiele geradezu wie ein „Wirkungsbeschleuniger" im Hinblick auf die These, die der Redner mit diesem Erfahrungsbeispiel untermauern will.

Glück und Unglück

Frage: „Gibt es kollektives Glück?"

Konkrete Beispiele: der Fall der Berliner Mauer am 9. November 1989; der V-Day am Ende des Zweiten Weltkrieges in London und New York; die erste Mondlandung im Juni 1969.

Frage: „Gibt es kollektives Unglück?"

Konkrete Beispiele: der Angriff auf die Doppeltürme des World-Trade-Center in New York am 11. September 2001; der Untergang der Titanic im Jahr 1912; die Kernschmelzen in Tschernobyl 1986 und Fukushima 2011; der Tsunami in Indonesien an Weihnachten 2004 mit hunderttausenden Toten.

In allen diesen Fällen wäre eine abstrakte Behandlung des Themas ohne konkretes erfahrenes Beispiel geradezu „blutleer". Die Erwähnung auch nur eines dieser Beispiele löst aber sofort – unbewusst und ohne absichtliche Steuerung – eine „Assoziationskaskade" aus; sie führt dazu, dass wir uns zum Teil nicht nur an das Ereignis erinnern, sondern sogar daran, welche Erlebnisse und Gefühle wir an den betreffenden Tagen hatten. Und zwar ohne dass wir uns dagegen wehren können! Die Wirkungszusammenhänge zwischen These, erfahrenem Beispiel und dem thesenunterstützenden Bejahungsaffekt sind enorm.

Praktische Empfehlung: Sollte der Redner für seine Hauptthesen und -anliegen **kein** Beispiel anführen, wäre dies ein Alarmzeichen für einen äußerst schwachen Argumentationsaufbau. Das Einbringen von erlebten bzw. erfahrbaren Beispielen ist in allen Hauptformen der Rede – ob Überzeugungsrede, Sachrede oder Gelegenheitsrede – ein unabdingbares rhetorisches Instrument, um das Anliegen des Redners deutlich zu unterstützen. Gerade ein Beispiel, das die Mehrheit des Publikums kennt, kann das unbewusste System 1 des Publikums gezielt in eine vom Redner gewünschte Richtung bringen. Dies gilt sowohl für eine positive als auch für die negative Unterstützung seiner Thesen.

Die psychologische Grundlage dieses Phänomens liegt in der Vorliebe des unbewussten System 1 für Bilder und Geschichten. Es erinnert schwerpunktmäßig in Bildern oder bildhaften Zusammenhängen, die narrativ verwoben sind. Jedes Beispiel, mit dem der Redner eine solche Bilderinnerung aufruft, beschäftigt sofort die unbewusste Assoziationsmaschine des Hörers – weil gerade das Bild verfügbar ist! Es ist geradezu frappierend, dass dies auch „negativ" unbewusst passiert.

Beispiel: Denken Sie an den 11. September 2001.

Was passiert: System 1 bringt Ihnen als Assoziation zu dem Datum die Bilder vom Aufprall der Passagierflugzeuge in die Twin Towers in New York – und zwar ohne dass Sie dazu eine bewusste Steuerung in System 2 veranlasst hätten.

Mit derartigen Beispielen kann der Redner eine These nicht nur begründen, er kann damit auch die entscheidende Konklusion bildhaft und emotional vorbereiten. Der Redner sollte allerdings auch die Gefahr bedenken, dass ein geeignetes Gegenbeispiel seiner Gedankenführung durchaus erheblich schaden kann. Je besser und schlagender das eigene Beispiel, umso eher wird es den Redeerfolg unterstützen.

Argumentum ad hominem

Definition: Auf das Verständnis oder die Interessen des Adressaten zugeschnittener Beweis (ggf. konkret das Publikum oder den eigentlichen Gegner einer Rede).

Rhetorische Anwendung: „Denken Sie nur an statistische Wahrscheinlichkeiten allein schon hier im Publikum. Ich will Ihnen nicht zu nahe treten, aber wenn jeder zehnte Erwachsene alkoholkrank ist, könnten wir vielleicht auch hier Menschen finden, die von den schrecklichen Erfahrungen ihrer Sucht berichten würden." („tu quoque")

„Herr Kollege, nach meiner Kenntnis mussten Sie wegen Trunkenheit am Steuer schon einmal den Führerschein abgeben; Sie müssten doch am besten wissen, welche negativen Folgen Alkoholismus hat."

Funktionsweise des Arguments: Mit dem Argumentum ad hominem wird schon begrifflich entweder das Publikum oder der Redegegner direkt in die Argumentation miteinbezogen. Eine verwandte Bezeichnung ist das Argumentum ad personam (vgl. Schopenhauer, Eristische Dialektik, S. 44, 73 f.). Schon die Beispiele zeigen die Bedeutung des Argumentes: Durch den direkten Appell an den Gegner oder das Publikum wird eine häufig konfrontative Situation geschaffen, die schon allein deswegen Aufmerksamkeit beim unbewussten System 1 und beim bewussten System 2 des Zuhörers gleichzeitig erzeugt. Dabei geht es durchweg darum, die Glaubwürdigkeit des Gegners zu erschüttern, indem man ihm bestimmte negative Eigenschaften unterstellt (zur Übersicht vgl. Herrmann u. a., Schlüsselkompetenz Argumentation, S. 116). Einzeleigenschaften können sein:

- Mangelnde Wahrhaftigkeit („der lügt doch ansonsten auch wie gedruckt"; „und wir sollen dieser Lügenpresse noch etwas glauben")
- Mangelnde Vernunft oder Vorsicht („Sie haben doch schon damals bewiesen, dass Sie ohne Rücksicht auf Verluste vorgehen und mit dem Kopf durch die Wand wollen")
- Unwissenheit, mangelnde Einsicht / Intelligenz („Wie sollen wir uns mit einem Redner auseinandersetzen, der sein Studium abgebrochen und auch sonst nicht viel erreicht hat?")
- Moralisch anfechtbares Verhalten oder Einstellung („dieser Politiker mit vier nichtehelichen Kindern von drei Frauen will uns erzählen, was Treue ist?")

Wie man unschwer sieht, dienen diese Argumente in der Regel dazu, die Kompetenz und Glaubwürdigkeit des Gegners wegen einer unangemessenen Beziehung oder Verstrickung mit dem Redegegenstand in Zweifel zu ziehen. Mit dieser Argumentationsform ist allerdings ein „Scheinmanöver" verbunden: An die Stelle einer Auseinandersetzung um die Sache (z. B. das Thema Alkoholkonsum) tritt eine Auseinandersetzung um die Person (wie steht der Gegner zum Alkohol). Der Trugschluss, der hier vom Redner aufgedrängt wird, lautet:

> Die Person P vertritt folgende Meinung x.
> P ist moralisch, intellektuell, persönlich ungeeignet.
> Also ist die Meinung x fehlerhaft.

Hierin liegt auch eine wichtige Verteidigungsstrategie begründet, die der angreifende Redner bedenken sollte: Der Gegner oder das Publikum kann durchaus erkennen, dass der Redner hier unzulässig auf persönliche Angriffe setzt. Daraus kann dann geschlossen werden, dass die sachliche Argumentation offensichtlich nicht so sattelfest ist wie behauptet („Worum geht es Ihnen jetzt: Wollen wir in der Sache diskutieren oder uns persönlich kabbeln?").

Es ist dabei anzumerken, dass etwa in der Gerichtspraxis das Argumentum ad hominem in einem Bereich eine massenhafte Verwendung findet: Es geht um die Fälle, in denen die Glaubwürdigkeit eines Zeugen in Zweifel gezogen werden soll, indem man ihm angebliches Fehlverhalten und moralisches Zwielicht vorhält. Dabei geht es allerdings weniger um Argumente als um die Beobachtung von Tatsachen. Die Strategie von Staatsanwalt oder Verteidiger – je nachdem wem die Zeugenaussage nutzt – lautet hier:

> Der Zeuge P hat folgende Tatsachenbeobachtung x gemacht.
> P ist aufgrund moralischer, intellektueller oder persönlicher Unzulänglichkeiten nicht glaubwürdig.
> Also ist die Tatsachenbeobachtung x nicht glaubwürdig.

Diese Strategie wird durchaus auch von den Gerichten so lange mitbegleitet, wie es in der Tat um das Abklopfen von Tatsachenbeobachtungen auf ihren Wahrheitsgehalt geht. Sie ist aber natürlich von der Verwendung des Argumentum ad hominem in der allgemeinen Rhetorik zu trennen. Dort ist dieses Argument nur eines von mehreren Argumenten, die parallel eingesetzt werden sollten.

Neurolinguale Bewertung: Die rhetorische Wirkung des Argumentum ad hominem beruht darauf, dass das unbewusste System 1 bei der assoziativen Verknüpfung des Gehörten mit dem verfügbaren Wissen nicht die gebotene

Unterscheidung von Sache und Person aufruft – es kommt zu Verknüpfungsvorgängen, bei denen die angesprochenen Emotionen die Bewertung von Argumenten durch Schlussfolgerungen unbewusst verändern. Das von Kahneman (S. 132 ff.) erwähnte Beispiel dazu kann sehr gut auf den vorliegenden Fall übertragen werden, wenn man sich zwei Alternativen vorstellt, mit denen ein Zuhörer konfrontiert wird:

a) „Sie glauben nicht, dass Alkoholkonsum eingedämmt werden sollte; denken Sie doch nur an die alkoholbedingten Verkehrsunfälle!"

b) „Sie glauben nicht, dass Alkoholkonsum eingedämmt werden sollte; wie können Sie sich überhaupt dazu äußern, nachdem Ihnen schon zweimal der Führerschein wegen Trunkenheit am Steuer abgenommen wurde!"

Es bedarf keiner weiteren Erklärung, dass gerade die Argumentation b) schon ziemlich stark auf den Zuhörer wirkt – obwohl das Argument a) für sich genommen plausibler ist und sogar in den Satz b) mit eingebaut werden könnte.

Kahneman weist mit Recht darauf hin, dass natürlich Verstand und persönliche Meinungen eines Zuhörers „nicht völlig immun gegen Informationen und vernünftiges Nachdenken sind" (im Gegenteil!). Die emotionale Einstellung des unbewussten System 1 zu wahrgenommenen Informationen spielt aber bei der affektiven Bewertung von Argumenten eine erhebliche Rolle. Dies umso mehr, als „im Kontext von Einstellungen das (bewusste) System 2 eher ein Fürsprecher der Emotionen von System 1 als ein Kritiker dieser Emotionen" ist. Und hier kann mit dem Argumentum ad hominem enorm wirksam – unbewusst – Einfluss ausgeübt werden. Das System 1 wird hier verleitet zum unbewussten Schluss: „Aha – hier spricht ein Sünder von der Tugend! Da ist Vorsicht geboten"; zumindest emotional bleibt daher etwas hängen getreu der lateinischen Weisheit: „semper aliquid haeret".

Praktische Empfehlung: Für die Rhetorik und die Frage, wie ein Redner das Argumentum ad hominem berücksichtigen sollte, ergibt sich eine gemischte Antwort, die von der jeweiligen Rede abhängt.

Überzeugungsrede: Der Versuch des Redners, die Überzeugungskraft eines Gegenredners durch persönliche Angriffe zu relativieren, ist vermutlich so alt wie die Redekunst selbst. Man wird daher wohl oder übel mit der sogar massenhaften und gezielten Verwendung des Argumentum ad hominem rechnen müssen. Die oberlehrerhafte Auffassung vieler Rhetoriktrainer und -bücher: „So was tut man nicht" geht daher leider an der Realität vorbei. Ein Redner sollte auf persönliche Angriffe und Argumente immer eingestellt sein! Ich muss außerdem zugeben, dass manchmal die Versuchung durchaus groß sein kann, diese „argumentative Dampframme“ auszupacken und persönliche Angriffe zu starten. Sollte etwa ein Milliardär davon reden, dass der kleine Mann sparen sollte oder die Erbschaftsteuer unerträglich hoch sei, sollte ein Politiker mit früheren Erinnerungslücken von der Steuerehrlichkeit sprechen oder sollte er Brot predigen, aber selber Hummer essen: Wer wird sich da schon rhetorisch zurückhalten ...

Wenn ein Redner also den Gegenpart bewusst in seiner Scheinheiligkeit entlarven kann, seiner persönlichen Widersprüchlichkeit, dann wird man dies durchaus akzeptieren können. Hier gewinnt übrigens der Appell von Cicero an Bedeutung, dass ein ungetrübter Lebenswandel – und damit die Glaubwürdigkeit des Redners – eine wichtige „sekundäre“ Voraussetzung für den Redeerfolg sein kann (vgl. Cicero, Der Redner, 7,22 ff.).

Gelegenheitsrede: Die direkte Einbeziehung eines Dritten, etwa des Publikums oder des Jubilars, spielt eine große Rolle bei Gelegenheitsreden: Hier hat das Argumentum ad hominem weniger eine aggressive Funktion – es wird vielmehr emphatisch verwendet, also zur gezielten Verstärkung bzw. Ansprache der im Publikum vorhandenen Emotionen. Ein **Beispiel** aus einer Trauerrede belegt dies:

„Unser Kollege B. war so nicht nur für unser Unternehmen und seinen Erfolg von unschätzbarer Bedeutung – jeder von uns kannte ihn persönlich und schätzte sein offenes und so hilfsbereites Wesen. Viele von uns waren ihm sogar freundschaftlich verbunden und verbrachten mit ihm die Freizeit, ob beim Wandern oder seinem heißgeliebten Ehrenamt, der Feuerwehr: Für andere da zu sein, zu dienen und sich mit seinen Mitmenschen über Gelungenes zu freuen – wer von uns hat nicht diese außerordentlich positive und menschliche Seite an B. geschätzt.“

Der Appell an gemeinsame Erinnerungen durch den Redner reicht tief in die beschriebene affektbetonte Aufnahme des Gesagten durch das unbewusste System 1 der Hörer und führt dort zu den dargestellten emotionalen Verstärkungen: „Ja so war er.“ Der Redner strickt so eine narrative Geschichte, die der Hörer gerne aufnimmt und in sein Denken integriert. Für die rhetorische Wirkung kann das ein entscheidender Pluspunkt sein!

Argumentum ad oculos

Definition: Beweis durch Berufung auf den Augenschein.

Rhetorische Anwendung: „Man muss sich nur die Entzugskliniken und die psychiatrischen Anstalten anschauen, um zu der Überzeugung zu gelangen: Alkoholkonsum ist schädlich!"

„Dieser Vorstandschef hat 10 Jahre nur positive Quartalsergebnisse verkündet – er muss daher ein exzellenter Wirtschaftsfachmann sein."

Funktionsweise des Arguments: Der Hinweis auf ein augenscheinliches Verhalten stellt eine sehr beliebte Argumentationsform der täglichen Praxis dar. Gerade die angeführten Beispiele zeigen ihre Relevanz: Selbst in seriösen Fernsehsendungen können Sie Kommentare von Wirtschaftsredaktionen hören, in denen der Kauf oder Verkauf von Aktien aufgrund der Tatsache empfohlen wird, dass das Management eines Unternehmens „erfahrungsgemäß" oder „offensichtlich" richtige Entscheidungen treffen würde. Damit ist die Struktur der Argumentation folgende:

Was man an Beispielen in der Vergangenheit augenscheinlich erlebt hat, das gilt auch in der Zukunft bzw. allgemein.

> Die Person X oder die Organisation Y hatte folgende Eigenschaft gezeigt.
> Also wird die Person oder Organisation diese Eigenschaft auch in der Zukunft haben.

Letztlich leitet man (= induziert) so die Zukunft aus Beobachtungen der Vergangenheit ab. Dieser Induktion liegt damit die bekannte Kausalität der Erfahrung zugrunde: Was einmal passiert ist, das wird sich auch in Zukunft ereignen und daher ist es richtig, bestimmte daraus resultierende Konsequenzen zu unterstellen oder zu ziehen. Dies erklärt auch die Tatsache, dass eine derartige Induktion vor Gericht nicht selten den sogenannten „Beweis des ersten Anscheins" (prima-facie-Beweis) begründet: Damit kann man massiv die Beweiswürdigung beeinflussen. Zusätzlich verlagert man die Argumentationslast erheblich von dem, der dieses Argument für sich anführt, auf den, der die damit „induktiv bewiesene" Tatsache in Zweifel ziehen will.

Es gibt allerdings eine Reihe von Fehlschlüssen, die „aus Erfahrung oder dem Augenschein" gemacht wurden und geradezu legendär sind für ihre paradoxen Konsequenzen. Hierzu zitiert etwa Rolf Dobelli einige berühmte Beispiele, die uns mächtig zu denken geben sollten: So ist die Frage des wirtschaftlichen Erfolges von Managern in ihren Unternehmen häufig nicht mit ihren persönlichen Fähigkeiten verbunden, sondern hat sich schlicht aufgrund zufälliger Ereignisse oder aufgrund von Tatsachen eingestellt, mit denen der Manager nichts zu tun hatte. Die Zahl der „Manager des Jahres", die binnen 5 Jahren nach dieser Kür zum „Versager des Jahres“, wenn nicht sogar zu einem Wirtschaftskriminellen abgestempelt wurden, ist schon beachtlich. Diese Wirtschaftsvertreter hatten jahrelang schlichtweg Glück – was dazu führte, dass sie sich selbst allmählich für unfehlbar hielten und kurze Zeit später tief abstürzten.

Es gibt einen ganzen Kriminalitätszweig, der die induktiven Mechanismen des Augenscheins gezielt ausnutzt: das sogenannte Schneeballsystem. Wirtschaftskriminelle gaukeln dabei Anlegern vor, dass sie ein vollkommen sicheres und profitables Anlagesystem hätten. Dabei wird auf bisherige Investoren verwiesen, die hohe Dividenden erhalten haben (Augenschein des Erfolges); durch erste Dividendenzahlungen an neue Anleger wird auch diesen „augenscheinlich“ die Profitabilität gezeigt – wobei diese Dividenden aus deren eigenem Kapital zurückbezahlt wurden! Das macht aber nichts, wenn man weitere neue Investoren über Empfehlungen und angebliche Erfolgsstorys gewinnen kann. Auf diese Weise kann man über Jahre immer mehr Kapital einsammeln – von dem durchschnittlich zwei Drittel für private Zwecke des Verbrechers abgezweigt werden. Der bislang größte Fall war der sogenannte „Madoff-Skandal“ in den USA: Bernhard L. Madoff schädigte mit seinem „todsicheren Hedgefonds“ über viele Jahre hinweg Tausende von Anlegern und ergaunerte sage und schreibe mehr als 50 Milliarden Dollar! Er wurde zu 150 Jahren Haft verurteilt. Es möge also keiner behaupten, die Wirksamkeit des Augenscheinbeweises sei nicht nachgewiesen! Er ist ein klassischer Fall der potenziellen kognitiven Fehlleistung, die von einem überlisteten und daher überzeugten unbewussten System 1 ausgelöst wird.

Bereits vor 300 Jahren wurde das klassische Lehrbeispiel von David Hume formuliert und seitdem gerne zitiert (vgl. Dobelli, S. 129): Die Geschichte von der misstrauischen jungen Gans, die jeden Tag von ihrem Bauern gut gefüttert wird. Das Misstrauen legt sich von Tag zu Tag mehr, bis die Gans am Schluss vertrauensselig dem Bauern mit den Getreidekörnern entgegenläuft: Dieser packt sie allerdings genau in diesem Moment, um sie als nächsten Weihnachtsbraten zu schlachten. Drastischer kann der typische Fehler des induktiven Schlusses von Tatsachen und Erfahrungen auf die Zukunft nicht geschildert werden!

Die Verwendung des induktiven Anscheins kann also durchaus fehlschlagen – und gerade ein erfahrener Gegenredner könnte hier die eigentlichen Einwendungen zum Inhalt des Redners ansetzen und damit erheblich punkten. Für Redner und Gegenredner bedeutet dies Folgendes: Die Zulässigkeit des induktiven Schlusses muss sorgfältig vorab geprüft werden. Gerade die Frage nach einer ausreichenden Zahl von beobachteten Fällen ist sehr wichtig, um voreilige Schlüsse zu vermeiden. Wie die drei Beispiele zeigen, kann am Ende der induktiven Entscheidung der persönliche Ruin des Opfers stehen – also ein Totalschaden! Man sollte also anhand der möglichen Konsequenzen einer solchen Entscheidung festlegen, wie umfangreich die dafür erforderlichen Informationen sind und der eigenen intuitiven Induktion gründlich misstrauen. Man spricht hier auch vom Risiko der voreingenommenen Statistik (vgl. Edmüller / Wilhelm, S. 104 ff., S. 110 ff.). Dem kann nur durch sorgfältige Recherche und breites Hintergrundwissen entgegengewirkt werden.

Die dargestellten Fehler, die ja tatsächlich passiert sind, zeigen, dass induktive Schlüsse immer fehlerhaft sein können. Gleichwohl ist die Neigung, solche Schlüsse aus dem Augenschein heraus zu ziehen, nahezu übermächtig (s. dazu auch Schopenhauer, Eristische Rhetorik, S. 39 ff.).

Neurolinguale Bewertung: Die rhetorische Wirkung von augenscheinlichen Beweisen ist enorm! Das hier aktivierte Denkschema repräsentiert nämlich eine der zentralen Lernregeln unseres unbewussten System 1: Was ich persönlich gesehen und erlebt habe, das gilt auch für künftige Situationen. Denken Sie dabei nur an folgende Regeln:

„Heiße Herdplatte …“
„Wo ein Ball rollt, …“
„Aus Schaden …“

Ich kenne kaum jemanden, dem nicht beim Lesen des ersten Halbsatzes durch das unbewusste System 1 auch der vollständige Satz kognitiv „eingespielt wurde“. Unser unwillkürliches Verhalten beruht zu einem großen Teil gerade auf diesem Lernschema – und das mit Recht! „Aus Erfahrung wird man klug“: Dieser Grundsatz prägt unser erlerntes Denkverhalten und damit auch die unbewussten neuronalen „Entscheidungsverknüpfungen“ vermutlich so intensiv wie kaum eine andere Denkregel.

Die Verwendung eines Sachverhaltes mit „augenscheinlicher Wirkung“ löst damit einen Lernautomatismus aus, der unmittelbar aus dem konditionierten unbewussten Denken aktiviert wird. Der Zuhörer lernt den Sachverhalt und erinnert sich – und gerade das führt bereits tendenziell zu einer „höheren Bewertung“ des Erinnerten für das aktuelle Denken und aktuelle Entscheidungen (vgl. Kahneman, S. 477 ff.). Hinzu kommt die bereits erwähnte „Abrufleichtigkeit von Erinnerungen“ (vgl. Kahneman, S. 404 ff.), die das Entscheidungsgewicht von „Augenscheinlichem“ weiter verstärkt. Dabei kann man davon ausgehen, dass die Präsentation eines einprägsamen, geradezu kollektiven Augenscheines bei der Mehrheit des Publikums zu einer kollektiven Erinnerung führt – was eine deutliche Affektsteigerung zugunsten der Aussagen des Redners auslöst. Die angesprochene Mehrheit der unbewussten Systeme 1 verbindet mit dem Augenschein vergleichbare Empfindungen und Gefühle; diese finden in einer übereinstimmenden Bewertung des Augenscheins ihren kollektiven Ausdruck. Auch hier gilt der Mechanismus der Affektheuristik, der als Wirkungsbeschleuniger für die Ziele des Redners arbeitet, und das sogar in kollektiver Dimension!

Praktische Empfehlung: Das Argumentum ad oculos ist für jeden Redner ein wichtiges Instrument. Die Bedeutung des „Beweises des ersten Anscheins" für die gerichtliche Praxis belegt seine hohe Effektivität. Dies gilt konkret für alle Hauptformen der Rede, ob Überzeugungsrede, Sachrede oder Gelegenheitsrede. Insbesondere eine augenscheinliche Darlegung, die der Mehrheit des Publikums bekannt ist, kann dieses Publikum gezielt beeinflussen.

Wirkungspsychologisch gesagt: Das unbewusste System 1 erinnert schwerpunktmäßig gerade in augenscheinlichen Bildern oder Erfahrungen; damit wird die Assoziationsmaschine des System 1 positiv stimuliert. Alleine die Verfügbarkeit dieser Erinnerung wirkt bereits kognitiv verstärkend auf die Gedanken des Hörers. Hinzu kommt das mittlerweile wissenschaftlich belegte Phänomen der intuitiven Selbstüberschätzung. Das unbewusste System 1 stützt sich auf Informationen, die spontan einfallen – oder präsentiert werden (vgl. Kahneman, S. 323). Dass diese Informationen nicht aussagekräftig sein oder falsch bewertet werden könnten, wird als Folge der intuitiven Selbstüberschätzung ignoriert. Aus dem Vorhandenen konstruiert System 1 eine kohärente Geschichte, in welcher der induktive Schluss sinnvoll erscheint. Und Kahneman fährt fort: „Informationen zu berücksichtigen, die einem nicht einfallen – vielleicht weil man sie nie wusste –, ist unmöglich." Das Wirkungspotenzial solcher induktiver Augenscheinpräsentationen ist damit enorm (vgl. auch Dobelli, S. 13 ff., zum „Overconfidence-Effekt").

Wer also einen Beweis des ersten Anscheins einführen kann, wird dem weiteren Redeverlauf doch eher gelassen entgegensehen können.

Argumentum ad traditionem / ad antiquitatem

Definition: Beweis durch Althergebrachtes.

Rhetorische Anwendung: „Es ist doch nicht erst seit heute bekannt, dass Alkoholkonsum schädlich ist."

Funktionsweise des Arguments: Wir tun etwas, weil wir es schon immer so gemacht haben. Wer kennt nicht dieses Argument, nicht nur in der Auseinandersetzung mit den Eltern oder wenn es um Arbeitsabläufe geht: Man wird mit einer Regel konfrontiert und hält diese für falsch oder zumindest diskussionswürdig; gleichwohl erhält man die Antwort: Die Regel gilt, weil sie schon immer galt. Vielen von uns stellen sich bei so viel Traditionalismus die Haare auf! Das gilt spätestens seit den kritischen 68er Jahren, getreu dem Motto: Wir halten uns nicht an Regeln – wir sind doch keine Spießer …

Dabei wird etwas in der Regel unausgesprochen mit formuliert: Die Regel gilt nicht nur, weil sie schon immer galt – sondern weil sie auch **schon immer funktionierte**! Damit ist der eigentliche Kern des Argumentes angesprochen. Der Redner stellt implizit folgenden Dreisatz auf:

> Weil die Regel X in bestimmten Situationen A funktioniert, verhalten wir uns danach.
> Situation B ist vergleichbar der Situation A.
> Also gilt die Regel X auch für Situation B.

Ein **Beispiel**:

> Weil wir bei gefährlichen Vorgängen keinen Alkohol trinken, trinken wir ihn auch nicht im Straßenverkehr.
> Das Arbeiten mit einem Mähdrescher auf dem Feld ist dem Straßenverkehr vergleichbar.
> Also gilt auch hier die Regel: Kein Alkohol, damit auch auf dem Mähdrescher keine Unfälle passieren.

Der Redner versucht so, seine eigene Glaubwürdigkeit zu verstärken, weil er auf die Gültigkeit einer bestimmten Regel verweisen kann. Damit wird die Beweis- und Argumentationslast auf den Gegner verschoben. Es liegt nun beim Gegner, zu belegen, dass

a) die Situation eine völlige andere ist als die, für die die Regel aufgestellt wurde
b) oder dass die Regel falsch ist, weil dem Vorgang eine andere Regelphilosophie zugrunde liegt. So etwas ist durchaus denkbar! Das berühmteste Beispiel für eine neue Regel, die vieles Vorherige komplett über den Haufen warf, ist die Entdeckung des heliozentrischen Weltbildes durch Nikolaus Kopernikus – die kopernikanische Wende.

Damit müsste man meinen, dass das Traditionsargument spätestens seit dem Jahr 1543 tot sein sollte, da es stets unter dem Vorbehalt neuer Erkenntnisse steht, die es ja immer wieder gibt! Gerade die Umstände der kopernikanischen Wende belegen das **genaue Gegenteil**: Trotz der im wahrsten Sinne „weltbewegenden" neuen Einsichten galten in vielen anderen Lebensbereichen traditionelle Erkenntnisse unverändert fort. Und wo es etwa Regeln gab, „die schon immer galten" – etwa dass man ab dem Frühjahrsbeginn sät und ab dem Sommerbeginn erntet –, da wurden die Regeln mit einem „jetzt erst recht" fortgeführt, weil man nun die theoretischen Grundlagen für die praktische Regel kannte, die unverändert fortgalt: hoher Sonnenstand infolge der verschobenen Achsendrehung der Erde.

Dies belegt nun doch, dass das Argumentum ad traditionem kein so schwaches Argument ist, wie es in der wissenschaftlichen Diskussion oft bezeichnet wird (vgl. zum Argumentum ad antiquitatem: „common fallacy" in der Form des Bezuges auf Konventionen, Gebräuche, Kultur, Normen bei: Herrmann u. a., Schlüsselkompetenz Argumentation, S. 33 f., S. 42 f., S. 87 f.). Die Regel hat häufig eine relevante Bekanntheit und Plausibilität. Durch ihre Anwendung auf den Redegegenstand wird eine plausible Antwort für ein Problem erzeugt. Damit hat in vielen Fällen der Gegner durchaus schwer daran zu arbeiten, diese Antwort anzugreifen und nachzuweisen, dass der eigene Standpunkt besser funktionieren würde. Sofern er also nicht fast „kopernikanisch" unterwegs ist, wird der rhetorische Gegner mit dem Traditionsargument durchaus zu kämpfen haben.

Neurolinguale Bewertung: Aus Sicht der rhetorischen Effizienz und der neurolingualen Basisanalyse erklärt sich die große Wirkung des „Traditionsargumentes" vor allem aus drei Faktoren der unbewussten Denkmechanismen:

a) Mere-Exposure-Effekt: Bereits mehrfach wurde darauf eingegangen, dass das menschliche Denken auf gelungene Wiederholung positiv reagiert und dieser Effekt das weitere Denken positiv beeinflusst (vgl. Kahneman, S. 90 ff.). Robert Zajonc weist in einem Aufsatz meines Erachtens zu Recht darauf hin, dass der positive mentale Effekt der Wiederholung geradezu evolutionär begründet sei (Zajonc, Mere Exposure, S. 226 f.). In einer „oftmals gefährlichen Welt zu überleben" bedeute Vorsicht vor neuen Reizen – und nachlassende Vorsicht, wenn der neue Reiz keine Bedrohung darstelle. Reize ohne negative Erfahrung würden dann als Sicherheitssignal eingestuft und Sicherheit sei mental im Unterbewusstsein definitiv positiv bewertet. Damit ist die positive Bewertung einer „traditionell geltenden Regel" erklärt: Sie schafft schlicht aus Erfahrung Sicherheit, die das Unbewusste grundsätzlich als positiv bewertet und für das weitere Denken zugrunde legt – und damit diese Regel auch im Dialog nach außen enorm stärkt!

b) Kognitive Leichtigkeit: Wie schon mehrfach dargestellt, wird die positive Wirkung einer Information dann unbewusst in unserem System 1 verstärkt, wenn sie ohne größere kognitive Beanspruchung registriert werden kann. Je besser also die sogenannte kognitive Leichtigkeit im Hinblick auf eine Mitteilung des Redners funktioniert, umso weniger wird sie misstrauisch aufgenommen; im Gegenteil: Die Wissenschaft weist darauf hin, dass solche „leicht weil vertraut zu verarbeitenden Informationen" Folgendes auslösen (vgl. Kahneman, S. 81 ff., S. 91 f.):

- Sie fühlen sich vertraut an
- Sie erscheinen wahr (!)
- Sie fühlen sich gut an
- Sie erscheinen mühelos

Informationen, die solche Reaktionen hervorrufen, beruhen auf

- wiederholter Erfahrung
- klarer Darstellung
- geprimter Vorstellung
- guter Laune

Es liegt auf der Hand, dass vor allem die ersten drei Eigenschaften solchen Argumenten zukommen, die dem Zuhörer vertraut erscheinen, weil sie eine auch ihm bekannte „traditionelle", bekannte, überlieferte Regel darstellen. Der schon im Mere-Exposure-Effekt dargestellte positive Effekt traditioneller und bekannter Regelungen und Informationen wird somit erneut mental-neuronal verstärkt.

c) Ersetzung: Die Wirkmächtigkeit des „Traditionsargumentes" wird durch folgenden Mechanismus zusätzlich unterstützt: Wie wir ebenfalls bereits wissen, arbeitet das unbewusste System 1 bei der Konfrontation mit neuen Informationen und Fragestellungen gerne mit dem sogenannten heuristischen Mechanismus der Ersetzung von Fragen durch eine leichtere Frage oder einen leichteren Erkenntnismechanismus. Hier dürften die dem unbewussten System 1 vorliegenden und bekannten Fragen und Erkenntnisse aus traditionellen Regeln eine enorme Rolle spielen. Das Prinzip der Ersetzung mit folgender Lösung lautet: „Wenn du ein Problem nicht lösen kannst, dann gibt es ein einfacheres Problem, das du lösen kannst: Finde es." Der gedankliche Mechanismus der

Problemlösung zieht also auch traditionelle, bekannte Problemstellungen und ihre traditionellen Lösungen in Erwägung, weil sie als bekannt und bewährt dem Unterbewusstsein und seinen Denkmechanismen vorliegen.

In der Redepraxis lässt sich das Argumentum ad traditionem folgendermaßen anwenden:

Zielfrage: Wie sollten Finanzberater, die ältere Menschen ausnehmen wollen, bestraft werden?

Bekannte / traditionelle Frage: Wie werden Trickdiebe, die arglose ältere Menschen bestehlen, bestraft? Die Antwort auf diese Frage bringt auch einen tauglichen – weil vergleichbaren – Lösungsvorschlag für die Zielfrage.

Zielfrage: Wieviel sind Sie bereit auszugeben, um eine bedrohte Art zu retten?

Bekannte / traditionelle Frage: Wieviel geben Kommunen und ihre Bürger aus, um ein Feuchtbiotop oder eine seltene Fledermauskolonie zu erhalten? Auch hier bringt die ersetzende Frage einen kalkulierbaren Lösungsvorschlag, der sich bereits bewährt hat.

Der Redner, dem es gelingt, traditionell Gutes für seine Problemlösung anzuführen, kann somit neurolingual punkten, wenn er die Hörer auf eine traditionelle Lösung hinweist, die diese als bekannt und bewährt einstufen.

Praktische Empfehlung: Auch hier kommen wir also zu dem Ergebnis, dass eine Argumentationsform, die von der Philosophie oder dem rationalen Geist überwiegend abgelehnt wird, aus rhetorischer Sicht durchweg ein wirksames Instrument sein kann. Denn das unbewusste System 1 verwendet bei der intrinsischen Sachverhaltslösung mindestens drei Denkregeln, die gezielt den Einsatz bekannter „traditioneller" Lösungswege bevorzugen und sogar signifikant emotional verstärken. Es sind dies der Mere-Exposure-Effekt, die kognitive Leichtigkeit im Umgang mit traditionell Bekanntem und der Ersetzungsmechanismus unbekannter Fragen durch traditionell bekannte Lösungsmechanismen. Was Econs (also unsere abstrakten Denker) bezweifeln, spielt gerade für die Masse der Humans eine ganz andere und enorm wichtige neurolinguale und damit psychische Rolle.

Die Rhetorik **muss** daher geradezu die Verwendung solcher Argumente aus der Tradition gutheißen – weil sie neurolingual belegen kann, dass die Einführung solcher Argumente von enormer Wirkung für den einzelnen Hörer und das Publikum insgesamt ist.

Argumentum e consensu gentium / ad populum

Definition: Beweis unter Berufung auf einen allgemeinen Konsens über die Wahrheit der Behauptung.

Rhetorische Anwendung: „Jedes Kind lernt es bereits in der Schule, jeder Erwachsene lernt es in der Fahrschule, dass Alkoholkonsum schädlich ist.“

Funktionsweise des Arguments: Diese Argumentationsform stellt an sich eine Steigerung der Argumentation mit Erfahrungen (s. o. Argumentum a posteriori) dar. Hier beruft sich der Redner nicht nur auf eigene Erfahrungen oder solche des Zuhörers – nein: Der Redner bedient sich der kollektiven Erfahrungen ganzer Gruppen, ja sogar Völker! Dabei wird folgender Argumentationsduktus aufgestellt:

> Wenn viele – z. B. 50 Millionen Menschen – etwas gut / weniger gut finden, dann ist das gut / weniger gut.
> Viele – also z. B. 50 Millionen Menschen – finden X (Person, Handeln, Wertung) gut / weniger gut.
> Also ist X (Person, Handeln, Wertung) wirklich gut / weniger gut.

Wie Sie vielleicht wissen, wurde diese Argumentation als geniale Werbung tatsächlich eingesetzt: Der Slogan „50,000,000 Elvis Fans Can't Be Wrong“ prangte auf Elvis Presleys Album „Gold Records Vol. 2“ im Jahr 1959, das immerhin weit über eine Million Käufer hatte. Diese Argumentationsführung ist mindestens genauso anfechtbar wie diejenige des Argumentum a posteriori: Wenn 50 Millionen Menschen glauben, dass die Erde eine Scheibe ist, bleibt sie dennoch eine Kugel. Die Sache wird jedoch kompliziert, wenn die Argumentation etwa in einem Kontext stattfindet, bei dem demokratische Mehrheitsentscheidungen letztlich den Ausschlag für die Wirksamkeit bestimmter Schlussfolgerungen geben. Es ist dann eine manchmal für den Einzelnen betrübliche, aber unumstößliche demokratische Tatsache: Wovon die Mehrheit einer stimmberechtigten Gruppe überzeugt ist, ist letztlich gültig oder einer Abstimmung als relevant zugrunde zu legen. Vor diesem Hintergrund ist etwa die gezielte Beeinflussung von Bürgern durch Mittel der Propaganda zu verstehen, die fast jedes moderne diktatorische System praktiziert. Noam Chomsky und Edward S. Herman haben dazu in ihrem Buch „Manufacturing Consent: The Political Economy of the Mass Media“ (1988 / 2006) wesentliche theoretische Grundlagen formuliert. Sie weisen dabei darauf hin, dass vergleichbare Mechanismen auch in den westlichen Demokratien Anwendung finden. Das Argumentum ad populum / e consensu gentium darf daher auf keinen Fall unterschätzt werden, da seine praktische Wirkung definitiv enorm ist.

Hierfür spielt als **Beispiel** die Bewertung der sogenannten Flüchtlingskrise in der EU eine große Rolle – und zwar in **beide** Richtungen:

> „Millionen von europäischen Bürgern, ja sogar ganze Staaten wie Ungarn, die Slowakei, Kroatien und Österreich sind für eine restriktive Behandlung der Immigration von Flüchtlingen."

versus

> „Wir können uns auf Millionen von deutschen Bürgern verlassen und deswegen sagen: wir schaffen das." (Angela Merkel)

Die Wahlergebnisse, die für die jeweilige politische Tendenz durch solche Argumente generiert werden, zeigen, dass derartige Argumenta ad populum massenhafte Wirkung erzielen. Entscheidend für die Behandlung eines solchen Argumentes ist daher die konkrete rhetorische Situation, in der dieses Argument eingesetzt werden kann – oder bekämpft werden soll: Ist ein solches Argument in der Wahrnehmung des angesprochenen Publikums „typisch" oder repräsentativ, so kommt ihm in der Mehrheit des Publikums eine erhebliche Wirkung zu – vergleichbar der heuristischen Wirkung einer gemeinsamen Erfahrung (vgl. Edmüller / Wilhelm, S. 178 f.).

Damit ist auch die Erschütterung eines solchen „Volksargumentes" nur schwierig zu bewerkstelligen: Dies kann nur gelingen, wenn der Redner Gegenpositionen anspricht, die auf eine bestimmte Weise ebenfalls von den Zuhörern geteilt werden. Darauf kann dann ein induktiver Gedankengang angesetzt werden, aber es wird schwierig bleiben, vorgefasste bzw. vorgegebene Meinungen zu relativieren. Eines steht jedenfalls fest: In dieser Situation wäre es rhetorisch enorm riskant, eine „Publikumsbeschimpfung" dergestalt anzuwenden, dass man die Meinung des Publikums als dümmliches, verurteilenswürdiges Geschwätz hinstellt. Die Reaktion des Publikums, zumindest intrinsisch, wäre verheerend negativ. Dies dürfte einer der Gründe für die enorme Wirksamkeit des Argumentum ad populum sein: Ein Redner, der seine Zuhörer mit ihren Irrtümern konfrontiert und sie zwingen will, ihre Fehler einzusehen, ist unbequem und steht schnell auf verlorenem Posten. Die moderne Argumentationstheorie reagiert manchmal geradezu fassungslos darauf, dass ein Argumentum e consensu gentium / ad populum zwar logisch leicht widerlegt werden kann, in der gesellschaftlichen Diskussion aber massenhaft und mit großem Erfolg verwendet wird. Aus Sicht der modernen Rhetorik, die neben theoretischen Grundlagen auch die schnöde, harte Wirklichkeit berücksichtigt, muss die Bewertung dieses Arguments als „low power Argument" (vgl. Edmüller / Wilhelm, S. 179 f., Herrmann u. a., Schlüsselkompetenz Argumentation, S. 26, S. 34) als realitätsfern eingestuft werden. Auch hier geht eine am „Econ"-Menschenbild orientierte Auffassung schlichtweg daran vorbei, was die moderne Rhetorik über die Denkweise von Humans weiß und der weiteren Analyse zugrunde legen muss.

Neurolinguale Bewertung: Zur Erklärung dieser sehr bedeutsamen Wirkung des „Volksarguments" sind wieder die Denkstruktur sowie die unbewussten Assoziationsmechanismen des System 1 heranzuziehen. Dabei spielen mehrere Faktoren der unbewussten Denkmechanismen eine erhebliche Rolle. Die moderne Verhaltenswissenschaft hat dazu mindestens zwei wichtige Phänomene beschrieben: Es handelt sich um die verwandten Phänomene des „social proof" und des „groupthinking" (vgl. Dobelli, S. 17 ff., S. 101 ff.). Die Idee des **Social Proof** ist wesentlich verbunden mit einem Experiment nach Solomon Asch, das schon über 65 Jahre alt ist (s. dazu auch Kahneman, S. 117 ff.): Unter dem gezielt falschen Meinungseinfluss dritter Personen beginnt eine Versuchsperson ihre eigentliche Meinung zu Tatsachen, etwa der Länge von gezeigten Strichen, messbar zu verändern. In 30 Prozent der Fälle wird selbst bei solch einfachen Beispielen die (falsche) Auffassung der Gruppe übernommen.

Daraus wurde das Wirkungskonzept des Social Proof in der Psychologie entwickelt. Es zeigt sich, dass alle Menschen bei ihrer Urteilsbildung das Verhalten anderer Menschen beobachten und gegebenenfalls sogar übernehmen oder imitieren. So weist Dobelli darauf hin, dass dieses Denkmuster gerade in der Evolution eine wichtige Rolle gespielt haben dürfte: Wenn in einem Sammler- oder Jäger-Kreis in der Steinzeit plötzlich die anderen zu rennen beginnen, ist es dann sinnvoll zu warten und eine eigene Erkundung einzuholen, ob tatsächlich ein Bär im Anmarsch ist? Wohl nicht! Natürlich rennt man mit, nachdenken kann man ja in Ruhe später! Wer anders gehandelt hat, dürfte wohl in der Evolutionsgeschichte aus dem Genpool verschwunden sein. Man kann jedenfalls an einer Fülle von Alltagsphänomenen nachweisen, dass der Mitlaufeffekt als Verhaltensmuster tief im Denkschema des Einzelnen verankert ist. So beruht etwa die Werbung ebenfalls darauf, gezielt das vorzugaukeln, was sozial bewährt ist, um es als Kaufempfehlung zu platzieren (dies parallel zum bereits dargestellten sogenannten Halo-Effekt).

Und es wird noch bedenklicher, wenn wir die „Like-Manie" in den sozialen Medien analysieren. Wenn viele User einer Website oder einem Twitter-Account Glauben schenken, dann ist die Tendenz messbar, dass für neue Nutzer gerade deswegen diese Website vertrauenswürdig ist: Je höher die Zahl der Follower, umso größer die Reputation und Autorität dieser Person. Wie wir wissen, lebt etwa Google von dieser Erkenntnis glänzend (vgl. Dobelli, S. 17 ff.). Zum sogenannten Herdentriebverhalten gibt es eine interessante Monografie von Christian Hott mit dem aufschlussreichen Titel „Finanzkrisen – eine portfoliotheoretische Betrachtung von Herdenverhalten und Ansteckungseffekten als Ursachen von Finanzkrisen".

Auch das Denkmuster des sogenannten **Groupthinking** zählt zu den Wirkmechanismen des „Volksargumentes". In vielen Bereichen, etwa der Politik, der Gesellschaft, aber auch in Konzernen passiert dabei Verblüffendes: An sich fachkundige Personen beginnen schlechtere oder realitätsfernere Entscheidungen als möglich zu treffen, weil jede beteiligte Person ihre eigene Meinung an die erwartete Gruppenmeinung anpasst. Der Psychologieprofessor Janis Irving hat dieses Phänomen in seiner Studie „Victims of Groupthink" (1972) erforscht: Demnach wird unbewusst die Illusion der Unfehlbarkeit der Gruppenentscheidung aufgebaut, verbunden mit der unbewussten Denkkonsequenz: Wer sich gegen die Gruppenmeinung stellt, riskiert den Ausschluss aus der Gruppe (vgl. bei Dobelli, S. 102 f.). Dies kann zu Entscheidungen eines Einzelnen führen, die er ohne die Gruppe so niemals getroffen hätte.

Wie würde sich also ein einzelner Zuhörer in einem Publikum verhalten, wenn der Redner ein „Volksargument" formuliert, das von der Mehrheit der Anwesenden ausdrücklich geteilt wird? Und wie würde er sich verhalten, wenn er unbewusst ohnehin eine vergleichbare Meinung teilt? Es gibt hierzu erschütternde Beispiele von Hetzreden, die bewusst und gezielt mit derartiger Propaganda arbeiten, damit die „Volksseele kocht". Aus der jüngsten Geschichte kann als trauriges Beispiel die Rede des AfD-Politikers André Poggenburg zum politischen Aschermittwoch der AfD in Sachsen am 14. Februar 2018 genannt werden, in der er unter begeistertem Applaus des Publikums in Deutschland lebende Türken aufs Übelste beleidigte (vgl. www.zeit.de vom 15. 2. 2018: „Rassismus-Vorwürfe nach ‚Kameltreiber'-Rede"). Wer das entsprechende Video auf Youtube (Stichwort: „André Poggenburg in Pirna") ansieht, kann bei dieser Gelegenheit auch eine Feldstudie zu einem rechtsradikalen rhetorischen Setting mit einer hochemotionalisierten und radikalisierten Zuhörerschaft erleben. Auch wenn die ermittelnde Staatsanwaltschaft Dresden den Vorwurf der Volksverhetzung nicht bestätigt, sondern Poggenburgs Äußerungen von der Meinungsfreiheit gedeckt sah, handelt es sich hier um einen exemplarischen Fall der kriminellen Form dunkler Rhetorik. Sie kann und darf man auf keinen Fall gutheißen. Das Beispiel zeigt allerdings, in Übereinstimmung mit der Theorie der NLI, die Wirkmächtigkeit solcher Argumenta e consensu gentium / ad populum. Wenn der Einzelne sich einer Gruppe zugehörig fühlt, kann der Gruppendruck oder die unbewusste Tendenz, sich der Gruppe ohne weitere Bedenken anzuschließen, zu persönlichen Meinungskundgebungen und Verhaltensäußerungen führen, die ganz eindeutig in die vom Redner gewünschte Richtung gehen. Es sind daher durchaus viele Situationen denkbar, ob in Wirtschaftskreisen, im Marketing, in Gesellschaftsdisputen, in denen ein Redner die Mehrheit des Publikums mit dieser Strategie positiv ansprechen kann. Die neurolinguale Intervention wird gelingen, weil die Zuhörer ein „Volksargument" teilen und dieses nicht weiter hinterfragen, weil sie es wegen des Gruppendenkens gar nicht hinterfragen wollen.

Praktische Empfehlung: Das rhetorische Urteil zum Argumentum e consensu gentium / ad populum (umgangssprachlich „Volksargument") ist also enorm provokant: Es handelt sich um eine Argumentationsform, die von der Philosophie oder dem rationalen Geist überwiegend abgelehnt oder als „schwach wirkend" verworfen wird. Gleichwohl muss sie aus rhetorischer Sicht als ein potenziell sehr wirksames Instrument eingestuft werden.

Hierfür können wir nun auch die psychologische Wirkungsgrundlage formulieren. Das unbewusste System 1 verwendet bei der Bewertung von „Volksargumenten" zwei Entscheidungsregeln, bei denen die Übereinstimmung des Einzelnen mit der Gruppe tendenziell bevorzugt wird: Es handelt sich um die Mechanismen des Gruppendenkens und des Social Proof. Dies führt auch zu einer positiven emotionalen Bewertung der vom Redner verwendeten Argumente durch das Publikum, wenn es diese Meinung teilt. Das Ergebnis der neurolingualen Bewertung ist eindeutig: Der Mustertyp des rational-vernunftbetonten Menschen (Econ) würde solche Beispiele der „Geltung wegen Masse" klar angreifen oder ablehnen. Aber gerade das geht an der tatsächlichen Bedeutung dieser Argumente für die Humans, also den Standardhörer, völlig vorbei. Die Rhetorik wird daher die Verwendung des Argumentum e consensu gentium / ad populum dann gutheißen, wenn dieses geeignet ist, die bekannte mehrheitsfähige Meinung des Publikums zu unterstützen. Die rhetorische Wirkung kann dann enorm sein.

Argumentum a tuto

Definition: Beweis, der sich auf die Unschädlichkeit der Annahme stützt.

Rhetorische Anwendung: „Es kann auf jeden Fall nicht schaden, mit dem Alkoholkonsum – dem Saufen – aufzuhören. Zumindest spart man Geld, man ist gesünder und attraktiver!"

Funktionsweise: Das Argumentum a tuto hat einen besonderen Stellenwert unter den möglichen Formen von Argumentation. Es gesteht von vornherein zu, dass es nicht völlig überzeugend sein kann, aber es unterstützt die Hauptargumentation mit dem wichtigen Hinweis, dass es auf jeden Fall erhebliche „Sekundärvorteile" bringen könne, wenn man diese Argumentation übernehme. Diese könnten sogar so groß sein, dass die Argumentation selbst als richtig eingestuft werden könne. Es verwundert allerdings nicht, dass viele der Vertreter einer eher „theoretisierenden Argumentationslehre" über diese Argumentationsform seit Jahrhunderten ziemlich die Nase rümpfen (vgl. dazu mustergültig bereits Daub, Vorlesungen, S. 461 ff.).

Ein berühmtes, über Jahrhunderte tradiertes Beispiel für ein Argument der Unschädlichkeit einer Annahme stammt aus der Theologie (s. etwa Zedler Universal Lexikon, Bd. 45, S. 1058 f., digital verfügbar unter www.zedler-lexikon.de): Es ist der Beweis der Existenz Gottes mit der Begründung, dass die Annahme, es gebe ihn, deutlich risikoloser sei, als Gott zu verneinen. Wenn Gott nämlich existiere, werde man durch ein gläubiges Leben erhört werden – wenn er nicht existiere, sei das Leben ohnehin umsonst, dann könne man aber für sich und die Nachfahren auf jeden Fall ein tugendhaftes und der Gemeinschaft dienliches Lebenswerk vorweisen. Das Argumentum a tuto hat damit geradezu „bayerisches Format" gemäß dem Grundsatz: „Nichts Gewisses wissen wir nicht – aber schaden tut's auch nicht …"

Damit ist seine – natürlich eher schwächere – argumentative Relevanz abgesteckt, nicht mehr, aber auch nicht weniger. Denn häufig spielen in einer Rede gerade die Fragen nach dem praktischen Nutzen und der täglichen Relevanz einer diskutierten Entscheidung für viele Zuhörer eine enorme Rolle. Gerade in vielen praktischen politischen Fragen einer Demokratie, aber auch in Diskussionen zu konkreten wirtschaftlichen Problemstellungen werden die sogenannten „Grundsatzentscheidungen" vor dem Hintergrund ihrer konkreten Auswirkungen diskutiert und nicht selten entschieden. Es gibt daher für das Argumentum a tuto und seine rhetorische Relevanz erheblich mehr Beispiele, als es der theoretischen Kritik daran lieb sein kann.

Die folgenden **Beispiele** sind der politischen Diskussion in Deutschland 2010–2015 entnommen:

ex Mindestlohn, Obergrenze, Gerechtigkeit ...

a) „Die Einführung des Mindestlohns mag in Deutschland nach wie vor umstritten sein, jedenfalls hat sich die Arbeitslosigkeit nicht erhöht und die Menschen fühlen sich gerechter behandelt" (sinngemäß Andrea Nahles, Bundesarbeitsministerin).
b) „Über die Einführung einer Obergrenze für Flüchtlinge kann man trefflich diskutieren, auf jeden Fall werden damit die Staatsausgaben nicht höher, Deutschland wird nicht instabiler und ein Erstarken rechtsradikaler Parteien kann eingedämmt werden" (sinngemäß Horst Seehofer, Bayerischer Ministerpräsident).
c) „Die Besteuerung großer Vermögen, besonders bei Betrieben im Erbfall, mag volkswirtschaftlich umstritten sein, auf jeden Fall ist die Mehrheit der Bürger überzeugt, dass es damit gerechter in Deutschland zugeht" (Sigmar Gabriel, Bundeswirtschaftsminister).

Diese Beispiele zeigen überdeutlich ein Phänomen von Diskussionen in demokratischen Gesellschaften: Die Frage, welche Grundsatzentscheidung die richtige ist, kann meistens nicht mit dem Ergebnis entschieden werden, welcher Standpunkt der eigentlich „richtige" oder „wahre" ist. Damit gewinnen aber unvermittelt die Argumenta a tuto eine enorme Bedeutung, da sie unterstützend für die Hauptlinie der Argumentation eines Redners eingesetzt werden mit dem klaren Ziel, diese argumentative Hauptlinie letztlich dennoch zu verteidigen (vgl. von Schirach, Wahrheit und Wirklichkeit, S. 73: „Die Wahrheit eines Verfahrens ist nur eine Theorie über die Wirklichkeit"). Je größer also die sekundären Vorteile der argumentativen Hauptlinie sind, je geringer deren Kosten oder der Aufwand im Hinblick auf die mit der zentralen Argumentation verbundenen Fragen etwa von Gesundheit, Attraktivität, Ansehen, Effizienz u. v. m., umso besser ist das Einstehen des Redners für die von ihm vertretene Grundeinstellung. Dass dies auch geradezu idealtypisch für die Erfüllung der Bedürfnisse nach der Maslow-Skala steht, kann nur als Verstärkung hierfür gewertet werden (s. dazu oben S. 111 f.).

Gleichwohl ist es erstaunlich, wie sehr die theoretische Bewertung des Argumentum a tuto von seiner praktischen Bedeutung in der Redekunst abweicht. Offensichtlich diskutiert auch hier eine am „Econ-Menschenbild" orientierte Auffassung der rhetorischen Theorie an modernen Erkenntnissen der Wirkung von Rhetorik vorbei! Diese faktische Wirklichkeit muss jedoch eine moderne Rhetorik berücksichtigen. Sie kann nicht riskieren, zur reinen sophistischen Spielerei herabgestuft zu werden, sondern muss sich mit den Gegebenheiten der Humans auseinandersetzen.

Neurolinguale Bewertung: Das Argumentum a tuto greift im Wesentlichen auf **zwei Bewertungs- und Erkenntnismechanismen** zu, die das unbewusste System 1 in seinem Denken zur Lösung von Problemstellungen verwendet und dem bewussten System 2 vorgibt.

Erstens: System 1 ersetzt eine schwierige Fragestellung durch eine ähnliche Frage, die leichter ist und auch leichter beantwortet werden kann. Dieser Wirkungsmechanismus liegt dem Argumentum a tuto geradezu mustergültig zugrunde. Nehmen wir dazu die Beispiele von oben:

ex\ **... und Gott**

Zielfrage: Ist der Mindestlohn richtig?
Heuristische (ersetzende) Frage: Erhöht der Mindestlohn die Arbeitslosigkeit; fühlen sich die Menschen bei einem Mindestlohn gerechter und fairer behandelt?

Zielfrage: Ist die Einführung einer Obergrenze für Flüchtlinge richtig?
Heuristische Frage: Erhöht die Obergrenze die Staatsausgaben; wird Deutschland damit stabiler; kann ein Erstarken rechtsradikaler Parteien damit eingedämmt werden?

Zielfrage: Ist eine höhere Erbschaftssteuer bei großen Betriebsvermögen richtig?
Heuristische Frage: Glauben die Bürger, dass es bei einer höheren Erbschaftssteuer für Betriebsinhaber gerechter zugeht?

Zielfrage: Existiert Gott?
Heuristische Frage: Schadet oder nützt es mir, wenn ich davon ausgehe, dass Gott existiert?

Damit ist das Argumentum a tuto geradezu ideal für die „unbewusste Schrotflinte" des System 1: Dieses sucht permanent schnelle Antworten auf schwierige Fragen zu finden, ohne das träge System 2 allzu sehr zu beanspruchen, und der Redner liefert ihm dafür mit dem Argumentum a tuto geradezu mustergültig das Ziel (ersetzte Frage) und die Munition (gewünschte Antwort).

Zweitens: Der zweite Wirkungsmechanismus, der durch das Argumentum a tuto ausgelöst wird, ist der ebenfalls bekannte Effekt des Ankerns: Wie wir bereits wissen, arbeitet unser bewusstes System 2 mit den Daten, die im Rahmen der unbewussten Operation von System 1 aus dem Gedächtnis blitzschnell abgerufen werden. Stellt nun der Redner dem unbewussten System 1 des Hörers eine Information zur Verfügung, die nicht als Lüge verworfen wird (und ein Argumentum a tuto ist ja eo ipso keine Lüge, da es sich mit bekannten Eigenschaften des Hauptthemas beschäftigt), so beeinflusst diese Nachricht automatisch und messbar die Einstellung des System 2 des Zuhörers im Hinblick auf den Gegenstand der Rede. Kahneman (S. 160) bringt es auf den Punkt: Die psychologischen Mechanismen, die Ankereffekte erzeugen, machen uns viel empfänglicher für Suggestionen, als wir es für möglich halten und als es uns lieb wäre. Selbst eine falsche, aber glaubhafte Information des Redners zu seiner These wirkt automatisch beim Zuhörer zugunsten dieser These. Die Funktion des Argumentum a tuto in rhetorischer Hinsicht ist daher weniger „Beschwichtigung“ oder „Relativierung“ – nein: sein positiver Informationskern für die These des Redners wirkt unmittelbar über die unbewusste Vorbewertung auf das Bewusstsein ein. Es ist daher ein gezielter Einfluss auf das Denken!

Praktische Empfehlung: Aus Sicht der Logik ist die Geltung des Argumentum a tuto sehr eingeschränkt; aus Sicht der neurolingualen Analyse müssen wir aber etwas anderes attestieren: Das Argument kann in der Diskussion, gerade bei sehr komplexen und schwierigen politischen und abstrakten Fragestellungen, außerordentlich wirksam verwendet werden! Das Argumentum a tuto aktiviert mindestens zwei unbewusste heuristische Entscheidungseffekte: das Ankern durch vorgegebene günstige Antworten (im Sinne des Redners) und den Ersetzungsmechanismus schwieriger Fragen durch bekannte und leicht bewertbare angebotene Lösungen. Dies wirkt eindeutig auch emotional zugunsten des Redners, der dieses Argument einsetzt. Sicher kann in der Gegenrede ein Kontrahent versuchen, vergleichbar zu argumentieren – dies dürfte jedoch schwerer fallen, solange die vom Redner vorgebrachten „Sekundärnutzen“ relevant sind. Auch hier gilt damit der Befund: Was unsere abstrakt-logischen Denker bezweifeln, kann in einer demokratischen Gesellschaft und einem Auditorium von beeinflussbaren Zuhörern (unseren Humans) als Argument von enormer neurolingualer und auch emotionaler Bedeutung sein! Aus Sicht einer modernen Rhetorik ist daher die Verwendung des Argumentum a tuto zu bejahen, weil seine Wirkung für den Hörer und das Publikum zur Entscheidungsfindung erheblich sein kann.

Argumentum ad rem

Definition: Beweis, der sich nicht auf Meinungen, Gefühle oder Ähnliches stützt, sondern auf die Sache selbst.

Rhetorische Anwendung: „Sehen Sie doch nur die Schicksale von Trinkern an, die selbst eindrücklich über ihre Sucht, ihre Qualen und die Zerstörung ihres Lebens und ihrer Würde berichtet haben."

Funktionsweise des Argumentes: Die Argumentation, die sich mit der Sache selbst beschäftigt, wird einhellig als eine der seriösesten Formen der Behandlung eines Problems angesehen. Dies ist nicht weiter verwunderlich; schließlich unterstellt der Hörer, aber auch der analytische Betrachter eines Diskurses, dass hier Emotionen und andere „relativierende" Elemente aus der Problembehandlung herausgehalten werden und man sich buchstäblich auf die Sache konzentriert. Es handelt sich damit auch weniger um einen Typ eines Arguments, so wie er bislang dargestellt wurde. Mit der Bezeichnung „Argumentum ad rem" will man eher generalisierend das Argumentieren ohne Bezugnahme auf rhetorische Instrumente umschreiben, die nicht völlig stichhaltig nur mit rein sachlogischen Erwägungen operieren. So verwendet man dafür etwa auch den Begriff „Full Power Argument" (= absolut stichhaltiges Argument). Dazu zählen vor allem die Beweise, die schon in Abschnitt 1. dieses Kapitels zur logischen Argumentation dargestellt wurden. Diese werden in Gegensatz zu den Argumenten gestellt, die lediglich mehr oder weniger wahrscheinliche oder plausible Überzeugungen bringen oder auch schlichtweg manipulativ sind (vgl. Edmüller / Wilhelm, S. 38). Damit könnte man weiter meinen, dass die reine Beschäftigung mit der Sache auch keinen sogenannten „heuristischen Verzerrungen" unterliegt, dass also keine unbewusst induzierten Fehlurteile oder Fehlbewertungen des System 1 die rein rationale Abhandlung des Sachverhaltes beeinträchtigen oder sogar entstellen.

Neurolinguale Bewertung: Gerade das macht die Bewertung aber so tückisch. Wie die moderne Psychologie nachgewiesen hat, gibt es eine Fülle von unbewusst eingesetzten Faktoren, die eine reine sachbezogene Diskussion dennoch beeinflussen können. Diese Faktoren sind daher besonders hinterhältig; sie verwenden bildhaft gesprochen den Mantel eines (korrekten) Schafspelzes und verstecken darin den manipulierenden Wolf. Daher müssen wir gerade bei den angeblichen „sachlichen Argumenten" ebenfalls die neurolinguale Komponente von gezielten rhetorischen Interventionen beachten.

Die wesentlichen Manipulationsgefahren oder Verfälschungsquellen für eine objektive Meinungsbildung sind uns schon bekannt: Nur mit diesem Wissen kann der Redner sachbezogene Gegenargumente gegebenenfalls relativieren, aber auch eigene sachbezogene Gedankengänge verstärken. Ich will deshalb nochmals einige **Beispiele** dazu geben:

a) Die verfehlte Beurteilung statistischer Wahrscheinlichkeiten: Das menschliche Bewusstsein ist nachweislich nicht in der Lage, kleine Risiken richtig zu bewerten; Kahneman beschreibt dies anhand praktischer Fälle eingehend und kommt zu dem ernüchternden Schluss: „Entweder es ignoriert sie ganz und gar oder überschätzt sie maßlos – dazwischen gibt es [fast – Anm. d. Autors] nichts!" (Kahneman, S. 181) Auch Gerd Gigerenzer beschreibt dieses Phänomen drastisch anhand der Folgen von „9/11", dem Terrorangriff auf das World Trade Center am 11. September 2001: Eindringliche Bilder von den Einschlägen der Passagierflugzeuge und ein enormes Medieninteresse aktivierten eine unbewusste Faustregel im Denken der überwältigenden Mehrheit der Menschen: „Wenn viele Menschen gleichzeitig sterben, reagiere mit Furcht und vermeide die Situation" (vgl. Gigerenzer, S. 20 ff., S. 23 f.). Diese Regel ist evolutionär geprägt und löst einen Angstreflex aus. Die Folge war, dass viele Millionen Menschen in den Monaten nach den Angriffen das Flugzeug mieden und stattdessen verstärkt Auto fuhren. Dies führte allein in den USA nachweislich zu 1600 Verkehrstoten mehr!

Schon die folgende Frage bringt die überwältigende Mehrzahl von Normalbürgern und Experten (!) ins Schleudern: Sie leben in Frankfurt und wollen nach München. Sie haben nur ein Ziel: lebend anzukommen. Wie viele Kilometer müssen Sie mit dem Auto fahren, bis das Risiko eines tödlichen Unfalls genauso hoch ist wie bei dem Nonstopflug: Die Antworten in diesem Experiment von Gigerenzer gingen von 1000 Kilometer über 10 000 Kilometer bis hin zu über 100 000 Kilometer. Die richtige Antwort ist: 20 Kilometer. Gigerenzer stellt dazu lapidar fest: Wenn Sie mit dem Auto heil am Flughafen ankommen, haben Sie den gefährlichsten Teil Ihrer Reise wahrscheinlich schon hinter sich. Das Buch „Risiko" von Gigerenzer ist übrigens eine Fundgrube dafür, wie mit „richtiger" Statistik völlig nüchtern „ad rem" gearbeitet werden kann – und man dennoch unglaublichen Manipulationen ausgesetzt ist!

b) Die Wirkung von Emotionen auch in „Sachdiskussionen": Gigerenzer verwendet dafür folgende Faustregel (die tatsächlich nur schwer zu widerlegen ist): „Wenn ein Konflikt zwischen der Vernunft und einer starken Emotion vorliegt – verzichte auf Argumente. Mache dir lieber eine gegensätzliche und stärkere Emotion zunutze“ (Gigerenzer, S. 25). Gigerenzer veranschaulicht dies anhand der Schilderung eines Bekannten, der ihm nach 9/11 schrieb: „Nach dem 11. September erklärte ich meiner Frau, dass es gefährlicher ist, mit dem Auto zu fahren, als zu fliegen; doch alle Mühe war vergebens“. Dieses Beispiel zeigt eindrücklich, wie stark Diskussionen „ad rem“ dennoch vom unbewussten System 1 emotionalisiert und gesteuert werden. Auch Kahneman bringt hierfür eine stattliche Anzahl von Beispielen (vgl. den „Alar-Zwischenfall“, Kahneman, S. 180 ff.). Denken Sie daran auch bei dem Mammografie-Beispiel, das ich sogleich darlege. Ein Redner, der mit Argumenta ad rem das Publikum überzeugen will, hat gleichwohl das Potenzial von Emotionen auf jeden Fall zu berücksichtigen.

c) Sonstige klassische „menschliche (human) Fehler“: In den letzten Jahrzehnten wurden eine Vielzahl von psychologischen bzw. soziologischen Studien veröffentlicht, die nachwiesen, dass trotz einer offensichtlich nüchternen Schilderung von Sachverhalten und Fragen („ad rem“) die erbetenen Antworten oder Lösungen objektiv fehlerhaft waren – und dies noch dazu konstant und messbar! Dabei konnten bestimmte „fallacy-Typen“ (= Trugschluss-Gruppen) herausgearbeitet werden, die auch bei sehr seriösen Themenstellungen eine große Rolle spielen.

Mammografie und Statistik

Einer der dramatischen Irrtümer, denen Frauen unterliegen, ist die Frage des Umgangs mit der Mammografie. Das folgende Beispiel hat Gerd Gigerenzer bewusst provokativ dargestellt. Er beginnt mit zwei Fragen, die eine Frau stellen könnte.

„Erstens: Gibt es Nachweise dafür, dass das Mammografie-Screening mein Risiko, an Brustkrebs zu sterben, vermindert? Die Antwort ist Ja. Von 1000 Frauen, die nicht am Screening teilnahmen, starben rund fünf an Brustkrebs, während es bei den teilnehmenden Frauen vier waren. Statistisch betrachtet beträgt die absolute Risikoreduktion 1 von 1000. Aber wenn Sie diese Information in einer Zeitung oder einer Broschüre finden, wird sie fast immer als 20-prozentige Risikoreduktion dargestellt.

Zweitens: Gibt es Belege dafür, dass das Mammografie-Screening meine Aussichten vermindert, an irgendeiner Krebsart, einschließlich Brustkrebs, zu sterben? Die Antwort lautet Nein. Die Studien zeigen, dass von jeweils 1000 Frauen, die am Screening teilnahmen, rund 21 an irgendeiner Form von Krebs starben. Die gleiche Zahl ergab sich für nicht teilnehmende Frauen.

Einfach ausgedrückt: Es gibt keine klare Evidenz dafür, dass die Mammografie Leben rettet." Hingegen entsteht laut Gigerenzer erheblicher Schaden etwa dadurch, dass 100 von 1000 Frauen, die am Screening teilnahmen, nachweislich einen oder mehrere falsche Alarme und überflüssige Biopsien erlitten haben (Gigerenzer, S. 263 f.). Offenbar nutzt die „Brustkrebsindustrie" die statistischen Fakten gezielt, um den Nutzen der Untersuchung zu propagieren und Risiken herunterzuspielen.

In solchen und vielen anderen Fällen von gezielt formulierten Aussagen von Statistiken führte das Hervorrufen eines Vorstellungsbildes von einem krebskranken (oder einem sterbenden) Menschen zu einer massiven Veränderung der intuitiven „Entscheidungspräferenz" der Hörer. Eine vergleichbare Fragestellung betraf den Umweltschutz: In einem Fall stand zur Verhandlung ein Angeklagter, der es aus Kostengründen unterließ, eine Abgasreinigung in sein Kraftwerk einzubauen. In einem anderen Fall hatte der Angeklagte die Abgasreinigung aus Kostengründen demontiert. Die Umweltschäden waren in beiden Fällen die gleichen – dennoch schätzten die Teilnehmer der Studie die Schuld des Angeklagten, der aus finanziellen Gründen gar keine Abgasreinigung eingebaut hatte, überwiegend geringer ein als die Schuld des Angeklagten, der die Abgasreinigung demontiert hatte. Dies führt zur Erkenntnis, dass das unbewusste System 1 intuitiv (und nicht objektiv ad rem) entscheidet: Unterlassen ist weniger schlimm als Handeln und damit: vorsätzliche Unterlassung ist weniger schlimm als eine verwerfliche aktive Handlung (vgl. Dobelli, S. 182 ff.).

Damit steht fest, dass auch bei den sachlichsten Diskussionen ad rem eine Menge an emotional voreingestellten unbewussten Entscheidungen von System 1 auch die Aussagen und das Verhalten von System 2 massiv beeinflusst.

Praktische Empfehlung: Aus der Sicht der neurolingualen Analyse birgt somit die an sich unverdächtige Argumentation ad rem erhebliche Möglichkeiten, mit rhetorischen Mitteln, etwa Neuformulierungen zentraler Fragestellungen oder der bewussten Veränderung der Präsentation von Statistiken, auf den Diskussionsverlauf gezielt Einfluss zu nehmen. Auch und gerade bei einer Rede kann der Redner den Eindruck völliger Objektivität erwecken und vorgeben, sich allein für die Sache einzusetzen, während er durch den Einsatz von „Trugschluss-Instrumenten" und sogenannten „Bias-Systemen" sowie durch statistische Konstruktionen gezielte Veränderungen zugunsten seiner Position vornimmt, die das unbewusste System 1 der Mehrheit der Zuhörer unkritisch aufnimmt. Damit kann bewusst und messbar die unbewusste Voreinstellung der

Zuhörer zu Problemstellungen beeinflusst werden, was auch die tendenzielle Änderung der bewussten Reaktion des Publikums definitiv beeinflusst.

Gerade Sachthemen von großer Tragweite sollten für die Rede daher sorgfältig vorbereitet werden und zwar im Bewusstsein dieser Potenziale der NLI! Dies gilt für die eigene Rede, aber auch für zu erwartende Beeinflussungen der Gegenseite durch geschickte neurolinguale Interventionen.

Argumentum ad veritatem

Definition: Auf objektiven Gründen beruhender Beweis.

Rhetorische Anwendung: Bei der Präsentation des einschlägigen Beispiels hole ich der Korrektheit halber einmal weiter aus. Der Redner liefert seinen Zuhörern folgende Informationen:

> „Bei der Bewertung, ob Alkoholkonsum eine Krankheit ist, lege ich nur die amtlichen Unterlagen zugrunde, insbesondere die Statistik der gesetzlichen Krankenkassen. Diese Krankheitsstatistik der gesetzlichen Krankenkassen ist nach den Krankheitsdiagnosen des Weltstandards ICD 10 aufgebaut. Für die Diagnose der Alkoholabhängigkeit (F 10.2) wird in der Regel ein Katalog von 8 Kriterien (IFT 98) oder 6 Kriterien (WHO 97) herangezogen. Bei Erfüllung von mindestens 3 Kriterien kann eine Alkoholabhängigkeit vorausgesetzt werden.

1. Ein starker Wunsch oder eine Art Zwang, Alkohol zu konsumieren
2. Verminderte Kontrollfähigkeit bezüglich Beginn, Beendigung und Menge des Alkoholkonsums
3. Alkoholkonsum mit dem Ziel der Linderung von Entzugssymptomen und der Wiederherstellung der entsprechenden positiven Erfahrung
4. Ein körperliches Entzugssyndrom
5. Nachweis einer Toleranz. Um die ursprünglich durch niedrige Dosen hervorgerufene Wirkung zu erreichen, sind zunehmend höhere Dosen erforderlich, die bei Konsumenten ohne Toleranzentwicklung zu schweren Beeinträchtigungen oder gar zum Tode führen würden.
6. Ein eingeengtes Verhaltensmuster im Umgang mit Alkohol, wie z. B. die Tendenz, Alkohol an Werktagen wie an Wochenenden zu trinken, und die Regeln eines gesellschaftlich üblichen Trinkverhaltens außer Acht zu lassen
7. Fortschreitende Vernachlässigung anderer Vergnügungen und Interessen
8. Anhaltender Alkoholkonsum trotz Nachweis eindeutiger schädlicher Folgen (Deutsches Institut für Medizinische Information und Dokumentation, ICD 10, Fallgruppe F 10 – Alkoholismus; www.dimdi.de)

Wer das liest, kann doch nicht sagen, Alkoholkonsum sei nicht schädlich."

Funktionsweise des Arguments: Das Argumentum ad veritatem entspricht im Wesentlichen den logischen Beweisen, die schon oben in Kap. VII.1. eingehend abgehandelt wurden. Diese Argumente sind an sich voll wirksam und haben für sich auch die Vermutung, rein sachbezogen zu sein, also ad rem zu operieren. Das obige Beispiel zeigt aber das klassische Dilemma, dem volle Beweise im Rahmen einer Rede ausgesetzt sein können. Voltaire hat es unvergleichlich auf den Punkt gebracht: „Das Geheimnis zu langweilen besteht darin, alles zu sagen."

Neurolinguale Bewertung: Damit sind wir bei einem zentralen Problem des Redners bei Sachreferaten und objektivierten Präsentationen angelangt. Fundierte Sachkenntnisse sind zweifellos die Voraussetzung dafür, doch ein Redner ist nicht erfolgreicher, je länger er objektiv richtige Statements herunterbetet – im Gegenteil, die Wirkung seiner mühsam aufbereiteten Inhalte wird verpuffen. Die rhetorische Analyse geht vom Ziel der Rede aus: Hierzu zählt neben der Überzeugungsbildung auch die Stimulation des Publikums, seine appellhafte Ansprache und die Bereitschaft, nach dem Ende der Rede die Auffassungen des Redners auch persönlich zu teilen und zu unterstützen. Es geht also um folgende fünf zentrale inhaltliche Fragen:

1. Hat der Redner recht? (Argumentum ad veritatem – nur der erste von fünf Punkten!)
2. Hat mich der Redner sachlich und persönlich überzeugt?
3. Blieb die Rede in der vorgesehenen Zeit?
4. War die Rede interessant (hatte sie die richtigen Inhalte und war sie pointiert) und spannend?
5. Bin ich bereit, den Redner vollständig zu unterstützen?

Der Erfolg einer Rede kann also offensichtlich nicht allein auf das Argumentum ad veritatem gegründet werden. Was notwendig ist, ist das „rhetorische Tuning" der Sachrede bzw. der Sachargumentation. Dazu zählt in erster Linie die Konzentration auch der Beweisführung auf das Wesentliche. Die schlimmsten Fehlschläge eines Redners sind die, bei denen er zwar recht hat oder recht bekommt – letztlich aber ein anderer mit dem Projekt betraut wird, weil die Zuhörer diesem auch zutrauen, das Gesagte umzusetzen! Der Autor und Coach Tony Robbins hat diese bittere Erkenntnis in ein interessantes Zitat verdichtet: „Im Leben wissen viele Leute, was zu tun ist, aber nur Wenige tun es letztendlich. Wissen ist nicht genug – du musst handeln."

Praktische Empfehlung: Auch der Sachredner ist bei der Präsentation des wirklich Wahren und Überzeugenden voll auf das gesamte Spektrum der rhetorischen Optionen angewiesen, die auch die Instrumente der NLI mit umfassen. Ist er in der Lage, die Wahrheit zu schildern, so hat er eine notwendige, aber keine ausreichende Bedingung für den Redeerfolg geschaffen. Hierfür muss er dann das ganze Instrumentarium der Rhetorik-Matrix einsetzen.

4. Manipulative Argumente oder reine Scheinargumente

Mit den vorstehenden verschiedenen Argumenten und Argumentationsformen hat der Redner einen sehr wirkungsvollen Baukasten an Instrumenten, um das Publikum für seine Standpunkte einzunehmen und den gewünschten Redeerfolg zu erzielen. Nicht selten ist jedoch ein Redner mit Argumenten konfrontiert, die bei näherer Betrachtung schlichtweg Unsinn sind, auch wenn sie beim ersten Zuhören durchaus plausibel klingen. Und gerade das macht die Aufgabe nicht leichter, denn man muss den Unsinn erst identifizieren, um ihn effektiv widerlegen zu können. Und dabei sollte der Redner auch noch taktvoll sein! Es würde häufig nicht gut im Publikum ankommen, wenn der Redner einen Fragensteller, der ein Scheinargument formuliert, etwa als „Dummschwätzer" beschimpfen oder ihn knallhart abkanzeln würde.

Dass solche Situationen selbst im „seriösen Rede- oder Interviewgeschäft" vorkommen, zeigt das nachstehende **Beispiel**:

ex\

Rechnen Sie mit dem Schlimmsten

ZDF Morgenmagazin, 18.8.2016: Nach der Anschlagsserie im Juli 2016 in Bayern (Amoklauf in München, Axtanschlag im Zug, Bombenattentat in Ansbach) gibt der bayerische Innenminister Joachim Herrmann ein Interview zu neuen Sicherheitsvorschlägen der Innenminister der Union. Dabei wurden unter anderem ein Burkaverbot und eine verschärfte Überwachung im öffentlichen Raum gefordert. Die Moderatorin fragt zu diesen Forderungen mehrerer ernstzunehmender demokratischer Innenminister tatsächlich: „Aber das ist doch Teil des Wahlprogramms der AfD?" – Damit formuliert sie einen haarsträubenden, suggestiven Augenscheinbeweis als Frage: Die Union argumentiert wie die AfD – ist daher der Vorschlag unzulässig? Die kühle Antwort von Herrmann lautet sinngemäß: Die AfD ist überhaupt kein Maßstab – im Vordergrund steht die nüchterne Frage, wie das Niveau der inneren Sicherheit in Deutschland in allen Bundesländern vernünftig verbessert werden kann.

Die richtige Methode des Ministers: Der versuchte Vergleich und Argumentationsansatz wird überzeugend entschärft. Der Vergleich der Vorschläge ist abwegig – es geht um ein völlig anderes Thema, das Herrmann im Folgenden gründlich durchexerziert und damit seinen Standpunkt erfolgreich klar macht. Diese Szene zeigt beispielhaft, dass jederzeit und auch in versteckter Form mit Scheinargumenten zu rechnen ist – und wenn das schon im Einzelinterview der Fall ist, um wieviel mehr kann es dann in aufgeheizten Stimmungen eines aggressiven Publikums passieren oder dann, wenn ein Redner in einer echten Konfliktsituation für seinen Standpunkt eintreten will!

Daher die erfahrungsbasierte Empfehlung: Rechnen Sie lieber mit dem Schlimmsten und bereiten sich darauf vor. Nichts ist peinlicher, als von einer an sich unmöglichen Frage oder Argumentation unvorbereitet erwischt zu werden und nicht in der Lage zu sein, darauf wirksam zu antworten. Winston Churchill brachte es wieder einmal treffend auf den Punkt: „Lache nie über die Dummheit der anderen. Sie ist deine Chance!" Sehen wir uns daher im Folgenden einige typische „Scheinargumente" an, analysieren sie und suchen nach Gegenmaßnahmen.

Der persönliche Angriff auf den Gegner

Definition: Anstelle die Argumentation des Redners sachlich zu entkräften, werden persönliche Handlungen, Ansichten oder Eigenschaften angegriffen, um so den Redner und seinen Standpunkt zu relativieren und damit die Oberhand zu behalten.

Rhetorische Anwendung: Ein Beispiel aus dem Bundestagswahlkampf 2005 (s. etwa Lorenz Wolff-Doettinchem: „Paul Kirchhof. Der Fassungslose", in Stern vom 16.9.2005): Paul Kirchhof, der ehemalige „Schattenfinanzminister" von Angela Merkel, wird vom Bundeskanzler Schröder mehrfach massiv persönlich angegriffen als „der Professor aus Heidelberg", der eine „Kopfsteuer aus dem Mittelalter" wolle und „unrealistisch und radikal unsozial" sei. Als der Rechtsprofessor Kirchhof darauf dem Anwalt Schröder den „Verstehenshorizont" aufkündigt, holzt dieser zurück: „Wer Koch werden will, darf nicht sagen, dass es in der Küche zu heiß sein könnte." Das Ende vom Lied: Als Folge der persönlichen Angriffe ist Professor Kirchhof – ein allgemein anerkannter Finanzfachmann – nicht bereit, in der großen Koalition des Jahres 2005 ein Amt zu übernehmen und zieht sich aus der Politik zurück.

Funktionsweise: Mit persönlichen Angriffen auf einen Diskussionsteilnehmer die Richtigkeit von Argumenten und Aussagen widerlegen zu wollen – das ist per se unstatthaft. Grund dafür ist das logische Grundprinzip: Eine Aussage ist richtig, wenn ihre Prämissen richtig sind – und nicht wenn der Lautsprecher funktioniert, überspitzt formuliert. Es gibt aber offensichtlich auch hier heuristische Verzerrungen in der bewussten und unbewussten Bewertung einer Attacke, die so massiv sein können, dass die rationale Beurteilung zum Beispiel des finanzpolitischen Konzeptes des Gegners überhaupt nicht mehr stattfindet oder zumindest erheblich eingeschränkt ist.

Neurolinguale Bewertung: Gerade die unbewusste, suggestive Wirkung einer solchen Attacke macht die Handhabung persönlicher Angriffe so schwierig! Kahneman weist unter Bezug auf den Psychologen Paul Rozin darauf hin, dass für die menschliche Auffassung das Negative in vielfacher Weise das Positive aussticht; er spricht sogar von einer „allgemeinen Negativitätsdominanz" (vgl. Kahneman, S. 371). Dabei zitiert er auch einen Aufsatz mit dem Titel „Bad is stronger than good" (Baumeister u. a.) mit folgender Zusammenfassung: „Negative Emotionen, schlechte Eltern und schlechtes Feedback haben eine stärkere Wirkung als ihre positiven Pendants. Negative Informationen werden sorgfältiger verarbeitet als positive … Ein negativer Eindruck und negative Stereotype entstehen schneller und sind widerlegungsresistenter als ihre positiven Entsprechungen" (Kahneman, S. 371 ff.).

Dies ist letztlich nichts anderes als ein „negativer Halo-Effekt": Wenn es gelingt, eine Person auch mit Schlechtem in Beziehung zu bringen, dann wird aus dem „Halo" (engl. für Heiligenschein) ein „Diavolo" – und das gründlich. Dabei ist es eine geradezu allgemeine Wahrheit, dass bei all solchen Unterstellungen und Angriffen in der Bewertung durch den Zuhörer häufig etwas hängen bleibt, mögen sie auch noch so ungerechtfertigt sein.

Der Grund hierfür liegt wiederum im Mechanismus der Beweislast und daraus folgend der Argumentationslast begründet. Wird ein Angriff plausibel vorgetragen, muss sich der Angegriffene verteidigen und mit einer gewissen Plausibilität darlegen, warum die Angriffe nicht zutreffen. Dabei gibt es immer wieder Situationen, die dem Laien aus dem folgenden Unterschied bekannt sind: Es gibt einen „Freispruch erster Klasse wegen erwiesener Unschuld" und einen „Freispruch mangels Beweisen". In der Rhetorik gibt es aber keine „Widerlegung mangels Beweisen". Im Strafprozess ist die „Unschuldsvermutung" sogar verfassungsrechtlich geschützt – aber eben nur dort! An die Stelle dieser Unschuldsvermutung tritt außerhalb des Strafrechts – auch gesellschaftlich –

das fatale Werturteil: „Etwas kann ja dran sein." Und das kann gnadenlos von Medien, dem Klatsch und auch Rednern ausgenutzt werden. Schon 1974 hat der Literaturnobelpreisträger Heinrich Böll in seiner Erzählung „Die verlorene Ehre der Katharina Blum" schonungslos gezeigt, wie manche Medien gezielt und absichtlich unter der Gürtellinie arbeitend die „Unschuldsvermutung" völlig ins Leere laufen lassen. Und wer moderne „Shitstorms" der angeblich „sozialen" Medien analysiert, muss zum ernüchternden Schluss kommen, dass es in den letzten Jahrzehnten garantiert nicht besser geworden ist.

Praktische Empfehlung: Für die Rhetorik bedeutet dies als Konsequenz: Ein Redner, der persönliche Angriffe erwartet oder diesen ausgesetzt ist, muss sich zwingend damit auseinandersetzen. Die Auffassung der „herrschenden rhetorischen Meinung", dies sei unfair und daher zu unterlassen, geht leider an der harten Wirklichkeit völlig vorbei. Für die Grundsätze der NLI spielen daher auch persönliche Angriffe eine signifikante Rolle. Wer sich angegriffen fühlt, muss sich wehren – und wer die Möglichkeit hat, einen Gegenangriff zu unternehmen, bereite diesen sorgfältig und gezielt vor! Es wäre naiv, sich nicht wehren zu wollen.

Gleichwohl sollte sich der Redner aber selbst um die Wahrung von Fairness und Anstand auch im persönlichen Disput bemühen. Damit zeigt er, dass es ihm um die Wahrung eines Mindestmaßes an Objektivität und Seriosität geht – und das wird erfahrungsgemäß durchaus vom Publikum positiv wahrgenommen.

Tipps zur Schlagfertigkeit:

Nicht nur in Parlamenten, auch bei vielen Reden im Alltag sind Redner damit konfrontiert, dass Zuhörer mit emotionalen Kommentaren, Zwischenrufen und Einwänden versuchen, den Redner buchstäblich aus der Fassung zu bringen. Dieses Thema ist so alt wie die Rhetorik selbst und spielt auch heute etwa bei den ideologischen Auseinandersetzungen zwischen verfeindeten Parteilagern weltweit eine große Rolle (auch wenn es in einer Rede bestimmt nicht zu Handgreiflichkeiten kommen sollte). Die Literatur zur Schlagfertigkeit ist fast unüberschaubar (vgl. etwa Lay, S. 130 ff.: „Diskutieren im Antipathiefeld"). Hier 10 wichtige Tipps aus neurolingualer Sicht:

1. Klassischer Fall einer konfrontativen Situation mit Reaktionspotenzial ist die Überzeugungsrede, weniger Sach- oder Gelegenheitsrede. Ein Gegner hält den Standpunkt des Redners für unzutreffend und reagiert darauf.

2. Schlagfertigkeit setzt Schlagfähigkeit voraus: Wenn Sie mit Gegenargumenten rechnen, müssen Sie diese Einwände unbedingt einkalkulieren, damit sie gegebenenfalls sofort pariert werden können. Bereiten Sie sich also sorgfältig auf die wichtigsten 5 Einwände vor – und wie Sie ihnen begegnen. Die Kapitel VII.3., VII.4. und VII.5. liefern Hinweise und Informationen für sachliche Entgegnungen auf unsachliche Argumentation. Dies unterstützt auch die Souveränität Ihres Auftritts.
3. Rechnen Sie mit potenziellen Gegnern im Publikum, dann stellen Sie sich auf diese auch persönlich in der Vorbereitung ein.
4. Verbale Angriffe und Einwände sind vor allem eine Extremsituation für das unbewusste System 1 des Redners: Vergleichbar dem Lampenfieber neigt das System 1 dazu, in den Verteidigungs- bzw. Angriffsmodus überzugehen – mit allen emotionalen und dem folgend hormonellen Folgewirkungen. Das Wichtigste also: sich auf keinen Fall emotional provozieren lassen. Üben Sie den Konflikt – eine goldene Regel etwa für das juristische Streitgespräch.
5. Bleiben Sie ruhig und innerlich lässig: Stehen Sie über der Situation und verheddern sich nicht in ihr. Lassen Sie Einwürfe abperlen oder verschieben Sie Ihre Antwort auf später: „Lassen Sie uns doch darüber im Anschluss an meine Rede sprechen." – „Hören Sie jetzt mir zu – dann unterhalten wir uns gerne später." Auch hier ist es besser, wenn Sie üben, innerlich zu lächeln – und nicht die Zähne zu fletschen.
6. Ist der Gegner emotionalisiert – umso besser: Bringen Sie ihn kühl zum Thema zurück: „Aber Herr Kollege, warum so viel Emotion bei einem Thema, das nüchternes Abwägen erfordert." (Auch wenn das System 1 des Gegners dann erst recht in Aufruhr gerät – sein rationales System 2 hat an dem Einwurf massiv zu knabbern.)
7. Ihre Rede hat ein Ziel – der Gegner will es durch Eskalation verhindern. Der Redner muss daher eindämmen und zurück zum Thema, gegebenenfalls dadurch, dass er den Beitrag zurückstellt: „Warum werden Sie jetzt aggressiv und hektisch und schweifen so weit ab – lassen Sie uns das doch später in aller Sachlichkeit ausdiskutieren" – auch so kann man Zeit (auch für die Antwort) gewinnen.
8. Bei Fragen antworten Sie mit Gegenfragen: „Was hat Ihre Frage eigentlich mit diesem Thema zu tun? Wollen Sie etwa wirklich unterstellen, diese auch von dem bekannten ... vertretene Auffassung sei falsch?" Sie gewinnen

wertvolle Zeit, um in der Sache zu reagieren und zum Thema zurück zu finden.

9. Sind Sie auf den Einwand vorbereitet, dann zeigen Sie ruhig ihre Vorbereitung und Überlegenheit: „Ihren Hinweis habe ich durchaus schon erwartet – bitte bedenken Sie aber …; den Rest können wir bitte nach der Rede erörtern."
10. Persönliche Angriffe relativieren und auf die Sachebene zurücklenken: „Es geht hier weniger um mich oder Sie – es geht um die Sache, und das erwarten auch alle anderen Zuhörer."

Das Argument des extremen oder abstrusen Gegenbeispiels

Definition: Es wird versucht, ein allgemeines Prinzip in der Diskussion dadurch zu diskreditieren oder zu entkräften, dass man ein extremes Beispiel konstruiert, mit dem man dann die Ausgangsthese vollständig verneinen will.

Rhetorische Anwendung: Aktuelles Beispiel ist die Diskussion um die Schuldenkrise in Griechenland (vgl. allgemein auch Edmüller / Wilhelm, S. 209 ff.). In der deutschen Politik spielt der folgende Grundsatz eine überragende Rolle: „Jedes Land muss seine Schulden auf Dauer selbst zurückzahlen." Hierzu wird mitunter folgende Gegenposition aufgebaut: „Es ist nicht richtig, von einem Land, das um seine Existenz kämpft und dauerhaft nicht auf die Beine kommen kann, die Schuldenrückzahlung zu verlangen. Auch einem Bettler kann man nichts nehmen."

Funktionsweise: Ein Redner, der sich der Scheinargumentation bedienen muss, befindet sich erfahrungsgemäß in einer schwierigen Lage, sonst könnte er ja stärkere Geschütze der Argumentation – wie oben dargestellt – auffahren. Daher wird er unter anderem bemüht sein, die Tatsachenbasis für die Argumentation so zu seinen Gunsten zu verändern, dass daraus ein „Geländegewinn" entsteht, der zumindest seine Position nach außen ein wenig besser gestaltet. Das obige „Bettlerbeispiel" ist ein durchaus bekannter, sehr extrem gelagerter Fall, der nun dazu verwendet wird, ein allgemeines Prinzip durch den Einsatz eines Bildes völlig in Frage zu stellen. Seien wir uns bewusst, dass es gezielt eingesetzt wird und hier eine metaphorische Falle geradezu ausgelegt wird: Das Publikum wird zumindest den Bettlerfall ja ohne Weiteres im unbewussten System 1 für plausibel halten! Ob Griechenland wirklich mit dem armen Bettler zu vergleichen ist, wird dann womöglich gar nicht mehr hinterfragt.

Neurolinguale Bewertung: Das extreme bzw. absurde Gegenbeispiel ist ein wichtiges Beispiel für die unbewusste Verzerrung von Urteilen, die stattfindet, weil präsentierte Tatsachen oder Beispiele gerade wegen ihrer Abwegigkeit eine erhöhte emotionale Aufmerksamkeit des Hörers auf sich ziehen können. Sunstein beschreibt dieses Phänomen unter der Bezeichnung „Verfügbarkeitskaskade“: Abwegigen oder extremen Beispielen kommt nicht selten eine erhebliche Überbewertung ihrer Bedrohungen und Auswirkungen zugute, die zu einer emotionalen Verzerrung führt. Diese wirkt sich unmittelbar auch rhetorisch aus, da sie wie ein Frame die weitere Diskussion bestimmen kann (vgl. Kahneman, S. 178 ff.; Thaler / Sunstein, S. 42 ff.).

Praktische Empfehlung: Auch hier zeigt sich die Notwendigkeit, im Rahmen der Vorbereitung die Option extremer Beispiele zumindest anzudenken, um nicht auf dem falschen Fuß erwischt zu werden. Damit bewahrt der Redner für seinen Konter auch die erforderliche Ruhe. In dieser eher extremen Konfliktsituation kann er auch Souveränität dadurch beweisen, dass er ein extremes Gegenbeispiel ausdrücklich **nicht** als Unsinn deklariert; damit würde er nämlich dem Gegner auf den Leim gehen und vollends in die persönlich-emotionale Ebene abgleiten können. Zerpflücken Sie vielmehr klar und nicht zu ausschweifend dieses Beispiel und gehen Sie zum sachlichen Gegenangriff über:

„Aber bitte: Griechenland ist doch kein Bettler! Solche extremen Vergleiche nutzen in dieser komplizierten Situation wenig: Griechenland hat wie alle Nationen der EU auch ein robustes Wirtschaftssystem – es wollte den Euro und es hat sich selbst in die Situation gebracht. Leichtsinniges Geldausgeben schützt nicht vor dem Zurückzahlen. Lassen wir Griechenland aber nicht allein – durch Hilfe zur Selbsthilfe, durch Finanzhilfen zur Strukturverbesserung schaffen wir es, eine Nation wieder wirtschaftlich auf Kurs zu bringen. Es ist völlig unangemessen, Griechenland als Bettler Europas zu demütigen und ihm seinen letzten Stolz auch noch zu nehmen!“

Der gezielt falsche Umgang mit Tatsachen durch Verneinung

Definition: In vielen Gesprächs- und Redesituationen werden wir damit konfrontiert, dass der Redegegner bestimmte Tatsachen, die der Redner **mit Recht** als tatsächlich gegeben vorträgt, schlichtweg bestreitet.

Rhetorische Anwendung: Ein prominentes Beispiel aus dem Präsidentschaftswahlkampf 2016 in den USA lautete sinngemäß folgendermaßen (vgl.

die Berichterstattung zu den drei Fernsehduellen zwischen Donald Trump und Hillary Clinton):

Trump: „Internationale Handelsabkommen (wie TTIP) vernichten amerikanische Arbeitsplätze. Wir müssen Handelshemmnisse einführen, um unsere amerikanischen Arbeitsplätze zu schützen, und können so neue Arbeitsplätze bei uns und nicht in Mexiko schaffen."

Clinton: „Internationale Handelsabkommen schaffen neue Arbeitsplätze – das zeigt doch Deutschland; Deutschland und die EU haben nur ein Drittel der Handelsbeschränkungen wie wir sie als USA haben."

Trump: „Das zeigt, dass wir **noch viel mehr** Einfuhrbeschränkungen benötigen."

Man kann über das geplante Freihandelsabkommen TTIP zwischen den USA und der Europäischen Union durchaus geteilter Meinung sein; die volkswirtschaftliche Theorie, dass der Fall von Handelsschranken Arbeitsplätze schafft, ist allerdings unbestritten. Zentrale Kritikpunkte zu TTIP sind andere, wie etwa die Frage von Umweltstandards, Kundenschutz (das berühmte „Chlorhuhn"), Gentechnik, Schutz öffentlicher Güter wie Kultur und die Wasser-/Abwasserversorgung etc. Dies alles focht Donald Trump nicht an – er negierte schlichtweg und souverän die volkswirtschaftliche Grundtatsache. Letztlich war das sogar einer der argumentativen „winner points", die zu seinem triumphalen Wahlsieg führten.

Funktionsweise: Viele der prominenten Rhetorik-Analysten stehen vor solchen Effekten mehr oder weniger ratlos und können dann allenfalls an Fairness und Wahrheitsliebe in Reden appellieren, aber das ist wohl eher frommer Wunsch. Eine Analyse des Vorgangs nach den Grundsätzen der modernen Psychologie und der NLI setzt anders an. Sie beginnt mit folgender Fragestellung: Warum und wann kann der Fehlschluss der Faktenverneinung funktionieren? Dies dürfte nach den neuen Erkenntnissen der Psychologie dann der Fall sein, wenn der Zuhörer diesen Fehlschluss für durchaus **plausibel** hält und dieser „kohärent" für ihn eine kausale Geschichte ist, die er mit seiner gefühlten Wahrnehmung für vereinbar hält (vgl. Kahneman, S. 96 ff., S. 100 ff.). So war es im vorliegenden Fall: Millionen Wähler von Trump fühlten sich von Arbeitslosigkeit und Abstieg bedroht und sagten, ihnen ginge es schlechter als vor einigen Jahrzehnten – also der Zeit vor den Freihandelsabkommen wie etwa NAFTA (vgl. prägnant: DIE ZEIT vom 10. 11. 2016). Die geschickte Verknüpfung von zwei Erfahrungssträngen durch Donald Trump lautete also:

(1) Seit einigen Jahrzehnten setzt die USA auf Globalisierung und Freihandel.
(2) Seit einigen Jahrzehnten geht es uns zunehmend schlechter.
(3) Also müssen wir die Globalisierung und den Freihandel abschaffen.

Diese Kombination von Faktenwahrnehmung und dem darauf aufbauenden argumentativen Schluss (der für sich genommen eine glatte Verkennung der volkswirtschaftlichen Realität darstellt) ist eine plausible Geschichte, die die Zuhörer Trumps glauben wollten und daher akzeptierten.

Neurolinguale Bewertung: Der Redner darf daher keinesfalls derartige Schlüsse leugnen – im Gegenteil: er tut gut daran, sie als gegeben zu akzeptieren! Nur so kann er weiter eine Kommunikationsbeziehung mit den Hörern aufrechterhalten. Dies mag für sich genommen eine ziemliche Zumutung für den Intellekt des Redners sein; ohne diese Einsicht wird der Redner jedoch keinen Draht zum Publikum finden. Dieser ist aber unabdingbar, um überhaupt im Gespräch zu bleiben und dann mit einer behutsamen Erarbeitung einer glaubhaften Gegenstrategie zu beginnen. Dabei können dann Schritt für Schritt die geleugneten Fakten dargelegt werden, um ebenfalls Schritt für Schritt das Publikum von der eigenen These zu überzeugen, dass hier eine (durchaus gegebene) Korrelation mit einer Kausalität verwechselt wird (zum Kausalitäts-Bias u. a. Kahneman, S. 100, S. 102 f., Dobelli, S. 155).

Gerade das vorliegende Beispiel zu Trump, Clinton und der Globalisierung zeigt, dass die Neigung des Publikums, an plausibel klingende Fakten zu glauben, sehr hartnäckig sein kann. Dies ist auch nicht verwunderlich: Wie ich schon an vielen Stellen dargestellt habe, ist die Versuchung des Hörers groß, seinem unbewussten System 1 bei vielen präsentierten „Faktenfallen" zu folgen, also der Kausalitätsillusion zu erliegen. Diese sogenannten „Fallacies", also Täuschungseffekte, sind ja eine der Kernerkenntnisse, auf denen die NLI aufbaut (vgl. eindringlich Kahneman, S. 100, S. 102 ff.). Eine denkbare Fakten- und Erkenntnisfalle beruht im vorliegenden Fall wohl auch auf dem sogenannten „Endowment"-Effekt (Besitztums- und Bestandseffekt). Kahneman (S. 359 f.) und viele andere (vgl. Dobelli, S. 94 f.) beschreiben diese Erkenntnismethode unseres Unterbewusstseins wie folgt: Die Nachteile eines Wechsels fallen subjektiv stärker ins Gewicht als seine Vorteile, was eine Verzerrung erzeugt, die den Status quo begünstigt. Dieses machtvolle heuristische Prinzip kann auch im Falle von Trump am Werk gesehen werden – es führt dann zu folgender weiterer (volkswirtschaftlich hanebüchenen) These von Trump im Beispiel: „Wenn wir weiter auf Globalisierung setzen, wird es uns weiter schlechter gehen; das wollen wir nicht. Wir wollen keine Veränderung, die unsere Arbeitsplätze vernichtet."

Praktische Empfehlung: Auch wenn es für einen der Wahrheit und wissenschaftlicher Kausalitätsanalyse verpflichteten Wissenschaftler bitter ist – der gezielt falsche Umgang mit Tatsachen und damit die Instrumente Verneinung von Fakten und Kausalitäten sind ein alltägliches rhetorisches Phänomen. Der Redner muss dies in Rechnung stellen und wie dargestellt proaktiv ansetzen. Dabei wird man schon mächtig gegenarbeiten müssen, um etwa die voreingestellten und gläubigen „Endowment-Hörer" vom Gegenteil zu überzeugen. Hillary Clinton ist es jedenfalls nicht gelungen.

Auch die Argumentation mit „Nichtwissen" zielt häufig in dieselbe Richtung: Ich weiß nichts von einer behaupteten erfolgreichen Veränderung – also halte ich am Bewährten fest. Das ist der „Endowment"-Effekt in fast reiner Ausprägung. Zudem ist das Argumentieren mit Nichtwissen ein – auch in der juristischen Auseinandersetzung – beliebter Versuch, die Beweislast und die Argumentationslast auf den Gegner zu verschieben, der nicht selten auch erfolgreich ist – weil sich der Gegner darauf einlässt!

Verwässerung und Entstellung von Tatsachen

Definition: Die „Verwässerung von Tatsachen" erscheint in unterschiedlicher Gestalt: Es handelt sich um die Untertreibung oder Übertreibung oder einseitige oder zu vage Darstellung von Tatsachen.

Rhetorische Anwendung: Auch hier kann die Diskussion um die Schuldenkrise in Griechenland Beispiele liefern; dabei gehen wir wie oben von dem Grundsatz der deutschen Finanzpolitik dazu aus: „Jedes Land muss seine Schulden auf Dauer selbst zurückzahlen." Hierzu wird mitunter folgende verwässernde Position aufgebaut:

„Was heißt, dass Griechenland Schulden gemacht hat: Letztlich hat doch Deutschland davon profitiert, indem für das ausgegebene Geld deutsche Güter importiert wurden; denken Sie nur an den boomenden Automarkt. Und heute erhält Deutschland als Gläubiger derart hohe Zinserträge für die aufgelaufenen Verbindlichkeiten, dass es nur fair ist, sie anzurechnen. Und zu guter Letzt profitiert ja Deutschland am meisten davon, wenn Griechenland in der Euro-Zone gehalten werden kann."

Funktionsweise: Auch bei diesem argumentativen Kunstgriff glaubt die „reine Argumentationslehre" (vgl. Edmüller / Wilhelm, S. 221 ff.), dieses Manöver mit Ablehnung ahnden zu müssen. Schließlich gehe es ja um eine objektive Abwägung von Für und Wider; da sei ein Ablenkungsmanöver logisch-dialektisch verpönt. Dieser rhetorische Kunstgriff ist allerdings schon seit Jahrtausenden bekannt: Eine geschickte verbale Übertreibung, Anpassung, Verschönerung, Verniedlichung von Sachverhalten wird eingeordnet in die Bandbreite zwischen „Hyperbel", „Emphase" und „Euphemismus" (vgl. Duden, Redekunst, S. 116). Dies zeigt den schon von Anfang an beobachteten rhetorischen Effekt, dass harte Tatsachen plötzlich in einem weicheren Licht erscheinen, was sich nun aufgrund der neuen psychologischen Einsichten auch erklären lässt.

Neurolinguale Bewertung: Die Verwässerung, Veränderung und Entstellung von Tatsachen als bekanntes rhetorisches Instrument zeigt nicht selten durchaus hohe Wirksamkeit. Auch wenn die eigentliche argumentative Kraft solcher Aktionen nicht die stärkste ist – ihr rhetorisches Potenzial kann enorm sein! Selbst die Vertreter der reinen Argumentationstheorie müssen zugestehen, dass eine Tatsachenverschiebung in die vom Hörer gewünschte Richtung eine „raffinierte Variante" ist: What you see is what you want to believe; dies wird in der Psychologie als die sogenannte „conjunction fallacy" bezeichnet. Unser unbewusstes System 1 akzeptiert intuitiv eine stimmige bzw. plausible Geschichte (s. a. „narrative fallacy" bei Kahneman, S. 247 ff.; Dobelli, S. 169). Solange also das unbewusste System 1 mit einer verschönernden Variante des Sachverhaltes durch den Redner versorgt wird, kann er zu seinen Gunsten die Härte der gegnerischen Argumente abpuffern. „Eine bezwingende Erzählung fördert die Illusion der Zwangsläufigkeit" (Kahneman, S. 248): Ein geschickter Redner kann so den Gang der Rede gezielt in seine Richtung verändern (Kahneman, S. 249).

Praktische Empfehlung: Jeder Redner tut gut, solche Argumentationsformen entweder selbst zu nutzen oder sich in einem Rededuell auf sie einzustellen. Dies erfordert auch hier eine angemessene Vorbereitung und den überlegten Einsatz.

Die Übertreibung: Argumentum ad consequentiam

Beispiel: Ein hochaktuelles und sehr prägnantes Beispiel liefert der umstrittene Grünen-Politiker und OB von Tübingen Boris Palmer; er hat es in seinem Beitrag zur FAZ am 24. 11. 2016 beschrieben. Palmer berichtet konsterniert von Leserbriefen politischer Freunde, die ihn massiv dafür kritisieren, Restriktionen in der Flüchtlings- und Einwanderungspolitik zu fordern. Palmer zitiert seine

Kritiker wie folgt: „Kannst du denn nicht sehen, dass deine Wortbeiträge von ‚bewaffneten Grenzen zur Flüchtlingsabwehr' über ‚blonde Töchter grüner Professoren' bis zur ‚Abschiebung in Kriegsgebiete' an furchtbare Traditionen und Diskurse in diesem Land anknüpfen, die in einem grausamen Krieg und für viele Millionen Menschen in Auschwitz endeten?"

Rhetorische Anwendung: „Lawinenargumente", bei denen ein Redner aus einem gegebenen Diskussionssachverhalt einen Tsunami von fatalen Konsequenzen konstruiert, die seiner Argumentationsstrategie dienen, sind nicht selten. Neben dem obigen kann ein weiteres aktuelles Beispiel aus der aktuellen Mediendiskussion angeführt werden, wie sie etwa die westliche Welt seit Jahrzehnten bewegt. Es handelt sich um die kontroverse Diskussion zur Legalisierung von Cannabis. Die Contra-Fraktion verwendet dazu standardisiert folgenden Diskussionsbeitrag:

„Wenn Cannabis wirklich legalisiert wird, hat dies die allgemeine Imageaufwertung von Drogen zur Folge. Der nächste Schritt wird sein, dass man auch harte Drogen verharmlosen wird. Dann ist die Forderung nach der Freigabe auch harter Drogen nicht mehr weit – und zu guter Letzt befinden wir uns auf dem Weg in eine drogenabhängige Gesellschaft" (s. a. Edmüller / Wilhelm, S. 169 ff.).

Funktionsweise: Bei dieser Argumentationsform wird eine an sich plausibel klingende Kette von kausal aufeinander aufbauenden Konsequenzen formuliert. Was dabei mit an sich belanglosen Ausgangsthesen beginnt, endet nach mehreren Schritten, wie bei einer sich entwickelnden Lawine, in einer Reihe von schier unerträglichen Konsequenzen. Ziel des Redners ist es, bereits die Ausgangsthese des Kontrahenten auf diese Weise zu diskreditieren und abzulehnen. Der Effekt ist es, mit der Beschreibung der drastischen Konsequenzen den Gegner geradezu einzuschüchtern. Dies gelingt, weil der Redner einzelne Schritte der sogenannten Kausalitätskette gezielt weglässt und gleich zum katastrophalen Ende marschiert – so wie es Boris Palmer in seiner Geschichte erging.

Die Entkräftung einer derartigen Lawine ist an sich nicht schwer: Gerade die Frage, ob die einzelnen Kausalitäten tatsächlich einander bedingen und nicht vielmehr die Verknüpfung eher unwahrscheinlich ist, kann enorm wirksam diese Argumentation bereits entkräften. Die reine Argumentationslehre stuft das Lawinenargument daher an sich als „Low-Power-Argument" ein (vgl. Edmüller / Wilhelm, S. 171). Sie weist aber auf ein massives Problem hin: Üblicherweise ist der Zwang zur Minimierung der Lawine mit einem enormen rhetorischen Aufwand verbunden. Es verschiebt sich nämlich die „argumentative Beweislast" auf den Redegegner; dieser hat nun erhebliche Anstrengungen vor sich. Er muss ja eine ganze Argumentationsserie relativieren und entkräften, und das kann in der Kürze der Zeit durchaus schwierig werden.

Neurolinguale Bewertung: Die moderne Psychologie erkennt dem Lawinenargument aus den obigen Gründen eine enorme suggestive Wirkung zu. Dem unbewussten System 1 wird letztlich eine plausible Geschichte präsentiert, die ihm häufig in Einzelelementen auch schon bekannt ist. Damit wird eine „anschauliche Wahrheit" präsentiert, die aufgrund der Tendenz des unbewussten System 1, Aussagen eher zu glauben als zu bezweifeln, plötzlich in ihrer Wirkung enorm aufgewertet ist. Der unbewusste Schluss lautet: Die einzelnen Thesen sind plausibel – also sind ihre Verknüpfungen auch plausibel (vgl. Kahneman, S. 106 ff.). Kahneman weist unter Bezug auf den Psychologen Daniel Gilbert auf folgenden heuristischen Mechanismus hin: „Das Verstehen einer Aussage beginne mit dem Versuch, sie zu glauben ... Erst dann kann man entscheiden ob man sie für unwahr hält oder nicht" (Kahneman, S. 107). Das unbewusste System 1 neigt daher dazu, auch in Reden präsentierte Ausgangsthesen zuerst für wahr zu halten. Da aber während der Rede keine weitere Prüfung möglich ist, folgt bei einem Lawinenargument erneut eine verständliche, verknüpfbare These, die erneut das unbewusste System 1 beschäftigt – und so weiter. Der Thesenfluss stört System 2 dabei, „falsche Sätze **nicht** zu glauben" (Kahneman, S. 107.). Wenn System 2 also anderweitig beschäftigt ist, fährt das leichtgläubige System 1 damit fort, die präsentierten Aussagen nicht weiter zu hinterfragen. Am Schluss steht eine lawinenhaft verknüpfte Argumentationskette, die das Denken von System 1 schließlich erschöpfend in Anspruch genommen hat.

Die rhetorische Wirkung eines Lawinenargumentes kann daher enorm sein – das unbewusste System 1 und in seiner Folge auch das bewusste System 2 bekommen eine Geschichte einer plausiblen Steigerung präsentiert, die wie ein Anker das weitere Denken beeinflusst. Die „Maschine für voreilige Schlussfolgerungen", also das unbewusste System 1, ist damit erfolgreich überlistet worden.

Praktische Empfehlung: Die rhetorische Einstufung des Lawinenargumentes / Argumentum ad consequentiam ist zwiespältig. Die Argumentationsform wird von der Philosophie oder dem rationalen Geist an sich verworfen und als „logisch schwach wirkend" eingestuft. Gleichwohl ist seine faktische Wirkung enorm und – was noch bedenklicher ist – seine Verwendung kann man allenthalben antreffen! Boris Palmer, ein grüner Politiker, der zwar unkonventionell denkt, aber über jeden ethischen Zweifel erhaben ist, musste daher zu dem

„Lawinenargument“, mit dem man ihn massiv rhetorisch konfrontierte, fast resigniert feststellen:

„Ich habe ein Jahr lang erlebt, welche innere Gegenwehr es verursacht, wenn man sich grundlos als Rassist und unmoralischer Mensch beschimpfen lassen muss. Diese Attacken bekehren niemand. Sie verstärken den Unwillen. Wer ernsthaft unsere Freiheit, unsere Demokratie, das Grundgesetz und das Asylrecht verteidigen will, darf sich nicht darauf beschränken, gesellschaftliche Ächtung anzudrohen und innere Bekehrung zu verlangen. Das wird nicht passieren. Nur wenn das linksliberale städtische Bürgertum seine moralische Selbsterhöhung überwindet und Toleranz für Andersdenkende auch praktiziert, wenn es weh tut, gibt es eine Chance, den Extremismus auszugrenzen und den Populismus einzuhegen. Wir müssen uns für die Integration unserer Gesellschaft nach innen mindestens so sehr anstrengen wie für Flüchtlinge.“

Für die Rhetorik muss man vor allem bei Redethemen, die emotional aufgeladen sind, auf Lawinenargumente gefasst sein und ihre Erwiderung sorgfältig bearbeiten. Angriffspunkte gegen das Lawinenargument sind dabei:

a) Sind die Kausalitätsketten korrekt oder nicht vielmehr völlig verzerrt?
b) Ist das befürchtete Lawinen-Endergebnis tatsächlich zu erwarten oder nicht vielmehr eine provokante und gezielte Übertreibung, die in keinem Verhältnis zum konkreten Thema steht?

Offensichtlich scheuen dabei auch und gerade „Moralisten“ vor dieser bedenklichen Argumentationsform nicht zurück – dies ist für die Theorie der NLI auch nicht überraschend: Subjektiver Rigorismus wird vom unbewussten System 1 eben auch durch die Produktion von plausiblen Gedankenergebnissen und Narrativen unterstützt, die sich ihren Weg problemlos in das bewusste System 2 bahnen. Hinzu kommt ein unbewusstes und **bei fast allen** Menschen vorhandenes Denkschema in System 1, das schon zu Zeiten des „Kind-Ich“ (s. o.) gelernt wurde und das gerade bei Situationen mit einem „moralischen Lawinenargument“ aktiviert werden dürfte. „Wenn du das tust, kommst du in die Hölle“ oder „Wenn du das tust, kommst du in den Himmel“, also die Kausalkette: kleine Handlung – moralischer Maximaleffekt. Dieses Instrument ist insbesondere in der sogenannten Sündenlehre aller monotheistischen Religionen bekannt und äußerst verbreitet. Mit diesem heuristischen Mechanismus ist also fast jedes unbewusste System 1 zumindest teilweise befasst – und hat gelernt, ihn auch anzuwenden.

Wer als Econ auf logische Argumente in der Debatte setzen will, kann in dieser Situation schnell durch die (natürlich) fehleranfällige lawinenartige Plausibilitätsargumentation eines Human überrollt werden – vor allem dann, wenn dieser weiß, dass er das Denkverhalten der Zuhörer in ihrer Mehrheit gezielt anspricht.

5. Destruktive Argumentationsführung

Die Taktik des rein destruktiven Vortrages oder Angriffs auf einen Redegegner ist an sich eine „Anti-Rhetorik“: Der Redner hat nicht vor, sein Publikum oder den Gegner von etwas zu überzeugen; ihm geht es in erster Linie darum, dass der Gegner schlichtweg nicht recht bekommen soll oder brachial zur Aufgabe gezwungen wird.

Dies ist ein Phänomen, das – wie die Anti-Materie in Bezug auf die Materie – vermutlich ebenso alt ist wie die Rhetorik selbst – der große philosophische Skeptiker Arthur Schopenhauer hat das schon vor 200 Jahren in seinem literarischen Kabinettsstück zusammengefasst: dem Buch: „Eristische Dialektik – oder die Kunst Recht zu behalten“ (Schopenhauer, Eristische Dialektik, S. 17, S. 73 f.). Diese notorischen „Rechthabereien“ haben aber durch die geradezu historischen Phänomene des US-Präsidentschaftswahlkampfes 2016 neue Aktualität erhalten. Auch hier kann es nur darum gehen, die wesentlichen Taktiken darzustellen.

Der Kunstgriff der Wiederholung

Definition: In einer rhetorischen Auseinandersetzung beginnt eine Partei bewusst, eine Behauptung plakativ zu wiederholen, ohne auch nur im geringsten Belege oder Begründungen für die Behauptung anzuführen.

Rhetorische Anwendung: Donald Trump greift in jeder Rede Hillary Clinton mit folgenden Sätzen an, wobei er jede (!) dieser Behauptungen mindestens ein halbes Dutzend Mal wiederholt (Beispiel auf youtube: Die 22-minütige Rede von Trump bei der National Guard Association im September 2006):

Hillary Clinton ist korrupt
Hillary Clinton ist kriminell (Verweis auf die sogenannte E-Mail Affäre)
Hillary Clinton ist unfähig

Konkrete Beispiele fehlen dabei durchweg. Die Mischung aus Appellen zu „make America great again“ und diesen Angriffen wird vom Plenum am Ende stürmisch bejubelt.

Funktionsweise: Die Wiederholung von Behauptungen ist keine Argumentation im eigentlichen Sinn: Es gibt keine Prämissen und konsequent auch keine Schlussfolgerungen. Die Behauptung steht in der Regel auch nicht im Konjunktiv, sondern wird als Tatsache im Indikativ formuliert. Dieses „Einhämmern“ oder „Einbläuen“ von Behauptungen könnte an sich mit der alten Binsenweisheit widerlegt werden: „Eine Lüge wird nicht wahrer, auch wenn sie hundert Mal wiederholt wird.“ Gleichwohl bestätigen auch seriöse Autoren, dass ständige Wiederholungen durchaus große Suggestivkraft entwickeln können. Wenn der eigene Standpunkt nur so lange wie möglich wiederholt werde, könne der Wunsch, dagegen anzugehen, erlahmen oder der Redegegner zu guter Letzt völlig entnervt aufgeben (vgl. Edmüller / Wilhelm, S. 220).

Neurolinguale Bewertung: Die moderne Psychologie liefert auch hierfür eine plausible Begründung. Demnach führt die Wiederholung von Informationen – auch wenn sie unrichtig sind – geradezu zu einem „Lerneffekt“ im Unterbewusstsein. Dieser Effekt wird als Mere-Exposure-Effekt bezeichnet – als „Effekt der bloßen Darbietung“ (s. auch oben S. 168; Kahneman, S. 89 f.). Das Unterbewusstsein gewöhnt sich dabei an die wiederholte – und offensichtlich ungefährliche – Präsentation einer Information. Faktisch „lernt“ der Zuhörer eine Information, als ob er ein Gedicht lernt (vgl. auch Kahneman, S. 293 f.). Dies löst auch den unbewussten Effekt der „kognitiven Leichtigkeit“ aus, die ebenfalls zu einem „angenehmen Gefühle der Vertrautheit“ der Information führt (vgl. Kahneman, S. 89 f.). Je positiver ein Hörer dabei auf die Thesen des Redners eingestellt ist, umso leichter stellt sich auch der Lernerfolg ein, da man emotional positiv unterstützt lernt.

Praktische Empfehlung: Für die Rhetorik auf der Grundlage der NLI ist damit auch die Wiederholungsstrategie ein wichtiges Instrument. Dies gilt für die Thesen des Redners natürlich auch und gerade dann, wenn sie begründet werden können, denn dann lernt der Hörer ja das Richtige, und das auch noch positiv besetzt und effizient!

Allerdings zeigt die Wiederholungsstrategie auch in der destruktiven Variante eine enorme Brisanz. Ein Redner, der sich dem ausgesetzt sieht, kann nur durch Belege des Gegenteils und deren ständige Wiederholung im wahrsten Sinn des Wortes dagegenhalten. Der Ausgang solcher Redeschlachten kann aber, wie wir am amerikanischen Wahlkampf 2016 gesehen haben, völlig offen sein. Dies ist ein Grund mehr, diese faktisch enorm gefährliche Redetaktik sehr ernst zu nehmen.

Die Unterstellung schlechter Motive oder verdeckter Interessen

Rhetorische Anwendung: Beispiele aus dem prallen Politik- und Gesellschaftsbetrieb gibt es genügend.

„Sie stimmen doch im Gemeinderat nur deswegen für dieses Baugebiet, weil Ihrem Schwiegersohn dort ein großes Grundstück gehört."

„Die Ärzte sind nur deswegen für individuelle Gesundheitsleistungen, weil sie damit zu den Kassenhonoraren weitere Millionen scheffeln können."

Funktionsweise: Bereits Schopenhauer beschrieb dieses Phänomen als „ letzten Kunstgriff" eingehend in seiner „eristischen Dialektik" (Schopenhauer, Eristische Dialektik, S. 73): Der Redner will gezielt vom eigentlichen Redethema ablenken. Im Ergebnis wird dabei der argumentative Streitgegenstand ausgewechselt. An sich steht (auch in den Beispielen) die Frage im Mittelpunkt, ob es sachliche Gründe für ein Baugebiet oder für die Verschreibung individueller Gesundheitsleistungen gibt. Gerade dann, wenn ein Redner fürchten muss, hier argumentativ zu unterliegen, setzt er zu einem Ablenkungsmanöver an: Die Unterstellung von Befangenheit, Interessenkonflikten, unlauteren Motiven und Machenschaften soll den Gegner persönlich diskreditieren. Die Absicht ist durchsichtig: Man konzentriert sich auf den neuen Sachverhalt und schiebt die an sich vorgesehene Entscheidung zumindest auf. Dem dient auch die Strategie, persönlichen Neid oder eine sonstige Ablehnungs- oder sogar Hasskampagne anzuzetteln.

Diese Argumentationsstrategie ist daher ebenfalls als eine Scheinargumentation einzustufen. Es ist allerdings allzu gut bekannt, dass in vielen Fällen derartige Strategien erfolgreich sind; dabei kann durchaus zwischen dem persönlichen Angriff auf den Gegner selbst (s. o.) und dem Eingehen auf das persönliche Umfeld unterschieden werden – getreu der Tradition der eristischen Rhetorik. Die Diskreditierung der Motivation und des Umfeldes des Gegners führt so verblüffenderweise zur Diskreditierung seines Standpunktes in der Sache. Und manchmal bringt der Angriff auf das Umfeld und die Motive des Gegners den so Angegriffenen sogar dazu, sich aus der Diskussion schweigend zu verabschieden und dem triumphierenden Angreifer den Sieg zu überlassen. Bereits Schopenhauer (Schopenhauer, Eristische Dialektik, S. 73 ff.) rät daher dem Redner, sorgfältig zu prüfen, ob man angreifbar ist und daher nicht lieber schweigen sollte, getreu dem Motto „Wer im Glashaus sitzt ..." Und er weist darauf hin, dass im Ernstfall eine wüste rhetorische Rauferei der beiden drohe, die gegebenenfalls beide Redner diskreditieren könne.

Neurolinguale Bewertung: Was ist aber der Grund dafür, dass diese Strategie der „indirekten" persönlichen Attacke rhetorisch so wirksam ist? Auf der Grundlage der NLI lassen sich sogar zwei Erklärungen formulieren:

Zum einen wird durch den Redner für das unbewusste System 1 eine Sach- oder Zielfrage (Ist das Baugebiet sinnvoll?) durch eine leichter zu beantwortende Personenfrage / heuristische Frage ersetzt: Ist der Politiker befangen und handelt aus schlechten Motiven? (Vgl. Kahneman, S. 128 f.)

Zum anderen wird dem Zuhörer eine sehr kohärente und plausible Geschichte zur Erklärung eines Sachverhaltes angeboten. Selbst wenn sie nicht zutreffen muss – Kahneman stellt überzeugend und ernüchternd dazu fest: Kohärenz, Plausibilität und Wahrscheinlichkeit werden von den Unbesonnenen – und dem unbewussten System 1 – leicht durcheinander gebracht (Kahneman, S. 198). Damit wirkt sich die unkritische Ersetzung von Sachlichkeit durch Plausibilität schädlich auf Urteile aus. Auf diese Weise kann es tatsächlich gelingen, die Zuhörer unbewusst, aber höchst effizient abzulenken und in eine neue Richtung denken zu lassen.

Praktische Empfehlung: Die Rhetorik behandelt daher auf der Grundlage der Erkenntnisse der NLI diese Scheinargumente mit großer Sorgfalt. Ein Redner, der solche Unterstellungen und indirekten Vorwürfe erwartet oder ihnen ausgesetzt ist, muss sich (auch nach allgemeiner Erwartung im Publikum) zwingend damit auseinandersetzen! Die Auffassung der „herrschenden rhetorischen Meinung", dies sei unfair und daher zu unterlassen, widerspricht auch hier der harten Wirklichkeit. Wer sich auch in seinem Umfeld angegriffen fühlt, muss sich wehren – für Schweigen ist es in dieser Situation möglicherweise zu spät. Und wer die Möglichkeit hat, einen Gegenangriff zu unternehmen, bereite diesen sorgfältig und gezielt vor (s. o. S. 184 f.)!

6. Der Argumentationsaufbau

Die vorstehende Liste vieler möglicher Argumentationen belegt die enorme Vielfalt, mit der ein Redner seine rhetorischen Ziele in einer Rede verfolgen kann. Im Sinn der NLI kommt es dabei wesentlich auf die rhetorische Effizienz an. Eine Einteilung von Argumenten in „negative Argumentation" und „positive Argumentation" ist daher überflüssig, ja sogar realitätsfremd (so aber z. B. Krieger / Hantschel, Handbuch Rhetorik, S. 66 ff.). Entscheidend ist letztlich, ob es dem Redner gelingt, den Zuhörer in seinem bewussten Verstehen, aber noch mehr in seiner unbewussten Aufnahme- und „Vordenk"-Tätigkeit gezielt anzusprechen und positiv für sich zu beeinflussen. Dabei können das verbale Priming, das Setzen von Ankern und die Neigung des unbewussten System 1 zu „kognitiven Abkürzungen" und „Schnellschüssen" innerhalb der diversen Argumente selbstverständlich vom Redner in seinem Interesse angewendet werden.

Wie wir mittlerweile wissen, ist der Mensch als Redner und noch mehr als Zuhörer gerade beim Argumentieren kein logisch denkender Econ, sondern ein Human. Er gewinnt seine Erkenntnisse mehr unbewusst als bewusst und gelangt dabei nicht immer logisch, sondern vielmehr in Plausibilitäten, Wahrscheinlichkeiten und gefühlsbasierten Denkschemata und Intuitionen zu seinen Überzeugungen. Die neurolinguale Intervention in der Rhetorik adaptiert und akzeptiert diese wissenschaftlich belegte Form der Erkenntnisgewinnung: Sie bewertet die entsprechenden Instrumente daher nicht als Manipulation! Ihr Einsatz stellt letztlich eine komplementäre Anpassung der überkommenen rhetorischen Instrumente an die typische (evolutionär) gewachsene Denk- und Auffassungsweise des Zuhörers dar, wie sie dem **aktuellen neurowissenschaftlichen Kenntnisstand** entspricht: „Ich rede wie du denkst, damit du das erkennst, was ich sagen will und das auch akzeptierst."

Das ist letztlich keine Suggestion, sondern die Akzeptanz der typischen Denk- und Auffassungsweise des Menschen in seiner Rolle als Zuhörer. Die richtige und gezielte Verwendung der jeweiligen Argumentationsformen ist dabei wichtiger als die „klassische Argumentationslehre" glaubt, gerade dann, wenn es nur um eher plausible Instrumente geht. Bislang hat die Rhetorik die neurolinguale Bedeutung eines Denkangebotes an das unbewusste System 1 und in seiner Folge an die Denkergebnisse des bewussten System 2 ausgeblendet. Wenn wir in Rhetorikbüchern Sätze lesen wie „Argumente dienen im Allgemeinen dazu, die eigene Meinung zu erklären und zu begründen bzw. das eigene Ziel zu erreichen" (vgl. Cicero / Kuderna, Die Kunst der „Kampfrhetorik", S. 80 f.), dann belegt dies, wie sehr das Potenzial der Gedankenführung durch Argumentationsführung beim Hörer bislang zumeist unterschätzt wurde.

Die Voraussetzung dafür, den Zuhörer erfolgreich zu überzeugen und ihn zur Akzeptanz der eigenen Aussagen zu bewegen, ist es, eine Reihe wichtiger möglicher Argumente für die eigene Position und auch für die mögliche Gegenposition methodisch zu formulieren und gerade auf das neurolinguale Interventionspotenzial großes Augenmerk zu legen. Dabei sollten wir uns bewusst sein, dass eine exakte Bewertung des Interventionspotenzials wohl auch noch in Jahrzehnten kaum möglich sein wird. Eine manipulierende „linguistische Programmierung“ des Zuhörers ist daher nicht der Anspruch der NLI: Es ist schon viel gewonnen, wenn in der gebotenen Kürze der (üblichen) Vorbereitungszeit die klassischen „human-thinking options“ abgeschätzt und berücksichtigt werden. Die nachfolgenden Erkenntnisse ergeben sich damit neurolingual zwangsläufig.

6 wichtige Leitplanken für den Weg zur Argumentation in der Rede:

1. Die Argumentation sollte **übersichtlich** sein und bleiben. Dabei nehme ich im Folgenden an, dass die Rede die typische Länge einer Rede im Bundestag nicht wesentlich überschreiten sollte: Diese liegt grundsätzlich bei 15 Minuten. Lassen Sie mich also wohlwollend von einer Länge von 20 Minuten ausgehen.
2. Bei einer 20-minütigen Rede können mehr als wichtige **7 Argumente** für ein bestimmtes Thema kaum besprochen werden, wenn zumindest die wichtigsten **5 Gegenargumente** dabei ebenfalls abgearbeitet werden sollen. Spätestens dann ist die Aufnahmefähigkeit der meisten Zuhörer schon ziemlich aufgebraucht. Selbst wenn nur eine durchschnittliche Einleitung und eine zweiminütige Schlusssequenz geplant sind, bleibt für mehr an Argumentation zumeist weder Zeit noch Raum.
3. Erarbeiten Sie daher anhand der obigen Arbeitsliste von möglichen Argumenten für Ihren Standpunkt testweise mindestens **10 Argumente, die Sie subjektiv für die stärksten halten**. Dabei können Sie die Bewertung in diesem Buch zur Hilfe nehmen: Vorrang haben plastische Statistiken und Daten sowie Dokumente zu Fakten, die selbstverständlich als stark einzustufen sind. Dazu sollten aber auch plausible Argumente hinzukommen, um gerade so das unbewusste kollektive Denken der Systeme 1 der Zuhörer wirksam neurolingual ansprechen zu können. Suchen und finden Sie nach Möglichkeit auch Beispiele zu Ihren Argumenten und Thesen.
4. **Formulieren Sie 5 effektive Gegenargumente**. Überlegen Sie sich, wie man sie effizient widerlegen kann.
5. **Gewichten Sie** die Gegenargumente und die eigenen Argumente auf einer Skala von 1 = stark bis 5 = schwach: Kriterien sind Verständlichkeit sowie die Attraktivität für das unbewusste System 1. Fragen und prüfen Sie: Ist das Argument gut belegbar mit plastischen Beispielen und gegebenenfalls mit Fakten? (Vgl. Lay, S. 118.)

6. **Gliedern Sie** die Argumente so, dass nach Möglichkeit drei Ihrer vier stärksten Argumente in der zweiten Hälfte der Rede vorkommen und zwei der drei stärksten Gegenargumente in der ersten Hälfte Ihrer Rede abgearbeitet werden; Ihr stärkstes Argument sollte am Schluss stehen und das Finale einleiten. Es ist auch die Schutzbastion gegen nachfolgende Redner, die häufig dazu neigen, das letzte Argument des Vorredners aufzugreifen (vgl. Lay, S. 118).

VIII. Der sprachliche Inhalt der Rede

1. Allgemeines: Aktiver Wortschatz und rhetorische Stilmittel

Nachdem wir bereits eine Fülle von wichtigen Elementen der Matrix für eine erfolgreiche Rede bearbeitet haben, kommen wir zum eigentlichen Kern der Rede: dem erfolgreichen Gebrauch der rhetorisch richtigen Sprache. Dieser kreative Akt der Textproduktion ist unbestritten der Schlüsselstein dafür, den Redner als „begnadet", „kreativ", „gebildet" zu würdigen – oder ihn als „langweilig", „ohne Geist und Esprit" und „durchschnittlich" abzustrafen.

Diese Schlüsselstelle der Kommunikation hat naturgemäß eine hohe Komplexität; sie besteht aus mehreren Elementen:

Sprachfülle / aktiver Wortschatz: Hier gilt die Faustregel, dass ein Redner sich besser auszudrücken vermag, je mehr Wörter er in seinem aktiven Sprachgebrauch aufrufen kann. Dies ermöglicht einen höheren und differenzierteren Informationsaustausch (Franke, Logopädisches Handlexikon, Artikel „Wortschatz"). Diese Verfügbarkeit variiert zwischen ca. 10 000 Wörtern eines Jugendlichen an der Schwelle zur mittleren Reife und mehreren 10 000 Wörtern bei Gelehrten oder Schriftstellern; der aktive Wortschatz von Goethe wurde auf ca. 90 000 Wörter taxiert (vgl. Ruhleder, Rhetorik & Dialektik, S. 90 ff.). Hingegen beträgt der sogenannte Grundwortschatz, also der Wortschatz, der nötig ist, um ca. 85 Prozent von Texten einer Sprache zu verstehen, lediglich 1250 Wörter!

Aus diesen einführenden Erkenntnissen kann Folgendes geschlossen werden: Je kleiner der aktive Wortschatz ist, umso mehr muss sich der Redner für seine Rede vorbereiten, um im Vergleich zu anderen, variableren Rednern bestehen zu können. Im Gegensatz zum Redner müssen die Zuhörer nur über den sogenannten passiven Wortschatz verfügen, der erfahrungsgemäß ein mehrfaches des aktiven Wortschatzes ausmacht, da er auch anders neurophysiologisch abgespeichert ist (vgl. Pabst-Weinschenk / Wachtel, Schriftgeprägte Mündlichkeit, S. 91–101). Der Hörer erwartet also vom Redner abwechslungsreiche, präzise Formulierungen und hat es beim Zuhören deutlich leichter als der Redner beim Reden!

Ansonsten gilt es hier nur die Empfehlungen zu wiederholen, die jeder in seinem Deutschunterricht in der einen oder anderen Weise erhalten hat (s. a. Ruhleder, Rhetorik & Dialektik, S. 89 ff.). Hier **8 wesentliche Tipps**:

- Praktizieren Sie aktiv Deutsch – Schreiben Sie, wo Sie nur können, etwa auch Briefe!
- Lesen Sie so viel Sie können: Gute Literatur sowie Zeitschriftenartikel aus unterschiedlichen Themenbereichen.
- Abonnieren und lesen Sie unbedingt eine gute Tageszeitung. Das Abonnieren von Tweets kann das nicht leisten.
- Lösen Sie Kreuzworträtsel – auch solche, die nach Synonymen und Antonymen fragen.
- Spielen Sie Buchstabenspiele, zum Beispiel Scrabble – etwa auch per App!
- Unbekannte Wörter unbedingt erfragen oder nachschlagen – kein Mut zur Lücke! Dies gilt vor allem in der Wissenschaftssprache – ihre aktive Beherrschung kann entscheidend für die Bewertung eines Vortrages sein!
- Bemühen Sie sich, sich nach Möglichkeit präzise und vielfältig auszudrücken. Nehmen Sie sich die Geschichte von Cyrano de Bergerac zum Vorbild (wer die Geschichte nicht kennen sollte – umso besser: fangen Sie mit dieser Übung heute noch an!).
- Denken Sie daran, Ihren aktiven Wortschatz durch den konsequenten Gebrauch einer entsprechenden Software zu trainieren. Auch hier gibt es mittlerweile einige gute Angebote.

Ein prominentes Beispiel für ausgesprochen beschränkten Wortschatz ist US-Präsident Trump, der in seiner Twitter-Rhetorik die Welt kurz und ungenau erklärt. Die Urteilsschelte, die er per Twitter etwa an den Gerichtsurteilen zur Aufhebung des berüchtigten Einwanderungsdekretes übte, hat viele an seiner Glaubwürdigkeit zweifeln lassen: Eigentlich sollte jedem halbwegs gebildeten Bürger klar sein, dass man ein hochkomplexes juristisches Problem nun einmal nicht in 280 Zeichen abhandeln kann – ist es aber offensichtlich nicht.

Twitter ist nicht nur für mich ein Indikator für die zunehmend mangelnde aktive Sprachkompetenz. Sie ist ein Grund, warum in Zukunft noch viel mehr Redenschreiber und Ghostwriter engagiert werden dürften, wenn Menschen eine große Rede vor sich haben (s. dazu Allhoff/Allhoff, Rhetorik & Kommunikation, S. 125 ff.). Erfahrungsgemäß fällt es Menschen mit einem eher geringen aktiven Sprachwortschatz schwerer, in der Öffentlichkeit (wohlgemerkt!) zu reden.

Think positive – speak positive! „Wer lächelt, bei dem hebt sich die Stimmung“: Diese bemerkenswerte Feststellung werden wir bei der Analyse dieses wichtigen Elementes der Mimik noch eingehend vertiefen. Wir setzen auf diese

Weise nachweislich einen selbstreflexiven Anker für unser Handeln, der die Stimmung unseres unbewussten System 1 hebt; es scheint dem unbewussten Mechanismus zu folgen: „Wenn ich lächle, muss es mir besser gehen." Dem entspricht die Erfahrung von Mutter Teresa in ihrem weltberühmten Zitat: „Lächeln erzeugt Lächeln, genauso wie Liebe Liebe erzeugt."

Zur Wirkung von „Think positive" und der grundsätzlich positiven motivationspsychologischen Bedeutung von Optimismus liefert auch Kahneman ein sorgfältiges Porträt, das allerdings auch auf die Gefahr einer notorischen Optimismus-Verzerrung hinweist (vgl. Kahneman, S. 315 ff.). Eine vergleichbare influenzierende und selbstreflexive Wirkung schreibt man einer Sprache zu, die bemüht ist, negative Vorgänge positiv auszudrücken (vgl. Ruhleder, Rhetorik & Kommunikation, S. 71 ff.).

Beispiele für entsprechende tendenzielle Formulierungsalternativen:

- Ein Oberlehrer wird einen anderen eines Besseren belehren (negativ) – ein Kollege wird einem anderen die Vorteile einer Alternative plastisch erläutern (positiv).
- Die Werbung ist voll mit Verheißungen für den, der das beworbene Produkt nutzt. Positiv locken und einschmeicheln in Vollendung: Durch gezielte Trigger wird das Unterbewusstsein positiv beeinflusst, um eine Kaufentscheidung anzuschieben.
- Die Tourismusbranche liefert geradezu klassische Lehrbeispiele dafür, problematische Eigenschaften von Reisezielen zumindest neutral, wenn nicht sogar positiv darzustellen: „Das verkehrsgünstig gelegene, kinderfreundliche Hotel mit internationaler Atmosphäre befindet sich an der Strandpromenade in einer aufstrebenden Urlaubsregion. Den Naturstrand erreichen Sie bequem zu Fuß. Alternativ steht Ihnen ein beheizbarer Swimmingpool zur Verfügung. Untergebracht sind Sie in zweckmäßig eingerichteten Zimmern auf der Meerseite. Das kontinentale Frühstück wird Ihnen zu zwei verschiedenen Zeiten von unserem unaufdringlichen Personal serviert." Es ist immer wieder frappierend, wie erfolgreich die Tourismusbranche damit arbeitet. (Wenn Sie die Auflösung zu diesem Horrorurlaub lesen wollen: www.ccinfo.de unter „Verschiedenes, Pauschalreisen" oder für Profis bei Palandt, Kommentar zum BGB, § 651c, „Mangelbegriff".)

Vor diesem Hintergrund muss dem Redner bei der Wortwahl in vielen Fällen die positive Formulierung eines Sachverhaltes empfohlen werden, da sie erfahrungsgemäß geeignet ist, im unbewussten System 1 eine eher positive Stimmung zu verankern. Lächeln Sie also mit Worten – und nicht nur mit Ihrem Gesicht!

Aber Vorsicht: Das permanente Lächeln ist unter dem Fachbegriff „Euphemismus“ vielen suspekt geworden. Wer nur noch schönfärben, beschönigen und beschwichtigen will, der riskiert auf Dauer ebenfalls seine Glaubwürdigkeit. Er wird zum „rhetorischen Grinser“. Dies gilt gerade in Situationen, in denen der Redner bewusst nichts beschönigen will oder kann – hier ist ohnehin das bewusste System 2 aktiviert, um das präsentierte Negative zu analysieren und entsprechende Vorkehrungen zu treffen (vgl. Eagleman, S. 166 f.).

„Speak nudgy“: Die verhaltenspsychologischen Forschungsreihen der letzten Jahrzehnte haben eine verblüffende Erkenntnis erarbeitet: Selbst wenn der Sender einer Botschaft eine **wahre** Mitteilung übermittelt, genügt dies nicht unbedingt, um den Empfänger dazu zu veranlassen, diese für wahr zu halten und danach entsprechend zu handeln (vgl. Kahneman, S. 85). Auch hier zeigt sich also, wir sind keine Econs – wir sind Humans! Wortwahl und Formulierung sind mitunter ausschlaggebend für unsere sogenannte „Entscheidungsarchitektur“ (vgl. Thaler / Sunstein, S. 20 ff.). Wir haben dafür in diesem Buch mit den Methoden des Ankerns, des Priming und des Framing zentrale Instrumente bereits kennengelernt.

An eines der bekanntesten **Beispiele** von Thaler / Sunstein aus ihrem Buch „Nudge“ sei an dieser Stelle nochmals erinnert (vgl. oben Kapitel VI.2. sowie Thaler / Sunstein, S. 57 ff.). Ein Arzt beschreibt die Risiken einer Operation wie folgt: „Von 100 Patienten, die sich dieser OP unterziehen, sind 90 nach 5 Jahren noch am Leben.“ Konsequenz: In dieser Situation entscheiden die meisten Patienten, sich operieren zu lassen, weil die Aussage des Arztes doch beruhigend klingt. Wenn der Arzt hingegen sagt: „Von 100 Patienten, die sich dieser Operation unterziehen, sterben 10 innerhalb von 5 Jahren.“ Konsequenz: Die meisten Menschen beginnen Folgendes zu denken: „Eine bestimmte Anzahl von Menschen wird sterben, und einer davon könnte ich sein.“ Die Zahl der Patienten, die die OP ablehnen, steigt signifikant, und selbst Ärzte sind vor diesem Effekt nicht gefeit und lassen sich in der Bewertung von Behandlungsmethoden von solchen Formulierungen beeinflussen.

Thaler / Sunstein erarbeiten aus dieser Erkenntnis für die mentale Entscheidungsarchitektur Fallgruppen, in denen verhaltenspsychologisch nachweislich durch die individuell abgestimmte Formulierung von Fragestellungen und Empfehlungen die Entscheidungen von „Normalbürgern“ gezielt beeinflusst

Richard Thaler: Wie man kluge Entscheidungen anstößt

Richard Thaler (geb. 1945) ist Professor für Wirtschaftswissenschaften; er gilt neben Daniel Kahneman und dem schon verstorbenen Amos Tversky als einer der profiliertesten Mitbegründer der Verhaltensökonomie. So schreibt ihm Kahneman etwa die Formulierung des sogenannten „Endowment-Effektes" zu (Kahneman, S. 360 f.); demnach messen Menschen in der Regel einem Gegenstand oder einem Recht einen messbar höheren Wert zu, wenn sie in seinem Besitz sind (s. dazu eingehend: Beck, Behavioral Economics, S. 170). Thaler war einer der ersten Wissenschaftler, der vorschlug, die Erkenntnisse der Verhaltensökonomie dafür zu nutzen, durch die gezielte Veränderung von Entscheidungssettings Menschen dazu zu bringen, freiwillig bestimmte gesellschaftlich und persönlich wirtschaftlich sinnvolle Entscheidungen zu treffen. Diese Forschungsergebnisse fasste er mit seinem Kollegen Cass Sunstein 2008 zusammen in dem Buch „Nudge. Improving Decisions About Health, Wealth and Happiness", 2011 erschienen auf Deutsch: „Nudge. Wie man kluge Entscheidungen anstößt". Hier beschreiben die Autoren in einem neuen Nachwort auch die verhaltensökonomischen Lehren aus der Finanzkrise von 2008. Für seine wissenschaftlichen Verdienste, v. a. bei der Begründung der Verhaltensökonomie, erhielt Thaler 2017 den Nobelpreis für Wirtschaftswissenschaften.

werden können – und zwar in ihrem wohlverstandenen Interesse (vgl. Thaler / Sunstein, S. 106 ff.). Sie bezeichnen dieses System als „libertären Paternalismus" und haben damit – nachvollziehbar – eine heftige Diskussion nicht nur in den USA losgetreten. Gleichwohl ist der Mechanismus des „Anschubsens zu guten Entscheidungen" – auf Englisch: **Nudge bzw. nudging** – eine wichtige Erkenntnis auch für die Rhetorik. Und es muss nicht verwundern, dass Richard Thaler für seine entsprechenden Arbeiten zur Verhaltensökonomie den Wirtschaftsnobelpreis des Jahres 2017 mit erhalten hat.

Die Konsequenz für die entsprechende Vorgabe der NLI lautet wie folgt: Der Redner wird nur das empfehlen, wovon er überzeugt ist und was er für richtig hält. Dann ist es aber nur folgerichtig, wenn er auch solche rhetorischen Instrumente einsetzt, mit denen nachweislich positive Auswirkungen im Entscheidungsverhalten der Zuhörer zu seinen Gunsten ausgelöst werden. Schon das angeführte Operationsbeispiel zeigt ja die dramatischen Folgen, die eine alternative Formulierung für die Entscheidung der Hörer gegen die Überzeugung des Redners auslösen kann. Der Redner **muss** daher geradezu die Erkenntnisse berücksichtigen, die aus der Erarbeitung von potentiellen „Nudges" in der Verhaltenspsychologie herrühren. Dies kann natürlich nicht nur für schriftliche Botschaften gelten, wie etwa Kahneman seinen Lesern zum Thema „Wie man eine überzeugende Mitteilung schreibt" (Kahneman, S. 85 f.) empfiehlt. Da die gleichen verhaltenspsychologischen Wirkmechanismen auch das Entscheidungsverhalten eines Zuhörers bestimmen, müssen konsequenterweise die gleichen Grundsätze auch für mündliche Empfehlungen und damit auch für die Rhetorik gelten!

Ich benenne diese Empfehlung in bewusster Anlehnung an den Begriff „Nudge" von Thaler / Sunstein mit einem Adverb neu: **Speak nudgy!** Jeder Redner darf, ja muss geradezu den Zuhörer in die Richtung „schubsen", in der er die richtige Entscheidungsarchitektur vor sich sieht und daher die gewünschte Entscheidung trifft. Wenn es der Redner nicht machen würde, dann würde es wahrscheinlich sein Kontrahent tun, und im schlimmsten Fall stünde es dann „pari". Es handelt sich um ein Instrumentarium, das jedem Redner zur Verfügung steht und daher legitim eingesetzt werden kann. Die Erkenntnis lautet schlichtweg: „Humans need nudges for good decisions." Wer also künftig das Prinzip „Speak nudgy" nicht beherzigt, der riskiert, dass der Zuhörer eben in eine andere Richtung „genudged" wird – und dann ist der Redeerfolg mit hoher Wahrscheinlichkeit gefährdet! Und denken Sie daran: Selbst Akademiker als Experten können so verbal geführt werden – auch der Erfolg einer Seminararbeit oder eines wissenschaftlichen Vortrages kann damit gezielt beeinflusst werden!

Der Neurowissenschaftler Eagleman schildert eindringlich, wie etwa Denksportaufgaben so formuliert werden können, dass sie maximal ein Viertel aller Probanden lösen kann – und wie sie formuliert werden können, damit sie fast jeder lösen kann (vgl. Eagleman, S. 102 ff.). Die bittere Erkenntnis lautete dabei: Das menschliche Gehirn ist nicht darauf programmiert, logische Probleme abstrakt zu lösen. Wenn man aber bei der Problemstellung und der Formulierung der Frage gezielt nachhilft, dann kann das konkrete Problem fast jeder lösen. Das ist die Technologie des Nudging in Reinkultur! Diese Erkenntnis – speak nudgy – steht sicher erst am Anfang ihrer Umsetzung in der Rhetorik. Thaler / Sunstein haben wichtige Fallgruppen herausgearbeitet, in denen „man einen Nudge braucht" (vgl. Thaler / Sunstein, S. 107 ff.). Sie klingen wie ein Kompendium für die politische Rhetorik. Ich bin überzeugt, dass die Verhaltenspsychologie in der Zukunft noch einige weitere hochinteressante

i\ David Eagleman: Intime Einblicke in unser Gehirn

David Eagleman (geb. 1971) ist ein amerikanischer Neurowissenschaftler, der an der University of Texas in Houston am Baylor College of Medicine forscht und lehrt. In mehreren Büchern hat er Erkenntnisse zu seinen Forschungsschwerpunkten veröffentlicht, die sich im Wesentlichen mit der Erforschung der Hirntätigkeit im Bereich Wahrnehmung/Sinneseindrücke/Realitätsabbildung und Entscheidungsgewinnung beschäftigen. In der Verfilmung seines Buches „The Brain" in einer gleichnamigen Fernsehserie gibt er sehr plastische Einblicke in seine Forschungsmethoden, die sich vor allem auf die Anwendung modernster Technologien, insbesondere Hirnscans mit Hochleistungs-MRT stützen. Daneben beschäftigt sich Eagleman mit der Frage, inwieweit die neuen Erkenntnisse der Neurowissenschaften auch Auswirkungen auf das Rechtssystem haben könnten; dies gilt insbesondere für die Frage von strafrechtlicher Schuld und Verantwortung vor dem Hintergrund der nunmehr möglichen psychologischen Erkenntnisgewinne auf der Grundlage moderner Hirnfunktionsanalysen. Diese neue Rechtsdisziplin wird als „Neurolaw/Neurorecht" bezeichnet und dürfte in der Zukunft als interdisziplinäres Konzept zum neuen Verständnis menschlichen Handelns auch in der Rechtswissenschaft eine wichtige Rolle spielen.

Entdeckungen und Entwicklungen erarbeiten wird, die auch für eine effiziente neurolinguale Intervention eingesetzt werden können.

Bezogen auf die Erkenntnisse von Kahneman (S. 85 ff.) sowie Thaler/Sunstein (u.a. S. 107 ff.) kann man folgende **6 Faustregeln** aufstellen:

1. Reduzieren Sie so gut wie möglich die kognitive Beanspruchung des Zuhörers.
2. Kann man etwas in einfachen Worten sagen, sollte sich der Redner nicht kompliziert ausdrücken; klare Formulierungen erhöhen den Eindruck von Glaubwürdigkeit und Intelligenz des Redners! Kahneman verweist dazu auf eine Studie von Danny Oppenheimer (Kahneman, S. 86); hiernach ist es ein Anzeichen geringer Intelligenz und Glaubwürdigkeit, wenn man geläufige Ideen in einer hochtrabenden Sprache formuliert.
3. Sprechen Sie einprägsam, insbesondere in bildhaften Metaphern. Verblüffenderweise werden gereimte Aphorismen als sinnreicher beurteilt als

nicht gereimte Entsprechungen (s. zum Reim als rhetorisches Instrument auch unten S. 215 f.).

4. Wer sich auf Quellen bezieht, sollte eine mit einem Namen wählen, der sich leicht aussprechen lässt. Sie wird für glaubwürdiger gehalten, denn das bewusste System 2 folgt faul den kognitiven Leichtigkeiten des unbewussten System 1.
5. Verwenden Sie rhetorische Figuren, nicht im Übermaß, aber doch gut dosiert: Der von Ihnen erzeugte unbewusste Eindruck von kognitiver Leichtigkeit und Verständlichkeit im System 1 erhöht Ihre Glaubwürdigkeit (vgl. Kahneman, S. 91 ff.).
6. Sorgen Sie, wenn situativ möglich, für eine positive Stimmungslage: Dies reduziert die Aufmerksamkeit von System 2, der Zuhörer wird messbar intuitiver und weniger aufmerksam und ist anfälliger für logische Fehler.

Diese Erkenntnisse der NLI für die Rhetorik sind nicht immer leicht zu akzeptieren; dennoch sind sie die konsequente Umsetzung der Erkenntnis, dass auch in der Rhetorik und nicht nur im Wirtschaftsleben die Zielgruppe des Redens Humans mit all ihren kognitiven Schwächen sind und keine computergleich funktionierenden Econs.

Dialekt, Fremdsprache und Fremdwörter: Die deutsche Sprache ist wie das Französische oder Englische eine sogenannte Dachsprache, die von mehr als 100 Millionen Menschen als Muttersprache gesprochen wird. Dachsprache: Das bedeutet umgangssprachlich, dass sich unter ihrem Dach eine Fülle von regionalen Sonderdialekten finden lassen. Allein für die deutsche Sprache gibt es einige bekannte „Hauptmundarten“: Niederfränkisch, Friesisch, Niederdeutsch, Mitteldeutsch und Oberdeutsch mit Dutzenden von Mundarten (sehr eingehend die digitale Version des Deutschen Sprachatlas, www.regionalsprache.de).

Eine fast in jedem Rhetorikkurs angeschnittene Fragestellung ist daher logischerweise: „Soll ich meine Rede in reinem Schriftdeutsch, also Hochdeutsch halten?“ Die Antwort der Rhetorik folgt dabei dem mittlerweile geltenden Grundsatz für den Sprachunterricht an allen weiterführenden Schulen: **Dialekt und Hochsprache**, also eine bewusste Ausbildung der sogenannten inneren Mehrsprachigkeit, sind erwünscht. Die weit überwiegende Mehrheit der Rhetoriktrainer, aber auch der Entscheider in Deutschland akzeptiert daher eindeutig eine dialektale oder regionalsprachliche Einfärbung der Präsentation eines Redners. Diese wird als Teil einer authentischen Persönlichkeit mittlerweile nicht nur akzeptiert, sondern sogar gefordert und gepflegt. Denken Sie nur an den berühmten Slogan des Landes Baden-Württemberg: „Wir können alles. Außer Hochdeutsch."

Die Wertschätzung sprachlicher Eigenheiten ist auch nach den Grundsätzen der NLI absolut nachvollziehbar: Das unbewusste System 1 des Zuhörers entwickelt ein sehr feines Gespür für die sprachliche Präsentation eines Redners. Ein mundartlich erzogener Redner wird in vielen Fällen diesen Teil seiner Persönlichkeit nicht verleugnen wollen oder gar können. Will er also authentisch wirken, so ist das linguale Bekenntnis zur persönlichen sprachkulturellen Herkunft sogar willkommen. Allerdings sollte dies auch nicht zu weit führen. Gewünscht ist eine sprachliche Dialekteinfärbung des Hochdeutschen und keine hochdeutsche Einfärbung eines Dialekts! Dies gilt auch in den meisten Fällen für deutschsprachige Redner mit Migrationshintergrund. Zu ihrer Authentizität gehört das Bekenntnis zu ihrer persönlichen kulturellen Herkunft; hier muss das Durchscheinen der Migrationssprache nicht unterdrückt werden. Ist das Publikum lokal-dialektal geprägt und erwartet auch eine Rede in Dialekt, dann ist Hochdeutsch von Anfang an verpönt. Will der Redner seine kultursprachliche Zugehörigkeit positiv nutzen, dann muss (und will!) er im Dialekt sprechen, und das ist gut so.

Davon zu unterscheiden ist der Gebrauch von **Fremdwörtern** in einer Rede. Entscheidend ist auch hier die Zielgruppe, das Publikum: Wenn der Redner davon ausgehen kann, dass seine Fremdwörter verstanden werden, dann ist ihre Verwendung sinnvoll; Fachbegriffe belegen dann sogar die inhaltliche Kompetenz des Redners. Da beispielsweise die wissenschaftliche „Community" in der Regel ihren „Fachdialekt" geradezu erwartet, wäre es schädlich, auf diese funktionell eingesetzten Fremdwörter zu verzichten.

Ansonsten sollte der Redner jedoch die uralte pädagogische Weisheit bedenken: „Was ich nicht verstehe, kann ich nicht vergessen, weil ich es schon nicht behalten konnte." Das Publikum wird sich zumindest an die Rede nicht mehr erinnern können, wenn sie zu sehr mit – noch dazu schwer verständlichen – Fremdwörtern durchsetzt war. Eine wichtige Fallgruppe ist die Verwendung moderner Anglizismen oder Wortneuschöpfungen. Hier gilt die Faustregel: Im Zweifel im Duden nachsehen, dort findet man mehr Anglizismen als man glaubt. Sie sind also in den meisten Fällen zulässig! Wortneuschöpfungen wie „postfaktisch" sind spätestens dann zulässig, wenn sie der Redner mindestens dreimal in einer guten Zeitung gesehen oder in den öffentlich-rechtlichen Medien gehört hat. Aktuelle Wortneuschöpfungen können sogar ein hervorragender Anlass für den Redner sein, in seiner Einleitung genau auf dieses Wort und seine Implikationen einzugehen und damit rhetorisch zu punkten. Der Begriff „postfaktisch" und die Trump-Geschichten dazu haben wohl viele Redner der Jahre 2016 / 2017 entsprechend inspiriert, eben weil man davon ausgehen konnte, dass sich auch die meisten Zuhörer im Publikum damit beschäftigten und für entsprechende Äußerungen kognitiv aufgeschlossen waren.

2. Besondere rhetorische Stilmittel und Instrumente

Allgemeine und neurolinguale Grundfragen

Die Verwendung rhetorischer Figuren ist für jeden Gymnasiasten des deutschsprachigen Raumes (und wohl aller anderen Sprachräume) der Inbegriff für den Lernstoff zur Rhetorik. Von daher ist es nicht weiter verwunderlich, wenn das weit verbreitete Vorurteil besteht, dass vor allem viele rhetorische Figuren eine gute Rede ausmachen würden. Seit Anbeginn der Rhetorik wurden dabei in der Wissenschaft und Lehre zwei Fragen in den Vordergrund gestellt – und eine völlig ausgeblendet. Die **behandelten Fragen** lauteten:

Welche rhetorischen Figuren gibt es eigentlich?

Gibt es eine Systematik für sie?

Die **ausgeblendete Frage** lautete:

Warum und auf welche Weise wirken eigentlich rhetorische Figuren und wie lässt sich das wissenschaftlich ganzheitlich erklären? Für eine Beantwortung fehlte der klassischen Rhetorik schlichtweg jahrhundertelang das entsprechende Wissen.

Mit den neuen Erkenntnissen von Verhaltensökonomie und neurobiologischer Psychologie lässt sich diese ausgeblendete und doch zentrale Frage nunmehr einigermaßen erklären. Lassen Sie uns die neurolinguale Wirkungsstruktur und Zielsetzung vor dem Hintergrund der „klassischen Funktionen" der Rhetorik genau beschreiben. Diese überkommenen Funktionen lauten: **delectare, movere, docere.** Als bestes Beispiel zur Erläuterung folgt dann die neurolinguale Analyse der **Reime**.

a) Delectare: Erfreuen und erheitern – denken Sie nur an den Überraschungseffekt einer neuen rhetorischen Wendung oder den klassischen Wortwitz, der sich durch die unerwartete Verschiebung von Wörtern ergeben kann und das Publikum spontan mitnimmt.

Beispiel: Einen der klassischen Kalauer der deutschen Rede lieferte (unfreiwillig) der frühere bayerische Ministerpräsident Edmund Stoiber. Als er von der „gludernden Lot" zu sprechen begann (statt von der lodernden Glut), schuf er spontan eine „silbenvertauschende Wortneubildung“ (Neologismus). Wer dieses Zitat verwendet, hat noch heute die Lacher auf seiner Seite. Derartige Wort- und Silbenspiele sind ein Klassiker der Rhetorik. Sie bewirken mit Heiterkeit auch Sympathie im Publikum, meisterhaft praktiziert etwa von dem bekannten Wortkünstler Willy Astor.

b) Docere: Belehren und informieren auf einprägsame Weise. Rhetorische Figuren wie die Metapher, das Wortbild oder der abgekürzte Vergleich haben schwerpunktmäßig diese Funktion.

Beispiele:

„Schwerter zu Pflugscharen“ (Bibelzitat als Slogan der Friedensbewegung)
„Die eiserne Lady“ (ursprünglich Margaret Thatcher, mittlerweile auch Angela Merkel ...)
„Ich bin ein Berliner“ (J. F. Kennedy)
„Tschernobyl ist überall“ (der Inbegriff des GAU)

Über den rein semantischen Wortinhalt hinaus werden damit wirkmächtige Bilder gesetzt, die das Publikum sofort – gerade im unbewussten System 1 – kognitiv aufnimmt, da sie dort in der Regel bereits verankert sind und positiv erinnert werden.

c) Movere: an den Hörer appellieren, ihn zum Handeln bewegen. Ein bekanntes Beispiel ist etwa die Umstellung von Satzteilen, um den umgestellten Teil als Appell zu betonen (sogenannte emphatische Umstellung / Anastrophe):

„Lassen Sie es nicht zu, dass die Mächtigen und Reichen mit der Agenda 2010 Entscheidungen treffen – über die Köpfe von Arbeitnehmern, Rentnern und sozial Schwachen hinweg“ (sinngemäßes Zitat aus der Wahlagenda der Partei „Die Linke“).

Die Wirkweise der klassischen rhetorischen Figuren delectare, docere und movere ist für das Bewusstsein, das bewusste System 2, nicht ohne Weiteres erklärbar. Sie fühlen sich zwar auch im Bewusstsein positiv an und werden damit auch von der klassischen Rhetorik als „positive Wirkelemente“ gewürdigt. Dies greift aber nach dem Ansatz der NLI zu kurz: Mit rhetorischen Figuren und Stilmitteln wird zuallererst das unbewusste System 1 und seine kognitiven Mechanismen angesprochen – und geleitet. Sehen wir uns das am Beispiel der Reime näher an:

Die Verwendung von Reimen ist ein stilistisches Anliegen in der Rhetorik, das gerne Anwendung findet, insbesondere bei den beliebten Stabreimen oder Alliterationen.

Beispiele:

„Mann und Maus"
„Felsenfest"
„Der frühe Vogel fängt den Wurm"

An Reimen kann ein Arbeitsprinzip unseres unbewusst arbeitenden System 1 gezeigt werden, das verblüffend ist – und von großer Tragweite: Es ist wohl eine anerkannte psychologische Erkenntnis, dass leicht auszusprechende Wörter, Unternehmen mit unkomplizierten, eingängigen Namen oder die wiederholte Verwendung von Wörtern und Symbolen zu einem „angenehmen Gefühl der Vertrautheit" bei ihrer kognitiven Aufnahme durch das unbewusste System 1 des Zuhörers führen. Die große Zahl von Produktnamen mit Reimelementen (etwa „Duschdas") oder unkomplizierten, leicht auszusprechenden Namen (OMO, Pril, Golf …) ist ein wichtiger Beleg dafür.

Dies wird von der Verhaltensökonomie als der eigentliche Inhalt des Mere-Exposure-Effekts bezeichnet (Kahneman, S. 89 ff.). Hiernach führt die wiederholte Präsentation von Reizen ohne negative Erfahrung zur unbewussten Einstufung solcher Reize als „Sicherheitssignal" – und Sicherheit wird im Unterbewusstsein positiv bewertet (vgl. dazu eingehend Eagleman, S. 79 f.). Bei wohlklingenden Produktnamen erfolgt außerdem die Stimulierung des assoziativen Gedächtnisses, das ebenfalls im unbewussten System 1 verankert ist. Werden solche „sicheren", „assoziierbaren" Wörter angeboten, entsteht im Gehirn ein Zustand der „kognitiven Leichtigkeit", den der einzelne Proband als durchaus angenehm empfindet.

Hinzu kommt eine weitere bemerkenswerte stabile psychologische Erkenntnis: Eine positive Stimmungslage, die Aktivierung von Intuition, Kreativität, Leichtgläubigkeit und die zunehmende assoziative Beanspruchung von System 1 bilden offensichtlich einen verknüpften Cluster in unserem Denken (vgl. Kahneman, S. 92 ff.). Eine fröhliche oder positiv entspannte Stimmung lockert die Kontrolle von System 2 über die Leistung und die Arbeit von System 1: Ist man gut gelaunt, wird man intuitiver, kreativer, aber auch weniger aufmerksam und deshalb anfälliger für logische Fehler. Der evolutionär-biologische Hintergrund ist evident: Gute Laune ist ein Signal, dass alles eher gut läuft, dass die Umgebung sicher ist und dass man weniger vorsichtig sein muss. Schlechte Laune hingegen ist ein Zeichen dafür, dass die Dinge nicht so gut laufen, dass vielleicht eine Bedrohungssituation besteht und daher erhöhte Aufmerksamkeit für Gefahren erforderlich ist. Wie schon der Kobold Pumuckl aus den unvergesslichen Geschichten von Ellis Kaut wusste: „Was sich reimt, ist immer gut“ – und Dutzende von Gedichten oder Versen, die der Zuhörer in der Regel kennt, bestätigen diese unbewusste kognitive Einschätzung (vgl. Mednick: The Associative Basis of The Creative Process, S. 220; Kahneman, S. 86 f., S. 89 ff.; s. a. Eagleman, S. 79 ff.).

Der gezielte Einsatz von Wortspielen oder Reimen aktiviert die Assoziationsmaschine des System 1, er erzeugt kognitiv leichtes Erkennen und führt damit zu einer gesteigerten Akzeptanz des Redners, vor allem dann, wenn die Stimmung in der Rede eher locker-positiv ist. Der Gegenschluss ist allerdings ebenso zutreffend: Ist in Reden die Stimmung per se düster, ängstlich oder bedrohlich, haben solche locker-leichten rhetorischen Elemente nach der Überzeugung der Rhetorik in der Regel nichts darin zu suchen. Sie wären unbewusst mit der negativen Stimmungslage unvereinbar (es sei denn, ein gezielt negativer Einsatz ist beabsichtigt). Etwas anderes gilt natürlich für Reden zu Themen, in denen traditionell poetische Bezüge üblich sind. Besonders zu erwähnen sind hier Reden über Liebe, Beziehung, Trauer und Abschied, für die sich stimmungsvolle Zitate aus der Dichtkunst stets anbieten.

ex\

Goodbye England's Rose

Wenn ein Zuhörer gefragt wird, was er mit der Begräbnisfeier von Lady Diana im Jahr 1997 verbindet, dann wird in der Mehrzahl der Fälle ein gesungenes Gedicht mit einer Fülle rhetorischer Figuren genannt werden: das Lied „Candle in the Wind“ von Elton John (getextet von Bernie Taupin). Die Wirkung der gereimten Metaphern, Bilder, Hyperbeln (Übertreibungen wie etwa „England's Rose“, „England's greenest hills“ u. a.) rührt noch heute das unbewusst-kognitive Erinnern von Millionen von Zuhörern auf der ganzen Welt zu Tränen, und es hatte auch (zumindest indirekt) weitere bemerkenswerte Wirkungen: Dieses Lied löste den Medien zufolge im Britischen Königshaus eine gesellschaftspolitische Stilwende (zumindest mit) aus, die noch heute nachwirkt. Das Lied ist seitdem die weltweit erfolgreichste Musik-Single aller Zeiten, und das noch dazu für einen guten Zweck: Sämtliche Tantiemen werden dem „Diana Princess of Wales Memorial Fund“ gestiftet.

Rhetorische Figuren können also außerordentlich wirkmächtig sein, eben weil sie tief in die Emotionalität und das unbewusste System 1 hinein kognitiv ausstrahlen. Lassen Sie uns das im Folgenden systematisch durcharbeiten und damit ein weiteres wichtiges Element der Rhetorik-Matrix erschließen, das die klassische Rhetorik nachhaltig ergänzen kann.

Rhetorische Figurenstrukturen und ihre Wirkungsweise

Alle rhetorischen Figuren haben eines gemeinsam: Es handelt sich eigentlich um **gezielte Verstöße** gegen alle denkbaren Regeln der Sprache! Das betrifft alle möglichen Kategorien des Spracheinsatzes und zwar sowohl das Wort, den Satz und den Text insgesamt. Es beginnt schon bei der Verwendung eines Wortes: Es kann verfremdet, entstellt oder durch andere Wörter ersetzt werden. Das geschieht häufig auch im normalen Sprachgebrauch, wenn Sie etwa ankündigen: „Ich bleibe abends daheim und höre Coldplay." Hier kürzen Sie die Tatsache, dass Sie Musik hören und zwar die Musik einer bestimmten Band, radikal auf den Namen der Band zusammen; dies nennt man „Metonymie". Als bewusst eingesetztes rhetorisches Mittel sind Wortspiele aller Art in der politischen Diskussion sehr beliebt.

Beispiel: „Jeder, der in das Kapital von Marx investiert, geht pleite." – Dieses sinngemäße Zitat ist einer der „Klassiker" gewesen, mit denen der frühere FDP-Vorsitzende Guido Westerwelle gegen die Linken wetterte.

Verstöße gegen die Sprachregeln lassen sich im Wesentlichen auf **4 Operationen** zurückführen, die der Redner je nach Art der rhetorischen Figur durchführt (vgl. unter Bezugnahme auf die klassischen Rhetoriker Schlüter, Grundkurs, S. 26 f.):

1. Addition: Hinzufügen von Wörtern oder Wortelementen zum vorhandenen Normaltext oder Addition mehrerer Begriffe, klassischerweise die Dreierreihe (sogenannte Verdreifachung / Trias).

ex

Eine Reihe wirksamer Reihungen

„Wir wollen Gerechtigkeit, ja ehrliche Gerechtigkeit für die Angeklagten" – hier wird der zentrale Begriff zur Verstärkung seiner Wirkung verdoppelt, die Stilfigur heißt daher „Verdoppelung" („Geminatio", vgl. Duden, Redekunst, S. 117).

„Klein – Stark – Schwarz" – wer denkt hier nicht an ein Kaffeeprodukt?

„Quadratisch – Praktisch – Gut" – der geniale Coup eines Schokoladenherstellers

„Ich kam, sah und siegte" – die Bekanntheit dieses Zitats von Julius Cäsar ist dank „Asterix" für alle Zeiten gesichert

„Christlich – Sozial – Frei" – ein Wahlkampfslogan der CSU

„Sozial – Ökologisch – Zukunftsorientiert" – ein Wahlkampfslogan der Grünen

Bekannt für die Trias in der Zusammenfassung von mehreren Sätzen ist die Lobeshymne des damaligen Bundeskanzlers Gerhard Schröder auf seine – damalige – Ehefrau Doris Schröder-Köpf: „Meine Frau sagt was sie denkt (1) und tut was sie sagt (2) und dafür liebe ich sie (3)."

2. Detraktion: Wegnehmen oder auslassen von Wörtern oder Wortelementen aus dem vorhandenen Normaltext. Hierzu zählt die oben dargestellte Metonymie, in der etwa ein Wort als Teil für das Ganze (Beschriebene) verwendet wird:

Beispiel: Der sinngemäße **Ausgangstext** zur Abrüstungssituation nach der Deutschen Einheit im Jahr 1990 lautete: „Das erste Mal seit Menschengedenken können wir in Deutschland die Zahl der stationierten Soldaten mittelfristig um fast 75 Prozent verringern und eine erfolgreiche Konversion, also Umwandlung militärischer Anlagen zu zivilen Einrichtungen durchführen."

Dazu die rhetorisch verstärkende **Metonymie (Abkürzung)**, die auch noch ein biblisches Bildzitat verwendet: „Wir sind die Generation, der es in Deutschland endlich gelingen kann, Schwerter zu Pflugscharen zu machen."

Der kognitive Effekt für das unbewusste System 1 ist klar: Das biblische Zitat ist (in der Regel) im Unterbewusstsein gespeichert und kann nun bedeutungsverstärkend durch den Redner aufgerufen werden; der Effekt der sogenannten kognitiven Leichtigkeit verstärkt die Argumentationskraft spürbar

3. Substitution: Ersetzung von Wörtern bzw. Wortteilen durch andere Wörter bzw. Wortteile. Hierzu zählt als Standardfigur die Metapher – der bildliche Vergleich, aktuelles **Beispiel:** „In der Außenpolitik agiert Donald Trump wie ein Elefant im Porzellanladen." Der Grundsatz „ein Bild sagt mehr als (hundert) Worte" findet in Form der Metapher seinen Eingang in die Rhetorik. In der Regel sind derartige Bilder im kognitiven Unterbewusstsein gespeichert und werden vom Redner angesprochen. Dies führt beim Hörer zu ihrer Aktivierung und zum unbewussten Vergleich mit der angesprochenen Situation. Der Redner nimmt damit das Unterbewusstsein der Zuhörer gezielt an die Hand: Der angesprochene Vergleich wirkt kognitiv erleichternd. Für den Fall der (bewusst vorbereiteten) Ähnlichkeit mit der ersetzten Bedeutung gelingt es dem Redner so, ein Bild für seine Behauptung wirkmächtig im (bewussten und unbewussten) Denken des Zuhörers zu verankern. Dieses wirkt sich effektverstärkend für ihn aus: Das Unterbewusstsein hat eine Ähnlichkeit erkannt und verstärkt sie; damit hat der Zuhörer den Inhalt auch lernpsychologisch für seinen weiteren wiederholten Gebrauch verknüpft.

Ein weiteres sehr bekanntes **Beispiel** aus der deutschen und europäischen Wirtschaftsdiskussion stammt vom früheren SPD-Vorsitzenden Franz Müntefering: „Diese Hedgefonds machen sich wie die Heuschrecken über Firmen her und zerfleddern sie rücksichtslos."

4. Transmutation: Umstellung von Wortelementen und Satzteilen im Text. In diese Kategorie fällt technisch der schon erwähnte unbewusste Versprecher des früheren CSU-Vorsitzenden Edmund Stoiber, als er von der „gludernden Lot" sprach. Auch ein herrliches Kurzgedicht von Ernst Jandl, einem der bekanntesten deutschen Dichter mit Hang zur Transmutation, kann dies sehr gut illustrieren (vgl. Plett, Systematische Rhetorik, S. 54):

lichtung
manche meinen
lechts und rinks
kann man nicht
velwechsern
werch ein illtum

Solche Transmutationen nutzen folgenden kognitiven Effekt: Die Abweichung von unbewusst gespeicherten Wort- oder Satzstrukturen führt beim Hörer zu einer Aktivierung der Suche nach dem Ausgangssprachmuster. Das Bemerken der Umstellung erzeugt einen Wiedererkennungseffekt, der emotional durch die Feststellung des präsentierten Fehlers verstärkt wird: Der Stolperer sorgt schlichtweg für humorige gute Laune. Diese Situation fühlt sich einfach gut an (vgl. Kahneman, S. 81 f.). Der Redner führt somit auch hier gezielt das Unterbewusstsein des Zuhörers und verankert dabei effektverstärkend ein verfremdetes Bild. Das unbewusste System 1 hat den Wortsprung erkannt und lernt ihn als Neuheit, um das Bild für seinen weiteren wiederholten Gebrauch zu speichern.

Der Einsatzbereich rhetorischer Figuren: alle (!) grammatikalischen Ebenen

Wie der Versprecher von Edmund Stoiber und das Gedicht von Ernst Jandl zeigen, können die angesprochenen gezielten rhetorischen Verstöße gegen die Sprachregeln auf den unterschiedlichen Ebenen der grammatikalischen Struktur (Wörter oder sogar ganze Texte) stattfinden – ihr rhetorischer Effekt bleibt der gleiche. Der Redner kann rhetorische Figuren auf 4 grammatikalischen Ebenen verwenden:

1. Die Abweichungen im **Wortgebrauch**, die sogenannten lexikalischen Figuren; hierzu zählt man auch die Reimfiguren, die den Wortklang gezielt nutzen.
2. Die Abweichungen, die im **Satzaufbau** vorgenommen werden; diese heißen syntaktische Figuren (zum Beispiel der sogenannte „Satzbruch", s. u. Anakoluth).

3. Die Abweichungen, die im **Textaufbau** vorgenommen werden, heißen kompositorische Figuren (zum Beispiel die sogenannte Klimax = die Wirkungssteigerung in den Satzaussagen).
4. Die Abweichungen, die in der **Gedankenführung sowie in der Argumentation** vorgenommen werden, sind die sogenannten dialektischen Figuren. Diese haben wir bereits bei der eingehenden Analyse potenzieller Argumente in der Gedankenführung eingehend abgehandelt.

Wir haben uns damit das strukturelle Rüstzeug verschafft, mit dem nun im Folgenden die wichtigsten rhetorischen Figuren bearbeitet werden können. Eines zeigt sich dabei auch hier: Rhetorische Figuren fallen einem zumeist nicht automatisch in den Schoß. Sie sind häufig das Ergebnis intensiver Arbeit an einem Redetext – bei der dann unversehens, häufig intuitiv eine derartige Kunstfigur aufblitzt. Damit ist wiederum der Bogen zu einer wesentlichen These dieses Buches geschlagen: Gute Redetexte brauchen eine eingehende Vorbereitung. Die Erarbeitung und die Einarbeitung rhetorischer Glanzpunkte und Stilfiguren in die Rede erfordert Zeit. Diese ist, wie dargestellt, gut investiert: Der Zuhörer folgt einer kurzweiligen Rede bereits im unbewussten System 1 mit höherer Aufmerksamkeit und kognitiver Leichtigkeit; er genießt das Gehörte und ist gespannt auf die nächsten Erkenntnisse – im gelungenen Fall springt der Funke buchstäblich über und kann zu dem Urteil führen: „Das war eine echt gute Rede, ein guter Redner, ich habe mich keine Sekunde gelangweilt!"

3. Die rhetorischen Stilmittel im Einzelnen

Metapher und Wortbild

Die Metapher ist eine der am häufigsten eingesetzten rhetorischen Figuren – was durchaus eine Gefahr darstellen kann! Denn was selbst ein Anfänger kennt, das kann nicht selten gnadenlos Verwendung finden – bis hin zum humoristisch-lächerlichen Eindruck. Schlüter (Grundkurs, S. 32) weist etwa auf den folgenden Kalauer hin: „Der Zahn der Zeit, der schon manche Träne getrocknet hat, wird auch über diese Wunde Gras wachsen lassen" – man möchte noch weiter ergänzen: „wenn nicht ein Kamel kommt, das das Gras wieder abfrisst."

Bei aller Ironie zeigt dieser Satz dennoch sehr gut die Wirkungsweise einer Metapher, also eines abgekürzten Vergleichs (nach Aristoteles): Der Redner verwendet bewusst ein Wort **nicht,** sondern überträgt den Wortsinn eines anderen plastischen / bildlichen Begriffs darauf. Dieses Verfahren war nicht nur in der Klassik beliebt; es ist auch in der Moderne hochaktuell.

ex\ **Beispiele aus Politik und Sport**
Der Mullah-Staat – Iran (Übertragung des Titels eines schiitischen Rechtsgelehrten auf die theokratische Republik als solche)
Die Alpenrepublik – Österreich (Übertragung der kennzeichnenden geografischen Landschaft auf den Staat)
Die Königlichen (Übertragung des „königlichen" Ehrentitels auf die Fußballmannschaft von Real Madrid)
Die Unabsteigbaren (Übertragung der Eigenschaft „nie abgestiegen" – gültig bis 2018 … – auf die Fußballer des Hamburger SV)

Die Rhetorik kennt mindestens **drei Charakterisierungen der Funktionsweise** von Metaphern, die auch heute gut als Instrument für die Schöpfung neuer Metaphern dienen können:

1. Bedeutungsübertragung von der (untergeordneten) Art zur Gattung: Man nennt konkret den Artbegriff und meint den Gattungsbegriff.
Beispiele:

John F. Kennedy: „Ich bin ein Berliner" = Ich stehe für alle Menschen, die sich für Freiheit und Demokratie einsetzen (vgl. Schlüter, Grundkurs, S. 33)
„Er erlebte sein persönliches Waterloo" = Er hat eine vernichtende Niederlage erlitten

2. Bedeutungsübertragung von der übergeordneten Gattung zur Art
Beispiel:

„Er kam sich vor wie das fünfte Rad am Wagen" = Er fühlte sich schlichtweg überflüssig

3. Bedeutungsübertragung von einer Art auf die andere – dies ist der populärste Vergleichsschluss, von dem am häufigsten Gebrauch gemacht wird.
Beispiele:

„Der Wüstenfuchs" (Erwin Rommel)
„Der König der Tiere" (Löwe)
„Die eiserne Lady" (Margaret Thatcher bzw. Angela Merkel)
„Der Brioni-Kanzler" (Gerhard Schröder)

Neurolingual funktioniert die Metapher als Aktivierung von bekannten Bildern, die seit Langem im Gedächtnis abgespeichert sind und durch das unbewusste Erinnern (das sogenannte implizite Gedächtnis) in System 1 blitzschnell aktiviert werden – der Effekt ist an sich identisch mit dem Priming. Eagleman verwendet dazu einen einprägsamen Vergleich: „Ihr Gehirn wird gewissermaßen vorgestrichen wie eine Wand" (Eagleman, S. 79) – und es baut das weitere Denken sofort darauf, ohne dass bewusste Prozesse aktiviert werden müssen.

Vergleiche

Beispiele:

„Die Bundesligamannschaft kickte wie eine Grundschulklasse."
„Lassen Sie uns wie ein Mann (also geschlossen) für die Sache kämpfen."

Im Unterschied zur Metapher ersetzt das Vergleichsbild nicht das Ausgangsobjekt, sondern wird ihm zur Seite gestellt, etwa um die Wirkung des Vergleichs noch zu verstärken. Die Wirkung eines Vergleiches ähnelt vom Effekt her der Metapher und damit auch einer argumentativen Analogie: Das unbewusste System 1 fungiert in vielen Fällen als „Assoziationsmaschine", die vergleichbare Begriffe verknüpft, um die subjektive Vorstellung plastisch werden zu lassen (vgl. Kahneman, S. 70 f.). Dies wirkt besonders erhellend und kann auch wertende Urteile noch drastischer und emotionaler gestalten. In jedem Fall wird damit auch das Denken des Zuhörers effektiv neurolingual vorgeprägt, solange der Vergleich halbwegs adäquat ist; kognitiv wird dem Unterbewusstsein eine abgespeicherte Verbildlichung für das weitere Denken vorgegeben.

Übertreibung (Hyperbel)

Beispiel: „Jetzt haben Sie aber mit Kanonen auf Spatzen geschossen" – man ist in seiner Aggressivität völlig unverhältnismäßig über das Ziel hinausgeschossen. Der Redner verwendet eine eindeutig übertriebene Formulierung oder Vergleich, um den Wert, die Eigenschaft oder die Bedeutung seiner vertretenen Sache herauszustreichen. Damit wird wie bei einer übertriebenen Metapher der oben ausgeführte neurolinguale Effekt verursacht.

„In intellektueller Hinsicht war unser Kollege ein unangefochtener Riese." (Nachruf)

Doppelte Verneinung (Litotes)

Beispiele:

Mein Freund ist nicht gerade ein Schönling.
Der Vorschlag ist kein dummer Gedanke.
Beim Arzt ist er nicht der Tapferste.

Die Verwendung einer doppelten Verneinung generiert ein Überraschungsmoment, das auch das bewusste System 2 aktiviert. Anders als in der Logik muss eine doppelte Verneinung nicht unbedingt eine Bejahung darstellen; es kann sich um eine Verstärkung oder Abschwächung des Gesagten, aber auch um eine ironische Pointe handeln:

„Es ist nicht verkehrt, angesichts dieser Leistung erschüttert zu sein" = Das Ergebnis ist bodenlos schlecht.

Neurolingual wird auch hier das bewusste System 2 im Zusammenspiel mit der unbewussten Analyse aktiviert, weil „nein-nein" dem System 1 eine potenziell eher schwierige Aufgabe vorsetzt. Da System 2 die doppelte Verneinung kognitiv leicht erkennt und geradezu spielerisch löst, verschafft die Litotes dem Hörer ein Erfolgserlebnis, und dieses gute Gefühl verstärkt den emotionalen Eindruck, den der Redner beabsichtigt.

Umbenennung (Metonymie)

Beispiel: Bekannt ist etwa die Formulierung „Deutschland ist Weltmeister" – eine Erinnerung an den „Gewinn der Fußballweltmeisterschaft durch die Deutsche Nationalelf"; die meisten kennen auch noch die weitergehende Umbenennung „Wir sind Weltmeister". Ein ähnliches Beispiel ist die Schlagzeile in der BILD-Zeitung nach der Wahl von Kardinal Ratzinger in Rom: „Wir sind Papst".

Diese rhetorische Figur wurde bereits oben angesprochen: Sie ist der klassische Fall der Verkürzung einer Handlungs- oder Zustandsbeschreibung auf den prägenden Kern bzw. eine prägende Eigenschaft. Auch aktuelle Phänomene können durch die Metonymie auf griffige kurze Formulierungen reduziert werden: „SPD durch Schulz bei 30 Prozent" – als Abkürzung für die Feststellung, dass die Bundes-SPD sich infolge der Nominierung von Martin Schulz zum Parteivorsitzenden ruckartig um 8 Prozentpunkte in der sogenannten „Sonntagsfrage" verbessert hatte.

In den modernen Medien, insbesondere durch Twitter, haben solche rhetorischen Figuren eine **neue Bedeutung** erlangt. Durch den Hang zu Kurznachrichten, etwa auch in Messenger-Diensten wie WhatsApp, haben sie im Alltag vieler Menschen an Aktualität gewonnen (vgl. Schlüter, Grundkurs, S. 34). Nicht zuletzt infolge dieses Trends wird die Metonymie wohl auch künftig ein beliebtes Stilmittel in Reden bleiben, da der Redner so mit seinem Formulierungsstil an aktuelle Sprachgewohnheiten anknüpfen kann und sich auf der Höhe der Zeit zeigt.

Die Wirkung der Metonymie in neurolingualer Hinsicht entspricht vom Effekt her dem Vergleich, konkret dem „verkürzten Vergleich". Das unbewusste System 1 arbeitet kognitiv als „Assoziationsmaschine", die vergleichbare Begriffe verknüpft und sich mit bildhaften Abkürzungen einverstanden erklärt. Je einprägsamer die Formulierung (Kahneman, S. 86), umso eindrücklicher wird die subjektive Vorstellung, die von System 1 erzeugt und vom bewussten System 2 akzeptiert wird. Gerade in der Rede können so gezielt wichtige Nachrichten drastischer, emotionaler und einprägsamer vermittelt werden.

Beispiel: Der aktuelle gefühlte Weltmeister der „Twitter-Metonymie" ist wohl US-Präsident Trump. So beschäftigte etwa sein Angriff: „The FAKE NEWS media (…) is the enemy of the American People!" (vgl. www.faz.net vom 18. 2. 2017) wochenlang die Medien. Die Wirkung seiner Tweets kann neurolingual ohne Weiteres erklärt werden, auch wenn seine Aussagen natürlich inhaltlich nicht zutreffend sein müssen!

Ober-/Unterbegriff (Synekdoche)

Beispiel:

„Washington und Berlin diskutieren über die NATO-Verpflichtungen."

Hier stehen die Städtenamen für die jeweiligen Staatsregierungen. Der Redner verwendet zur Bezeichnung einer Sache oder eines Vorgangs einen Begriff mit engerer oder weiterer Bedeutung oder einen Ober- bzw. Unterbegriff. Diese rhetorische Stilfigur ist nah mit Metapher und Metonymie verwandt. Hier können auch die Techniken „pars pro toto" (Teil fürs Ganze) oder „totum pro parte" (Oberbegriff für den Teil) verwendet werden. Derartige neurolinguale Mechanismen finden sich etwa im Marketing, insbesondere in der Werbung; Produktnamen werden gezielt generalisierend eingesetzt:

Volkswagen: Das Auto (statt „Der größte Weltkonzern im Automobilbau")
Audi: Vorsprung durch Technik (statt „Unsere Autos sind infolge ihrer technologischen Überlegenheit besser")
Kitekat: Ist die Katze gesund, freut sich der Mensch (statt „Jeder Besitzer einer Hauskatze dürfte sich freuen, wenn sein Haustier sich guter Gesundheit erfreut")
Danfoss – alles geregelt (statt „ein Anbieter für die komplette Regelung der Haustechnik")

Die nachfolgenden Beispiele belegen die Verwendung der Synekdoche auch im Bereich des Public Management (im weiteren Sinn):

„Brot für die Welt" statt „Nahrungsmittelhilfe für unterentwickelte Regionen"
„Brüssel kritisiert Moskau" statt „Die Europäische Kommission kritisiert die russische Regierung"

Gegensätze (Oxymoron) – Widersprüchliches (Paradoxon)

Bei diesen Stilfiguren verwendet der Redner einen in sich widersprüchlichen Gedanken oder ein in sich widersprüchliches Bild.
Beispiele:

„Zur langatmigen Vorrede kann ich nur anmerken: **weniger ist mehr.**"
„Warum klatschte denn niemand dazu? **Dieses Schweigen ist doch beredt!**"
„Das klingt so wahr, dass es nur falsch sein kann."
„Der Schwarze Schwan" (Titel des einschlägigen amerikanischen Fachbuchs zu Widersprüchlichkeiten und Denkfehlern von Nassim Taleb)

Die neurolinguale Analyse geht von der präsentierten Aussage aus: Diese steht an sich im Gegensatz zu vorhandenen Denkheuristiken, die im unbewussten System 1 abgespeichert sind. Gerade das steigert die Aufmerksamkeit: Das unbewusste System 1 stellt einen gedanklichen Bruch bei seinem Bemühen um assoziative Kohärenz fest. Dies aktiviert auch das bewusste System 2; beide Systeme lernen mit erhöhter Aufmerksamkeit einen neuen begrifflichen Zusammenhang, der überraschend kohärent sein kann: Beide Systeme haben faktisch eine neue Metapher für einen Widerspruch kennengelernt. Dieser bleibt

im Denken als gezielter „Wirkungsschlag“ des Redners präsent. Dieses Stilmittel wird schon seit der Antike gerne verwendet.
Beispiel:

„Scio nescio“ – Ich weiß, dass ich nichts weiß (Sokrates)

Gerade die Philosophenschule der Sophisten produzierte viele bekannte Paradoxa, die noch heute in der Rhetorik Verwendung finden. Etwa in der Sentenz „panta rhei – alles fließt“ und der daraus abgeleiteten These „Das einzig Beständige ist der Wandel“. Auch in der Werbung sind Paradoxa durchaus populär:
Beispiele:

„Umckaloabo – unaussprechlich – aber ausgesprochen gut“
„Dacia: Das Statussymbol für alle, die kein Statussymbol brauchen“

Eagleman weist darauf hin, dass das unbewusste System 1 bereits positiv stimuliert ist, „wenn Ideen nebeneinander gestellt werden, um eine Assoziation herzustellen und das Gefühl zu vermitteln, dass der Zusammenhang vertraut und richtig ist“ (Eagleman, S. 80).

Reim – Alliteration – Rhythmisierung

Der neurolinguale Effekt von Reimen wurde am Beispiel der Stabreime (Alliterationen) bereits beschrieben. Ihre Verwendung in der Rhetorik ist eher als „Kunstelement“ einzustufen und sollte daher nicht übertrieben werden. Gleichwohl kennen wir sehr einprägsame und auch erfolgreiche Beispiele wie etwa „Feuer und Flamme“, „gut und gern“ etc. (vgl. Schlüter, Grundkurs, S. 28 f.). Besonders wirkungsvoll ist der Refrain, der Rhythmisierung einer Textzeile mit ihrer Wiederholung verbindet – weltberühmt etwa Shakespeares Refrain „– und Brutus ist ein ehrenwerter Mann“, den Antonius in seiner Rede zum Tod von Julius Cäsar im gleichnamigen Drama mehrfach wiederholt. Erwähnenswert sind auch die mehrfachen Rhythmisierungen in der Rede von John F. Kennedy vor dem Schöneberger Rathaus 1963: „Ich bin stolz, …“, „Ich bin ein Berliner“ und „Sie sollen nach Berlin kommen“ (vgl. Gesamttext bei Schlüter, Grundkurs, S. 275 f.; Wieke, Handbuch Rhetorik, S. 130 f.), sowie die Wiederholungen und Rhythmisierungen in der Rede von Martin Luther King „I have a dream“.

Reimformen spielen aufgrund ihrer wirkungspsychologischen Bedeutung auch in der Werbung eine große Rolle:

Beispiele:

Erasco (Konserven): „Das Gute daran ist das Gute darin"
Whiskas (Tierfutter): „Katzen würden Whiskas kaufen" – geschweifter Stabreim (k.. – w.. – w.. – k..) und ein zweigliedriges Versmaß (Trochäus)

Betonung (Emphase) – Verniedlichung (Diminutiv)

Die Bedeutungsveränderung, die bekräftigenden oder reduzierenden Wortausdrücken zukommt, ist leicht verständlich. Mit ihnen will der Redner zumeist unmittelbar und offen etwas unterstreichen oder relativieren. Aber auch ironische Verwendungen von Emphasen oder Verniedlichungen sind gängige Praxis.
Beispiele:

„Er war ein Politiker, ein begnadeter Politiker, wie man ihn sich nur wünschen kann." (Emphase)
„Das war nicht unbedingt eine Meisterleistung, die wir da abgeliefert haben." (Diminutiv mit Nähe zur Litotes)

Aber Vorsicht: Übertreibungen gerade in der höchsten Steigerungsform haben vor allem in werbe- und privatfinanzierten Medien eine gnadenlose Inflation erfahren, die jeden Konsumenten allmählich abstumpfen lässt. Ein Redner sollte daher durchweg vorsichtig mit derartigen Übertreibungen sein, will er nicht riskieren, dass man seinen Stil marktschreierisch nennt.

Detaillierungen – Raffungen

Diese Stilformen von Detaillierung oder Komprimierung möglicher Fakten sind durchaus attraktiv, da sie ein klares Zeichen für (gezeigten oder komprimierten) Reichtum an Einzelfakten und -argumenten des Redners darstellen. Die neurolinguale Wirkweise und Effizienz ist analog der Metapher bzw. Hyperbel; sie muss daher nicht weiter beschrieben werden.
Beispiele:

Detaillierung
„Wir wollten die Steuern senken – und wie?
Wir haben die Einkommenssteuer gesenkt
Wir haben die Gewerbesteuer gesenkt
Wir haben die Umsatzsteuer gesenkt

Wir haben die Grundsteuer gesenkt …" (verbunden mit der Stilform des sogenannten Parallelismus, s. u.)

Raffung
„Anstelle aller Steuersenkungen lassen Sie mich eines ausführen: Die Steuerlast sank in den letzten 4 Jahren von 32 Prozent auf 26 Prozent. Das heißt: Statt 1000 Euro müssen Sie heute nur noch 940 Euro Steuern zahlen – wir lassen 60 Euro bar in Ihrem Geldbeutel."

Umschreibungen (Paraphrase) – Beschönigung (Euphemismus)

Beispiel:

„Ich wehre mich gegen den Vorwurf der verantwortungslosen Entlassung; richtig ist, dass wir mit dem Betriebsrat hart verhandelt haben und als Ergebnis einen unvermeidbaren sozialverträglichen Stellenabbau verwirklichen müssen. Dies sichert viele Hundert Arbeitsplätze dauerhaft."

Die hier gezeigte begriffliche Beschönigung steht dafür, statt einem lakonischen, klaren Wort eine detaillierende Beschreibung (oder Definition) abzuliefern; damit sind natürlich gegebenenfalls auch Umwertungen des eigentlichen Objektes verbunden und rhetorisch beabsichtigt. Euphemismen sind als beschönigende Formulierungen auch ein Sonderfall der schon beschriebenen Maxime „positiv formulieren"; daher gilt für sie die bereits ausgesprochene Empfehlung, damit wohl dosiert umzugehen. Der Redner sollte vermeiden, dass man am Schluss ihn selbst mit einem abfälligen Euphemismus als „rhetorische Kosmetikkraft" bezeichnet.

Auch Umschreibungen sowie Einschübe haben eine detaillierende Funktion, mit der der Redner bewusst Einzelheiten zu seinen Kernaussagen hinzufügen will.

Neurolingual sollen diese Kunstfiguren dazu dienen, das unbewusste System 1 und in seiner Folge auch das bewusste System 2 vergleichbar einem Prime mit wertenden Details gezielt zu versorgen, um so die kognitive Aufnahme des Gesagten gezielt zugunsten der Absicht des Redners zu beeinflussen.

Wortspiele

Wortspielereien nutzen die Möglichkeit aus, einen Begriff in seinem situativen Doppelsinn zu verwenden und damit als Redner Humor, Heiterkeit und Fein-

geist zu zeigen. Dies gilt auch für die Verwendung vieler Aphorismen, die in Zitatform Humor und Einfallsreichtum transportieren.
Beispiele:

> „Wer wird diese Sittenwächter selbst bewachen?" (Juvenal: „Quis custodiet ipsos custodes?")
> „Eine halbe Wahrheit ist nie die Hälfte einer ganzen." (Karl Heinrich Waggerl)
> „Die Wiener machen aus ihrer Mördergrube ein Herz." (Fritz Kortner)

Wortspiele stellen in der neurolingualen Analyse einen gezielten Bruch für den üblichen Mechanismus der Denkheuristik dar („irgendwas passt da nicht automatisch"). Sie lösen damit einen ähnlichen Effekt aus wie Gegensätze: In beiden Fällen erregt eine gedankliche Anomalie die Aufmerksamkeit von System 1, das in der Folge auch das bewusste System 2 aktiviert. Beide Systeme lernen geradezu mit erhöhter Aufmerksamkeit einen neuen Zusammenhang, der für sich genommen erneut überraschend kohärent sein kann. Das ist ein zentrales Element des Empfindens einer Information als witzig. Der souveräne Einsatz eines Wortspiels lässt den Redner in der Bewertung des Hörers als vorbereitet und geistreich erscheinen. Und da der Hörer das Wortspiel verstanden hat, verschafft ihm dieser Erkenntnisgewinn das schmeichelhafte Gefühl, mit dem geistreichen Redner auf einer Wellenlänge zu sein.

Anspielung (Allusion)

Die Anspielung ist eines der heikelsten rhetorischen Instrumente: Der Redner verwendet ein Wort, einen Begriff oder eine Metapher, die für das Publikum klar doppeldeutig ist, weil mit ihr etwas anderes assoziativ verbunden ist. Auf der zweiten Bedeutungsebene wird also eine eigene Botschaft codiert übermittelt. Dies gilt etwa für Gerüchte über andere Personen oder Doppeldeutigkeiten, die sogar ehrverletzend oder (sexuell) belästigend sein können.
Beispiel:

> „Donald Trump ist uns gegenüber offen wie bei seiner Steuererklärung."

Codiert weiß jeder, dass Donald Trump sich beharrlich weigert, seine Steuererklärung zu veröffentlichen. Also wird dies als Anspielung auf ein verheimlichendes, unehrliches und täuschendes Verhalten verwendet und diese Wertung in Bezug auf seine Person aktuell gesetzt.

Das Spiel mit Gerüchten und Doppeldeutigkeiten kann aber dort gefährlich werden, wo sich der Redner in Richtung einer üblen Nachrede begibt – und strafrechtliche Verfolgung riskieren muss. Man kann hier etwa auf Jan Böhmermann und sein berühmt-berüchtigtes Gedicht „Schmähkritik" auf den türkischen Präsidenten Erdogan verweisen, um zu erkennen, was das heißt und was auch eine Anspielung auslösen kann.

Doppelung – Häufung

Die Aneinanderreihung mehrerer Begriffe als Verstärkung einer zentralen Aussage des Redners war als rhetorisches Stilmittel schon in der Antike populär. **Berühmtes Beispiel**: Julius Cäsar: „Veni – vidi – vici" (noch dazu ein dreifacher Stabreim!). Der Satz wurde als Trias auch im Deutschen: „Ich kam – sah – und siegte" eine stehende Redewendung (s. auch oben S. 218 zur Addition).

Eine weitere bekannte Trias-Reihe ist etwa: „Blood, sweat and tears" – die buchstäbliche „Blut, Schweiß und Tränen-Rede" von Winston Churchill.

Auch Doppelungen haben offenkundig eine verstärkende Wirkung:

„Niemals, niemals würde er …"
„Immer, immer wäre es …"
„Vergebens, ja zutiefst vergebens waren …"

Damit kann einer Botschaft der gewünschte Nachdruck verliehen werden. Es handelt sich bei dieser Figur daher auch um einen wichtigen Fall der Emphase: Die Wortbedeutung wird gezielt durch Hinzufügung der gleichen oder bedeutungsverstärkender Wörter betont: „Er war ja nur ein Mensch, ein sündiger Mensch und kein Übermensch."

Kahneman (S. 94) verweist hierzu auf Untersuchungen, in denen solche Dreiergruppen mit einer kohärenten Sinnbedeutung eine messbare Stimmungsverbesserung bei Probanden hervorrief. Die „kohärente Trias" bewirkte das Gefühl der intuitiven Kohärenz und führte zu einer kognitiven Leichtigkeit, die wiederum eine überproportional bessere Akzeptanz der Botschaft auslöste.

Aufzählung (Asyndeton)

Wie bei der Häufung findet bei der Aufzählung eine verstärkende Aneinanderreihung von Informationen bzw. Botschaften statt, ohne dass verbindende Präpositionen wie etwa „und" eingesetzt werden; die Satzstruktur wird faktisch aufgelöst (vgl. Schlüter, Grundkurs, S. 39).

Beispiele:

„So war er, so starb er, so wird er leben für alle Zeit" (Zitat nach Grillparzer bei Schlüter, Grundkurs, S. 39). Dies zeigt, dass solche rhetorischen Figuren gegebenenfalls auch sehr gut geeignet sind für **Gelegenheitsreden**, konkret hier für einen Nachruf!

„Die Daten sind vielversprechend, sie werden das Produkt zum Erfolg führen, sie werden die Zukunft unseres Unternehmens garantieren" – eine rhetorische Anwendung der Aufzählung in einer **Sachrede**, um den Abschluss einer Präsentation zu bilden.

Auslassung (Ellipse) – Satzbruch (Anakoluth) – Syllepse – Zeugma

Diese rhetorischen Figuren beziehen sich im Wesentlichen auf Veränderungen **ganzer Sätze**. Auch hier können die 4 zentralen rhetorischen Instrumente von Weglassungen, Umstellungen, Zufügungen und Ergänzungen zu einer Verstärkung des rhetorischen Effektes führen:

1. Auslassung (Ellipse): Der bewusste Verzicht auf einzelne Satzteile, insbesondere das Prädikat.

Beispiele:

„Was nun, Frau Bundeskanzlerin?" statt „Was wird die Politik nun tun, Frau Bundeskanzlerin?" als klassischer Titel einer Fernsehdiskussionsreihe.
„Der Rest ist …" (nach Hamlet)
„Nobody is …" (nach Billy Wilder)
„Aber wir wissen, wo ein Wille ist …"
„Diese Schwaben können alles, außer …"

Diese Formulierungen zeigen exemplarisch die neurolinguale Wirkung der Auslassung: Das unbewusste System 1 hat die Satzbedeutung kognitiv voll erkannt, bevor der Satz zu Ende gesprochen wird und es gibt System 2 auch das Satzerkennungsmuster vor, wie er zu beenden ist. Die praktizierte kognitive Leichtigkeit dieser Aufgabe verstärkt den rhetorischen Eindruck beim Zuhörer signifikant, er erfährt die „Freude des mühelosen Denkens" als Haupteffekt des sogenannten Mere-Exposure-Effektes (vgl. Kahneman, S. 89 f.; Eagleman, S. 79 ff.).

2. Satzbruch (Anakoluth): In dieser rhetorischen Figur wird zwar (meistens) der ganze Satz ausgesprochen, er wird allerdings gezielt unterbrochen oder umgestellt, um einzelne Satzglieder zu betonen oder Spannung zu erzeugen.

Dies gilt etwa für Sportreportagen im Rundfunk, die vom Reporter als „Mauerschau“ (Teichoskopie) dem Radiohörer präsentiert werden. Hier zeigt sich die Bedeutung der Rhetorik auch in Alltagssituationen, die für Millionen von Zuhörern von enormer Wirkung sind.

ex\ **Genickbruch für den HSV**

Aus der Berichterstattung über die Begegnung Bayern München gegen den HSV am 25. Februar 2017, die 8:0 für Bayern endete (sinngemäß nach „Heute im Stadion", Bayern 1):

„Hummels eröffnet mit einem weiten Pass – rechts startet Arjen Robben – der Ball liegt bei Alaba – präzise Vorlage – Robben zieht hinein – Hackentrick Müller zu Coman – der Torwart kommt zu spät – Einschlag im rechten oberen Toreck – perfekt vorgetragen in nicht einmal 10 Sekunden – das ist der Genickbruch für den HSV – Sieben zu Null – eine Genugtuung für Ancelotti nach all den schwierigen Wochen in der Bundesliga."

In dieser Fachreportage, die für jeden Nichtkenner des Fußballs völlig unverständlich wäre, präsentiert der Reporter eigentlich permanent nur Satzfetzen (im Sinn des klassischen Anakoluth). Gleichwohl haben die kundigen Zuhörer als Fußballfans (und Zielgruppe des Radioberichts) im unbewussten System 1 die entsprechenden Handlungsabläufe derart verinnerlicht, dass sie kognitiv sofort von der Spannung erfasst werden, die der Reporter in Wort und vokaler Präsentation der Reportage wiedergibt. Der Reporter hat damit seine rhetorische Aufgabe souverän gelöst.

Der Anakoluth sollte allerdings in der normalen Rede nur dort eingesetzt werden, wo über Einschübe oder Satzbrüche bewusst Betonungen und Heraushebungen beabsichtigt sind.

Beispiel:

> „Das Abkommen von Minsk ist – adressiert an alle Seiten – die alleinige Basis für den weiteren Friedensprozess in der Ostukraine“ (sinngemäß nach Außenminister Frank-Walter Steinmeier).

Daneben ist der Anakoluth in der modernen Jugend- und Rappersprache aktuell sehr beliebt, insbesondere in Liedtexten und der neuen Kunstform des „poetry slam“. Als Beispiel zitiere ich das Lied des deutschen Rappers Bausa „Was du Liebe nennst“ vom Herbst 2017. Es ist mittlerweile einer der erfolgreichsten Hip-Hop-Songs in deutscher Sprache (Copyright: Sony für den Text,

Bertelsmann Music Group US für die Musik) und vor allem gewaltfrei, hassfrei und rassismusfrei – was in dieser Szene nicht immer leicht ist.

Was Du Liebe nennst – Kurzer Textauszug
Von Bausa

Baby, gib mir mehr von dem, was du Liebe nennst
Auch wenn es keine Liebe ist, ich liebe es
Hilf mir zu vergessen, was war
Ich park' mein Herz bei dir heute Nacht, yeah
Also gib mir mehr von dem, was du Liebe nennst
Auch wenn es keine Liebe ist, ich liebe es
Hilf mir zu vergessen, was war
Ich park' mein Herz bei dir heute Nacht (heute Nacht, Baby)

Ich roll' einen Jib' (roll' einen Jib'), wir werden high, jaja
Mix' Tonic mit Gin mal zwei, Baby
Deine Liebe (deine Liebe) ist kalt wie Eis (wuh)
Ich lass' sie schmelzen, wenn du weißt, was ich mein'
Oh Baby, gib mir mehr von deiner Fakelove (ja)
Und ich rede nicht von diesem scheiß Drakesong
Erfüll' dir Wünsche wie bei Dragon Ball, Shénlóng
Komplett auf Harmonies, voll auf Sendung ...

Songwriter: Julian Otto / David Kraft / Jonas Nikolaus Lang / Joachim Piehl / Tim Wilke / Martin Peter Willumeit.

Altertümlicher Ausdruck – Neubildung (Neologismus) – Fremdwort

In der Rhetorik stellt das Auswechseln von Wörtern und ihre Ersetzung durch ungewöhnliche Synonyme ein sehr beliebtes Stilmittel dar. Mit ihm will der Redner zumeist unterhaltend wirken.

1. Altertümliche Ausdrücke

Beispiele: „Sie geruhten zu tun", „wie sintemalen hochherrschaftlich gesagt zu werden pflegte", „ein Quantum Trost und ein Quentchen Glück" (in Anspielung auf einen James Bond-Film).

Derartige Wortverwendungen finden bevorzugt statt, wenn der Redner Ironie als Stilmittel einsetzen will (s. u.). Bei Gesellschaftsreden können sie gerne dann verwendet werden, wenn ein historischer Bezug zum Redethema gesetzt werden soll.

2. Wortneuschöpfungen (Neologismen): Sie zeigen, dass der Redner auf der Höhe der Zeit ist und es versteht, Aktuelles mit dem Zuhörer auszutauschen. Neu-Klassische Wörter des aktuellen Jahrzehnts sind etwa „Brexit" und die mittlerweile häufigen Abwandlungen zu Ausstiegen aller Art: „Stockexit" – das Ende der Fusionsbemühungen der Londoner und Frankfurter Börse; „Grexit" – das diskutierte Ausscheiden von Griechenland aus der Euro-Zone. Hierzu zählen auch die Neuschöpfungen „postfaktisch" sowie „alternative Fakten", die bekanntermaßen aktuelle journalistische Dispute beherrschen. Ebenso finden Neologismen Einzug in Gesellschaftsreden; denken Sie nur an den Neologismus „die Intergalaktischen", eine aktuelle Metapher für die Fußballer von Real Madrid. Sie kann etwa bei Laudationes Verwendung finden und ermöglicht dem Redner, an die aktuelle gesellschaftliche Debatte und mediale Präsenz des Vereins anzuknüpfen.

3. Fremdwörter: Der Einsatz von Fremdwörtern sollte, wie schon mehrfach dargestellt, nur überlegt erfolgen. Bei Zielgruppen, von denen der Redner weiß, dass sie Fremdwörter überwiegend nicht verstehen, sind sie zu unterlassen, weil letztlich der Redner unverständlich spricht und damit keinen rhetorischen Blumentopf gewinnen kann (vgl. auch Krieger / Hantschel, Handbuch Rhetorik, S. 74). Wo der Einsatz von Fremdwörtern gebräuchlich ist, kann er erfolgen, aber denken Sie an die zentrale Erkenntnis des Sprachprinzips „speak nudgy": Je weniger der Redner den Zuhörer kognitiv beansprucht und stresst, umso glaubwürdiger wird er vom unbewussten System 1 und damit insgesamt eingestuft!

Dosierung rhetorischer Elemente: Der Spagat zwischen Botschaft und Effekt

Eine häufige Frage in Rhetorik-Kursen lautet: „Wie oft soll ich rhetorische Figuren in meine Rede einbauen?" Die Antwort ergibt sich aus einem Grundsatz der NLI: Je länger der Redner das unbewusste System 1 in einem Zustand der kognitiven Leichtigkeit hält, je länger assoziativ gearbeitet wird und Argumente plausibel verknüpft werden – umso größer ist der rhetorische Effekt beim Zuhörer. Dies gelingt auch und gerade durch den geschickten Einsatz rhetorischer Stilmittel. Natürlich sind zentrale Aussagen der Rede vom bewussten System 2 der Zuhörer zu akzeptieren und zu übernehmen. Aber geschickte Formulierungen können die unbewusste, auch emotional wirkende Glaubwürdigkeit deutlich erhöhen: Speak nudgy – und der Zuhörer folgt dir überdurchschnittlich gut. Eine Grenze für rhetorische Instrumente ist erreicht, wenn der Text allmählich konstruiert wirkt, ja geradezu exaltiert-überdreht wird, weil sich der Redner vor lauter rhetorischen Kniffen gar nicht mehr auf die zentrale Botschaft konzentrieren kann: Was nur „schön wirkt", aber nicht fesselt, ist auch nicht rhetorisch erfolgreich.

Als **Faustregel** möchte ich Ihnen aufgrund meiner Erfahrung mitgeben: Wenn Sie mehr als **5 bis 6 rhetorische Figuren** auf einer DIN A4-Seite Manuskript haben, dann sollten Sie vorsichtig werden – dann wirken Sie als Redner allmählich nicht mehr authentisch und erzeugen das Gegenteil dessen, was Sie eigentlich beabsichtigen. Die Zuhörer werden aufmerksam, misstrauisch und beginnen unbewusst die Diskrepanz zwischen rhetorisch überladener Rede und dem, was sie an Ihnen für glaubwürdig halten, abzuwägen. Dann kann es durchaus zu dem Verdikt kommen: „Zu schön, um wahr zu sein!" Wer sich von Ihnen als Redner nur unterhalten lässt (sich an Ihnen „delektiert"), aber Ihnen nicht mehr glaubt, der wird Ihnen auch nicht folgen, wenn Sie in Ihrer Rede zur entscheidenden Handlung aufrufen, wenn Sie zum Appell kommen.

Es gibt hierzu ein bekanntes Beispiel aus der Rhetorik der Antike, das die Sache mit einer gewissen Tragik auf den Punkt bringt: Wenn Cicero endete, riefen alle entzückt „kein Sterblicher spricht schöner"; endete Demosthenes, so riefen die Athener „Krieg gegen Philipp, Krieg"! Übertragen auf die heutige Zeit lautet das Urteil: Man soll weniger von Ihnen sagen „so schön hat schon lange keiner mehr gesprochen" – sondern vielmehr am Ende der Rede überzeugt sein, dass Ihr Handlungsaufruf der richtige ist, so dass er vom Zuhörer auch definitiv befolgt wird.

4. Die rhetorische Optimierung der Einleitung

„Wer mit dem Anfang nicht zurechtkommt, kommt mit dem Ende erst recht nicht zurecht." (Montaigne)

Fast jeder Personalchef legt bei einem Vorstellungsgespräch großen Wert auf den persönlichen Eindruck, den ein Kandidat in den ersten 60 Sekunden auf ihn macht – ziemlich ähnlich verhält es sich mit dem Beginn einer Rede: Sie ist der Brückenschlag vom Redner zum Hörer, und diese erste Minute kann entscheidend sein für den Erfolg oder Misserfolg einer Rede. Gelingt es dem Redner, das Publikum in seinen Bann zu ziehen, Interesse im Publikum für sich zu wecken, dann kann er diesen Brückenschlag als Basis für seine weitere Rede und seine Überzeugungsbemühungen gut nutzen. Verfehlt der Redner dieses Ziel, breitet sich von Anfang an Desinteresse, Skepsis oder Langweile aus, und es wird immer schwerer, diesen Fehlstart während der Rede auszugleichen!

Für den gelungenen, interessanten Beginn hat die rhetorische Praxis eine Reihe von Optionen entwickelt, deren Wirkung nun auch aus Sicht der NLI gut beschrieben werden kann. Ein kundiger Redner hat da fast schon die Qual der Wahl!

„Icebreaker": Witz oder Anekdote

Beginnen Sie humorvoll – etwa mit einem Witz, einer persönlichen Anekdote oder auch einmal mit „schwarzem Humor". Ein Schmunzeln am Anfang war schon den Römern als Strategie bekannt: Sie haben diesen Kniff als „captatio benevolentiae" bezeichnet, buchstäblich das Einfangen der Gunst des Publikums. Gerade die Amerikaner als Meister des Small Talks haben diese Variation für sich entdeckt. Hierzu zählen geistreiche, humorvolle Zitate, aber auch lustige Geschichten von berühmten Persönlichkeiten bis hin zum Witz, am besten in Form von Humor des Redners über sich selbst.

Beispiel: Ein hübsches Zitat (von vielen Tausend Alternativen) stammt etwa von Jerry Lewis, über den Humor als Redethema selbst: „Mit Humor kann man Frauen am leichtesten verführen: denn die meisten Frauen lachen gerne, bevor sie anfangen zu küssen."

Die **neurolinguale Rechtfertigung** für den Icebreaker liegt auf der Hand: Ein humorvoller Einstieg beflügelt die sogenannte assoziative und kognitive Leichtigkeit im unbewussten System 1 der Zuhörer. Die ausgelöste Freundlichkeit und Offenheit ist eine gute Pforte für den gelungenen Übergang zum Hauptteil der Rede (vgl. Kahneman, S. 81 f.; zur neurolingualen Wirkung von Lächeln s. a. Thaler / Sunstein, S. 101 f.). Es gibt aber **zwei Grenzen**: das Fettnäpfchen des schlechten Geschmacks und ein Witz auf Kosten des Publikums – vergessen wir nicht: das Publikum sollte über den Redner und nicht über sich lachen!

Zitate oder Geschichten: tell a story

Zitate haben eine durchweg positive Funktion als rhetorische Figur (s. o. S. 32); das gilt natürlich auch am Anfang einer Rede. Auch eine Geschichte sorgt für Aufmerksamkeit: Die Neugierde des Publikums ist geweckt. Dabei kann die Geschichte vom Redner und seinen Erlebnissen handeln, aber auch allgemeiner Art sein.

Gerade in Predigten – als der kirchlichen Form der Gelegenheits- oder Überzeugungsrede – finden Sie eine Fülle von Geschichten. Generell darf ich Ihnen bei dieser Gelegenheit Bücher mit Musterpredigten empfehlen. Die Rhetorik hat nach ihrer Blütezeit in der Antike viele Jahrhunderte ein Schattendasein geführt. Sie konnte im Mittelalter nur in Kirchenstuben überleben und wurde von den klassischen Predigerorden dort gepflegt und bewahrt. Haben Sie daher keine Scheu, ein Priester in Ihrer Nähe oder auch die theologischen Seminare an den Hochschulen helfen gerne weiter: Manchmal freuen sie sich regelrecht über das Interesse an der Technik der „Verkündigung" (das lateinische Wort dafür heißt „praedicatio" und ist unschwer im Begriff „Predigt" wiederzufinden). **Neurolingual** ist die Wirkung gut erklärbar: Eine Geschichte oder ein Zitat setzen einen sachlichen und emotionalen Frame für den Beginn der Rede. Das bewusste System 2, aber parallel auch das unbewusste System 1 werden kognitiv beschäftigt. Gerade das unbewusste System 1 gleicht die gehörte Geschichte mit den eigenen Erfahrungen ab und bereitet damit wichtige positive Rückkoppelungen für das bewusste System 1 vor. Dies wird auch als „narrative fallacy" beschrieben: Gute erklärende Geschichten können von enormer verhaltenspsychologischer Wirkung sein (vgl. Kahneman, S. 247).

Historischer Rückblick

„Die Geschichte wiederholt sich – und jedes Mal kostet es mehr." (Halldór Laxness, isländischer Literaturnobelpreisträger 1955)

Dieses **Beispiel** zeigt die Wirkung eines historischen Zitates, das schon vor 60 Jahren Gültigkeit hatte, und es belegt die These, dass vieles von dem, was im Internet-Zeitalter passiert, auch nur eine Wiederholung ist. Da viele der heutigen Themen also wirklich nicht so aktuell sind wie man meinen möchte, ist ein Rekurs auf Vergleichbares in der Geschichte etwas, was die Aufmerksamkeit des Publikums auf sich ziehen kann: Aber bitte keine Langatmigkeiten am Anfang! Selbst bei der historischen Redegliederung ist die eingehende Beleuchtung der Vergangenheit eine Angelegenheit des Hauptteiles. Und noch wichtiger: Bitte halten Sie als Leser inne und denken über Ihre Reaktion nach, die Sie innerlich zu dem Zitat von Laxness hatten. In den weit überwiegenden Fällen haben meine Seminarteilnehmer diesem Zitat spontan zugestimmt – **ohne weiteres Überlegen**.

Wir sind damit bei der **neurolingualen Bewertung** dieses Instrumentes: Ich gehe davon aus, auch Sie haben (nicht?) bemerkt, wie ich Ihr assoziativ arbeitendes System 1 mit dem unbewussten Faible für eine Geschichte soeben komplett auf eine Straße der Plausibilität (und nicht der Wahrheit) gebracht habe (vgl. Kahneman, S. 247 ff., S. 476 ff.). Jetzt müsste ich nicht mehr viel aufwenden, Sie weiter auf diesem Weg zu führen, da Sie voll auf dem Weg der „narrative fallacy“ sind.

Persönliches Erlebnis oder aktuelles Ereignis

Diese beiden Möglichkeiten, eine Rede erfolgreich zu beginnen, basieren auf der Grundannahme, dass das vom Redner erzählte Ereignis schlichtweg wahr ist oder für wahr gehalten werden kann, sowohl das persönliche Erlebnis als auch das – etwa auch in den Medien schon gehörte – aktuelle Ereignis. **Neurolingual** ist der ausgelöste Effekt nunmehr bekannt: Beides gelangt an das unbewusste System 1; dieses wird die Informationen mit seiner strukturellen Neugier, aber auch mit der Unterstellung, das Gehörte müsse nicht nachgeprüft werden, dem weiteren Gedankenfluss zugrunde legen. Es führt daher zu einer kognitiven Leichtigkeit, die das bewusste System 2 positiv beeinflusst (vgl. Kahneman, S. 82 f., S. 85 f.). Und das Faible beider Systeme für Geschichten ist damit buchstäblich „angetriggert“ (vgl. Eagleman, S. 175 f.). Damit hat der Redner erfolgreich auch die Brücke zum Hauptteil gebaut – die nur noch der sachlichen Verknüpfung bedarf.

Einleitungsfrage

Beispiel: „Woran denken Sie bei dem Lied ‚Yesterday‘?“

Wir werden uns noch eingehend mit der Fragetechnik beschäftigen müssen (s. u. S. 251 ff.) – eines nur vorweg: Das menschliche Gehirn ist blind darauf trainiert, eine Frage sofort zu verinnerlichen und insbesondere mit der unbewussten „Assoziationsmaschine“ System 1 Antworten auf die gestellte Frage zu finden. Es ist eines der zentralen „Subprogramme“ unseres Gehirns, das sich in den vielen Jahrmillionen der Evolution der Hominiden in unser Gehirn buchstäblich eingebrannt hat: Frage = Problem – also finde Lösung, um zu überleben (vgl. Eagleman, S. 87 ff., S. 103 f. sowie u. a. S. 227 f.).

Fragen können daher wie kaum ein anderes rhetorisches Instrument führen und die Gedankenströme des Gefragten zu den gewünschten Themen lenken. Die Fragestellung kann dabei durchaus kurz das Wissen des Publikums ansprechen – sofern die Antwort aus dem Publikum nicht zu lang ausfallen würde: Der Redner will ja aus der kurzen Einleitung kohärent in den Hauptteil weiterfahren. Die Frage sollte griffig kurz oder mit Ja oder Nein beantwortbar sein, da der Redner den Gedankengang des Publikums faktisch programmiert hat. Als Fragetyp werden für die Einleitung daher weniger W-Fragen empfohlen (Wer – Was – Wann – Warum etc.), da diese nicht einfach mit Ja oder Nein beantwortet werden können (vgl. Lay, S. 115). Zulässig sind natürlich auch rhetorische Fragen, die per definitionem nur eine Antwort erlauben:

> „Haben Sie sich schon einmal über die unverschämt hohe Steuerzahlung an das Finanzamt geärgert?"
> „Kommen eigentlich Handwerker pünktlich zu Ihnen?"
> „Wer von Ihnen benutzt eigentlich **kein** Navigationssystem im Auto?"

Ein kleiner Hinweis, lieber Leser – Sie haben diese Fragen soeben auch beantwortet; auch Sie konnten sich dem mächtigen Subprogramm Ihres Denkens nicht entziehen, das lautet: Wenn du gefragt wirst – dann suche sofort die Antwort. Deswegen können Sie verlässlich darauf setzen: Auch Ihr Publikum lässt sich mit Fragen führen!

Die übereinstimmenden Antworten meiner Studierenden auf die Frage nach „Yesterday" lauten übrigens: Beatles – Abschied – Melancholie – Trauer – Cello. Gute Ansätze für einen Einstieg in Gelegenheitsreden zum Thema Abschied, Trauer etc.: Der Redner kann sicher sein, dass der Frame dieses Liedes bei den meisten Zuhörern ähnlich vorstrukturiert wird.

Die Feigen des Cato – Überraschungseffekte

Zu Beginn eine **ungewöhnliche Aktion**, die das Publikum so nicht erwartet hat – und die Aufmerksamkeit ist dem Redner zumindest für die ersten Minuten sicher. Kahneman (S. 170 f.) beschreibt als Grundmerkmal des unbewussten System 1 die Fähigkeit, Erwartungen festzulegen und **überrascht zu sein**; es ist eine Fähigkeit, die dem Gehirn der Säugetiere und der unterschiedlichen Hominiden-Gattungen vermutlich in Jahrmillionen ihrer Existenz das Überleben in einer feindlichen Umwelt gesichert hat.

Legendäres **Beispiel** sind die Feigen des römischen Senators Cato – das ist der Redner, den viele im Gymnasium kennengelernt haben, weil er jahrzehntelang in Rom forderte, Karthago zu zerstören („ceterum censeo Carthaginem esse delendam"). Einmal fielen bei einer dieser Reden zu Beginn wie zufällig riesige afrikanische Feigen aus seiner Toga, die von allen Anwesenden im Senat bewundert wurden. Sinngemäß verwies Cato darauf, dass diese Feigen aus Karthago stammten und ein schlagkräftiges karthagisches Heer Rom ebenso schnell erreichen könnte wie diese delikaten frischen Früchte. Karthago stelle also eine permanente Bedrohung dar, und ein derart fruchtbares Land werde sich niemals auf Dauer unterwerfen. Irgendwann machten Rom und Karthago dann tatsächlich ernst. Cato erlebte jedoch um drei Jahre nicht mehr die Früchte seiner Politik: die vollständige Zerstörung Karthagos.

Das Zeigen von Objekten, Gegenständen, Bildern oder auch akustische Präsentationen sind schlicht ungewöhnlich für die meisten Reden. Daher hat der Redner, der diese Mittel verwendet, entsprechend der altrömischen Theorie die „captatio attentionis" im Überraschungsmodus erreicht. **Neurolingual** haben Sie das unbewusste System 1 (neben dem bewussten System 2) schlichtweg mit seiner Neugierde an den Haken genommen und können nun mit der Lösung der Präsentation eine plausible Geschichte darbieten, die den weiteren Verlauf der Rede gezielt heuristisch und emotional begleitet (s. dazu auch Kahneman, S. 168 ff.). Die Demonstration sollte natürlich nicht zu überladen sein – ein der Rede dienender Effekt genügt. Neben der unmittelbaren Aufmerksamkeit kann sich der Redner auch eines weiteren Effektes sicher sein: Viele Zuhörer (vielleicht auch der Professor in Ihrem Seminar) erinnern sich an die Demonstration und damit auch an den Redner länger, weil sie einfach ungewöhnlich war! Eines der Hauptziele einer gelungenen Rede ist damit sicher erreicht.

Pause machen

Wer hat das nicht schon erlebt: Man will mit einem Vortrag beginnen, aber das Publikum ist noch völlig abgelenkt und schwätzt notorisch. Der eindeutige Tipp: Wagen Sie eine Pause, bleiben Sie stumm – und das Publikum wird verstummen. Aber wichtig: Bleiben Sie freundlich – Sie können es sich nicht leisten, das Publikum emotional gegen sich aufzubringen!

Die Pausentechnik werden wir auch noch als elementaren Bestandteil des richtigen Sprechens näher behandeln.

Provozieren oder schockieren

Die Aufmerksamkeit Ihres Publikums wird Ihnen dann sicher sein, wenn Sie es herausfordern und damit wiederum für einen Überraschungseffekt sorgen.

Beispiele hierfür können etwa sein: Sie vertreten (zum Schein) zu Beginn das Gegenteil dessen, was man von Ihnen erwartet. Oder Sie zeigen oder besprechen etwas Schockierendes: Wie wäre es bei einem Vortrag zum Thema Vegane Ernährung mit einer „tierischen Speise" oder gleich einem toten Tier?

Die rhetorische Wissenschaft kennt dieses Stilmittel seit Langem; gleichwohl kommt es in der Praxis doch eher selten vor und kann daher besonders wirkungsvoll sein.

Der erzielte Effekt ist dabei aus **neurolingualer** Sicht zweigeteilt: Zum einen spricht der Überraschungseffekt sicher dafür, die ungeteilte Aufmerksamkeit mit einer Provokation auf sich zu lenken. Bereits das unbewusste System 1 verfügt über die evolutionär entwickelte Fähigkeit, blitzschnell neue Situationen mit vorhandenen Erkenntnissen zu vergleichen und im Fall einer nicht unerheblichen Abweichung in einen „Überraschungsmodus" zu schalten. Dies ist ein Kernelement der sogenannten „Verfügbarkeitsheuristik". Damit verbunden ist die sofortige unbewusste Suche nach möglichen Ursachen für die Abweichung, um gegebenenfalls Antworten und Lösungen zu finden. Dies wird vom System 2 bewusst gesteuert und bei Bedarf auch neu justiert (vgl. eingehend Kahneman, S. 170 ff.). Überraschung = Aufmerksamkeit: Ein Effekt, auf den der Redner fast naturgesetzlich in seiner rhetorischen Strategie zählen kann.

Zum anderen muss allerdings unbedingt sorgfältig geprüft werden, was der Redner dem Publikum zumuten will, wie weit er gehen will: Der Redner sollte insbesondere vermeiden, dass er das Publikum gegen sich selbst aufbringt. Dies kann etwa dadurch geschehen, dass Zuschauer ihn ausdrücklich als „geschmacklos" zu titulieren beginnen. Wer etwa mit Bildern aus dem Schlachthof schockieren will, setzt sich womöglich dem Vorwurf aus, der Tierquälerei auch noch Vorschub zu leisten. Neurolingual würde in dieser Situation in der Regel eine unbewusste Abwehrreaktion von System 1 als Auslöser für bewusst geäußerte Ablehnung von System 2 fungieren. Wird diese auf den Redner projiziert, hat er es mit einem negativen Halo-Effekt zu tun (vgl. Kahneman, S. 247), und dieser dürfte sich in der Folge nur schwerlich komplett korrigieren lassen.

Dieses Stilmittel ist daher häufig im künstlerisch-rhetorischen Segment vorzufinden, wo man Provokationen mitunter geradezu erwartet. Ein berühmtes **Beispiel** für die Provokation des Publikums von Anfang an liefert Peter Handke in seinem Stück „Publikumsbeschimpfung".

Absolute Don'ts in der Einleitung

Die Einleitung einer Rede bietet neben der Chance, vieles richtig zu machen, natürlich auch die Gelegenheit, einiges von Anfang an gnadenlos zu versemmeln; denken Sie an das Zitat von Montaigne zu Beginn dieses Kapitels. Im Mittelpunkt stehen dabei Aussagen, die entweder die eigene Performance des Redners in ein schlechtes Licht rücken oder negative Bewertungen des Publikums enthalten: Damit hätte das Publikum einen Steilpass erhalten, um die Vorstellung des Redners von Anfang negativ zu bewerten, mit der Folge, dass das Feedback des Publikums auf den Redner negativ wirkt, mit der weiteren Folge, dass der Redner das häufig zumindest intuitiv bemerkt und in der Regel schon durch das Unterbewusstsein geleitet in die emotionale Defensive gerät und so weiter: **Neurolingual** ist die Teufelsspirale in den rhetorischen Abgrund jedenfalls zu diesem Zeitpunkt schon sperrangelweit geöffnet. Der schon angesprochene **negative Halo-Effekt** bei den Zuhörern wäre damit voll durch den Redner selbst in Aktion gesetzt worden (vgl. Kahneman, S. 247).

Für diese typischerweise als **Anfangsfehler** vorkommenden Phänomene kennen wir folgende Fallgruppen:

a) Schlechte Selbstinszenierung:

- Der Redner entschuldigt sich, weil er kein guter Redner sei oder gerne langweile. Hierzu lässt sich plakativ Folgendes festhalten: Wenn die Einleitung einer Rede wie der Beginn eines Flirts (mit dem Publikum) ist (und das ist eine wirklich gute Metapher!) – haben Sie schon je einen Flirt mit der Entschuldigung begonnen, Sie seien kein guter Liebhaber oder ziemlich langweilig? Diese Selbsterniedrigung ist völlig unangebracht, denn letztlich will ja jeder Redner sein Bestes geben.
- Der Redner entschuldigt seine mangelnde Vorbereitung: Abgesehen davon, dass jeder Prüfungs- oder Seminarvortrag damit in den Augen des prüfenden Dozenten und der mitleidenden Zuhörerschaft schon fast dem Untergang geweiht ist – kann es eine größere Missachtung des Publikums

geben als das Eingeständnis, man wolle für es keine angemessene Zeit aufwenden?

- Der Redner entschuldigt seine Funktion, nur als Vertreter zu sprechen: An sich wäre doch genau das die einmalige Chance gewesen zu zeigen, dass man besser ist als der an sich vorgesehene Redner. Erfahrungsgemäß können ehrgeizige und gute Redner „aus der zweiten Reihe" gerade in solchen Situationen besonders punkten! Und wenn Sie diese Chance nicht nutzen, müssen Sie wirklich nicht lange auf die selbst provozierte Beurteilung im Publikum warten: „Jetzt wissen wir, warum eigentlich sein Chef sprechen sollte ..."
- Der Redner entschuldigt die mangelnde Kommunikationstechnik im Saal: Auch hier ist Vorsicht geboten! Sollte der Redner für die Technik verantwortlich sein, ist er natürlich mit der Frage konfrontiert, warum die technische Vorbereitung mangelhaft war. Ansonsten kann die schlechte Technik eine gute Chance sein: für klaren, lauten und einprägsamen Vortrag des Redners! Wir werden später noch das Beispiel von Demosthenes kennen lernen, der lernte, so laut und klar zu sprechen, dass man ihn auch in der Meeresbrandung verstand: Jetzt wäre die Chance für Sie gegeben, gegen die Meeresbrandung anzureden!
- Der Redner spricht zu Beginn zu unverständlich, insbesondere zu schnell: ein klares Indiz für eine signifikante Unsicherheit und Nervosität des Redners. Das unbewusste System 1 arbeitet in der Regel jetzt in einem Alarmmodus und das spürt natürlich auch der Zuhörer bereits unbewusst.

b) Schlechte Publikumsbewertung: Der Redner kritisiert, dass (zu) wenige Zuhörer im Saal oder die wirklich wichtigen Adressaten seiner Rede abwesend sind. Auch hier gilt der eiserne Grundsatz: keine Publikumsbeschimpfung. Der Redner sollte die geringe Zuhörerzahl als Chance darstellen! Jetzt hat er die Möglichkeit, intensiv mit den anwesenden Zuhörern zu kommunizieren, vielleicht auch Zwischenfragen in Redepausen zuzulassen und ihr Interesse zu loben!

Wie man sieht, wären diese Klippen gar nicht schwer zu umschiffen. Das Bemerkenswerte ist nur, wie viele Redner dennoch in diesen Untiefen Schiffbruch erleiden.

5. Der Schluss – ein unvergessliches Finale

„Eine Rede ist wie eine Liebesaffäre. Jeder Dummkopf kann damit anfangen. Sie zu Ende zu bringen erfordert einige Geschicklichkeit." (Lord Mancroft)

Stellen Sie sich vor, Sie haben eine wirklich gute Rede gehalten. Sie waren passabel vorbereitet, es gab eine gute Einleitung, Sie haben mit einer hervorragenden Argumentation gepunktet und insgesamt eine plausible Schilderung Ihrer Einstellung vermittelt – und dann geht Ihnen buchstäblich die Luft aus: Sie verzichten auf einen Schlussappell, es fehlt jede intelligente finale Sentenz. Sie bedanken sich schlicht, gehen ab und wundern sich im Stillen, dass Sie in irgendwie ratlose Gesichter sehen.

Der Schluss entscheidet über den Erfolg der Rede; hier zeigt sich abgerundet und kondensiert die Essenz, die der Redner vortragen wollte. Dabei ist sorgfältig funktional zwischen den einzelnen Redeformen zu unterscheiden. **Jede Redegattung hat eigene finale Anliegen**:

Im **Sachvortrag** ist es das Einprägen der Kernbotschaften der präsentierten Informationen. Diese sollen dauerhaft vom Zuhörer verinnerlicht werden, verbunden mit einem positiven Eindruck vom Redner.

In der **Gelegenheitsrede** ist es die Kulmination des gemeinsamen Stimmungsbildes in der Feststellung, dass der Redner die Gefühle aller geradezu auf den Punkt gebracht hat.

In der **Überzeugungsrede** ist es die Artikulation des gemeinsamen Willensentschlusses von Redner und Publikum, der Aufruf zu einer Entscheidung oder Tat.

Auch **neurolingual** kann das Redeziel nur dann erreicht sein, wenn die Kernbotschaft der jeweiligen Rede dauerhaft sowohl im unbewussten System 1 verankert ist als auch vom bewussten System 2 der Zuhörer Zustimmung artikuliert wird. Um das zu erreichen, gibt es wieder einige Instrumente, die in der Lage sind, dieses zentrale Ziel der Rede wirkungsvoll zu unterstützen. Sie wurden von der klassischen Rhetorik entwickelt und können als Bestandteil der Rhetorik-Matrix ihre Wirkung nunmehr umso besser entfalten.

6 Schlussoptionen – positiv und negativ

1. Kurze Zusammenfassung: Sie kann angekündigt werden, da damit erfahrungsgemäß auch die Aufmerksamkeit des Publikums noch einmal gesammelt erreicht wird. Neurolingual ist die kurze Zusammenfassung die „finale, komprimierte Geschichte". Das Publikum erwartet bewusst und auch unbewusst geradezu, dass die zentralen Erkenntnisse auf dem Tablett präsentiert werden. Damit hat auch der Redner die große Chance, seine Kernbotschaften noch einmal prägnant zu verankern. Im Erfolgsfall wird dafür das Publikum auch ersichtlich dankbar sein: Es lernt buchstäblich noch einmal die Essenz der Rede und kann sie im Unterbewusstsein dauerhaft speichern.

2. Zitat: Ein gutes, knappes Zitat ist dann richtig, wenn es die vom Redner angestrebte Kernbotschaft prägnant wiedergeben kann. Dann kann sich der Redner von der Autorität des Zitaturhebers ausdrücklich unterstützen lassen. Neurolingual ist dies die Aktivierung des positiven Halo-Effektes in Reinkultur an einer entscheidenden Redestelle. Das Zitat kann sehr gut etwa mit dem Schlussappell verknüpft werden.

3. Blick in die Zukunft: Gerade bei Gelegenheitsreden und dem Sachvortrag bietet sich ein „dramatischer Schlussappell" nicht unmittelbar an; hier kann ein Ausblick in die Zukunft die Redebotschaft plastisch werden lassen und beim Publikum Hoffnung auf eine gute Wendung, auf eine ersehnte Lösung generieren. Der Schluss kann auch die richtige Stelle sein, einen Wunsch auszusprechen, künftig die richtigen Entscheidungen zu treffen und richtig zu handeln. Die Rede von Martin Luther King „I have a dream" ist wohl das bekannteste Beispiel der jüngeren Geschichte dafür. Neurolingual wirkt eine derartige Verstärkung der Stimmungslage messbar auf die kognitive Akzeptanz des Gesagten durch System 1 mit der daraus resultierenden emotionalen Voreinstellung von System 2 (vgl. Kahneman, S. 93).

4. Emotionen des Publikums beeinflussen: Viele Überzeugungsreden lassen nicht unmittelbar eine gewünschte Handlung (etwa in Form der Stimmabgabe) zu. Ein klassisches **Beispiel** in Deutschland ist das jährliche Ritual des politischen Aschermittwochs: Das Publikum aller Parteien erwartet in alkoholgeschwängerten niederbayerischen Bierzelten rhetorische Kraftmeiereien, um die eigene Partei und natürlich auch sich selbst als Zuhörer als das / den / die beste zu bejubeln. Zumeist liegen entscheidende Wahlen noch Monate fern, die politische Öffentlichkeit verfolgt gewohnheitsmäßig dennoch mit Interesse ein Hin- und Herwogen der politischen Stimmungsbarometer. Daher muss jede

Parlamentspartei kraftvoll rhetorisch Flagge zeigen. Und wehe, ein Redner würde in der Öffentlichkeit oder den Medien nicht als springender Tiger, sondern als zahmer Bettvorleger aus dieser Mega-Rhetorik-Show hervorgehen. Auch wenn aus solchen anlassbezogenen Überzeugungsreden keine direkten Handlungen entspringen können, die neurolinguale Konsequenz liegt auf der Hand: Es gilt, das Publikum abschließend emotional auf Kurs zu halten und affirmative Ziele anzusteuern, die sich mit folgenden Schlagworten verbinden: „Ja, wir hatten schon immer die richtige Meinung" bzw. „Genauso denken wir und so werden wir künftig handeln". Das Ziel heißt also „aufheizen" – es verbindet sich bei gelungenen Reden mit dem Jubel für den Redner und seiner dauerhaften positiven emotionalen Verankerung bei den Zuhörern.

In Sachvorträgen oder Gelegenheitsreden geht es naturgemäß zurückhaltender zu: Der Redner muss auch hier dem Redezweck dienen und diesen behutsam mit einer durchaus emotionsbetonten Botschaft abschließen. Neurolingual soll die Rede das unbewusste System 1 der Zuhörer im Grundtenor der Rede mit der Schlussaussage kognitiv stimmig verabschieden und dem bewussten System 2 eine kohärente abschließende Sentenz liefern. Hier kann durchaus einmal ein nachdenklicher Blick angebracht sein, wenn negative Aussichten präsentiert werden müssen oder eine Trauerrede die Anwesenden mit Ratlosigkeit und Sorgen zurücklässt. Man hüte sich allerdings vor allzu viel Pessimismus; er könnte die kollektive Emotionalität so weit herunterziehen, dass der Erfolg der Rede darunter massiv leiden würde. Neurolingual würde dann das unbewusste System 1 der Zuhörer allmählich den Redner mit seinen massiven negativen Botschaften zu identifizieren beginnen. Derartige negative Projektionen wären das Gegenteil eines rhetorisch geglückten Auftrittes.

5. Zur Handlung auffordern: Der Kernerfolg der Überzeugungsrede ist im Idealfall erreicht, wenn der Redner den schlussendlichen Appell setzen kann und ihr auch die unmittelbare, vom Redner angestrebte Handlung durch das Publikum oder die einzelnen Zuhörer folgt. Der kognitive Eindruck des unbewussten System 1 und des bewussten System 2 stimmt dann überein, so dass die Entscheidung unmittelbar ausgelöst wird: Handeln im Sinn des Redners.

Erstaunlicherweise liefert eines der besten rhetorischen **Beispiele** hierfür aktuell nicht die Politik – es sind die als Produktpräsentation „getarnten" Überzeugungsreden von Steve Jobs für seine Mega-Produkte I-Tunes, I-Phone und I-Pad. Sie setzen sich klar von vielen durchschnittlichen Verkaufspräsentationen ab (die ja nichts anderes als Überzeugungsreden sind, mit dem klaren Ziel, zu einem Produktkauf zu animieren). Normalerweise gibt es dann in den meisten

Fällen höflichen Applaus für die Rede, aber letztendlich keinen Umsatz. Nach Thaler / Sunstein (S. 64 f., S. 67 ff.) stellen wir dann fest, dass in der neuronalen Entscheidungsarchitektur weder das bewusste System 2 als strategische „Planungsinstanz" noch das unbewusste System 1 als situative „Handlungsinstanz" bereit sind, konkret Geld und Ressourcen als Folge der Rede einzusetzen. Bei seinen weltweit übertragenen Reden erreichte Steve Jobs am Schluss hingegen tatsächlich das rhetorische Ideal: Hunderttausende standen Schlange, um das neueste Produkt zu erwerben. Denken Sie an den oben beschriebenen rhetorischen Unterschied zwischen Cicero und Demosthenes: Für die Rhetorik geht jedenfalls Steve Jobs als Demosthenes des 21. Kaufjahrhunderts in die Annalen ein.

Vergleichbare Effekte können Sie durchaus bei den Wahlkampfreden der großen Kontrahenten unmittelbar vor dem entscheidenden Wahltag erleben; ganz gleich ob Deutschland, Frankreich oder die USA: Die Spitzenpolitiker haben ihre Reden dann so verinnerlicht und kämpfen so entschlossen um jede Stimme, dass nicht nur hartgesottene Parteimitglieder, sondern auch die Mehrheit der Wahlbürger überzeugt und zum Handeln animiert wird: Man stimmt frenetisch zu und konserviert seinen Handlungsentschluss zur Stimmabgabe bis zum Wahltag.

6. Keine Schlussfloskeln! Die Tatsache, dass man sie immer wieder hört, macht sie nicht besser. „Ich glaube, dass ich nun das Wesentliche gesagt habe und am Ende bin" – seien wir ehrlich, nach diesem Satz hoffen das garantiert auch die Zuschauer! Dies gilt auch für die Versuchung, wahre „Dankesorgien" anzustimmen, wie wir sie etwa bis zum Überdruss bei vielen Preisverleihungen und anderen Anlässen miterleben müssen.

Es gilt die Richtschnur: Der Schluss darf nicht zu ausladend sein. Wir sind nicht in der Oper oder Sinfonie, die stilistisch am Ende mit einer überladenen Coda oder Apotheose prunken. Gerade wenn das Ende vom Redner selbst angekündigt wird, er sich aber noch einmal minutenlang verzettelt, kann im Publikum ganz leicht emotionale Frustration und Unmut über diese Verkennung der selbst evozierten Erwartungshaltung entstehen. Zielgerichtete Effizienz ist im wahrsten Sinn des Wortes „angesagt"; der Redner sollte sich gerade auf den Schluss gut vorbereiten und die vorgehenden Empfehlungen beachten, damit dieser „sitzt" und gelingt.

Eine Glaubensfrage wird mir zum Schluss fast immer gestellt: Soll der Redner dem Publikum überhaupt danken? Offen gesagt: Wenn Ihre Rede perfekt ist und gut ankam, sollte das Publikum eigentlich Ihnen dankbar sein! Und in der Regel wird das ja auch durch einen Schlussapplaus oder das zustimmende „Tischklopfen“ zum Ausdruck gebracht. Ein kurzes „Danke“ als rhetorischer Schlusspunkt ist aber durchaus eine zulässige finale Zäsur.

IX. Die rhetorische Gestaltung des Hauptteils

Wir haben nun schon eine Fülle an rhetorischen Stilmitteln und Details bearbeitet, mit denen eine Rede wirkungsvoll angereichert werden kann. Besonders für den Hauptteil der Rede fehlen aber noch wichtige Informationen zu generellen Stilmitteln, auf die unbedingt einzugehen ist, um ein vollständiges Bild der voll funktionstüchtigen Rhetorik-Matrix zu vermitteln.

Fragetechnik – das Publikum will gelenkt werden!

Wie wir bereits gesehen haben, können sowohl in der Einleitung als auch am Schluss Fragen des Redners eine bedeutende Rolle spielen: Um wieviel mehr wird das dann für den Hauptteil einer Rede gelten!

„Wer fragt, der führt“ (vgl. Lay, S. 115): Diese zentrale Erkenntnis hat in der Rhetorik nichts von ihrer Aktualität verloren. Gerade das Verkaufsgespräch zwischen Verkäufer und Kunden zeigt, wie wichtig es ist, in einer zielgerichteten Kommunikation die richtige Fragetechnik zu beherrschen, um das zentrale Ziel, den Verkauf eines Produktes, zu erreichen. Ein Blick in die Trefferliste der Suchmaschine Google zum Thema „Vertriebsgespräch – Fragetechnik“ genügt, um die enorme Bedeutung dieses Themas zu erfassen. Aber auch die diagnostische Fragestellung im Bereich der Juristen, Ärzte und Therapeuten zeigt die immense Bedeutung dieser Technik: Wer von uns fühlte sich nicht schon durch eine behutsame, auf Fragen gestützte Anamnese bei einem Arzt besonders gut aufgehoben? Den Standard dafür gibt der sogenannte Calgary-Cambridge-Leitfaden zur Patientendiagnostik. Er ist ein Musterbeispiel für eine wissenschaftliche Methodik, die gerade mit einer guten Fragetechnik gute Diagnoseergebnisse erreicht (abrufbar unter http://www.each.eu/teaching/resources/ccl-german/; zur Fragetechnik s. a. Adler, Anamnese und körperliche Untersuchung, S. 307). Diese Methodik ist letztlich für alle sozialen Berufe und die zwischenmenschliche Interaktion von Bedeutung.

Durch richtige Fragen können aber auch in Reden Überzeugungen gezielt verstärkt werden: Diese wichtige Funktion für die Rhetorik müssen wir daher eingehend behandeln. Wie schon dargestellt, ist die unbewusste „Assoziationsmaschine“ System 1 geradezu darauf abgerichtet, erkannte Probleme und Fragestellungen sofort zu verinnerlichen (vgl. Kahneman, S. 127 ff.). Fragen können unter Ausnutzung der evolutionsbedingten Erfahrungen aus Jahrmillionen sehr subtil die Gedankenströme des Gefragten zu den Themen lenken, die der Redner ausführen will. Mit der Aktivierung des tief im Unterbewusstsein verankerten Frage-Antwort-Mechanismus kann aus der **gewünschten Zielantwort** heraus die notwendige Frage formuliert werden. Wenn die Antwort beim Zuhörer als bekannt unterstellt werden darf, dann „kitzeln Sie das Gehirn aber nicht nur momentan" (vgl. Eagleman, S. 79). Wenn ein Proband eine Aussage schon einmal gehört hat, dann glaubt er diese Aussage eher und zwar unabhängig davon, ob sie wahr oder falsch ist (vgl. Eagleman, S. 80). Diese sogenannte „Wahrheitsillusion" kann damit bei der Fragetechnik zusätzlich gezielt dazu verwendet werden, dass der Zuhörer eine Antwort für noch glaubwürdiger hält und diesen positiven Eindruck natürlich auch auf den Redner projiziert. Die **Basisstrategie der neurolingualen Fragetechnik** lautet somit: Welche Aussage will ich vom Zuhörer als Antwort auf meine Frage bekommen und meiner Rede zugrunde legen, um meine Ziele zu erreichen? Diese Antwort muss das Ziel der Fragen sein oder komprimiert: **Die Frage muss der Antwort folgen!**

Die Kommunikationstheorie hat dazu etwa ein Dutzend unterschiedlicher Fragearten herausgearbeitet. Wenn es allerdings um die Redesituation geht, können nur solche Fragen sinnvoll eingesetzt werden, die den Redemonolog wie dargestellt unterstützen. Die Antwort des Publikums bedeutet die inhaltliche Festlegung auf eine bestimmte Meinung. Sollte diese in die falsche Richtung gehen, hat der Redner ein erhebliches Problem.

Lassen Sie uns also die wichtigsten rhetorisch relevanten Fragearten im Folgenden behandeln:

Offene Fragen

Offene Fragen zeichnen sich auf der Frageseite durch die bekannten „W"-Fragewörter aus: „Was, wer, warum, wofür, weshalb, wo etc." Konsequenz: Die Antwort auf diese „Neugierdefragen" kann ziemlich ungelenkt und breit ausfallen. Offene Fragen können daher sehr schnell zu Antworten führen, die dem Redner nicht so ohne Weiteres ins Konzept passen. Die Fragestellung sollte daher in einer Rede schon thematisch eingeschränkt sein und zu „konzeptkonformen" Antworten führen. Das folgende **Beispiel** zeigt die relevanten Unterschiede:

„Wann waren Sie das letzte Mal krank?"

Oder:

„Wann waren Sie das letzte Mal so krank, dass Sie zum Arzt mussten?
Waren Sie froh, eine Krankenversicherung zu haben?“

Es liegt auf der Hand, dass bei einer Rede zur Sinnhaftigkeit von Krankenversicherungen die zweite Frage sinnvoll ist.

Offene Fragen eignen sich thematisch besonders gut für die Einleitung: Hier können Sie das vorgegebene Thema noch relativ weit ansprechen und dann gezielt eingrenzen. Im Hauptteil der Rede sollten Sie unbedingt Vorsicht walten lassen und sich auf die Antworten konzentrieren, die Sie erfragen wollen.

Geschlossene Fragen

Geschlossene Fragen sind gemäß der allgemeinen Definition solche, die grundsätzlich mit Ja oder Nein beantwortet werden können. Ein aktuelles **Beispiel** aus der Volkswirtschaft lautet: „Sind Sie mit der Null-Zins-Politik der EZB einverstanden“? Neben den Antworten „ja“ oder „nein“ ließe sich sicher auch ein unentschlossenes „weiß nicht“ vorstellen. In der Regel kann ein erfahrener Redner im weiteren Redeverlauf die Antwort aber wie von ihm gewünscht eingrenzen. Dies geht so weit, dass er am Schluss seiner Ausführungen die Antwort auf eine Möglichkeit fixieren kann – und zwar auf die, die seiner thematischen Absicht entspricht.

Die rhetorische Frage

Die rhetorische Frage geht noch einen Schritt weiter als die geschlossene Frage: Sie lässt in der Regel beim Gefragten nur noch eine Antwort zu. Beispiele aus dem politischen Diskurs, hier konkret von der CSU beim politischen Aschermittwoch:

„Hat die Flüchtlingswelle 2015 die Aufnahmefähigkeit der Bundesrepublik bis an die Belastungsgrenze strapaziert?“
„Ist es gut, wenn Flüchtlinge nach Deutschland kommen können, ohne dass sie sich integrieren wollen?“

Auch bei der rhetorischen Frage muss aus der gewünschten Zielantwort heraus die notwendige Frage formuliert werden. Wichtig ist, dass der Redner gerade diese Antwort beim Zuhörer als bekannt unterstellen kann. Ist dies der Fall, dann verstärkt sich der gewünschte rhetorische Effekt auch aus neurolingualer Sicht signifikant (s. o.).

Suggestivfragen

Suggestivfragen sind an sich offene Fragen, die aber durch geschickte Formulierung auf eine bestimmte Antwort reduziert werden. Es handelt sich also um „geschlossene Fragen im Täuschungsgewand einer offenen Frage". Ein **Beispiel** soll zeigen, wie gezielt aus offenen Fragen mit wenigen Kunstgriffen wirkmächtige Suggestivfragen produziert werden können:

> „Hätte die Finanzkrise nach Lehman-Brothers tatsächlich vermieden werden können?"

(Offene Frage, die mindestens vier Antworten zulässt: ja, nein, wahrscheinlich, möglicherweise abgemildert.)

> „Liebe Parteifreunde, sind Sie nicht auch der Auffassung, dass die Finanzkrise nach Lehman-Brothers durch ein vernünftiges Frühwarnsystem hätte vermieden werden können?"

Die Formulierung greift mit geschickten „Leitwörtern" an, um die Antworten einzuengen. Diese Formulierungen sind zum Beispiel (vgl. Ruhleder, Rhetorik & Dialektik, S. 178): „doch auch", „sicher", „etwa", „wohl auch – oder nicht" etc. Bemerkenswert ist, dass das Instrument der Suggestivfrage in der Rechtswissenschaft gerade für die Vernehmungstechnik entwickelt wurde; die damit verbundene Instrumentalisierung und ihr Lenkungspotenzial sind in der Praxis vielfach bewiesen.

Die neurolinguale Funktion von derartigen Fragen in der Rede ist damit multipel: Wie schon dargelegt eignen sich Fragen besonders gut dafür, die Mechanismen der kognitiven Heuristik im unbewussten System 1 zu stimulieren. Kahneman verweist auf das Phänomen, dass wir die Antwort aus dem Unterbewusstsein heraus schon zu kennen glauben, bevor wir uns mit der Frage bewusst beschäftigen können; sie ist uns buchstäblich „eingefallen" – also vom unbewussten System 1 schon unterbreitet worden (vgl. Kahneman, S. 129, S. 132 f.).

Hinzu kommt eine weitere bemerkenswerte emotionale positive Steigerung beim Hörer zum Frage-Antwort-Verlauf. Dieser erfüllt wesentliche Eigenschaften der sogenannten kognitiven Leichtigkeit: Was gefragt wurde und was ich darauf antworte, erscheint wahr; es fühlt sich vertraut an, die Erkenntnis erscheint mühelos; es ist eine klare Darstellung. Kahneman bringt die Resultate einer geschickten rhetorischen Frageführung durch den Redner auf den Punkt: „Sie glauben das, was Sie hören, vertrauen Ihren Intuitionen und haben das

Gefühl, dass die(se) gegenwärtige Situation in einer angenehmen Weise vertraut ist" (Kahneman, S. 82). Das Unterbewusstsein hat so eine tiefgreifende Überzeugungs-Beziehung zum Redner aufgebaut, die es nur weiterzuleiten gilt! Auch eine geschickte Frageführung kann die kognitive Wahrnehmung positiv steigern und Wahrheitsurteile beeinflussen (vgl. Kahneman, S. 94; Eagleman, S. 80).

Zitate und Sprichwörter

Zitate und Sprichwörter spielen auch im Hauptteil der Rede eine große Rolle. Wie schon dargelegt greift beim Verweis auf anerkannte Autoritäten der Mere-Exposure-Effekt: System 1 glaubt der Aussage ausgewählter Persönlichkeiten. Dazu kann es auf unbewusste Erinnerungen seines sogenannten impliziten Gedächtnisses (vgl. Eagleman, S. 79 f.) zurückgreifen. Es gerät in einen Zustand kognitiver Leichtigkeit, der auch emotional positiv stimmt und die Bereitschaft verstärkt, das Gehörte zu glauben (vgl. Kahneman, S. 90 f.). Als Beispiel kann ich viele Einsatzstellen von Zitaten in diesem Buch anführen: Wie Sie bemerkt haben, verwende ich ebenfalls gerne Zitate – ich bin überzeugt, dass die meisten Leser dies als hilfreich für das Textverständnis und die Aktivierung ihrer kognitiven Leichtigkeit akzeptieren. Zitate erleichtern mir also mein didaktisches Anliegen. Aber Vorsicht: Auch hier sollte die richtige Dosierung nicht überzogen werden. Ein Zitat alle 4 bis 5 Minuten (also etwa alle 1,5 Seiten Konzepttext) ist ein wohl akzeptabler Richtwert.

Beispiele und Geschichten oder Anekdoten

Im Hauptteil der Rede sind Beispiele und (durchaus auch bekannte, Hauptsache interessante!) Geschichten von großer Relevanz für den rhetorischen Eindruck. Neben der prinzipiellen Neugierde des Hörers auf eine interessante Geschichte kann der neurolinguale Eindruck der kognitiven Leichtigkeit hinzukommen: Die Information spricht eine wiederholte Erfahrung an, das implizite Gedächtnis des unbewussten System 1 hat dafür sogar Beispiele, die Information erscheint daher wahr und fühlt sich gut an (vgl. Kahneman, S. 82; Eagleman, S. 79 f.). Die im deutschen Sprachraum verbreitete rhetorische Beweisführung nach dem Kant'schen Ideal des Dreischrittes „These – Argument – Beispiel" ist zudem besonders geeignet, um Beispiele wirksam unterzubringen. Der Redner bewegt sich dabei auf positiv bekanntem Terrain und schafft damit sowohl strukturell als auch emotional beste Voraussetzungen für die positive Aufnahme seines Arguments.

Sie sind nun sicherlich einverstanden, wenn ich meine Ausführungen mit **zwei Zitaten zu Beispielen** untermauere:

> Plinius der Jüngere (vor 2000 Jahren!): „Die Menschen werden am besten durch Beispiele belehrt."
> Charles Fox (britischer Politiker des 18. Jahrhunderts): „Beispiel nützt zehnmal mehr als Vorschrift."

Ich muss vermutlich nicht weiter darlegen, welche Wirkmechanismen ich jetzt auch bei Ihrem unbewussten System 1 aktiviert habe. Auch für den Appell „speak nudgy" sind Beispiele von enormer Wirkung. Thaler / Sunstein präsentieren in ihrem Buch „Nudge" vor allem im Kapitel „Der Herde folgen" eine Fülle von Beispielen, die sogar für das politische Verhalten ganzer US-Bundesstaaten entscheidungsprägend waren. Selbst die Steuerehrlichkeit kann durch positive Beispiele verbessert werden (vgl. Thaler / Sunstein, S. 97 f.).

Die positive Wirkung von Beispielen und Zitaten kann in geeigneten Fällen auch dadurch gesteigert werden, dass sie gezielt **vor** der These und den Argumenten eingesetzt werden. Damit folgen Sie dem sogenannten **induktiven Dreisatz** „Beispiel – Argument – These": Er kann gerade bei besonders bekannten oder sehr deutlichen Beispielen im unbewussten System 1 die Überzeugungsbildung bei den Zuhörern noch verstärken.

Humor und Ironie

> *„Ein ernster Mensch sein und keinen Humor haben, das ist zweierlei."*
> *(Arthur Schnitzler)*

Die Fähigkeit, einen Vortrag auch im Hauptteil mit Humor oder einer ironischen Passage zu bereichern, ist für jeden Redner ein ziemlicher Pluspunkt! Wenn mitten in einer engagierten Argumentation ein Witz oder Ironie präsentiert wird, reagiert das Publikum in der Regel sehr dankbar auf diese Auflockerung. Dabei gilt auch hier die klassische Definition der Ironie: Der Redner sagt das Gegenteil dessen, was er meint (vgl. Schlüter, Grundkurs, S. 36).

Beispiel: „Herr Draghi – von dem wir alle wissen, dass er ein Fan hoher Zinsen ist – will also nun das Ankaufprogramm für Anleihen ausweiten; ist das gut für den Sparer?“ Wie jeder weiß, hat Herr Draghi die Nullzinspolitik der EZB zu verantworten; es handelt sich also konkret um Ironie gekoppelt mit dem Stilmittel einer rhetorischen Frage.

Aus neurolingualer Sicht lässt sich der Wirkmechanismus gut erklären, ähnlich zum Einstieg in eine Rede mittels eines Icebreakers: Die assoziative und kognitive Leichtigkeit im unbewussten System 1 der Zuhörer ist aktiviert und gute Laune ist für das Unterbewusstsein ein Signal, dass alles eher gut läuft und man weniger auf der Hut sein muss (vgl. Kahneman, S. 91). Die Kontrolle des bewussten System 2 lockert sich und der Aufmerksamkeitspegel sinkt. Dies ist eine gute Gelegenheit für den Redner, mit Argumenten zu punkten, die in erster Linie bereits für das unbewusste System 1 plausibel sind. Es ist eine verblüffende wissenschaftliche Erkenntnis, die Kahneman wie folgt zusammenfasst: „Kognitive Leichtigkeit ist sowohl eine Ursache als auch eine Folge einer positiven Gemütslage“ (Kahneman, S. 93). Beim Einsatz von Humor im Hauptteil Ihrer Rede sollten Sie allerdings **zwei Hinweise** unbedingt beachten: Bitte verwenden Sie auch hier keinen Witz auf Kosten des Publikums. Die Gefahr, dass Sie damit eine schlechte Grundstimmung provozieren, ist zu groß. Des Weiteren sollten Sie sichergehen, dass Ihre Ironie verstanden wird. Denken Sie daran: Es gibt Rohrkrepierer auch in der Rhetorik! Wenn Ironie nicht bemerkt wird oder eine Pointe wirkungslos verpufft, lässt der Redner das Publikum ratlos zurück und hat eine Chance zu punkten vertan (vgl. Krieger / Hantschel, Handbuch Rhetorik, S. 103).

Wiederholungen – Anapher – Refrain

Unter den rhetorischen Stilfiguren nehmen Wiederholungen von Wörtern, Satzstrukturen und Sätzen eine Sonderstellung ein: An sich fallen sie nicht unter das gängige Schema einer rhetorischen Abweichung vom normalen Sprachgebrauch, dennoch ist die Wiederholung per se das Indiz dafür, dass der Redner den Bedeutungsgehalt seiner Aussage steigern will (vgl. zum Folgenden u. a. Schlüter, Grundkurs, S. 27 ff.).

Neurolingual führen Wiederholungen zu einem Eindruck der kognitiven Leichtigkeit infolge der Wiederholung eines beliebigen Reizes. Der Mere-Exposure-Effekt tritt bereits dann ein, wenn die wiederholten Wörter rasch, also beispielsweise getaktet in der Rede präsentiert werden. Des Weiteren haben Wiederholungen nach den verhaltensökonomischen Untersuchungen des amerikanischen Psychologen Robert Zajonc (Zajonc, Mere Exposure, S. 227) eine positivere Einstellung zu den Wörtern im unbewussten System 1 zur Folge, die sich kognitiv-emotional auswirken kann: Man bezeichnet diesen speziellen Effekt auch als „Wahrheitsillusion“: Allein die Tatsache, dass man eine bestimmte Aussage schon einmal gehört hat, lässt sie im Wiederholungsfall glaubwürdiger erscheinen. Das galt im Test sogar dann, wenn die Wissenschaftler den Testpersonen zu Beginn mitteilten, dass die Aussagen, die sie hören würden, falsch seien (vgl. Eagleman, S. 80).

Sehen wir uns wichtige Einsatzmöglichkeiten des Stilmittels Wiederholung im Folgenden näher an:

a) Doppelungen: Ein berühmt-berüchtigtes **Beispiel** für den Einsatz einer sogenannten rhetorischen Doppelung ist die „Ehrenwort-Rede“ des früheren Ministerpräsidenten von Schleswig-Holstein, Uwe Barschel, in der Pressekonferenz vom 18. September 1987:

> „Über diese Ihnen gleich vorzulegenden eidesstattlichen Versicherungen hinaus gebe ich Ihnen, gebe ich den Bürgerinnen und Bürgern des Landes Schleswig-Holsteins und der gesamten deutschen Öffentlichkeit mein Ehrenwort – ich wiederhole: Ich gebe Ihnen mein Ehrenwort! – dass die gegen mich erhobenen Vorwürfe haltlos sind.“ (Quelle: Wikipedia, „Barschel-Affäre“)

In diesen wenigen Zeilen setzte Barschel gezielt die folgenden rhetorischen Figuren ein:

- Doppelung der Satzteilstruktur: „gebe ich Ihnen, gebe ich den Bürgerinnen und Bürgern […] und der gesamten deutschen Öffentlichkeit“, verbunden mit einer Klimax (Steigerung) der Adressaten.
- Doppelung der Zentralaussage: „gebe ich Ihnen […] mein Ehrenwort – ich wiederhole: ich gebe Ihnen mein Ehrenwort“

Die Absicht war klar: Uwe Barschel wollte mit allen Mitteln, auch dem massiven Einsatz von rhetorischen Stilfiguren, die gegen ihn erhobenen Behauptungen aus der Welt schaffen, er würde mit kriminellen Machenschaften seinen politischen Kontrahenten Björn Engholm verleumden wollen. Das bittere Ergebnis: Barschel misslang seine Strategie mit einer bemerkenswerten rhetorischen Konsequenz. Seit dieser Zeit ist das „Ehrenwort“ als Mittel der Gegendarstellung unter deutschen Politikern diskreditiert, bis es dem Exkanzler Helmut Kohl in der Parteispendenaffäre gelang, den Wert eines „Ehrenwortes“ endgültig zu ruinieren.

b) Anapher: Aufeinander folgende Sätze oder Satzstrukturen beginnen mit den gleichen Worten. Ein bekanntes Beispiel sind die Zeilen des Internationalen Arbeiterliedes: „Brüder, zur Sonne, zur Freiheit – Brüder, zum Lichte empor". Diese Anapher ist enorm populär und damit auch im kollektiven impliziten Gedächtnis vieler potenzieller Hörer derart verankert, dass Redner sie gern auch als Zitat verwenden.

c) Refrain: Der Redner wiederholt während seiner Rede eine prägnante Aussage im ganzen Satz oder als Satzteil. Ein sehr bekanntes Beispiel der Gegenwart ist US-Präsident Donald Trump. Er verwendet als Refrain mit gezielter rhetorischer Absicht die Aussage „Make America great again". Allerdings steht ihm dafür eindeutig nicht die Urheberschaft zu; der Slogan wurde schon von Ronald Reagan vor 30 Jahren für seine damalige Präsidentschaftskampagne entwickelt und verwendet. Gleichwohl nutzt Trump nun die damit verbundenen neurolingualen Effekte sehr erfolgreich: Es gibt wohl keinen politisch interessierten Bürger mehr, der diesen Refrain nicht buchstäblich verinnerlicht hat.

Provokation

Auch im Hauptteil einer Rede kann eine Provokation des Publikums ein interessantes rhetorisches Instrument darstellen. Die Aufmerksamkeit des Publikums steigt auf jeden Fall, wenn es etwa im Rahmen eines extremen oder sogar abstrusen Gegenbeispiels (s. o. S. 189 f.) persönlich mit einer Eigenschaft in Verbindung gebracht wird, die das glatte Gegenteil dessen bezeichnet, was es normalerweise von sich annimmt.

ex\

Aus einer Rede zum fairen Welthandel

Sehr geehrte Damen und Herren, Sie legen doch auch Wert auf preiswerte Lebensmittel – etwa einen Liter gute Milch für ca. 45 Cent. Wissen Sie eigentlich, was Sie damit angerichtet haben? Wenn die EU die gleiche Milch für 40 Cent nach Ghana exportiert, kann ein Bauer dort seine Milch nicht mehr verkaufen, da er sie für 90 Cent produziert. Sie, liebes Publikum, sind daher mitverantwortlich für die Agrarkrise in den Ländern Schwarzafrikas – Sie sind damit auch einer der Auslöser der Flüchtlingswellen, die nach Europa rollen.

Diese Provokation dürfte neurolingual gut sitzen: Jeder Hörer fühlt sich zum einen sofort persönlich adressiert und angesprochen; dabei wird noch dazu für einen mentalen Aufruhr im unbewussten System 1 und im bewussten System 2 gleichzeitig gesorgt. Die grundsätzliche Selbsteinschätzung gerät ins Wanken. Dies wirkt umso intensiver, als jeder Human ohnehin zu Selbstüberschätzung neigt (vgl. Kahneman, S. 115 f. sowie S. 215 f.) und sich selbst üblicherweise für fair und anständig hält. Auf diese Weise hat der Redner nun die große rhetorische Chance, dem Publikum zu erklären, warum und auf welche Weise es „gut denken und handeln" kann, um die gewohnte Übereinstimmung mit dem positiven Grundbild wieder zu erlangen: Er holt das Publikum im provozierten Zustand ab und bringt es auf den beabsichtigten argumentativen Weg zurück.

Bedenken Sie aber wiederum die **Grenzen dieser Technik**: Der Redner muss vermeiden, dass er das Publikum gegen sich persönlich aufbringt. Anders als ein Künstler darf ein Redner sich nicht in der Pose des Provokateurs gefallen, sonst werden seine Appelle wirkungslos verhallen und die Rede ihr Ziel verfehlen.

Demonstration / Augenschein

„Es ist nicht leicht, mehr zu glauben, als was man sieht." (La Rochefoucauld)

Das Zeigen von Objekten und Bildern, die das Gesagte unterstützen und belegen, ist neurolingual von erheblicher Bedeutung. Es beeinflusst massiv die sogenannte „Verfügbarkeitsheuristik" des Denkens, auf die schon mehrfach eingegangen wurde: Hiernach wird insbesondere das unbewusste Denken in System 1 bei der Bearbeitung von Fragen und Themen zwangsläufig Lösungen bevorzugt präsentieren, für die es optische Beispiele im impliziten Gedächtnis verfügbar hat. Kahneman weist darauf hin: „persönliche Erfahrungen, Bilder und anschauliche Beispiele sind verfügbarer als Begebenheiten, die anderen widerfahren sind, bloße Wörter oder Statistiken" (vgl. Kahneman, S. 165 f., s. a. Beck, Behavioral Economics, S. 38 f.). Auf diese Weise wird die sogenannte „Abrufflüssigkeit" im Denken verändert. Daraus resultiert das grundsätzliche Phänomen, dass man von Dingen eher überzeugt ist, für die man Beispiele und Erinnerungen im Denken findet, als von solchen, für die man keine Beispiele hat. Ob die neuen Fakten und Argumente objektiv betrachtet überzeugender sein könnten als das vertraute Bekannte, spielt bei ihrer Bewertung dann eine untergeordnete Rolle.

Das bewusste Zeigen von (nicht zu vielen) Objekten und Bildern ist daher unbedingt zu empfehlen. Ich kann Ihnen dazu ein eingängiges Beispiel aus meiner eigenen Vortragspraxis geben: In einem Standardvortrag beschreibe ich regelmäßig die Bedeutung von Assessment Centern im Bewerbungsprozess. Ich begann dabei absichtlich ein Beispiel (mit einem bebilderten Zeitungsartikel, SZ vom 26. 2. 2017) einzubauen, das beschreibt, wie der Software-Konzern SAP Assessment Center verwendet, um Autisten für den Einsatz in seinem Unternehmen zu gewinnen. Diese wären in sonstigen Einstellungstests aufgrund ihres typischen – eher negativ bewerteten – Verhaltens zumeist durchgefallen. Wenn ich Hörer nach einer Woche, zugegebenermaßen willkürlich, befrage, was ihnen zu Assessment Centern einfällt, dann ist es häufig das Autisten-Beispiel. Obwohl unter den Befragten keiner Autist war, ist das Bild den Hörern schlichtweg verfügbar; auch und gerade weil das Beispiel so ungewöhnlich klang, ist es wohl gerade deswegen als Beleg auch für die funktionelle Bedeutung von Assessment Centern abgespeichert.

Beachten Sie, dass die Verfügbarkeitsheuristik aber nicht inflationär eingesetzt werden sollte, da dies genau umgekehrte, geradezu paradoxe Ergebnisse bringen kann (vgl. Kahneman, S. 169 ff.). Ein gutes Beispiel dafür ist die moderne Sucht, alles mit Powerpoint-Präsentationen belegen zu wollen. Wenn der Redner seine Rede auch als Powerpoint-Präsentation darstellt, dann ist aus seiner Rede eine Schreibe bzw. ein Bildpotpourri geworden und der verfolgte rhetorische Zweck völlig verpufft. Die Beispiele sind regelrecht zu einem Bilderfilm degeneriert, der vor dem Publikum abgespult wird und seine Aufmerksamkeit vom Inhalt der Rede auf eine wahllose Überfülle bildlicher Eindrücke fokussiert. Es hat daher durchaus seine Berechtigung, wenn in den meisten Parlamenten weltweit das Zeigen von Powerpoint-Folien im Plenarsaal nicht stattfindet, ja sogar nicht erlaubt ist! Denken Sie an die Feigen des Cato: weniger ist mehr.

Scheinbar verschweigen oder beiläufig streifen

In der kompositorischen Anordnung von Argumenten kann der Redner mit zwei gegensätzlichen Problemen konfrontiert sein:

a) Er muss Punkte der guten Ordnung halber erwähnen, die er eigentlich nicht erwähnen oder auf die er sich nicht konzentrieren will (Percursio / Praeteritio) oder

b) Er will bewusst Dinge erwähnen, die er nicht erwähnen sollte, von denen er sich aber Vorteile verspricht (Adjectio, vgl. Schlüter, Grundkurs, S. 47)

Sehen wir uns dazu die folgenden Beispiele näher an:

Zu a) „Im Mittelpunkt meiner Rede steht die Frage, wie Integration in kultureller Hinsicht gelingen kann; die Frage von Sicherheit, sozialen oder demografischen Aspekten ist dabei sekundär und muss hier nicht erörtert werden …" – Man zeigt oberflächlich die vollständige Kenntnis der relevanten inhaltlichen Stichworte, konzentriert sich aber effizient auf das Hauptthema.

Zu b) „Ich will heute vom politischen Programm von Marine Le Pen sprechen und sie dort entlarven – bitte ersparen Sie mir zu erwähnen, dass gegen sie auch strafrechtliche Verfahren durchgeführt wurden und noch werden" – ein durchaus wirksamer „rhetorischer Leberhaken".

Die Lösung der angesprochenen Probleme ist also stilistisch effizient erfolgt: Der Redner verkündet, etwas nicht sagen zu wollen und sagt es dann doch! Damit ist die beabsichtigte Botschaft gezielt auch neurolingual im unbewussten System 1 mit verankert und kann „subkutan" weiterwirken. Es gibt erfahrungsgemäß immer Themen, die in einer Rede mangels Zeit nicht vollständig beschrieben werden können, obwohl sie dem Redner zumindest so wichtig sind, um sie nicht völlig außer Acht zu lassen. In diesem Fall kann der Einsatz dieser Stilmittel stets helfen.

Vorgriff – Rückgriff – Einschub – Exkurs

Der Redner hat weitere kompositorische Hilfsmittel, mit denen er bewusst den geplanten Verlauf seiner Argumentation und der vorgesehenen inhaltlichen Gedankenfolge unterbrechen kann: Er kann Argumente aus der üblichen Reihenfolge „herausstanzen" und andernorts einsetzen. Damit verschränkt er die Argumentation und kann die Aufmerksamkeit der Zuhörer noch intensiver an sich binden. Hierfür kennen wir folgende Stilfiguren, die wir selbstverständlich ebenfalls neurolingual bewerten können. Als Redebeispiel verwende ich eine sinngemäß formulierte Stellungnahme der deutschen Arbeitgebervereinigung zu den sogenannten Hartz-Sozialgesetzesreformen:

a) Vorgriff: Beispiel für das Vorziehen eines Argumentationsschrittes:

„Eine Rücknahme der Hartz-Gesetze im Sozialrecht, was würde das im Einzelnen bedeuten? *Ungeachtet des Ergebnisses, das uns allen bekannt ist, und zwar einer enormen Schädigung der deutschen Volkswirtschaft*, will ich als Erstes auf die Verlängerung der Bezugsdauer des Arbeitslosengeldes eingehen."

b) Rückgriff: Beispiel für die „Wiederaufnahme" eines bereits dargestellten wichtigen Argumentationspunktes:

„Ich will nun das Resümee einer Rücknahme der Hartz-Gesetze ziehen, *denken Sie dabei alleine an die schon dargestellte fatale Wirkung einer Verlängerung des Arbeitslosengeldes*: die deutsche Volkswirtschaft würde schweren Schaden nehmen, würden auch nur einzelne Elemente dieser wichtigsten sozialen Strukturreform dieses Jahrhunderts zurückgenommen werden ..."

c) Einschub (Parenthese), Exkurs: Beispiel für einen Argumentationspunkt, der in eine laufende anderweitige Argumentation hineingeschoben wird:

„Die Einführung des Arbeitslosengeldes II als Kombination von Sozialhilfe und der Langzeitunterstützung für Arbeitslose ist sicherlich der Bereich gewesen, der den größten Einschnitt in die frühere Philosophie des Sozialdenkens gebracht hat: Fordern und Fördern – das heißt: nur dann, wenn man aktive Jobsuche betreibt, ist man berechtigt, die vollen Leistungen des Sozialsystems in Anspruch nehmen. *(Einschub:) Bei dieser Gelegenheit darf man durchaus einmal fragen, was US-amerikanische Arbeiter an Sozialleistungen erhalten, also in einem Land, dessen Pro-Kopf-Einkommen immer noch höher als in Deutschland ist.* Lassen Sie mich nun aber mit dem deutschen ALG II fortfahren ..."

Die stilistische Absicht dieser Figuren ist klar: Der Redner schlägt einen inhaltlichen Bogen innerhalb seiner Rede und belegt so, dass seine Argumente umfassend verknüpft werden können und in sich schlüssig sind. Ein Einschub verstärkt dabei das Interesse der Zuhörer, da sie angekündigt etwas Neues abseits des absehbaren Inhaltes erfahren.

Auch neurolingual gibt es für diese Stilformen eine einleuchtende Erklärung: Sie hängt mit der Verfügbarkeitsheuristik zusammen: Vor- und Rückgriffe verstärken die inhaltlich präsentierten Themen des Redners, da sie in der Regel gleichgerichtete Erfahrungen zusätzlich vermitteln. Dies verbessert die sogenannte „Abrufleichtigkeit" solcher Ereignisse im unbewussten System 1 mit entsprechenden positiven Effekten. Es gibt erfahrungsgemäß wohl immer Themen, die in einer Rede mangels Zeit in ihren Zusammenhängen nicht vollständig beschrieben werden können. Der Redner hat jedoch mithilfe dieser kompositorischen Stilmittel immer die Möglichkeit, relevante Zusammenhänge zumindest kurz ins (Unter-)Bewusstsein zu rufen.

Steigerung (Klimax) – Kette – Kreuzstellung

Mit den nachstehenden Stilmitteln kann der Redner eine inhaltliche Verknüpfung von aufeinanderfolgenden Sätzen oder Satzteilen vornehmen. Wie bei einer Arie kann dies „ansteigend“ oder „leiser werdend“ erfolgen und so durchaus hörbar einen zusätzlichen Effekt beim Hörer erzeugen.

a) Steigerung (Klimax): Hier werden verschiedene natürlich verwandte Begriffe dergestalt zusammengefügt, dass aus ihnen eine Steigerung der Bedeutungen hervorgeht.

Beispiel: „Die Arbeitslosigkeit sinkt in unserer Stadt, unserem Bundesland, in Deutschland, ja sogar in der EU!“

Auch der Klassiker von Cäsar kann hier nochmals genannt werden: „Ich kam, sah und siegte.“

Die neurolinguale Erklärung für die Wirksamkeit dieser rhetorischen Figur liegt auf der Hand: Derartige Kettenstrukturen sind durchweg einfach aufgebaut, aber einprägsam formuliert. Damit sind sie geradezu ein klassisches Beispiel für die kognitive Leichtigkeit, mit der das unbewusste System 1 diese Informationen aufnimmt und bewertet. Kahneman (S. 86) weist ausdrücklich darauf hin, dass solche flüssig aufgebauten Formulierungen von Probanden definitiv als sinnreicher beurteilt werden als Formulierungen, die diese inhaltliche Verbindung nicht haben.

In diesem Zusammenhang gibt es auch die sogenannte „abstufende Antiklimax“, die mit dem stärksten Begriff beginnt und dann schwächer wird. Sie wirkt erstaunlicherweise häufig ironisch! Hierzu ein Beispiel aus dem Parlamentsalltag: „Ihre verbalen Angriffe erschrecken aber wirklich alle – das Plenum, die Fraktionen, die Abgeordneten, ja sogar die Saaldiener.“

b) Kette: Hier nimmt der Redner im Folgesatz eine Formulierung des vorhergehenden Satzes auf, um einen inhaltlichen Zusammenhang auch durch diese Fortführung zu bekräftigen.

Beispiele: Sie jauchzte vor Glück; Glück, das sie erlebt hatte mit einem Mann; einem Mann, der sie wie noch kein anderer vorher in seinen Bann gezogen hatte.

„Was Sie an Beleidigungen sagen, ist mir egal; nicht egal ist mir aber die gefährliche und charakterlose Einstellung, die in Ihren unflätigen Worten zum Ausdruck kommt“ – bei dieser Kette wird das Schlusswort des Vorsatzes zum Anfang des Folgesatzes (Fachterminus: Anadiplose).

c) Kreuzstellung (Chiasmus): Hier werden die Satzglieder im Anschlusssatz genau umgekehrt positioniert und bilden eine ebenso einprägsame Kettenstruktur. Klassische Beispiele: „Pläne zu machen ist leicht – aber schwer sind sie durchzuführen.“ – „Lang war der Weg, der Kampf aber war kurz.“

Die rhetorischen Wirkungskiller, insbesondere die Langeweile

„Die Langeweile nimmt allem, was sie berührt, die Farbe." (Prudhomme)

Die einzelnen Elemente und Dimensionen einer gelungenen Rede zu beschreiben, ist die positive Aufgabe dieses Buches. Dabei kann man sich dem Thema auch von der negativen Seite nähern: indem man die Faktoren beschreibt, die erfahrungsgemäß bzw. rhetorisch-analytisch ein schlechtes Redeergebnis bedingen. Auf sie ist bei den einzelnen Wirkungssträngen der Rhetorik-Matrix zum Teil bereits eingegangen worden. Zusammenfassend sind dies vor allem: Themaverfehlung, keine Übersichtlichkeit des Vortrages, keine wirksame Argumentation, keine rhetorische Vielfalt, Mängel im Vortrag (Körpersprache), mangelnde Redebeherrschung und rhetorische Blockaden, insbesondere wegen Lampenfieber.

Ein gefürchtetes Phänomen steht noch aus: Es ist die vom Redner verursachte Langeweile der Zuhörer. Auch für sie gibt es neurolinguale Grundlagen, die gleichzeitig Anhaltspunkte dafür geben, wie Langeweile vermieden werden kann. Dabei ist bemerkenswert, dass die klassische Rhetorik zwar die negative Bedeutung der Langeweile kennt, eine tiefere Beschäftigung mit ihr aber zumeist unterbleibt. Langeweile ist laut Wikipedia per definitionem das „unwohle, unangenehme **Gefühl**, das durch erzwungenes Nichtstun hervorgerufen wird oder bei einer als monoton oder unterfordernd empfundenen Tätigkeit aufkommen kann". Diese Verortung als „Gefühl", also als Emotion legt die Beziehung zur Gefühlswelt und damit zu ihrem Ursprung im unbewussten System 1 offen (vgl. Kahneman, S. 37). Wesentlich ist dabei, dass dieses im Unterbewusstsein generierte oder zumindest mitgenerierte Gefühl auch ein „Zustandsvorschlag" für das bewusste System 2 ist (zur modellhaften Wirkungsweise Kahneman, S. 37): Wird dieser Eindruck der Langeweile vom Bewusstsein / System 2 unterstützt, dann wird aus dem unbewussten Gefühl auch ein bewusst erlebter und willentlich erfahrener Zustand. Der Zuhörer befindet sich damit in einem kongruent negativen Bewusstseinszustand, der sowohl im Unterbewusstsein als auch im Bewusstsein als unangenehm bewertet wird.

Hat die Bewertung einer Rede als „langweilig" das System 2 erreicht, können dadurch reflexiv auch die unbewussten Erwartungen und die Einstellung des System 1 neu eingestellt werden (vgl. Kahneman, S. 170). Wer kennt nicht selbst die Gedanken „schon wieder – immer noch – wann hört das auf"? Sie sind

Ausdruck dafür, dass das System 2 ein langweiliges Muster erkannt hat und „negativ" umschaltet. Martin Heidegger zufolge, der das Phänomen Langeweile bereits 1929 in seiner Antrittsvorlesung bearbeitete (vgl. Heidegger, Die Grundbegriffe der Metaphysik, 2.–4. Kapitel, S. 117 ff.), dürfte die langweilige Wirkung des Redners auf zwei Ebenen stattfinden:

1. Der Zuhörer ist **von** der Rede gelangweilt; sie ist also der identifizierbare Grund, den das Bewusstsein wahrnimmt.
2. Der Zuhörer langweilt sich **bei** der Rede; die Langeweile kommt damit auch aus der inneren Gefühlssituation heraus.

Diese Situation kann schlichtweg als „negativer Flow" bezeichnet werden; sie ist also das exakte Gegenteil des positiven Flows eines Menschen bei einer Tätigkeit, in der er ganz und gar aufgeht. Dafür spricht auch die von vielen Zuhörern berichtete Erfahrung, „von der Langeweile schlichtweg aufgefressen zu werden", also ganzheitlich von ihr befallen zu sein. Dies gibt auch den Hinweis darauf, warum in einer Rede alles „langweilig, wiederholend, stereotyp Wirkende" vermieden werden sollte: Es würde auf Dauer geradezu einen „überproportionalen Verstärkungs-Effekt" auslösen und die Langeweile sowohl bewusst als auch im unbewussten System 1 verstärken, mit doppelt negativen Wirkungen. Das wäre ein negativer Zustand, von dem die Zuhörer nach dem dargestellten Mechanismus nur ziemlich schwer wieder wegzuholen wären. Halten Sie es also lieber mit einem der berühmtesten und erfolgreichsten Regisseure der Geschichte – das oberste Gebot von Billy Wilder war: „Du sollst nicht langweilen."

Wesentlich dürfte bei dieser Analyse die Erkenntnis sein, dass der Zustand der Langeweile auch **vom Bewusstsein entscheidend mit beeinflusst** werden kann. Der Redner hat damit die Chance, seine Rede aktiv so zu gestalten, dass der Zuhörer nicht **von ihr** gelangweilt sein muss. Dies dürfte der Schlüssel dafür sein, aus dem bewussten System 2 heraus durch eine gute Rede auch einen kognitiven Gesamtzustand zu bewirken, in dem das unbewusste System 1 in einen Zustand der kognitiven Flüssigkeit zurückfällt. Das führt letztlich zu einer „reduzierten Vigilanz" bzw. einem reduzierten „Kritikzustand" im Hinblick auf den Redner (vgl. Kahneman, S. 171), was auch zu der unbewussten Einstellung führt: „Der redet gut, das geht in Ordnung ..."

Aber Vorsicht! Diese Erkenntnis ist keine Einladung zum permanenten Drehen von rhetorischen Pirouetten. Das bewusste System 2 kann einen Redner, der sich vor rhetorischer Finesse überschlägt, der einen Gesten-Rap produziert, theatralisch deklamiert und schlichtweg nicht authentisch, sondern geküntelt wirkt, auch mit einem Unwert-Urteil versehen, das schlagartig und tief in das Unbewusste hineinwirkt: Dampfplauderer, Theaterspieler, Demagoge (vgl. Kahneman, S. 170 f.). Rhetorische Effekte, die normalerweise attraktiv wirken würden, können so vom System 2 zum „Normalzustand" eines „Dauerredners" herabgestuft werden. Das „zu viel" hätte einen Gewöhnungs- und Abwertungseffekt ausgelöst.

Die Aufforderung der NLI an den Redner ist daher klar: Nicht zu wenig an rhetorischer Performance, aber auch nicht zu viel!

Halten

X. Der richtige Auftritt – innerlich und äußerlich

1. Der richtige psychische Tonus oder: Spannung tut dem Redner gut!

Eine Kernerfahrung eines Redners vor der Rede ist fast immer das Erleben von Nervosität und Stress: Der Pulsschlag beginnt hochzugehen, man spürt die körperliche Anspannung etwa in einem leichten Zittern, das einen befällt und das andere wahrnehmen, wenn etwa das Manuskript zu flattern beginnt. Der Druck in der Magengegend, der trockene Mund und eine angespannt-verkürzte Atmung kommen dazu. Auch wenn man noch nicht vom Lampenfieber sprechen kann (wir behandeln dieses noch später) – ich habe eigentlich keinen Redner und/oder Studierenden kennengelernt, der nicht mit diesen Stresssymptomen zu kämpfen hatte.

Selbst Kurt Tucholsky gesteht in seinen **Ratschlägen für einen guten Redner** (nicht denen für einen schlechten!) ein: „Ein Podium ist eine unbarmherzige Sache – da steht der Mensch nackter als im Sonnenbad." In dieser exponierten Stellung müssen bei jedem Menschen die Alarmglocken schrillen. Eine Stressreaktion auf die Redesituation ist also völlig normal. Es kann nur darum gehen, mit den Stresssymptomen gut umzugehen und sie sich im besten Fall sogar zunutze zu machen.

In vielen Rhetorikseminaren wird diese Anspannungssymptomatik hingegen unmittelbar mit dem Lampenfieber in Verbindung gebracht. Damit gelangt der Redetrainer zu einem exzellent beschriebenen psychosomatischen Syndrom und suggeriert seinen Schülern mit dem „Anti-Lampenfieber-Training" eine anscheinend optimale Lösung. Eine sorgfältige zeitgemäße Rhetorik darf jedoch diese Stresssymptomatik auf keinen Fall **vorschnell mit Lampenfieber verwechseln**. Das Lampenfieber ist (auch und gerade evolutionsbiologisch) hormonell ausgelöst. Davon kann bei normalem „Redestress" überhaupt keine Rede sein! Wer die falsche Diagnose voreilig stellt, liefert fast zwangsweise eine fehlerhafte Therapie mit Folgen, die den Redeschüler vollends verwirren können.

Redestress hat vor allem mit Folgendem zu tun: Der Redner schaltet mental vor einer Rede aus dem vom „schnellen Routinesystem 1" unbewusst gesteuerten Verhalten in den Zustand der mentalen Anstrengung, der vom bewusst arbeitenden System 2 geleitet wird. Die Konzentration auf die Aufgabe, eine

Rede gut zu halten, und die damit einhergehende Aufmerksamkeitssteuerung auf alles, was der Rede nutzt oder was den Redeerfolg beeinträchtigen kann – diese mentale Anstrengung ist eine der anspruchsvollsten Situationen überhaupt, der ein arbeitendes Gehirn ausgesetzt ist, sie verursacht zwangsläufig Stress. Daher ist es auch nicht verwunderlich, wenn auf eine von „gutem Stress" (Eustress) geprägte Rede eine Phase der mentalen Erschöpfung folgt. Dies ist nach den einschlägigen wissenschaftlichen Erkenntnissen der Psychologie nur konsequent. (Dabei sei der Vollständigkeit halber angemerkt, dass die mentale Erschöpfung nach „schlechtem Stress" [Distress] durchweg noch ausgeprägter ist; vgl. Schonecke / Herrmann, Psychophysiologie, S. 184 ff.).

Der Hochleistungsmodus des Gehirns sorgt aber auch dafür, dass ein Redner sich in solchen Situationen höchster Aufmerksamkeit und Konzentration geradezu in einen „Rausch" reden kann. Er ist dann folgerichtig in dem positiven Zustand, in dem das voll arbeitende System 2 geradezu mühelos agiert und von seinem unbewussten System 1 neurolingual voll unterstützt wird: Der Redner befindet sich dann im „Flow". Er ist völlig in seinem Element, der Inhalt fließt, Worte, Bilder, rhetorische Figuren kommen wie automatisch. Und das alles wird überzeugend von der Körpersprache begleitet. Das Publikum hat den Eindruck, hier spricht ein Redner authentisch, überzeugt und überzeugend. Die mentale Spannung des Redners befindet sich auf dem optimalen Hochstand, ohne durch zu wenig Anspannung oder zu viel Anspannung von einem Leistungsabfall gefährdet zu sein. Es wäre also verheerend, Redestress völlig vermeiden zu wollen. Wenn ein Redner vor einer Rede keinen Stress verspürt, dann kann es wohl keine sehr gute Rede werden.

Die Grundlagen für diese Beobachtungen wurden übrigens schon vor über 100 Jahren gelegt: Die Psychologen Robert Yerkes und John D. Dodson kamen aufgrund von Experimentreihen mit Labormäusen auch für den Menschen zu erstaunlichen Ergebnissen über die kognitive Leistungsfähigkeit in Abhängigkeit von unterschiedlichen allgemeinen nervösen Erregungsniveaus. Die wichtigste Erkenntnis war: Dieser Zusammenhang verläuft nicht linear, sondern U-förmig.

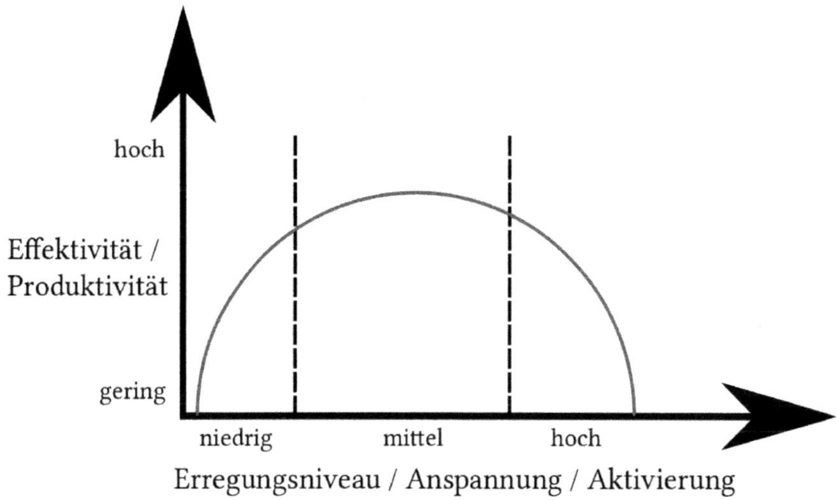

Grafik zum Yerkes-Dodson-Gesetz

Die „mentale Produktivität" steht in direkter Abhängigkeit von der mentalen Anspannung, und dieser Zusammenhang kann sich durchaus positiv auf die Leistungsfähigkeit auswirken. Unterschreitet die mentale Anspannung ein bestimmtes Niveau, ist die mentale Leistung überproportional niedrig. In einem optimalen Bereich der mentalen Anspannung ist die mentale Leistung optimal und der Flow-Zustand erreicht. Überschreitet die mentale Anspannung aber ein bestimmtes Stressniveau, so bricht die Leistungsfähigkeit schnell und dramatisch ein, bis hin zum völligen Leistungsversagen.

Solange also System 1 und System 2 abgestimmt in einem optimalen und hohen „Stresszustand" arbeiten, muss sich ein Redner trotz des Stress-Empfindens keine Sorgen machen – er ist in Bestform. Eine endgültige Untersuchung dazu, was einen guten Redner in diesen Rederausch katapultieren kann, fehlt noch. Eines ist aber sicher – ohne vielfältiges Redetraining, ohne gute Vorbereitung auf den Inhalt der Rede werden die zentralen Voraussetzungen für diesen Flow-Zustand fehlen.

Dies alles bedeutet aber umgekehrt auch: Wer beim Reden dieser Stresssituation ausweicht – etwa durch „Routinehülsendreschen" –, der muss sich nicht wundern, wenn sein Redeerfolg konkret bescheiden ausfällt, da er erheblich unter seinen Möglichkeiten bleibt und sein Wirkpotenzial nicht im Geringsten zur Geltung bringt. Aus diesem Grund ist ein wichtiger Grundsatz für eine gute Redevorbereitung, sich Folgendes klar zu machen: **Es wird stressig – und das ist gut so.** Wäre es nicht stressig, könnte ich nicht so gut werden wie ich will. Und daher bin ich vorbereitet und auf den Punkt fit und im positiven Stresszustand, der mir hilft, meine beste Leistung abzurufen.

In der jüngeren Geschichte der Redekunst gibt es ein berühmtes **Beispiel** dafür, wie ein schlecht vorbereiteter, erfolgs-entspannter und noch dazu sichtlich alkoholisierter Kanzler sich am entscheidenden Wahlabend um jede Chance der Wiederwahl brachte, weil er schlichtweg die dargestellten Grundsätze völlig ignorierte: Es war Gerhard Schröder am Abend der Bundestagswahl am 18. September 2005.

Was war geschehen: Der Kanzler hätte an diesem Wahltag um ein Haar das fast unmöglich Geglaubte geschafft; aus miserabelsten Umfragewerten noch drei Monate vorher hatte er seine Partei auf die Siegerstraße gebracht. Auch heute noch wird gerätselt, ob Gerhard Schröder daraufhin von seinem kaum für möglich gehaltenen Erfolg oder doch von einigen seiner „Sieger-Bierchen“ angetrunken war und in diesem Zustand in die sogenannte „Elefantenrunde“ im Fernsehen ging, der mindestens 10 Millionen Zuschauer verblüfft folgten. Die Folge der „Post-Stressphase“ bei Gerhard Schröder konnte jeder sehen – sein System 2 war in einem schlichtweg benebelten Zustand der Realitätsverleugnung, der Alkohol tat sein Übriges in der Fehlsteuerung von Verhalten und Sprachführung. Aus einer durchaus denkbaren Strategie, beide Spitzenkandidaten für die Kanzlerwahl auszuschalten (und damit Angela Merkel aus der Weltgeschichte rauszuhalten), entwickelte sich stattdessen der gelallte Satz, Frau Merkel werde niemals Kanzlerin werden. Schröders Verhalten rief bei allen anderen Diskussionsteilnehmern völlige Fassungslosigkeit hervor. Sein Auftritt endete in einem vollständigen Misserfolg – Angela Merkel wurde „jetzt erst recht“ Kanzlerin und Gerhard Schröder ein „elder statesman“.

2. Die Redeschwäche oder der „innere Schweinehund"

Die zweifellos herausfordernde Stresssituation, öffentlich zu sprechen, schreckt viele potenzielle Redner ab. Sie werden erfolgreich jede Redegelegenheit meiden, und das gegebenenfalls lebenslang. Diese „Sprechängstlichkeit“ oder „Redevermeidungstendenz“ fällt meist auch nicht weiter auf. Man findet im Institut, im Kollegium, im Verein immer einen, der die Aufgabe übernimmt zu reden – man ist es nur nicht selbst und die Vermeidungsstrategie sowohl des bewussten System 2 als auch des es unterstützenden System 1 wird nicht weiter wahrgenommen. Erfahrene Projektmanager nennen dies mitunter auch die „TEAM-Situation: Toll – Ein Anderer Macht's" ... Es ist erstaunlich, dass es für diese Symptomatik keinen medizinischen bzw. psychologischen Fachbegriff gibt. Die ausgeprägte Sprechangst heißt hingegen Logophobie und wird als Glossophobie bezeichnet, wenn es um die Angst geht, öffentlich aufzutreten. Bemerkenswerterweise hat die Logophobie keine eigene Codierung in der ICD-Systematik der registrierten Krankheitsbilder (eingehend: Lotzmann, Sprechangst).

Lassen Sie mich daher bewusst einen neuen Begriff für die ausgeprägte Ängstlichkeit zu reden einführen: In Anlehnung an die bekannte Lese-Rechtschreibschwäche („Legasthenie") will ich die Redeschwäche als **„Logosthenie"** bezeichnen und in die wissenschaftliche Diskussion einführen. Ich bin mir bewusst, dass es wissenschaftlich und medizinisch gefährlich ist, eine Symptomatik als Anomalität zu bezeichnen. Denn damit wird möglicherweise der Tendenz Vorschub geleistet, Abweichendes, das eindeutig noch nicht krankhaft ist, dennoch zur medizinisch-psychologischen Symptomatik zu erklären. Aus meiner Erfahrung als Rhetoriktrainer darf ich jedoch feststellen: Der Phänotyp des Logosthenikers existiert. Dabei bedarf es in der Regel nur weniger Anstrengungen, hier therapeutisch sichtbare Erfolge zu erzielen. Alleine die therapeutische Grunderkenntnis von Sigmund Freud „Aussprechen heilt" wirkt erfahrungsgemäß als Auslöser, um sich mit diesem von vielen als persönlich sehr belastend empfundenen Vermeidungsverhalten bewusst zu beschäftigen.

Die Diagnose der Logosthenie gelingt erfahrungsgemäß auf zwei Wegen: Zum einen kann sich die selbsteingestandene Sprechängstlichkeit dann artikulieren, wenn der Betroffene von sich aus an einen Arzt, Psychologen oder Rhetoriktrainer herantritt und sich zu dieser psychosozialen Symptomatik bekennt, die er als belastend empfindet und therapieren will. Der zweite Auslöser können aufmerksame Kollegen oder Vorgesetzte sein, die feststellen, dass ein an sich hervorragend veranlagter Mitarbeiter deutlich unter seinen Möglichkeiten bleibt, weil es ihm schlichtweg an der Fähigkeit oder Bereitschaft mangelt, sich durch öffentliche Auftritte und den „Willen zur Rede" buchstäblich Gehör zu verschaffen. Dieses Verhalten ist eindeutig nicht nur bei den offensichtlich schüchternen Naturen festzustellen – auch „gestandene Mannsbilder und Frauenzimmer", um einen wunderbar zutreffenden bayrischen Terminus zu gebrauchen, sind davor nicht gefeit. Wir werden später noch auf die Charakterisierung von Persönlichkeitseigenschaften eingehen, die tendenziell diese Redeängstlichkeit unterstützen.

Der beste **Therapieansatz** für dieses psychosoziale Phänomen ist erfahrungsgemäß die klassische **„Coping"-Strategie**, wie sie etwa von Mardi Jon Horowitz beschrieben wurde (vgl. Filipp / Aymanns, Bewältigungsstrategien [Coping], S. 282 ff.). Betroffene entwickeln dabei eine aktive Bewältigungsstrategie für die Belastung der Redesituation, indem sie sich damit konfrontieren und sie in allen Aspekten intensiv beleuchten. Dabei kann gerade das wiederholte behutsame Arbeiten mit dem Video-Feedback die vorhandene Selbstnegation und Selbstwahrnehmung deutlich verbessern. Sehr effektive Hilfsmittel sind die „positive Illusion" sowie der sogenannte „Abwärtsvergleich".

Die Erzeugung von **„positiver Illusion"** bedeutet konkret, dass der Proband mit den negativen Effekten seiner Sprechangst konfrontiert wird: Es wird etwa in der Videoanalyse klar angesprochen, was in einer Redesituation schief gelaufen ist. Es werden dem Probanden aber auch die bereits vorhandenen positiven Aspekte und seine persönlichen Stärken vor Augen geführt, die ihm die Möglichkeit eröffnen, seine Redeschwäche zu überwinden. Hier spielt der häufige Überraschungseffekt nach den ersten Reden eine wichtige Rolle: Reaktionen wie „so schlimm war es doch nicht", „die objektive Wahrnehmung meiner Rede ist eigentlich deutlich besser als ich es beim Reden empfunden habe", sind hier nicht unüblich. Sie stellen schon einen wichtigen Schritt zum therapeutischen Erfolg dar.

Der sogenannte **„Abwärtsvergleich"** nach einer Videoanalyse ist ebenfalls ein wichtiges Instrument zur Bewältigung der Sprechangst: Einsichten wie „Es hätte noch schlimmer kommen können"; „Sie sind aber jetzt wirklich besser unterwegs als …" erfolgen hier häufig. Es scheint mittlerweile wissenschaftlich belegt zu sein, dass derartige „Abwärtsvergleiche" eine wichtige Form der Bewältigung solcher kritischer psychosozialer Phänomene darstellen (vgl. Filipp / Aymanns, Bewältigungsstrategien [Coping], S. 285).

Hinzu kommt ein weiteres wichtiges Element des „Copings": Es ist das positive Erleben der aktiven Mobilisierung psychosozialer Unterstützung für den logosthenischen Probanden durch seinen therapeutisch zugewandten Rhetoriktrainer. Dies wirkt nicht selten geradezu befreiend. Der Rhetoriktrainer ist die Person, die den logosthenischen Probanden in der geschützten Atmosphäre der Kleingruppe oder des Zweiergespräches „endlich versteht", sich seiner annimmt; der Rhetoriktrainer nimmt den Probanden an die Hand, nimmt ihn in seinen Ängsten und Vermeidungsstrategien endlich ernst – und beginnt mit ihm ruhig und annehmend zu arbeiten.

Die Effekte dieser sicher vielschichtigen psychosozialen Faktenlage müssen noch genau analysiert werden – dass sie bestehen, scheint mir sicher zu sein, auch wenn an dieser Stelle der exakte wissenschaftliche Nachweis noch erbracht werden muss (vgl. Filipp / Aymanns, Bewältigungsstrategien [Coping], S. 285). Mir sind jedenfalls keine signifikanten Misserfolge meiner therapeutischen Arbeit bekannt, selbst wenn man natürlich keine Wunder erwarten darf: Nicht jeder Teilnehmer eines Rhetorikkurses wird danach zum optimalen oder geradezu „sprechwütigen" Redner.

Eines zeigt sich hier wie auch andernorts: Die Redekunst ist weit mehr mit psychologischen und psychosozialen Phänomen verbunden und konfrontiert, als man bislang annehmen mochte oder wollte. Sie besteht aus einer Vielheit unterschiedlicher, neurolingual einzuordnender Faktoren, die sich zu einer vielschichtigen Rhetorik-Matrix zusammenfügen. Gerade dann wenn es darum geht, die neuronalen Wirkmechanismen des Denkens, Kommunizierens und Handelns als Grundlage der Rhetorik auch in Extremsituationen zu verstehen, erleben wir, wie vielfältig die neuen psychologischen Erkenntnisse das Funktionsbild der Rhetorik beeinflussen.

3. Das Lampenfieber – der rhetorische Kolbenfresser

Wie wir gesehen haben, ist ein Stresszustand vor und während der Rede völlig natürlich. Lieber Redeschüler, Sie brauchen sich darum also keine Gedanken zu machen! Ein Redetrainer, der Sie hier schon verfrüht, natürlich gegen Gebühr, gegen Stress trainieren will, will eigentlich wirklich nur Ihr Bestes: Ihr Geld für eine falsche Therapie („wir tun was gegen Ihre Stresssymptome") zur fehlerhaften Diagnose („Sie leiden doch permanent mehr oder weniger ausgeprägt an Lampenfieber").

Es gibt das Lampenfieber allerdings wirklich! Wenn wir den Blick noch einmal auf das Aktivierungsmodell nach Yerkes-Dobson werfen, so ist auch klar, wann dieser Zustand des Lampenfiebers eintritt: Überschreitet das subjektive Stress- und mentale Aktivierungsniveau beim Redner eine kritische Marke, dann führen insbesondere endogene neurobiologische Faktoren zu einem geradezu spektakulären Zusammenbruch der mentalen Leistungsfähigkeit.

In dieser Situation ist aus dem sogenannten (positiven) Erwartungsstress eine übermächtige (negative) Versagensangst geworden, die unmittelbar vor oder während des Redebeginns ausgelöst wird und dramatische Folgen hat. Unser Körper reagiert nach einem gemischt biologisch-psychologischen Angstbewältigungskonzept, das uns als Homo sapiens in der Evolution seit Millionen Jahren antrainiert ist. Es ist ein instinktives Programm, das dem Menschen seit der Frühzeit das Überleben gesichert hat. Es handelt sich um den „Flucht-Kampf-Mechanismus": Im Angesicht eines potenziellen Feindes in der Natur (etwa dem sprichwörtlichen Säbelzahntiger) reagiert unser Körper sofort mit der Auslösung eines Alarmzustandes zur Problembewältigung. In der modernen Welt sind Flucht oder Kampf in der Regel aber keine erfolgversprechenden Strategien, und so läuft dieses evolutionär bewährte Programm komplett aus dem Ruder:

Ein Redner sieht sich zum Beispiel plötzlich 50 unbekannten Gesichtern gegenüber, die ihn mustern – und bereit sind, ihn jederzeit der Lächerlichkeit zum Fraß vorzuwerfen. Das weiß der Redner, weil er es umgekehrt genauso machen würde und das auch schon genauso getan hat! Das unbewusste **System 1** des Redners assoziiert also sofort die uralte Bedrohungsangst als „kohärentes Muster" und schaltet in einen angeborenen Instinktmechanismus, in einen emotionalen Alarmzustand. Denken Sie an die verhängnisvolle Kurve des Yerkes-Dodson-Gesetzes: Der Erregungszustand geht rasend schnell nach oben – und die mentale Leistungsfähigkeit fällt ins Bodenlose. Wenn dann auch das langsame, bewusste **System 2** innerlich keine Entwarnung gibt, sondern den Eindruck verstärkt: „unbekannte Situation – ich bin nicht ausreichend vorbereitet – ich kann versagen – eine grausame Beschämung droht mir – die da warten nur darauf, dass ich mich blamiere", dann geht erst richtig die „hormonelle Post" ab; der Körper löst eine **Hormonkaskade** aus, die mental nicht mehr gesteuert werden kann. Sehen wir uns das einmal näher an:

Das ausgeschüttete Hormon Noradrenalin und ein aktivierter Sympatikusnerv sorgen für die Produktion von **Adrenalin** in den Nebennieren. Damit schaltet der Körper automatisch in den **Kampfmodus**, ohne dass das Gehirn dagegen andenken kann. Der Herzschlag nimmt deutlich zu (es muss ja jetzt Energie sofort verfügbar sein, die Muskulatur braucht Sauerstoff), die Atmung wird automatisch schneller und flacher (sie ist evolutionär die beste Form der schnellstmöglichen Sauerstoffversorgung), die Spannung in der Muskulatur erhöht sich (es geht jetzt gleich los: Kampf oder Flucht; man kann hier zittern vor Anspannung), die Gelenke werden elastisch (ebenfalls Kampf oder Flucht: jetzt wissen Sie, warum man in dieser Situation weiche Knie hat), der Speichelfluss verlangsamt sich (für die Nahrungsaufnahme ist jetzt wirklich keine Zeit;

das führt zur trockenen Kehle – und die ist das Letzte was gerade ein Redner jetzt braucht).

Und jetzt kommen Sie und wollen reden, noch dazu gut?

Sie fühlen schon innerlich unmittelbar die Körperreaktion: Reden ist jetzt nicht möglich, denn der Hormonhaushalt ist anders programmiert – „ich muss kämpfen oder fliehen". Gerade das verstärkt Ihre Versagensangst noch einmal dramatisch, denn Sie müssen reden und nicht kämpfen, haben aber keinen Einfluss auf die unerwünschte Reaktion Ihres Körpers, mit anderen Worten: Noradrenalin und Sympathikusnerv schießen die „tödliche Ladung" Adrenalin ab, die den Redner endgültig hormonell fertig macht. Die Konsequenzen lassen sich bei etwa 3 bis 5 Prozent von Probanden beobachten, die das **erste Mal** vor einem Publikum reden und dabei gefilmt werden: Von sichtbarem Zittern am ganzen Körper über hochstimmiges abgehaktes Gefasel, dem Fadenriss bis hin zum kompletten Verstummen und einem Zusammenbruch am Pult. Die **Therapie beginnt mit der richtigen Diagnose**. Wie wir gesehen haben, ist die körperliche Symptomatik die Folge psychosozialer Auslösefaktoren von Stress; diese gilt es aufzuspüren. Dabei handelt es sich in der Regel beim Lampenfieber, wie bei der Prüfungsangst, um einen situativen Angstzustand, der auf keinen Fall mit einer psychiatrisch relevanten und behandlungsbedürftigen Angststörung verwechselt werden darf!

Die Vorwegnahme und innere Bearbeitung der Versagensangst vor Publikum kann dabei durchaus ihre Wurzeln in der Vergangenheit haben. Schlechte Erfahrungen und lang nacherinnerte beschämende Erlebnisse zählen dazu. Dabei ist von Bedeutung, dass gerade in Zeiten höchster Anspannung das unbewusste limbische Ur-System belastende Situationen abspeichert, auf die es evolutionsbiologisch bedingt auch unmittelbar zugreift. Viele kennen dieses Phänomen, sich noch nach Jahrzehnten an äußerste (unangenehme) Stresssituationen geradezu bildhaft erinnern zu können. Derartige Erinnerungs-Trigger sind im Unterbewusstsein abgespeichert und werden von System 1 aus dem limbischen System als besonders relevant aufgerufen. Hierzu zählen auch belastende oder demütigende Auftrittsereignisse etwa in der Familie, der Religionsgemeinschaft oder dem Beruf. Hier ist der Rhetoriktrainer als Coach gefragt, der behutsam und auf keinen Fall verletzend den Redekandidaten in der Aufarbeitung seiner Problematik begleiten sollte. Die Schritte der „Coping-Strategie" sind dabei prinzipiell dieselben wie zur Therapie der Logosthenie-Problematik (s. o.). Als Betroffener sollten Sie bereit sein, sich unangenehmen Erinnerungen aus der Vergangenheit offen zu stellen, um sie aktiv bewältigen zu können.

Der „Lösungsmix": 7 Optionen – Sie haben die Wahl!

Wie wir gesehen haben, handelt es sich beim Lampenfieber um eine **körperinfluenzierte „Stress-Spitze"**. Die Erregungskurve ist über das Niveau hilfreicher, leistungssteigernder Anspannung hinausgeschossen. Wir müssen nun diese unerwünschte und lähmende Angst-Stress-Situation wieder auf ein normales, produktives Maß zurückführen. Für eine effektive Verbesserung der „Hyperstress"-Situation bzw. für eine Reduktion des Lampenfiebers empfiehlt sich ein Bündel an Maßnahmen:

1. Eine **gute Vorbereitung** der Rede ist unerlässlich. Sie verleiht die notwendige Sicherheit für den Inhalt der Rede in dem Moment, in dem sie abgerufen werden muss.

2. Das **wiederholte Üben** von Reden im Allgemeinen und der anstehenden Rede im Besonderen kommt hinzu; hier ist auch ein ausgefeiltes Manuskript von großem Nutzen. Es verstärkt die inhaltliche Sicherheit und ermöglicht beim „Vorsprechen" auch die weiteren wichtigen rhetorischen Elemente wie etwa die richtige Akzentuierung und die Redegeschwindigkeit zu üben.

3. Körperlich-mentale **Entspannungstechniken** sind ein wichtiges zusätzliches Mittel, viele der Lampenfieber-Zustände deutlich zu reduzieren. Dazu gehört etwa die Atmungsentspannung: Wenn unser System 2 das Atemverhalten gezielt positiv modelliert, damit ein gestresstes Atmen bewusst dämpft und sich in ein entspanntes Atemverhalten geradezu zwingt, dann löst dieser „ruhige Atem" auch im Unterbewusstsein und in System 1 beruhigende assoziative Mechanismen aus. Auch wenn definitive Studien für die Rhetorik noch fehlen, scheint es so zu sein, als ob die Hormonausschüttungen des vorher hyperstimulierten Stammhirnes durch die Entspannungsübungen reduziert und damit durch äußeres „Gegenentspannen" die „innere Stressspannung" gedämpft werden kann. Wir werden dies noch bei der „reziproken" Wirkung von Lächeln auf die Stimmungslage eines Redners beschreiben (S. 295).

Erfahrungsgemäß empfehlen die Rhetoriktrainer dazu unterschiedliche Entspannungstechniken, mit denen sie persönlich gute Erfahrungen gemacht haben. Meine wesentlichen **Empfehlungen** lauten:

a) Atemtechniken: Unser Leben ist Atmen! Diese wichtige Körperfunktion läuft jahrzehntelang in uns ab, ohne dass wir ihr Aufmerksamkeit schenken. Dabei spüren wir gerade in massiven Stresssituationen, wie auch der Atem situationsangepasst von unserem unbewussten System 1 gesteuert wird. Dies geschieht etwa, wenn wir vor Anspannung die „Luft anhalten", bei Aufregung,

Stress oder Lampenfieber in die „Hyperventilation“ verfallen und am Ende vor Erleichterung „durchatmen“. (Die Bedeutung des Atmens werden wir auch noch im Zusammenfang mit dem richtigen rhetorischen Sprechen eingehend bearbeiten.) Aus diesem Grund ist die meditative und entspannende Nutzung von Atemtechniken eine Übungstradition, die schon seit den alten Kulturen gepflegt wird und ohne die auch Yoga oder Qigong undenkbar wären.

Die Bandbreite der Atemtrainings reicht dabei von der sogenannten Tiefen- oder Bauchatmung bis hin zum „Atemzählen“. Etwa die Gesetzlichen Krankenkassen geben hier wertvolle Hinweise, etwa die Technikerkasse mit eingehenden Übungen, die über die Website www.tkk.de in der Rubrik „gesund leben“ erreichbar sind. Glauben Sie einem Praktiker: Schon mit wenigen bewusst meditativ angesteuerten Atemzügen können Sie viel ruhiger werden; dies wirkt sich auch auf Ihre Sprachperformance in der Rede spürbar aus. Je häufiger Sie dieses meditative Atmen üben, umso mehr sinkt reflexiv der „Grundtonus“ der nervlichen / mentalen Anspannung bei ruhigem Atem – der Körper induziert dem Geist, dass alles ruhig ist. Durch regelmäßiges Üben steigt die Wahrscheinlichkeit, dass die assoziativen endogenen Mechanismen geradezu zwangsläufig und gewohnheitsmäßig in Ihrem unbewussten System 1 dazu führen, entspannter zu werden.

b) Reframing belastender Erfahrungen: Die Methode der nachhaltigen und wirksamen **mentalen Neubewertung** von negativ bewerteten Erlebnissen ist bereits seit Langem ein wichtiger Bestandteil im Repertoire psychotherapeutischer Behandlungsansätze. Sie wurde von dem amerikanischen Psychologen Albert Ellis entwickelt (vgl. Ellis, Grundlagen der rational-emotiven Verhaltenstherapie). Für viele Redner sind Redeerlebnisse mit unangenehmen Erinnerungen verbunden, die sofort wieder mental aktiviert sind, wenn dem Betroffenen eine Rede bevorsteht. Ellis hat herausgearbeitet, dass in vielen Situationen der Redner zur Bewertung bisherige unbewusste Bewertungsmuster, Einstellungen oder Lebensregeln heranzieht. Die Bewertung kann dann aber nicht nur rational sein, sondern ist in manchen Fällen auch irrational und unlogisch und damit objektiv nicht nachvollziehbar – trotzdem ist sie vom Probanden getroffen worden und wirkt nachhaltig. Daraus resultiert wiederum eine irrationale Bewertung des Redeerlebnisses, was in der Konsequenz sich geradezu negativ „hochschaukeln“ und verstärken kann. Am Schluss steht eine sogenannte dysfunktionale Verhaltensweise in Bezug auf Reden in der Öffentlichkeit: Die Person hat ein an sich „normales Problem“ in einen Angst auslösenden Sachverhalt umgedeutet, an dem sie nachhaltig leidet.

Auslöser solcher „Angstbewertungen" sind in der Regel nach Ellis vier bemerkenswerte Grundkategorien, die auch vielen von uns schon begegnet sind: Übersteigerte Forderungen an sich selbst, verallgemeinerte negative Fremd- und Selbstbewertungen, das zusätzliche „Schwärzen" bzw. Negativieren von ohnehin unangenehmen Ereignissen und die subjektive Einschätzung, Negatives selbst nicht gut aushalten zu können (niedrige Frustrationstoleranz). Es ist nicht weiter verwunderlich, dass für die negative Bewertung von Redeerlebnissen die Verknüpfung von übersteigerten Selbsterwartungen mit einer negativen Selbstbewertung zu desaströsen subjektiven Einschätzungen des Sachverhaltes „ich muss reden" führen kann.

Eines ist klar: Ist der Trainer überzeugt, dass das Phänomen nicht mehr mit den „Bordmitteln vor Ort" angegangen werden kann, sondern psychotherapeutisch behandlungsbedürftig ist, dann sollte er dies auch dem Probanden sagen und entsprechende medizinische Empfehlungen unbedingt aussprechen. Häufig genügt es aber schon, den Redeschüler mit den unterschiedlichen Selbst- und Fremdwahrnehmungen der eigenen Rede zu konfrontieren, um negative Bewertungen der Redesituation zu relativieren: Dies ist der Kern der Reframing-Methode. Dabei wirken wiederholte Videoaufnahmen wahre Wunder! Nicht selten ist der Durchbruch geschafft, wenn der Proband sich reden sieht und hört und sagt: „Aber hallo, so schlimm war ich jetzt wirklich nicht; mein subjektives gefühltes Erlebnis ist viel schlechter als das, was objektiv rüberkam." Wenn der Proband seine Redepotenziale positiv zu bewerten beginnt und auf diesem Weg gezielt ermunternd und fördernd begleitet wird, wächst erfahrungsgemäß durchaus das subjektive Bewusstsein, sich als Redner akzeptieren zu können und sich künftig positiv Redeherausforderungen zu stellen.

4. **Mentaler Probedurchlauf:** Wohl jeder von uns hat schon einmal das seltsame Verhalten von Skirennfahrern vor dem Start im Fernsehen wahrgenommen. Tief in sich versunken fahren sie mit geschlossenen Augen durch imaginäre Passagen, springen über vorgestellte Hügel und passieren gespielt die Kurstore. Diese Technik des mentalen Probedurchlaufes verhilft den Skirennfahrern zu mehr Sicherheit, den gesteckten Rennkurs mit all seinen Stressfaktoren meistern zu können. Es gibt nicht Wenige, die diese Technik für ihren Erfolg auf keinen Fall missen möchten. Dieser virtuelle Probedurchgang ist auch für einen Redner von großem Nutzen: Er setzt sich ganzheitlich mit dem Ablauf des Redeereignisses auseinander und hält dort inne, wo er mit Schwierigkeiten rechnet. Dort baut er dann auch die „Hilfstaktik" auf, mit der er diesen Punkt meistern will.

5. **Entspannungsübungen** wie autogenes Training oder progressive Muskelentspannung haben einen großen Vorteil: Der Redner kann sie selbst dann noch praktizieren, wenn er schon in der ersten Reihe sitzt und weiß: Der nächste Redner wird er sein. Das Training ist nicht nur autogen, sondern auch endogen – es spielt sich ausschließlich im Innern ab, der Redner vertieft und konzentriert sich völlig auf sich – von niemand anderem bemerkt!

Wie Sie diese Übungen erlernen, muss nicht unbedingt Gegenstand dieses Rhetorik-Buches sein. Noch dazu ist die Liste der Literatur zu diesen Übungstechniken meterlang (etwa Geisselhart / Hofmann, Stress ade). Eine Selbsterfahrung möchte ich Ihnen aber doch auf den Weg geben: Ich nutze das autogene Training seit über 20 Jahren zur Entspannung. Erlernt habe ich es in zwei ganz normalen Kursen meiner örtlichen Volkshochschule. Und ich bin heute noch begeistert. Selbst wenn ich nachts einmal nicht schlafen kann, beginne ich mit den Übungen und weiß, dass ich spätestens nach der Hälfte des Programms darüber wieder tief eingeschlafen bin. Die mentale Selbstreflexion des Gehirns in Richtung Ruhe und Entspannen hilft mir auch hier offensichtlich kräftig. Und zu viel Stress vor Redeauftritten ist auch passé.

6. **Autosuggestion** – wer sollte Einfluss auf Sie haben, wenn nicht Sie selbst? Am Anfang der Lehre der Autosuggestion steht der französische Apotheker Émile Coué. Er bemerkte schon vor über 125 Jahren, dass die Wirkung der Medikamente, die er seinen Kunden gab, davon beeinflusst wurde, mit welchen Worten er sie ihnen überreichte. Aus dieser Beobachtung entwickelte er den Gedanken, dass jeder Mensch sein Wohlbefinden steigern könne, indem er sich selbst Suggestionsformeln vorsagt. Und es ist nicht weiter verwunderlich, dass die Bedeutung des sogenannte „Placebo-Effektes" mit diesem Sachverhalt in enger Beziehung steht (vgl. Coué, Autosuggestion).

Damit ist das Wesentliche schon beschrieben: Die wiederholte Selbst-Affirmation durch einfache indikative Sätze in einem Zustand relativer Entspannung ist ein wichtiger Schritt, mit dem unbewusste Denk- und Verhaltensprozesse richtiggehend trainiert werden können. Formelhafte Sätze und Gedanken werden längere Zeit im Rahmen einer mentalen Entspannungsübung, etwa dem autogenen Training, wiederholt. Sie können so zum Bestandteil des unbewussten Denkens werden und damit wiederum das bewusste Denken und Verhalten reflexiv beeinflussen. Hinzu tritt das Potenzial mentaler Visualisierungen, etwa in Form von Meditationen.

Kernsätze der konkreten Autosuggestion im Bereich des Lampenfiebers können etwa sein:

- Ich halte die Rede, weil ich es möchte
- Ich darf Fehler machen – sie werden verziehen
- Ich darf üben
- Reden lässt mich wachsen
- Ich stelle mich den Herausforderungen in meinem Leben
- Ich kann mich auf mich verlassen
- Ich bin der Herr meiner Gedanken

Aber Vorsicht: Es gibt hier auch manche Scharlatanerie, etwa im Bereich der Esoterik und des Okkultismus. Und ich betone, die Autosuggestion **kann** ein Weg sein, subjektive Redeängste zu relativieren, sie muss es aber nicht. Der Basis-Wirkmechanismus entspricht allerdings exakt den Vorgängen, die wir im mentalen Zusammenspiel von unbewusstem System 1 und bewusstem System 2 in diesem Buch wiederholt beobachtet haben.

7. Langsame, gerne klassische **Musik**. Bei der entspannenden Wirkung von Musik kommt es „auf den Takt an": Körperbiologische Untersuchungen haben ergeben, dass Musik, deren gezählte Taktschläge sich unter dem körpereigenen Herzrhythmus bewegen, auf den gesamten Körper und Organismus beruhigend wirkt. Das übliche Taktmaß liegt bei 72 Herzschlägen pro Minute (beats per minute, bpm); Musik mit mehr Taktschlägen wirkt aufputschend, Musik mit weniger Taktschlägen wirkt zunehmend beruhigend. Daher gibt es die alte Empfehlung von Rhetoriktrainern, vor einem Auftritt langsame Musik zu hören. Ganz gleich ob man eine „Kuschel-Rock"-CD konsumiert oder langsame Sätze eines klassischen Konzertes – ich lade jeden zu einem Selbstversuch ein, um dies selbst zu erfahren und auch das Gegenteil zu erleben. Wer nach einer halben Stunde „Electro-House" oder „Hardcore-Techno" mit mehr als 135 bpm im Ohr noch eine festliche Rede von 20 Minuten Länge halten sollte, der wird vermutlich unangemessen fahrig und „unter Strom" sein.

XI. Die Körpersprache – ganzheitlich erfolgreich als Körperredner

1. Erkenntnisse der Psychologie – Erfahrungen der Rhetorik

Die Körpersprache ist eine universelle Sprache der Menschen, die alle Menschen lernen, verwenden und interpretieren können. Sicherlich gibt es dabei gewisse interkulturelle Unterschiede. Aber die wesentlichen menschlichen „Hauptgefühlsausdrücke" können fast überall auf der ganzen Welt identisch aufgenommen werden. Es handelt sich um Freude, Überraschung, Trauer, Angst, Wut und Ekel (vgl. Molcho, S. 26). Wenn man modernen Untersuchungen Glauben schenken kann, dann drückt auch ein Redner in der körpersprachlichen Kommunikation von Gesicht zu Gesicht im Durchschnitt 55 Prozent seiner **emotionalen**, also gefühlsbasierten Botschaften über die verschiedenen Kanäle der Körpersprache aus. Entsprechend intensiv ist die Aufnahme dieser Kommunikation beim Zuschauer! Der amerikanische Psychologieprofessor Albert Mehrabian steht für die berühmte 7-38-55 Regel, die im Übrigen besagt, dass 38 Prozent der Wirkung einer Mitteilung über das eigene emotionale Empfinden durch den stimmlichen Ausdruck und lediglich 7 Prozent über den sprachlichen Inhalt übermittelt werden.

Samy Molcho: Mit vollem Körpereinsatz

Samy Molcho (geb. 1936) ist österreichischer Staatsbürger mit israelischen Wurzeln und langjähriger Professor an der Wiener Universität für Musik und Darstellende Kunst. Als Spezialist für Pantomimik und Körpersprache ist er über viele Jahrzehnte über das Fernsehen zum Inbegriff für die Schulung von Körpersprache gerade in ihrer Bedeutung im Alltagsleben und der zwischenmenschlichen Kommunikation geworden. Dazu haben auch etliche Bücher beigetragen, etwa das Werk „Körpersprache", das seit 1983 in vielen Auflagen und Sprachen erscheint. Ausgehend von der These, dass der Körper der „Handschuh der Seele" ist, vertritt er ein ganzheitliches Konzept einer psychisch gesteuerten nonverbalen Kommunikation als dominierendem Element der zwischenmenschlichen Kommunikation, das nach seiner Überzeugung die verbale Kommunikation in Bedeutung und Inhalt weit übertrifft.

Erfolgreiche Rhetorik ist daher nur mit einer **bewussten Beherrschung der Körpersprache** möglich: Wenn der Körper eines Redners (warum auch immer) nur schweigen oder eingeschränkt kommunizieren kann, so ist die rhetorische Wirksamkeit seiner Rede deutlich und wahrnehmbar eingeschränkt (vgl. Molcho, S. 26). Dies kann zum Beispiel beim Vortrag eines behinderten Menschen nachempfunden werden, der infolge einer angeborenen Blindheit nur sehr eingeschränkt in der Lage ist, das körpersprachliche Instrumentarium zu erwerben.

Die moderne Psychologie hat bahnbrechende Erkenntnisse zu den Basismechanismen der Körpersprache erarbeitet; diese Teildisziplin wird auch als „Ausdruckspsychologie" bezeichnet (vgl. Lay, S. 63 ff.). Sie knüpft eng an die Verhaltensforschung bei Tieren an, insbesondere bei Säugetieren und dann natürlich bei den genetisch und evolutionsbedingt nächsten Verwandten des Menschen, also den Menschenaffen. Die wesentlichen Grundlagen dazu legte schon Charles Darwin in seinem Buch „Der Ausdruck der Gemütsbewegungen bei dem Menschen und den Tieren"; es erschien bereits 1872. Seine zentrale These lautet, dass die Körpersprache bei sogenannten höheren Säugetieren und Menschen große Ähnlichkeiten aufweise, die auf eine evolutionsbiologische Verwandtschaft schließen lasse. Dies war für Darwins Zeitgenossen fast noch provokanter als sein Zentralwerk zur Evolutionsbiologie – „wir stammen nicht nur vom Affen ab, wir verhalten uns sogar wie sie – das darf doch nicht sein …" Mit der Entwicklung der Ethologie, also der biologischen Verhaltensforschung, wurden Darwins Thesen im Wesentlichen bestätigt, etwa durch den führenden deutschsprachigen Vertreter der Verhaltensethologie Irenäus Eibl-Eibesfeldt (u. a. Grundriß der vergleichenden Verhaltensforschung). Der niederländische Forscher Frans de Waal belegt in seinem lesenswerten Buch „Der Affe in uns. Warum wir sind wie wir sind", dass auch Menschenaffen Dutzende von einzelnen Gesten und stimmlichen und mimischen Signalen zur sozialen Kommunikation verwenden (s. a. Kuhnke, Körpersprache, S. 53 ff.). Ihre Steuerung erfolgt aber zwangsläufig nonverbal und damit im Wesentlichen unbewusst (s. a. Morris, Der nackte Affe).

Vor diesem Hintergrund kann es als gesicherte Erkenntnis gelten, dass die wesentlichen Grundlagen der Körpersprache sich bei den Vorfahren des Homo sapiens über Millionen von Jahren entwickelt haben und angewandt wurden, lange bevor die Entwicklung der Lautsprache erfolgte.

Dies bringt interessante Bezüge zu den auch ansonsten geltenden Prinzipien der Psychologie für die Rhetorik: Die **nonverbale Kommunikation** des Menschen, also unsere Körpersprache, unterliegt in ihren wesentlichen Elementen der Steuerung des unbewussten System 1. Gerade die Steuerung der Augen und des Gesichtsfeldes und auch die entsprechende Signalaufnahme erfolgt in der Regel durch einen eigenen im **Unterbewusstsein angelegten neuronalen Schaltkreis** des Nervensystems in Richtung limbisches System im Hirn, das im Wesentlichen zur unbewussten Steuerung des Körpers dient.

Natürlich kann System 2 eingreifen und bewusst etwa die Blickrichtung ändern oder das Blickverhalten modifizieren (wie wir noch sehen werden). Die wesentlichen Vorgänge des Sehens werden aber nach wie vor durch das Unterbewusstsein gesteuert. Und das geschieht natürlich zu **seinen** Bedingungen: Das bekannteste Beispiel ist die Erweiterung der Pupillen beim Blick auf Neues, Angenehmes und Überraschendes. Und hier schließt sich der Kreis zu den Erkenntnissen der Verhaltensökonomie (vgl. Kahneman, S. 46 ff.): Pupillen können Ausdruck und Indikator jeder mentalen Anstrengung eines Menschen sein; dies gilt nicht nur bei der Verarbeitung visueller Sinneseindrücke, sondern auch beim sonstigen Denken. Die Augen Ihres Gegenübers verraten Ihnen also unwillkürlich, wie Ihr Gesprächspartner auf Ihr Angebot, Ihre Frage, Ihre Einwände reagiert – mit Zustimmung und Interesse oder mit Ablehnung.

Ebenso lohnend ist die Beobachtung der Körpersprache, denn auch hier führt zunächst System 1 die Regie. Wer die unbewusst gesendeten Signale des Körpers zu deuten weiß, kommt leicht zu einer zuverlässigen Einschätzung seines Gegenübers. Das bewusst arbeitende System 2 kann darauf aufbauend mental, aber auch vokal und in der nonverbalen Körpersprache „Regeln befolgen, Objekte in Bezug auf mehrere Merkmale vergleichen und wohlüberlegte Wahlen zwischen Optionen treffen". An einem Beispiel zeigt Kahneman, dass das unbewusste System 1 „eine Person als sanftmütig und ordentlich einstufen kann" und Ähnlichkeitsassoziationen generiert (Kahneman, S. 52); aber nur das bewusste System 2 kann solch intuitives Wissen und Erkennen mit abstrakten Denkprozessen verknüpfen und daraus bewusste Entscheidungen fällen, die auch die Körpersteuerung betreffen (konkret für den Fall: „Wie kann ich diese als sanftmütig erkannte Person am besten erreichen, wie sollte ich mit ihr umgehen, wie muss ich meine Körpersprache anpassen?").

Die Erkenntnisse von Verhaltensbiologie und Verhaltensökonomie / Verhaltenspsychologie haben damit gerade im Bereich der nonverbalen Kommunikation große Ähnlichkeit. Das muss nicht weiter verwundern: Die unbewusste Steuerung der nonverbalen Körpersprache ist wie die unbewusste Bearbeitung kognitiver Vorgänge normalerweise eine kontinuierliche Aufgabe des unbewussten System 1, in das durch das bewusste Denken des System 2 nur anlassbezogen eingegriffen wird.

Die Konsequenzen hieraus sind erheblich: Wenn etwa eine Person A bei Verhandlungen die Pupillen des Gegenübers B als Indikator für dessen unbewusst gesteuertes Interesse an einer Sache oder Verhandlungsposition nutzt, kann sich das bewusste System 2 der Person A die unbewussten Signale von B zunutze machen und sein Verhalten oder seine Verhandlungsposition gezielt verändern. Kuhnke zitiert dazu zwei bekannte altchinesische Zeugen, die diese psychologische Gesetzmäßigkeit schon vor vielen Hundert Jahren kannten und einsetzten: zum einen Konfuzius: „Schau in die Pupille eines Menschen – er kann sich nicht verstecken" und zum andern den Erfahrungssatz chinesischer Schmuckhändler: Ist die Pupille des Kunden erweitert – dann ist dein Preis zu niedrig! Erhöhe ihn! (Kuhnke, Körpersprache, S. 97 f.)

Wer kennt nicht die Unzahl von Filmen, in denen ein Pokerspieler oder eine andere Person in einer angespannten Situation versucht, durch eine Sonnenbrille einen „verräterischen Blick" zu verbergen. Die Grundlage ist klar: Die meisten Menschen werden in der Regel nicht von Verhaltenstrainern oder Rhetoriktrainern geschult, die Macht des Unterbewusstseins für die Körpersprache zu erkennen und sie bewusst zu verändern.

Die grundlegenden psychologischen Erkenntnisse der NLI für die Rhetorik können auch gut eingesetzt werden für die Steuerung der Körpersprache. Sie unterliegt den gleichen Prinzipien im Sinn einer neuro-**physiolingualen** Intervention! Dabei sollte angesichts der vielen Einzelelemente der Körpersprache eines noch vorweg gestellt werden: Die **verbale** Kommunikation des Menschen mittels Sprache erfolgt letztlich neben der kognitiven Denkarbeit im Gehirn über einen **eng begrenzten Teil des Körpers**: Mund – Zunge – Hals – Kehlkopf unter Einsatz der Ausatmungsfunktion der Lunge. Die Steuerung erfolgt also über wenige Muskelpartien, Bänder und Veränderungen im Mund-Hals-Bereich. Der Sprachvorgang als solcher ist dabei **zum größten Teil unbewusst gesteuert**, auch wenn das bewusste System 2 sehr wohl auf Sprechtempo, Sprachhöhe, Atemfrequenz etc. Einfluss nehmen kann. Entscheidend für das bewusste System 2 ist der Inhalt des Sprechvorganges, also das gesprochene Wort, die gesprochene Rede, die vom ihm im Wesentlichen produziert bzw. beeinflusst wird.

Die **nonverbale** Kommunikation des Menschen erfolgt dagegen über die vielen Hundert Muskeln, Gelenke und Sehnenpartien des **gesamten Körpers**. Sowohl die „Versendung" der Signale durch den Redner als auch ihr „Empfang", die Verarbeitung und Deutung der Signale durch den Zuhörer/Zuschauer, erfolgen physiologisch und psychologisch durchweg im unbewussten System 1. Die Möglichkeiten, darauf bewusst Einfluss zu nehmen, sind sehr begrenzt. Die folgende Aufgabe wird Ihnen zeigen, dass Ihre Möglichkeiten, bewusst einzelne Partien und Muskeln wahrzunehmen, deutlich geringer sind als viele glauben:

Betrachten Sie ein Bild mit einem oder mehreren Menschen aus Ihrem jetzigen Umfeld **fünf Sekunden** konzentriert mit dem Ziel, es sich einzuprägen. Und jetzt bitte abwenden und folgende Fragen beantworten:

- Wie viele Personen sind auf dem Bild?
- Was ist die Grundfarbe im Hintergrund?
- Wie ist die Körperhaltung der Personen?
- Welche Stimmung haben die Personen?
- Was zeigt der Hintergrund?
- Haben Sie den Eindruck, dass die Personen Sie täuschen wollen?

Ergebnis: Die wenigsten Fragen können Sie exakt beantworten. Grund: Das betrachtete Bild haben wir überwiegend mit unserem unbewussten System 1 wahrgenommen und verarbeitet. Es erfolgte ein rascher Abgleich auf Auffälliges und Ungewöhnliches, das ggf. näher analysiert werden müsste. Da wir aber jetzt im Nachhinein mit Fragen konfrontiert sind, müssen wir auf das Erinnerungs- und Denkvermögen des langsamen und bewussten System 2 umschalten. Problem ist nur: Uns ist bereits das ansonsten vorhandene „unbewusste Fließbild" von System 1 weitgehend abhandengekommen, und zwar weil System 2 quasi „blind" auf dem „Flow" von System 1 aufgebaut hat. Dies zeigt uns: System 1 kann im unbewussten Modus problemlos arbeiten. Dies gilt nicht nur für die wesentliche Aufgabe: „Umfeld betrachten und nach Auffälligem Ausschau halten bzw. ein Gegenüber auf Besonderheiten mustern". Auch bei der aktiven Verwendung der Körpersprache arbeitet das System 1 zu seinen Bedingungen. Daraus folgt aber logisch: Das unbewusste System 1 kann getäuscht werden, wenn man die Gesetzmäßigkeiten kennt, wie es kognitiv das Körperverhalten aufnimmt und verarbeitet. Und es wird diese Eindrücke vom betrachteten Subjekt so lange als authentisch, richtig und vollständig an System 2 weitergeben, so lange nicht der begründete Anlass für das intuitiv arbeitende System 1 besteht, zu vermuten, dass etwas nicht stimmt. Solange also das aufnehmende System 1 von seinem Gegenüber getäuscht werden kann, wird das System 2 nur schwerlich sich einschalten. Dies gilt konsequenterweise auch in einer Redesituation.

Das Wissen über grundlegende Signale der Körpersprache kann machtvoll dann zur Überzeugungsbildung, aber auch zur Manipulation eingesetzt werden, wenn es einem Redner gelingen sollte, den gesprochenen Inhalt seiner Rede durch Signale seiner Körpersprache zu begleiten, die authentisch dazu passen – auch wenn der Inhalt seiner Rede falsch, argumentativ unzureichend oder manipulativ sein sollte. Jeder von uns kennt solche Fälle, etwa im Theater oder in Filmen: Wenn wir erleben, wie perfekt die Maske oder das Mimikry eines Schauspielers sein kann, dessen Bühnenfigur zwei Gesichter hat und ihre Umwelt perfekt zu täuschen weiß. Wir teilen am Ende das Entsetzen der Getäuschten, weil wir selbst darauf hereingefallen wären oder tatsächlich darauf hereingefallen sind. Auch bei Gerichtsverhandlungen gehört es zu den zentralen Aufgaben des analysierenden Richters, herauszufinden, ob der Zeuge bzw. Angeklagte lügt, und dabei nicht nur seine Aussage zu prüfen, sondern auch hinter die Maskerade seiner Körpersprache zu schauen.

Das Potenzial der bewussten Verstellung der Körpersprache, mit deren Hilfe Menschen zum Teil über Jahre hinweg ihre Umwelt erfolgreich täuschen, zeigt sich bei zahlreichen Gelegenheiten: Der Trickbetrüger, der sich als Freund eines Enkels ausgibt, mit dem Geld der Oma diesem Enkel aus einer Notsituation helfen will – und spurlos verschwindet; der Heiratsschwindler, der eine reiche Frau hereinlegt; der Ehegatte, der ein Doppelleben führt, das jahrelang nicht auffliegt; die liebende Pflegerin, die nach dem Tod des gutgläubigen gepflegten Seniors mit dem Vermögen des Erblassers zu ihrem wahren Mann zurückkehrt. Die Fälle also, in denen wir alle feststellen müssen, das weniger eine Körpersprache im zwischenmenschlichen Alltag eingesetzt wurde, als vielmehr ein Körperlügen, sie sind leider häufiger als man glaubt.

Es muss aber nicht immer Lüge, Betrug und Niedertracht im Spiel sein; die richtige Körpersprache hilft auch, legitime Ziele zu erreichen. Besonders wichtig ist sie, wenn Sie als Redner eine Position vertreten müssen, die Sie eigentlich nicht unterstützen. Sie sind nach leidenschaftlicher Diskussion in demokratischer Abstimmung unterlegen und müssen nun den Mehrheitsbeschluss des Vereinsvorstandes den Vereinsmitgliedern mitteilen: Natürlich können Sie etwas anderes sagen als Sie emotional-neuronal innerlich denken. Es besteht dann allerdings die permanente Gefahr, dass Ihre Körpersprache unbewusst etwas anderes ausdrückt, als Sie inhaltlich vermitteln wollen und müssen. Die Zuschauer können diese Diskrepanz zwischen Rede und „Körperrede“ durchaus unbewusst bemerken und dann die Glaubwürdigkeit von Rede und Redner schon unbewusst und damit nachhaltig in Zweifel ziehen. Das Ziel des

Redners muss es daher sein, die **Kongruenz von Rede und Körperrede** herzustellen. Wenn er also etwas anderes sagen soll als das, was er innerlich weiß oder glaubt, dann muss er konsequenterweise auch lernen, mit dem Körper zu lügen. Das Problem ist nur: **das unbewusste System 1 kann nicht lügen**; dies kann nur das bewusste System 2 (vgl. Kahneman, S. 42). Die Konsequenz ist: Da eine bewusste Steuerung der Körpersprache nur ganzheitlich über das unbewusste System 1 gelingen kann, muss dieses unbewusste System 1 durch eine emotional-neuronale Intervention des bewussten System 2 ganzheitlich darauf eingestellt werden. Hierzu gibt es effektive **Hilfsmittel**, vor allem die Selbstsuggestion, das Ankern und Primen, mit denen sich der Redner ganzheitlich in die Stimmungssituation bringt, die für seinen Vortrag erforderlich ist. Dann kann auch die unbewusste Steuerung der Körpersprache im Fluss durch System 1 wieder authentisch den Redeinhalt begleiten. Der Körper wird zum **Spiel-Instrument**, so wie wir es etwa im Theater erleben.

Folgender klassische Rat einer Schauspielschule trifft daher auch aus Sicht der NLI zu (Kuhnke, Körpersprache, S. 133): Nur wer sich vollständig in eine Rolle auch „innerlich-unbewusst" hineinversetzt, kann diese ganzheitlich gut und überzeugend spielen (vgl. Molcho, S. 11 f.). Ein Redner wird sich also auch innerlich-unbewusst in die Einstellung versetzen müssen, die er dann mit seiner Rede vertritt. Dann wird auch seine unbewusst gesteuerte Körpersprache das ausdrücken und unterstützen, was er sagt. Das kommt auch in dem Postulat zum Ausdruck: „Du hast nicht nur einen Körper – sei dein Körper!"

Dies bringt uns allerdings zu der zentralen Frage: Kann ich als Redner meinen Körper so manipulieren, dass ich wirklich alles glaubhaft vertreten könnte, selbst wenn ich nachhaltig lügen würde? Realistisch wird man diese Frage aus der Erfahrung mit „nein" bzw. „sehr schwer" bewerten müssen. Es gibt zwar eine Sparte der Schauspielkunst, die perfekt die Vortäuschung der Körpersprache lehrt und präsentiert: die Pantomime. Allerdings gesteht schon der Großmeister der Pantomime Samy Molcho, dass die notwendige Kombination von Sprache und Körpersprache wohl nie ganz dazu führen kann, „perfekt" ein anderer zu sein, als der man selber ist (vgl. Molcho, S. 19 ff.). Angesichts der Tatsache, dass Forscher mittlerweile fast eine Million verschiedener körperlicher Signale und Gesten beobachtet und dokumentiert haben (vgl. Kuhnke, Körpersprache, S. 62), gerät die Erkenntnis zur Binsenweisheit: Eine solche ungeheure Vielzahl von körpersprachlichen Möglichkeiten lässt eine totale „neurolinguistische" bzw. „neuro-physiolinguistische Programmierung" mit den doch sehr begrenzten Möglichkeiten des menschlichen Verstandes schlichtweg nicht zu. Und wer dies versucht, ist letztlich auf dem Weg zum Psychopathen.

Der Ansatz einer realistischen Methodik der **neurolingualen körpersprachlichen Intervention** für die Rhetorik muss daher auch deutlich bescheidener sein: Im Mittelpunkt steht erfahrungsgemäß die Aufgabe, zuerst die körpersprachlichen Defizite der meisten Redner festzustellen, zu analysieren und das körpersprachliche Verhalten vor diesem Hintergrund Schritt für Schritt zu verbessern. Daraus resultiert die Notwendigkeit, dem Redner die wesentlichen Gesetzmäßigkeiten und Erkenntnisse der nonverbalen Kommunikation zu vermitteln und so die „Dos and Don'ts" der Körpersprache zu erkennen. Ziel ist es, die Grundlagen für ein deutlich verbessertes Bewusstsein des Redners zu schaffen, ganzheitlich mit Sprache und Körpersprache zu kommunizieren. Er muss also nachhaltig üben, die Signale der Zuhörer und Gesprächspartner richtig zu interpretieren und selbst die eigenen Informationen und Antworten effizient auch körpersprachlich zu vermitteln.

Wenn es dabei gelingt, bei jedem Redner die 5 wichtigsten körpersprachlichen Defizite oder Fehler dauerhaft auszuschalten und zusätzlich 5 Verbesserungen in der körpersprachlichen Verhaltensweise zu erwerben, wäre für ein Rhetoriktraining schon viel erreicht! Auf dieser Grundlage kann man dann in ständiger Übung weiter aufbauen.

Körpersprache ist dabei weit mehr als nur ein Gesichtsausdruck, also das mimische Element. Wir werden uns mit dem Kopf, den Augen, dem Mund, dem Körper, den Armen und den Beinen beschäftigen. Das ist weit mehr, als Sie üblicherweise in einem Rhetorikseminar dazu vermittelt bekommen. Wenn es allerdings mehr als eine Million möglicher gestischer Haltungen gibt, dann wäre ein Duden der Körpersprache größer als jedes andere bekannte Wörterbuch. Der Code der Körpersprache ist damit ein weiterer sehr spannender Strang der Rhetorik-Matrix. Wir sollten zu diesem komplexen Instrument mehr als nur die Grundlagen erlernen. Es geht um die „fließende Beherrschung" der Körpersprache, in der passiven Aufnahme wie der aktiven Produktion. Meine Erfahrung lautet schlicht: Werden Sie ein guter Körperredner – so können Sie viel besser überzeugen!

2. Die wichtigsten Elemente des Codes der Körpersprache

Im Folgenden werden wir uns nun mit den einzelnen Körperpartien beschäftigen, die für einen erfolgreichen Einsatz der Körpersprache von Bedeutung sind. Es liegt auf der Hand, dass diese einzelnen Segmente des menschlichen Körpers ähnlichen, aber nicht völlig übereinstimmenden Gesetzmäßigkeiten unterliegen. Die Beherrschung eines rhetorisch angemessenen „Bodytalkings" ist schwieriger, als man vermutet. Aber wenn ein gekonnter Körpereinsatz etwa eines Schauspielers ein jahrelanges Training erfordert, dürfte es einleuchtend sein, dass auch ein Redner dafür einiges an Zeit und Energie zu investieren hat.

Mimik

„Gesichter sind die Lesebücher des Lebens" (Federico Fellini)

Die menschlichen Gesichter bzw. „Lesebücher" werden schon seit Jahrtausenden eingehend studiert. Dafür hat sich sogar bereits im Altertum ein eigener Wissenschaftszweig entwickelt, die Physiognomie. Die daraus resultierenden Einflüsse auf die Rhetorik mussten jedoch unsystematisch bleiben, bis die neuzeitliche Verhaltensethologie letztlich ab Charles Darwin zu bahnbrechenden wissenschaftlichen Erkenntnissen gelangte. Eindrucksvoller Beleg für die sorgfältige moderne Analyse der unglaublichen Vielfalt der möglichen Bewegungen der Gesichtsmuskeln ist das sogenannte **Facial Action Coding System** (FACS – Kodierungssystem für die Gesichtsmuskelbewegungen). Es wurde unter anderem maßgeblich von dem amerikanischen Wissenschaftler Paul Ekman mit entwickelt, dargestellt etwa in dessen Buch „Gefühle lesen: Wie Sie Emotionen erkennen und richtig interpretieren. Diese in der Psychologie bekannte und anerkannte Skalierung unterscheidet bei den unterschiedlichen vom Sender produzierten koordinierten „mimischen Ausdrücken" nicht weniger als 44 Bewegungen, davon 12 Bewegungen in der oberen Gesichtspassage und 32 in der unteren (z. B. oben: Stirnrunzeln in den verschiedensten Weisen; unten: Stellung der Mundwinkel). Die physiologische Basis hierfür sind die insgesamt 44 Muskeln, die das Gesichtsfeld des Menschen steuern; symmetrisch gelagert kommen dabei je 22 Muskeln in jeder Gesichtshälfte vor (vgl. Kuhnke, Körpersprache, S. 81 f.; s. a. Molcho, S. 130). Dieses mimische System ist nicht nur für die „Produktion" verantwortlich. Es liefert auch die neuronalen Grundlagen für die

Aufnahme der mimischen Ausdrücke eines Senders und ihrer standardisierten Analyse auf den emotionalen und kommunikativen Bedeutungsgehalt durch den Zuschauer.

Seine Bedeutung muss nicht weiter im Einzelnen dargelegt werden. Wesentlich ist folgende Erkenntnis: Eine **bewusste Steuerung der Mimik** durch das System 2 ist auf Dauer **unmöglich**. Machen Sie einen **Selbsttest** und versuchen Folgendes gleichzeitig:

Die Stirn zu runzeln und zu entrunzeln
Die Augenlider zu heben und zu senken
Die Mundwinkel hoch und runter zu ziehen
Die Backenpartien zu straffen und zu entspannen

Da wir für diese Aufgabe das langsame und bewusste System 2 einsetzen, ist uns schon diese bewusste Mimiksteuerung von nur vier Gesichtspartien gleichzeitig schlichtweg nicht möglich!

Dem System 1 gelingt dies im unbewussten Hintergrund problemlos, allerdings nur zu seinen Bedingungen. Die zentrale Bedingung heißt: System 1 kann nicht bewusst lügen bzw. die Unwahrheit vortäuschen; wenn das versucht wird, kann es auf Dauer schiefgehen. System 1 arbeitet unbewusst „authentisch". Mit anderen Worten: Will ein Redner etwas anderes sagen als er emotional-neuronal denkt, dann besteht die permanente Gefahr, dass seine Mimik etwas anderes ausdrückt, als die Worte vermitteln, und so die Wirkung der Rede massiv beeinträchtigt. Um System 1 zu überlisten und eine zur Redeaussage passende, authentische Mimik zu zeigen, muss der Redner sich durch Ankern, Priming oder Selbstsuggestion auf den Redeinhalt einstimmen. Dann kann auch die unbewusste Steuerung der Mimik durch System 1 den Textinhalt stimmig begleiten.

Die vollständige Beherrschung einer hundertprozentig überzeugenden Mimik ist, wie bei der Körpersprache generell, nicht möglich. Für die effiziente neurolinguale Intervention auf die Mimik reichen aber schon die nachstehenden **7 Faustregeln**:

1. Bringen Sie sich vorab gezielt in die **richtige innere Stimmung und Einstellung** zu dem, was Sie sagen wollen, dann wird auch Ihre unbewusst gestaltete Mimik strukturell das ausdrücken und unterstützen, was Sie sagen. Bemühen Sie sich um diese Grundstimmung während der ganzen

Rede. Auf diese Weise können Sie die Gefahr reduzieren, sich durch sogenannte „Mikro-“ oder „Kurzzeitausdrücke“ zu verraten! Setzen Sie sich dafür mentale Anker oder primen Sie sich ganz gezielt.

2. Versuchen Sie nicht, Ihre Mimik zu unterdrücken und mit versteinerter Miene zu sprechen. **Wagen Sie bewusst Mimik**: Sie wirken dadurch deutlich authentischer als mit einem Gesichtsausdruck, der nur unwesentlich lebendiger ist als ein Pokerface.
3. Im Mittelpunkt der Rede stehen zwar die gesprochene Information oder das verbalisierte Gefühl. **Begleiten und verstärken Sie diese Inhalte** jedoch durch das Mienenspiel des Gesichtes. Die Vielfalt der Optionen ist enorm: Sehen Sie sich unbedingt ein Buch zur Körpersprache an, etwa von Samy Molcho. Offen, entspannt, ängstlich, besorgt, skeptisch, froh, heiter: auch Ihnen steht die gesamte Palette der mimischen Möglichkeiten offen!
4. **Üben Sie bewusst** Ihre Mimik, Ihr Gebärdenspiel vor allem vor dem Spiegel. Eine provokante Forderung: Seien Sie eitel! Je mehr Sie selbst über Ihr Gesicht erfahren, umso mehr lernen Sie auch für Ihre unbewusste Selbstkontrolle. Dies gilt vor allem dann, wenn Sie selbst oder Ihre Angehörigen wahrnehmen, dass Ihre Mimik im Widerspruch zu Ihrer gefühlten Grundsituation steht.
5. Üben bzw. kontrollieren Sie Ihren Gesichtsausdruck für die **wichtigen Redepassagen**. Dafür können Sie wiederum den Spiegel verwenden oder einfach die „Selfievideofunktion“ Ihres Smartphones.
6. Ihre **Grundmiene** sollte, wenn immer möglich und der Situation angemessen, ein freundlicher, **leicht lächelnder** Gesichtsausdruck sein. Es gibt dazu drei Weisheiten, die in Stein gemeißelt sind und dies über viele Kulturen hinweg empfehlen:
   - ▷ Mit Lächeln gewinnt man mehr Freunde als mit einem langen Gesicht (Chinesisches Sprichwort)
   - ▷ Wer lächelt statt zu toben, ist immer der Stärkere (Japanische Weisheit)
   - ▷ Wenn der Mund lächelt, lächelt das Herz

   Denken Sie aber daran, dass es nur wenig gibt, was so falsch wirken kann wie ein aufgesetztes, schiefes oder gepresstes Lächeln! Aber es gibt genauso gut das gewinnende Lächeln, das leicht schüchterne Lächeln und das offene Lächeln, das schlichtweg unwiderstehlich ist.
7. Mienen können häufig Gefühlswallungen auch optisch dämpfen: Ich könnte Ihnen Hunderte von Videobeispielen vorführen, bei denen die Redner in der Analyse verblüfft festgestellt haben: „So aufgeregt habe ich ja gar nicht

ausgesehen!" Dies bedeutet zweierlei: Sie können sich darauf verlassen, dass Gefühle, die innerlich hochkochen, sich bei Weitem gedämpfter in Ihren Gebärden widerspiegeln. Das ist dort von Bedeutung, wo Sie mit Nervosität, Zorn und anderen eher negativen Emotionen innerlich kämpfen. Zum anderen müssen Sie üben, diese dämpfende Wirkung und Erfahrung in Ihrem Mienenspiel einzukalkulieren, wenn es Ihnen darum geht, bestimmte Gefühle und Auffassungen körpersprachlich zum Ausdruck zu bringen. Dies bedeutet gegebenenfalls: So viel aktive Mimik wie möglich. Das kann in kritischen Situationen von großem Wert sein.

Augen

„Das Auge ist des Herzens Zeuge"
(Deutsches Sprichwort)

„Das Auge ist das Fenster zur Seele"
(Samy Molcho)

Die Augenpartien haben nur ca. 100 Quadratzentimeter Fläche, sie stellen mit etwa einem halben Prozent also nur einen minimalen Bruchteil der Gesamtfläche des Körpers von durchschnittlich 1,75 Quadratmetern, also 17 500 Quadratzentimetern dar. Und doch kommt ihrem Ausdruck und dem Blickverhalten manchmal mehr Bedeutung zu als der Körpersprache mit dem Rest des Körpers. Nicht umsonst wird das Sehen ja auch als der „Gesichtssinn" bezeichnet! Die besondere Bedeutung der Pupille als zuverlässiger Gradmesser der kognitiven und mentalen Aktivität jedes Menschen (vgl. Kahneman, S. 46 ff.) wurde bereits dargestellt. Dabei läuft ein Großteil von Signalaufnahme, -verarbeitung und -reaktion über das unbewusste System 1.

Das Zusammenspiel Augenbrauen – Lider – Pupillen kann nach der einschlägigen Literatur zur Körpersprache eine kaum fassbare Varianz an Signalen und Bedeutungen haben (vgl. Molcho, S. 131 ff.; Kuhnke, Körpersprache, S. 95 ff.). Die zentralen Empfehlungen zu „Don'ts" und „Dos" kann daher nur die wesentlichen Bereiche für die Rhetorik erfassen. Auch hier ist vorwegzustellen, was ebenso für die Mimik gilt: Der Redner muss sich mental auf die Redesituation bewusst vorbereiten, um so ganzheitlich, auch in der unbewussten Steuerung, mit dem Blickverhalten das kongruent zu unterstützen, was er sagen will.

5 Faustregeln für ein gutes Blickverhalten:

1. Vermeiden Sie jeden „angstgeweiteten" und starren Blick; dieser ist häufig auch ein zuverlässiger Indikator von Sprechhemmung und ggf. auch Lampenfieber. Hierzu sollten Sie unbedingt das beherzigen, was oben zur Vermeidung des Lampenfiebers ausgeführt wurde (s. S. 277 f.).
2. Suchen Sie unbedingt den **Blickkontakt** mit dem Publikum: Schweifen Sie den Blick flüssig im Auditorium. Dazu können Sie sich auch einige „Ankergesichter" heraussuchen (bitte nicht nur eines!). Teilen Sie dazu das Publikum räumlich in Abschnitte auf, zum Beispiel in Abschnittsdrittel. Kein Zuschauer erwartet, individuell von Ihnen angesehen zu werden. Aber das Publikum erwartet als Gesamtheit den Blickkontakt. Vermeiden Sie es aber, zu hektisch und unruhig Ihren Blick im Publikum herumschweifen zu lassen. Dies signalisiert in der Regel, dass der Redner einen oder mehrere Fluchtpunkte sucht, um dem Publikum zu entweichen.
3. Im Umkehrschluss **vermeiden Sie den „Blick ins Unendliche"** und damit links, rechts und oben am Publikum vorbei. Dies ist **das** klassische Zeichen für Unsicherheit und Nervosität. Beherzigen Sie also unbedingt Regel 2, wenn Ihnen auffallen sollte, dass Sie mit der Wand oder dem Fenster sprechen.
4. Wenn Sie auf Ihr Manuskript sehen, dann ist das natürlich zulässig. Aber bitte nicht immer! **Blicken Sie so häufig es geht vom Text auf** und sofort in das Publikum; je besser Sie vorbereitet sind, umso eher gelingt Ihnen das. Wer nur das Manuskript im Blick hat, kommuniziert in einem erweiterten Selbstgespräch und nicht mit dem Publikum. Es wirkt fast so, als ob sich ein Kind die Augen zuhält, um nicht gesehen zu werden (vor allem wenn sich das Papier nahe am Gesicht befindet). Und damit liegt eine weitere Signalbedeutung der „Manuskriptfixierung" nahe: Sie wollen sich „unsichtbar" machen. Glauben Sie mir, das ist noch keinem Redner gelungen!
5. Der **freundliche Kontakt zum Publikum** beginnt mit einem freundlichen Blick mit den Augen: Lassen Sie Ihre Augen lächeln und offen zum Publikum sprechen – verkniffene Augen sind vor allem zum Redebeginn ein klassisches Zeichen, dass die Situation dem Redner Unbehagen bereitet und er enorm angespannt ist. Dann ist es immer noch besser, mit einem langen und festen Blick das Publikum auf sich zu ziehen und eher ernst zu beginnen.

Kopf

„Wer kommt, wird nach seinem Gesicht beurteilt. Wer geht, nach seinem Kopf.“
(Heinrich Wiesner)

Die „Kopfarbeit“ (buchstäblich) wird in Rhetoriktrainings und -büchern häufig unterschätzt. Dabei kommt der Kopfhaltung eine enorme Signalwirkung zu, wenn es darum geht, unbewusst die Einstellung als Redner zu präsentieren oder auch die Zuschauer zu analysieren. Hierzu gibt es einige wichtige Empfehlungen, die für sich genommen schon zeigen, welche Signale und Informationen „mit (Ihrem) Köpfchen“ präsentiert werden können. **Eine souveräne, gerade Kopfhaltung ist das Ziel.** Wird der Kopf zu sehr nach hinten, zur Seite, nach vorne geneigt, kann dies von den Zuschauern als deutliches Zeichen für eine arrogante, hochmütige, unsichere oder unterwürfige Einstellung gedeutet werden – und das häufig mit Recht! Lassen Sie den Kopf nicht hängen! – im wahrsten Sinn des Wortes –; es ist eines der wichtigsten wahrgenommenen Signale für Unsicherheit, Depressionen, Müdigkeit und Langeweile!

Drei wichtige Kopfbewegungen sollten Sie an sich selbst wahrnehmen und bewusst steuern. Üben Sie auch mit Ihrem Kopf bewusst und intensiv, am besten zusammen mit Ihrem Mienenspiel!

1. **Kopfnicken** – ob und wie Sie mit dem Kopf nicken, ob schnell, langsam, aufmunternd, genervt: Alles kann eine deutliche Signalwirkung besitzen.
2. **Kopfrichtung** – geht Ihr Kopf in eine andere Richtung als der Blick Ihrer Augen, ist dies natürlich eine Geste mit hohem Signalwert: Blicken Sie verstohlen, haben Sie etwas zu verbergen, sind Sie misstrauisch oder abgelenkt?
3. **Kopfschütteln** – damit signalisieren Sie Ablehnung oder zeigen ungläubige Kenntnisnahme; oder sind Sie widersprüchlich unterwegs, weil Sie zu einer bejahenden Äußerung gleichwohl den Kopf schütteln? Diese Geste sieht man häufig, gern auch in Fernsehdiskussionen: Man vertritt positiv einen Standpunkt und schüttelt gleichzeitig den Kopf. Wer den Kopf schüttelt, während er eher positiv über eigene Meinungen und Standpunkte spricht, sollte sich allerdings bewusst sein, dass er damit nicht unbedingt glaubwürdiger wirkt! Vermeiden Sie also diese widersprüchliche Geste.

Gestik

„Gestik ist, wenn der Körper ein Wörtchen mitzureden hat." (Peter E. Schumacher)

Der Bereich Schulter – Arme – Hände ist ein zentraler „Signalgeber" in der nonverbalen Kommunikation: Ob Sie hängende oder offene Schultern haben, die Arme verschränken oder ausbreiten, ob Sie die Hände ballen oder zum Hörer öffnen: Schon diese Beispiele zeigen die enorme Vielfalt dessen, was Gesten, in der Regel unbewusst gesteuert, mitteilen können. Diese unbewusste Steuerung ist umso intensiver, als in Armen und Händen mit dem Tastsinn und der rudimentären Wärmeempfindung wichtige Sinneszellen vorhanden sind, vergleichbar wie in Augen, Zunge, Nase und Ohren. Hinzu tritt die Erkenntnis, dass die Hände als Greifapparat eine der wesentlichen körperlichen Entwicklungen des Homo sapiens in der Evolution darstellen. Ihre unbewusste Steuerung hat sich über Jahrmillionen – beginnend bei den Hominiden – auch genetisch entwickelt (vgl. Molcho, S. 156 f.). Die Hände sind „eines der wichtigsten Instrumente aktiver Kommunikation zwischen uns und der Außenwelt" (Molcho, S. 159). Sie müssen etwa bei Blinden sogar die Augen ersetzen können! Und Millionen von Jahren vor der Entwicklung der Sprache waren die Hände der Hominiden die zentralen Instrumente von Verteidigung und Angriff, Aggression und Defensive und den entsprechenden nonverbalen Signalen. Damit sind sie letztlich auch das Organ, über das die „Gefühlsenergie" aktiv und passiv, aggressiv und zärtlich zum Ausdruck gebracht wird.

Es ist daher nicht verwunderlich, dass fast jede menschliche Geste über den neuro-physiolingualen Code mit einer Signalbedeutung verbunden werden kann. Dieser wird im Wesentlichen auch von allen Menschen gleichbedeutend wahrgenommen: Die Körpersprache ist im Wesentlichen eine universelle Sprache, die auf dem ganzen Globus zum großen Teil verstanden und gesprochen wird. In der Redesituation kommt hinzu, dass neben dem Kopf keine andere Körperpartie vom Publikum so exakt wahrgenommen werden kann. Dies weiß auch jeder gute Redner. Deswegen nutzt er auch unbewusst seine Gestik, zumindest in Form sogenannter „Mikrogesten". Ich lade Sie dazu wieder zum **Selbstversuch** ein:

Lassen Sie sich von Ihrem Partner die Hände fest an die Hose / den Gürtel binden. Danach lesen Sie ihm / ihr ein Gedicht von Friedrich Schiller so ausdrucksstark wie möglich vor, zum Beispiel „Der Ring des Polykrates". Dann befreien Sie Ihre Hände und lesen das Gedicht erneut so ausdrucksstark wie Sie können.

Die allgemeine Erkenntnis bei dieser Übung lautet: Der Körper und die Arme können **nicht nicht** kommunizieren. Das unbewusste System 1 verarbeitet automatisch das, was verbal gesprochen wird, auch in der nonverbalen Körpergestik. Die innere emotionale Grundeinstellung und auch spontane gestische Reaktionen zum gesprochenen Inhalt kommen so wie auch immer zum Ausdruck. Gerade wegen der enormen Signalwirkung der Gestik ist daher die emotionale Vorbereitung des Redners auf die Rede und gegebenenfalls auch das Gestentraining zu zentralen Passagen einer Rede von positiver rhetorischer Bedeutung. Auch hier gibt es **9 Faustregeln;** sie ähneln den Faustregeln zur Mimik (s. o. S. 293 f.):

1. Bringen Sie sich durch Ankern oder Priming vorab gezielt in die richtige Stimmung und bleiben Sie während der ganzen Rede in dieser Grundstimmung.
2. Verstärken Sie die Wirkung des gesprochenen Wortes gezielt durch Ihre Gesten. Inspiration bieten Ihnen etwa die Bücher von Samy Molcho: Offene Hände, entspannte Schulterhaltung, ängstlich-abwehrende Ellenbogen-Hand-Gesten, besorgte Fingerzeige, skeptisches Abwinken – üben Sie solche Gesten bewusst und nutzen Sie die ganze Palette Ihrer gestischen Möglichkeiten!
3. Wagen Sie bewusst Gestik! Sie wirken dadurch deutlich authentischer als mit einem Oberkörper, der wie gelähmt erscheint. Körperstarre wird unbewusst als klarer Ausdruck von Angst und Defensive wahrgenommen.
4. Üben Sie vor dem Spiegel und achten Sie auf Widersprüche zwischen Ihrer inneren Haltung und äußeren Gesten.
5. Üben Sie konkrete Gesten für wichtige Redepassagen.
6. Versuchen Sie, mit leicht angewinkelten Armen und nach vorne geöffneten Handflächen zu stehen. Diese Grundhaltung ist das Pendant zum offenen Ausdruck Ihres Gesichtes und signalisiert Ihre Bereitschaft zur Kommunikation mit dem Publikum. Denken Sie daran, dass verschränkte Arme klassische Zeichen von Distanzierung und Verteidigungshaltung sind; so wird nur schwer ein Funke überspringen.
7. Vermeiden Sie aufgesetzte oder gekünstelte Gesten oder auch sogenannte gestische Zitate: Diese können vom Inhalt der Rede ablenken! So ist etwa die sogenannte „Merkel-Raute" – die nach unten gerichtete offene Pyramide der beiden Hände mit oben geschlossenen Daumen – seit ihrem exzessiven Gebrauch durch die Bundeskanzlerin zum Gegenstand zahlreicher Parodien geworden

und als Zitat für jeden sonstigen Redner nur noch sporadisch denkbar. Sie wird allgemein, etwa im Lexikon der Körpersprache (Schwarz / Schweppe, Lexikon, S. 181), als Ausdruck von selbstbestätigender Sicherheit nach einer getroffenen Entscheidung gewertet. Allerdings wird die gleiche Geste von Frauen (aber auch Männern) auch im Rotlichtmillieu verwendet und kann dann eine ganz andere (symbolisch geöffnete) Bedeutung haben. Ein Grund, warum mancher Psychologe über die Geste und ihre prominenteste Verwenderin durchaus schmunzelt. Ein weiterer bekannter Nutzer der Raute in einem bemerkenswerten Familienporträt ist übrigens ... Donald Trump (vgl. das „Prunkbild mit Löwen“ in FASZ vom 13.1.2017, S. 43).

Zu viele Gesten werden in der Rhetoriktrainersprache als „Gesten-Rap“ bezeichnet. Sie sind auf keinen Fall ratsam: Die sinnvolle synchrone Begleitung der Rede gerät so zum zerfahrenen Rumfuchteln, was vom Publikum als nicht glaubhaft und als Indiz hoher Nervosität beim Redner wahrgenommen wird.

8. Setzen Sie unbedingt vor allem Hände und Finger für ihre gestische Arbeit ein. Sie werden von Spezialisten mit Recht als die „ausdrucksstärksten Glieder“ des Menschen bezeichnet (Molcho, S. 156 ff.). Es kommt also nicht nur darauf an, wie Schultern und Arme die „gestische Grobarbeit“ verrichten. Ganz vorne bei Hand und Finger spielt die Musik. Allein die Symbolwirkung einer offenen oder verschlossenen Hand ist enorm. Ob Sie Ihre Hände verbergen, falten oder sich im wahrsten Sinn des Wortes „die Hände reiben“ – gerade die sekundenschnell wechselnden und auch nur vorübergehend gezeigten Signale Ihrer Hände hinterlassen in der unbewussten kognitiven Aufnahme des Zuschauers immer ihre Spuren.

Zu empfehlen ist daher in jedem Fall der aktive Einsatz der Hände: „Hände hoch und los geht's“. Wer seine Hände verbirgt oder sie geradezu verkrampft hält, hat in der Tat etwas (Gedankliches) zu verbergen oder er leitet damit ein Übermaß an Nervosität in die Aktivität seiner Hände ab. Beides wird unbewusst vom Zuschauer wahrgenommen und kognitiv im Gesamteindruck des Redners verarbeitet. Ein Sonderfall ist, gerade bei Männern, der sogenannte „Feigenblatt-Griff“, die vor dem Unterleib zusammengehaltenen Hände. Es ist das klassische Symbol einer innerlich angenommenen Abwehr- und Verteidigungshaltung. Kein Redner, der rhetorisch angriffslustig loszieht, wird sich so glaubwürdig präsentieren!

Auch die Signalwirkung der einzelnen Finger und ihres Zusammenspiels ist enorm: Jeder Finger hat instinktiv eine eigene – neurolinguale – Symbolik, selbst wenn sie dem Redner nicht bewusst sein sollte (wobei allerdings nationenspezifische Unterschiede zu beachten sind):

Der Daumen ist der „Dominanzfinger" (Molcho, S. 189). Wer weiß nicht, was „Daumen nach oben" heißt? Die Geste war schon vor 2000 Jahren in den Arenen des römischen Reiches für die unterlegenen Gladiatoren von buchstäblich existentieller Bedeutung. Der Daumen nach unten oder auch das abwertende Zeigen mit dem Daumen auf andere: Jede dieser Gesten erzeugt eine dominante, überlegene und häufig auch arrogante Signalwirkung.

Der Zeigefinger als der Signalfinger schlechthin kommt natürlich auch für „Oberlehrer" und „Besserwisser" gerne zum Einsatz (Molcho, S. 194). Also aufgepasst, wem Sie wieviel und was wie damit zeigen wollen!

Der Mittelfinger hat eine enorm ambivalente und umfassende Bedeutung; zusammen mit dem Daumen (und dem parallel gehaltenen Zeigefinger) gekrümmt ist er das Zeichen der Perfektion. Aber alleine von unten nach oben gezeigt stinkt und wertet er ab. Und zusammen mit Daumen und Zeigefinger erhoben ist er das Symbol für den Schwur: die Bürgschaft auf Leben und Tod!

Der kleine Finger als der „Gesellschaftsfinger" wird von Samy Molcho geradezu liebevoll behandelt (Molcho, S. 197). Wer kennt nicht den kleinen gestreckten Finger als Zeichen von Noblesse beim Halten der Kaffeetasse? Er symbolisiert auch das Bemühen um distinguiertes Verhalten eines Neureichen bzw. Parvenüs.

Seien Sie also als Redner im wahrsten Sinn des Wortes: fingerfertig! So wie es jeder Zuschauer ja auch unbewusst selbst praktiziert und daher bei Ihnen entsprechend wahrnimmt. Ein positives Beispiel ist hier tatsächlich: Donald Trump! Seine Gestik ist aus rhetorischer Sicht durchaus trainiert und professionell eingesetzt. Typisch für ihn ist etwa die nach vorn geöffnete rechte Hand, häufig mit zusammengefügten Daumen und Zeigefinger: Es handelt um einen symbolischen „Präzisionsgriff", eine Exaktheitsgeste, die Gewissenhaftigkeit und Souveränität vermitteln soll und so einzelne Inhalte bewusst eindringlich betont (vgl. Schwarz / Schweppe, Lexikon, S. 125 f., S. 232; s. dazu etwa „Trump's 2018 State of the Union in four minutes" auf www.youtube.com).

9. Mit dem Fingerspiel kommen wir allerdings nun zu einem der heikelsten Punkte der Gestik: Selbstberührungen. Wer von uns hat nicht schon einen Redner gesehen, der geradezu notorisch an sich herumzupfte (an Ohr, Nase, Lippen, Haaren und anderen Körperteilen), auf den Fingern zu kauen begann oder stereotyp das Manuskript faltete, knüllte oder strich? Diese Handlungen werden als sogenannte Selbstberührungen bezeichnet; sie laufen wohl

zu 99 Prozent unbewusst gesteuert ab. Daher werden sie in der Regel erst dann wahrgenommen, wenn man darauf angesprochen wird oder diese Handlungen bei einer Videoanalyse seiner eigenen Rede bemerkt.

Neurolingual erfüllen solche Handlungen im unbewussten Regelkreis des System 1 eine bestimmte Aufgabe: In der Regel ist der Ausgangspunkt solcher Selbstberührungen ein unbewusstes Gefühl von Anspannung, Unsicherheit, Nervosität, Unruhe oder „Unwohlsein" im weitesten Sinn. Hinzu kommt beim Redner das Gefühl der Einsamkeit in seiner Redesituation; diese ist immer gegeben und kann ja, wie dargestellt, auch zur Maximalstressreaktion des Lampenfiebers führen.

Selbstberührungen sind also häufig ein Indikator für eine klassische Diskrepanz in der Befindlichkeit eines Redners: Er will den souveränen, ruhigen und überlegenen Redner darstellen, der überzeugend für seinen Standpunkt wirbt. Doch innerlich spürt der Redner die oben dargestellten eher negativen, kontraproduktiven Emotionen. Sie beschäftigen das unbewusste System 1 erheblich: Es will diese Gefühle im wahrsten Sinn des Wortes „abreagieren". Einsam berührt man sich, um sich selbst zu bestätigen, das Herumspielen an sich dient dazu, die eigene Unsicherheit und Nervosität zu dämpfen (Kuhnke, Körpersprache, S. 187). Und der Griff zur Nase scheint dazu zu dienen, empfundenes Fehlverhalten oder Selbstzweifel bzw. Lügen durch diese Selbstberührung zu beschwichtigen und zu beruhigen (Kuhnke, Körpersprache, S. 187; Schwarz / Schweppe, Lexikon, S. 137 f., S. 205 f.).

Die Einstellung zu solchen Selbstberührungen muss in einem vernünftigen Kontext insgesamt differenziert ausfallen: Selbstberührungen sind solange zulässig und kein Problem, wie sie sich um üblichen Rahmen halten und als sozialadäquat wahrgenommen werden, weil sie letztlich von jedem, auch von den Zuhörern, so praktiziert werden. In diesem Zusammenhang kann man von einem sogenannten „adaptiven" üblichen Verhalten sprechen, das dazu beiträgt, die innere Anspannung abzubauen und zu ventilieren (vgl. Kuhnke, Körpersprache, S. 187). Dort wo sie allerdings gehäuft auftreten oder sich eine bestimmte Form der Selbstberührung stereotyp wiederholt, dort wird man von einer abnormen und vom üblichen Umfang der Anspannung abweichenden inneren Befindlichkeitsäußerung des Redners ausgehen; diese nimmt auch und gerade der Zuhörer zumindest unbewusst wahr. Und dann kann die Diskrepanz zwischen rhetorisch vorgetragener Souveränität und gestisch gezeigter Nervosität ganz klar negativ für den Gesamteindruck des Redners sein.

Häufig genügt es zur rhetorischen neurolingualen Intervention, diesen Sachverhalt anhand einer Videoaufzeichnung zu analysieren und mit dem Kandidaten eingehend zu besprechen. Wenn er auf diesen Umstand aufmerksam gemacht ist, wird er damit auch achtsamer umgehen, so dass erfahrungsgemäß dieses stereotype Verhalten deutlich zurückgeht. Wenn sich der Befund allerdings hartnäckig wiederholen sollte, so wird man an weitergehende Schritte denken müssen, wie sie etwa auch zum Abbau des Lampenfiebers empfohlen werden.

Rumpf, Beine, Körperhaltung

Es ist ein psychologischer Allgemeinplatz, der dennoch nicht oft genug wiederholt werden kann: Zwischen der Körperhaltung eines Menschen und seiner inneren psychosozialen Verfassung und Situation gibt es einen klaren Zusammenhang. Dies gilt natürlich auch für jeden Redner. Wer körperlich zusammensackt, mit hängenden Schultern, gesenktem Kopf und niedergedrückter Miene, der wird wohl nicht im nächsten Moment zu einer flammenden Rede für große Ideale und ambitionierte Ziele ansetzen können. Die Körperhaltung wird ganzheitlich vom unbewussten System 1 gesteuert. Der physiolinguale Interventionsansatz geht realistischerweise nicht so weit, dass man aus der Körperhaltung exakt die psychische Befindlichkeit eines Redners bestimmen kann; eine näherungsweise Festlegung ist aber in jedem Fall möglich!

Dabei liegt es klar auf der Hand, dass zwischen Haltung und unbewusster psychischer Verfassung eine Wechselwirkung in **beide Richtungen** besteht. Wer sich in eine positive körperliche Gesamthaltung bringt, der stellt in der Regel fest, dass sich auch seine psychische Situation in Richtung einer positiven Gesamtverfassung verändert. Der Redner sollte also auch seine Körperhaltung bewusst analysieren und trainieren. Zu vermeiden ist ein Zustand der „Unterspannung", aber auch der „Überspannung": Wer starr auf dem Podium steht, alle Glieder „durchgedrückt", Muskeln und Sehnen angespannt und mit versteinerter Mimik vor sich hinstarrt, der wirkt offensichtlich für viele Redethemen nicht glaubhaft.

Grundlage ist die positive Grundstellung mit hüftbreit aufgestellten Beinen, aufrecht-geradem Rumpf und einer Haltung, die entspannt mit einem gesunden Tonus (Grundspannung) wirkt. Durchaus umstritten ist die Frage, ob auch ein sogenanntes Standbein kombiniert mit einem sogenannten Spielbein rednerische Souveränität ausdrückt. Ich persönlich bejahe dies eindeutig! Die Auffassung, man wirke dann, als ob man weg wolle, teile ich nicht (so aber Kuhnke, Körpersprache, S. 195): Diese auch „Stützpfeiler-Haltung“ genannte Stellung mit einem Spielbein ist die Grundlage dafür, durchaus auch gewisse Bewegungen im „Rednerterritorium am Pult“ zu machen. Dies wirkt variabel und nicht übermäßig starr, solange es nicht übertrieben wird. Und es erlaubt auch dynamische Körperbewegungen an entscheidenden Stellen der Rede. Allerdings sollte der Redner nicht beginnen, mit Spielbein und Standbein allmählich in einen „Slow-Fox“ zu verfallen oder andere angedeutete Tanzschritte zu machen. Das passiert häufiger als man glaubt (und löst bei der Videobeobachtung gerne Gelächter aus). Dies wäre in der Tat ein Indikator für Unsicherheit und Unwohlsein am Redeplatz.

Ein „No-Go“ im wahrsten Sinn des Wortes ist allerdings die „Scherenhaltung“ mit einem Bein, das sich von hinten um das Standbein windet und im Extremfall auf der anderen Seite einrastet. Es stellt das klassische Symbol für Unsicherheit, Unterwürfigkeit und auch Abwehr dar. Ebenfalls vermieden werden sollte die „Parallelhaltung“, bei der ein Redner buchstäblich beinahe die Hacken zusammengeschlagen hat, also das Symbol von Unterordnung (etwa im Militär). Genauso vermieden werden sollte der übermäßig gegrätschte Schritt (ggf. mit den Händen am symbolischen Halfter), das Zeichen von Überheblichkeit und machohaftem Dominanzgebaren. In seiner Dynamik sollte der Redner den Körper auch nicht vom Publikum wegdrehen, denn dadurch beginnen die Füße vom Publikum weg zu zeigen; dies ist das klassische Signal des Unterbewusstseins, weg zu wollen.

Bewegung im „Rednerterritorium"

Ein Redner vertritt in seiner Rede nicht nur einen Stand-Punkt. So wie der Redeinhalt vielfältig ist und dynamisch vorgetragen werden sollte, sollte auch eine angemessen dynamische Körperhaltung und -bewegung die Äußerungen des Redners begleiten. Dann kommt es zwangsläufig zu einer Bewegung des Redners im Raum, also in dem ihm zugewiesenen eher engen, aber dennoch prominent gelegenen „Territorium“ vor dem Publikum. Mit der Frage, wie Menschen ihr jeweiliges Territorium nutzen, beschäftigt sich die Wissenschaft der Proxemik (vgl. Allhoff/ Allhoff, Rhetorik & Kommunikation, S. 36 ff.).

Die Verhaltenspsychologie hat auch hier interessante Zusammenhänge aufgedeckt. So hat der Psychologe Edward T. Hall in seiner Studie „Die Sprache des Raumes“ (1966) 5 Distanzzonen definiert, die für einen Menschen in seiner

Beziehung zu anderen Menschen und zu seiner Umwelt relevant sind. Für das Wohlbefinden und die Qualität seiner Beziehungen ist es dabei für jeden Menschen wichtig, mit seinem jeweiligen Partner auch die richtige räumliche Nähe bzw. Distanz zu haben. Diese Kategorien bewegen sich zwischen sehr intim / intim bis hin zur sogenannten öffentlichen Distanz (s. a. Kuhnke, Körpersprache, S. 48).

Der Redner bewegt sich in der sogenannten „öffentlichen Distanz" (ab ca. 3 Metern). Hier spielen „territoriale Konflikte" keine Rolle. Er wird zumindest räumlich den Zuhörern nicht „zu nahe" kommen und nicht in deren „gefühlten Eigentumsbereich" eindringen. Gleichwohl ist es wichtig, wie der Redner sich im Raum präsentiert; daher sollte er auch mit seiner Körperhaltung den Anschein vermeiden, sich zu verstecken oder nicht die Mitte einzunehmen. Der Redner sollte den Raum „beherrschen". Hier spielt auch ein erhöhtes Rednerpodium eine Rolle (vgl. Kuhnke, Körpersprache, S. 216 ff.). Eine Überzeugungsrede im Sitzen verbietet sich von selbst. In der Regel steht das Rednerpult in der Mitte, auch der Redner soll ja die dominierende Mitte der darauffolgenden Aktion sein. Die Raumbeherrschung erfordert auch ein lebendiges Gestenspiel: So zeigt der Redner die Souveränität seines Körpers im Raum. Dies kann sich auch durch Bewegungen vom Rednerpult weg zeigen.

ex\

Raumgreifende Souveränität

Bei der legendären Erstvorführung des iPhone vor großem Publikum am 9. Januar 2007 agierte Steve Jobs in Rollkragenpulli und Jeans mit lässigen Bewegungen auf einer großen Bühne. Er bewegte sich souverän ruhig im Raum, er maß ihn geradezu aus. Mit diesem räumlichen Bewegungsverhalten verstärkte Steve Jobs positiv seine fachliche und persönliche Dominanz. Mit seiner Rede und der gezeigten Proxemik setzte er Maßstäbe; im Vergleich dazu wirkt das Auftreten seiner Nachahmer von Zuckerberg bis Tim Cook (Jobs' Nachfolger bei Apple) manchmal nur wie ein Zitat.

Die von Steve Jobs gewählte Bewegung im Raum wirft die Frage auf: Soll der Redner stehen oder „tigern"? Dabei sollte man sich vor dem häufig gehörten Irrtum schützen, der besagt, wer im Raum herumgehe, zeige damit „Fluchtverhalten". Dies kann man nur dann annehmen, wenn vom Redner aufgrund der gewohnten Tradition ein Vortrag im Stehen erwartet wird. Ansonsten kann die Bewegung im Raum durchaus Souveränität und die Beherrschung von Stoff und Publikum belegen. So ist etwa ein Dozent, der sich während seiner Vorlesung zwischen die Reihen der Hörer wagt und sich sogar auf einen Tisch setzt, auf keinen Fall „auf der Flucht"; im Gegenteil, er stellt sich „mitten ins Publikum", was man durchweg als Ausdruck einer souveränen Stoffbeherrschung und einer guten Interaktion mit dem Publikum würdigen wird. Wer allerdings als Politiker, Pressesprecher oder Manager eine funktionsbezogene Rede in seinem Amt hält, von dem wird erwartet, dass er fix steht. Damit symbolisiert er auch, dass und welchen Standpunkt er hat! In jedem Fall ist die Vorbereitung auf den Raum, in dem die Rede gehalten wird, ein wichtiger Bestandteil der Redevorbereitung. Wenn der Redner daraus einen überraschenden Gedanken für seine Stellung zieht, umso interessanter!

3. Das richtige Äußere

„Unser Inneres soll von der großen Menge verschieden sein. Unser Äußeres passe sich ihr an." (Seneca)

„Wer sich albern kleidet, ist albern." (Christian Dietrich Grabbe)

Diese Zitate sind ca. 2000 Jahre beziehungsweise 200 Jahre alt. Ich habe sie bewusst gewählt, um zu zeigen, dass die Bedeutung des Äußeren für den Redner schon seit den Anfängen der Rhetorik in der Antike diskutiert wird. Diese Frage hat bis heute nichts an Aktualität verloren.

Die Kleidung und die dazugehörigen Accessoires können als Statement jeden Auftritt eines Redners verstärken, begleiten oder auch ins Lächerliche ziehen. Dabei darf ich Queen Elizabeth II. in ihrer jahrzehntelangen Präsenz als institutionelles symbolisches Staatsoberhaupt und Rednerin auch mit über 90 Lebensjahren als Vorbild hervorheben. Bitte halten Sie mich nicht für einen Spießer! Schauen Sie sich lieber einen ihrer großen historischen Coups an, den sie 2011 als Rednerin beim ersten Besuch eines britischen Monarchen seit einhundert Jahren im benachbarten und häufig verfeindeten Irland gelandet hat: Beim entscheidenden Staatsbankett trug sie ein passabel geschnittenes Kostüm in der irischen Landesfarbe, hatte als Brosche eine irische Harfe. Sie eröffnete ihre Rede auf Gälisch und das vor einem Publikum, das garantiert nicht unbedingt anglophil war. Die irische Staatspräsidentin war sichtlich aus dem Häuschen, die geladene irische Prominenz ebenfalls. Letztlich hat die Queen mit diesen rhetorischen Gesten während einer einzigen Rede großenteils den verheerenden Eindruck revidiert, den Dutzende Auftritte blasierter Politiker in langweiligen Anzügen und fadem Upper Class-Englisch über die Jahre hinterlassen hatten.

Das Beispiel zeigt überdeutlich, dass gerade die Kleidung als Teil der nonverbalen Kommunikation wichtig ist. So viel Statement wie bei der Queen ist allerdings für den Redner normalerweise nicht zu empfehlen. Die Kleidung sollte den Auftritt des Redners neutral oder ansprechend begleiten – zeitlose Eleganz kann hier nie schaden! Auch Samy Molcho, die Ikone der Pantomime, betont dies ausdrücklich (Molcho, S. 250). Selbst Rupert Lay, der Nestor der Dialektik (und als Jesuit im Hinblick auf Mode sicherlich unverdächtig), stimmt dem ausdrücklich zu (vgl. Lay, S. 224).

Denken Sie aber auch daran, wie schnell ein modisches Versehen, ein Fauxpas mit dem Make-up einer Rednerin, eine falsch sitzende Perücke oder ein geöffnetes „Hosentürl" jeden rhetorischen Eindruck geradezu vernichten kann. Der legendäre Sketch „Die Nudel" von Loriot und Evelyn Hamann spielt meisterhaft mit diesem Effekt. Das unbewusste System 1 ist bei seiner Suche nach kognitiven Neuigkeiten dann in seinem Element und das bewusste System 2 weidet sich in der subjektiv gefühlten überlegenen Stellung des wissenden Zuhörers an den äußeren Unzulänglichkeiten des Redners; das ist gerade für das System 2 viel bequemer, als seiner Rede bewusst zu folgen (zur Wirkungsweise der sogenannten „Überraschung" s. Kahneman, S. 170 f.). Die Konsequenz ist daher zuerst: Vermeiden Sie einen Kleidungsfehler und kontrollieren Sie sich unmittelbar vor dem Auftritt im Spiegel.

Der passende Kleidungsstil kann sich auch auf den Redestil positiv auswirken. Sicher bleiben wir hier zuallerst bei Äußerlichkeiten getreu der Weisheit: Kleider machen Leute. Ein seriöses, dem rhetorischen Setting angepasstes Äußeres setzt aber einen „Rahmen", also Frame (!) für die Rede und wird die Performance sicherlich unterstützen. Dabei spielen für beide Geschlechter folgende Details eine große Rolle:

Accessoires: Der Schal, die Halskette, die Krawatte, das Einstecktuch, der Gürtel und bei Frauen die Handtasche: Seien Sie auf jeden Fall (ein klein wenig) eitel, kontrollieren Sie ihren Sitz unbedingt im Spiegel. Vermeiden Sie Teile, die zu grell sind, auffallend wirken, die also einfach im wahrsten Sinn des Wortes unpassend sind, denn dies erzeugt den schon beschriebenen negativen Eindruck, es lenkt ab und reduziert Ihren rhetorischen Effekt.

Brille: Sie ist auch nach einschlägigen verhaltenspsychologischen Untersuchungen ein Hilfsmittel, um glaubwürdig, seriös und kundig-intelligent zu wirken (Kuhnke, Körpersprache, S. 209): Der Brillenträger bemüht sich um Durchblick und den richtigen Blickkontakt auch zum Publikum und das kommt grundsätzlich gut an.

Natürlich gibt es bei Brillen auch Don'ts: Sie müssen nicht glauben, als Redner mit schrillen Brillen wie Elton John in seinen Anfangsjahren punkten zu können. Noch wichtiger ist aber der Hinweis: Keine Sonnenbrillen oder getönte Gläser, die den Blickkontakt mit dem Publikum nachhaltig einschränken oder unmöglich machen.

Denken Sie abschließend daran: Auch mit Brillen lässt sich während einer Rede herrlich spielen; diese Form der indirekten Selbstberührung und Nervositätsableitung sollten Sie unbedingt „im Blick" haben!

Tattoos, Piercings und Nasenringe: Halten Sie mich bitte auch hier für keinen Spießer, aber ein sichtbares Tattoo oder ein sichtbares Piercing an oder in Nase, Mund, Ohr etc. ist in den meisten Fällen ein klares No-Go für einen erfolgreichen Redner. Ausnahme: Sie wollen Zielgruppen ansprechen, bei denen solcher Körperschmuck grundsätzlich erwartet oder akzeptiert wird, oder treten vor Freunden, Familie, Vereinsmitgliedern auf, die Sie gut kennen (mit all Ihren Piercings). Sichtbare Tattoos und Piercings sind Statements einer Gruppenzugehörigkeit, die ein fremdes Publikum außerhalb dieser Gruppe überwiegend als Zeichen geringerer Glaubwürdigkeit und Kompetenz, ja polemisch sogar als „unterschichtig" wahrnimmt (vgl. Kuhnke, Körpersprache, S. 211).

Übrigens: Auch bei Videoanalysen mit Studierenden vertrete ich gegenüber Tattoo- und Piercing-Trägern ganz klar und unmissverständlich diese Auffassung. Ich verbinde es mit der Prophezeiung, dass sich dieses Thema spätestens dann erledigt haben wird, wenn Sie beruflich in die Öffentlichkeit treten. Gehen Sie einfach auf Nummer sicher und ersparen Sie Ihrem Publikum, während Ihrer Rede darüber nachzudenken, was Sie mit dem Nasenring wohl sagen wollen.

Schuhe: Denken Sie daran – auch die untersten 10 Zentimeter Ihrer persönlichen Präsentation sind nicht unsichtbar! Ich halte es hier klar mit der Vorgabe von Samy Molcho (S. 250): „Oben signalisieren wir: So möchte ich sein – unten zeigen wir: Das bin ich." Auch hier haben wir es mit einer kognitiven Vorgabe des unterbewussten System 1 zu tun: Bevorzugen Sie buchstäblich „alte ausgetretene Pfade“ oder wagen Sie auch manchmal den neuen Weg, der auch drücken kann, aber in die Zukunft führt (in Form entsprechender Schuhe)? Gerade die Männer sollten endlich genderorientiert sich durchaus Gedanken dazu machen, warum die Frauen wie selbstverständlich (und damit tief im unbewussten System 1 verankert) einem ansprechenden Schuhwerk so viel Aufmerksamkeit schenken (auch das männliche System 1 denkt an sich ja mit den gleichen Gesetzmäßigkeiten …). Marilyn Monroe wird der folgende Satz zugeschrieben: „Gib einem Mädchen die richtigen Schuhe und sie kann die ganze Welt erobern.“ Selbst bei männlichen Rednern würde ich zumindest die Prophezeiung wagen, dass eine Welteroberung in alten, schmutzigen und ausgelatschten Schuhen schwierig werden dürfte. Das System 1 der Zuhörer zieht auf jeden Fall seine Rückschlüsse daraus – und in welchem Auditorium sitzen heute nicht wenigstens 30 Prozent Frauen? Zumindest ordentliches Schuhwerk ist also angesagt!

XII. Sprechen – aber richtig

Sprache und Stimme sind als Medium und Instrument der Rede untrennbar mit der Rhetorik verknüpft. Gute Rhetoriktrainer widmen daher diesen beiden wesentlichen Elementen einer guten Rede durchaus Zeit und Raum in ihren Kursen und Büchern (vgl. Ruhleder, Rhetorik & Dialektik, S. 54–62; Bredemeier, Rhetorik auf den Punkt gebracht, S. 57–60). Eine vertiefte Beschäftigung unterbleibt jedoch zumeist. So erwähnt fast kein Buch zur angewandten Rhetorik die medizinische Disziplin, die sich den Sprach-, Sprech- und Stimmproblemen widmet, die Logopädie. Dabei gibt es mehrere Gründe, sich in der Rhetorik auch mit der Logopädie im weiteren Sinne zu beschäftigen. Der erste ist die Erkenntnis, dass viele subjektiv empfundenen Probleme bei Sprache und Stimmbildung durchaus eine medizinische Ursache haben oder mit den medizinwissenschaftlich basierten Methoden der Logopädie behandelt werden können. Dies gilt insbesondere für einen falschen Stimmeinsatz, der zu chronischen Problemen im Sprechapparat führen kann.

Ich habe das am eigenen Leib erfahren: In den ersten beiden Jahren meiner Tätigkeit als Hochschuldozent erkrankte ich mehrfach an sehr schmerzhaften Kehlkopfentzündungen. Eine Untersuchung an einer Uniklinik für Hals-/Nasen-/Ohrenkrankheiten führte zur Anordnung einer ambulanten logopädischen Kur- und Heilbehandlung. In ihrem vierwöchigen Verlauf habe ich das Sprechen mithilfe einer Logopädin „von der Pike auf" neu gelernt – mit dem Ergebnis, dass ich kein einziges Mal mehr an einer Kehlkopfentzündung litt und eine deutliche Verbesserung meiner stimmlichen Leistungsfähigkeit wahrnahm. In meiner Tätigkeit in der Hochschulleitung „verordnete" ich seither weiteren Hochschuldozenten vergleichbare Maßnahmen im Bereich Sprech- und Stimmbildung, die in jedem Fall sehr zufriedenstellend verliefen.

Der zweite Grund für eine Beschäftigung mit der Logopädie ist die zwar banale, aber vielfach unterschätzte Erkenntnis, dass gutes Sprechen und Reden tatsächlich erlernt werden kann (vgl. Allhoff/ Allhoff, S. 41 f., S. 49 ff.). Hierfür gibt es **zwei Beispiele**, die ich gerne anführe:

Demosthenes und die Meeresbrandung
Das erste Beispiel ist die Geschichte des **Demosthenes**, der von einem stotternden schüchternen Sprachschwächling durch konsequentes Training zum berühmtesten Redner des klassischen Griechenland avancierte (vgl. Schlüter, Grundkurs, S. 16). Legendär sind seine beiden Trainingsmethoden: die eine, bei der er sich Kieselsteine in den Zungengrund legte, um damit die deutliche Aussprache zu trainieren, die andere, bei der er ans Meer ging und gegen die Brandung anredete, um Klarheit und Lautstärke seiner Rede zu verbessern.

Königliches Stottern
Das zweite Beispiel ist die historisch belegte Redeschwäche des englischen **Königs George VI.**, dem Vater von Queen Elizabeth II. Seine Geschichte ist in dem ergreifenden und oscarprämierten Film „The King's Speech" 2011 durchaus authentisch verfilmt worden. Dabei wird die langjährige Sprecherziehung durch Lionel Logue in den Mittelpunkt der persönlichen Entwicklung des Prinzen „Bertie" gestellt, der erst relativ spät und überraschend König wurde.

Die Beispiele zeigen deutlich, dass der gelungene Einsatz von Sprache und Stimme unabdingbar mit körperlichen und neurolingualen Anlagen und Strukturen verbunden ist. Und sie zeigen weiter, wie man mit Willen und dem Einsatz für beharrliches Üben zum Redner werden kann – getreu der schon erwähnten Rhetorikweisheit: poeta nascitur – orator fit (Zum Dichter wird man geboren, zum Redner wird man – durch eigenes Zutun – gemacht). Die neurolingualen Anlagen eines Menschen können von ihrem Ausgangsstadium aus permanent verbessert werden. Für die wesentlichen Fragen von richtigem Sprechen und seiner unabdingbaren Voraussetzung, dem richtigen Atmen, sowie für die richtige Stimmbildung und damit verbunden der funktionellen Beschreibung der Mundfunktionen (einschließlich Schlucken!) haben wir mittlerweile ein durchaus beachtliches Instrumentarium zu erschließen, das für eine gute Rhetorikpraxis Verwendung finden kann (Allhof/Allhoff, Rhetorik & Kommunikation, S. 41 ff, S. 50 ff.). Die meisten Sprech- und Stimmprobleme sind nicht angeboren, sondern haben sich im Lauf des Lebens entwickelt (vgl. Tiggeler, Stimme, S. 26). Richtiges Reden, der richtige Gebrauch der Stimme kann somit nachweislich trainiert und ausgebildet werden! Dieses Training ist ein nicht zu unterschätzendes Element der Rhetorik-Matrix.

1. Die physiologischen Grundlagen

Viele Menschen arbeiten ein Leben lang mit ihrer Stimme. Doch sie beschäftigen sich kaum oder überhaupt nicht damit, wie sie funktioniert oder verbessert werden kann. Dabei können schon wenige „Deklamationsübungen" zeigen, wozu man stimmlich in der Lage ist und welches Potenzial in der eigenen Stimme steckt. Genauso wie die Körpersprache durch pantomimische Übungen trainiert und verbessert werden kann, so kann auch die eigene Stimme durch bewusstes Üben in ihrer rhetorischen Performance deutlich verbessert werden. Der beste Beleg hierfür sind Schauspieler und Radiomoderatoren. Meine persönliche Erfahrung zeigt, dass fast alle dieser „professionellen" Sprachverwender eine eingehende Stimmbildung und Sprecherziehung durchlaufen haben oder sich auch aktuell noch coachen lassen. Ein Standardwerk der Sprechwissenschaft ist das von Marita Pabst-Weinschenk herausgegebene Studienbuch „Grundlagen der Sprechwissenschaft und Sprecherziehung". Die wesentlichen Grundlagen eines professionellen Sprachtrainings müssen auch in einer umfassenden Rhetorikschulung im Sinne der modernen Rhetorik-Matrix unbedingt vermittelt werden.

Atemtakt und Sprechpausen

Basis des Sprechens ist die Atemleistung der Lunge; das durchschnittliche Lungenvolumen beträgt 5 bis 6 Liter. Im Schnitt wird bei einer normalen Atmung aber nur ein Volumen von 2 bis 3 Litern geatmet (sogenanntes Atemvolumen der Vitalkapazität, vgl. Franke, Logopädisches Handlexikon, S. 133). Den wenigsten Menschen ist bewusst, dass Sprechen **nur während des Ausatmens** stattfinden kann. **Sprechen ist tönendes Ausatmen** – eine schöne Übung, die Sie sofort angehen sollten, ist der Versuch, auch beim Einatmen zu sprechen!

Diese physiologisch vorgegebene „Taktung" des Sprechens und seine zwingende Fixierung auf das Ausatmen ist von konstitutiver Bedeutung für die linguistische Grundstruktur des Sprechens. **Die menschliche physiologische Basiseinheit der Kommunikation ist identisch mit der grammatikalischen Grundeinheit des Sprechens: Es ist der Standardsatz.** Dieser ist in seiner Regelgröße genauso lang wie der Takt eines Atems! Seine Länge beträgt bei durchschnittlichem Atem etwa 8 bis 10 Wörter: Dies ist in der Regel ein Hauptsatz kombiniert mit einem Nebensatz. Danach muss der Redner nämlich eine Sprechpause einlegen, die sogenannte inspiratorische (einatmende) Pause (vgl. Tiggeler, Stimme, S. 95). Diese Zusammenhänge untersucht die „Prälinguistik" bzw. „Sprachbiologie". Auch wenn nach meiner Recherche Untersuchungen hierzu noch unvollständig sind, spricht vieles dafür, dass das menschliche sprachorientierte Denken sich nach seiner physiologischen Basis richtet. Die grammatische Basisstruktur der menschlichen Sprache ist damit evolutionsphysiologisch bedingt. Benjamin Lee Whorf, der die Grundlagen der modernen Linguistik in seinem Werk „Sprache – Denken – Wirklichkeit" beschreibt, weist darauf hin, dass es sehr wohl Zusammenhänge zwischen den strukturellen naturwissenschaftlichen „Hintergrundphänomenen" und den linguistischen Strukturen gibt, auch wenn dazu weitere Ausführungen unterbleiben (vgl. Whorf, Sprache – Denken – Wirklichkeit, S. 20 f.).

Der **Atemtakt** ist demnach die sprachbiologische Grundlage nicht nur des Sprechens, sondern auch des sprachlichen Denkens und der menschlichen Kommunikation. Der Mensch denkt und strukturiert in seinem im unbewussten System 1 verorteten Sprachzentrum die von ihm produzierten Sätze im Atemtakt vor, so dass sie wie automatisch synchron zur Atmung ausgesprochen werden können.

Achten Sie einmal darauf: Wie sprechen Sie eigentlich? Orientieren Sie sich nicht auch bei Ihren Satzlängen, Pausen und Nebensätzen völlig unbewusst an Ihrer Atmung? Fällt ein Redner nicht auf, der permanent mitten im Satz hörbar atmen muss? Denken Sie auch an Ihr Sprechverhalten, wenn Sie etwa nach einem Lauf buchstäblich außer Atem sind und Ihren gewohnten Atemtakt verloren haben!

Hinzu tritt eine weitere wichtige Beobachtung: Die **Aufnahmekapazität** des Zuhörers ist spiegelbildlich an der Produktionskapazität des Sprechers orientiert und zumindest unbewusst gekoppelt. Daraus lässt sich eine neue „Matrixstruktur" entwickeln, die enorme Folgen für das Grundverständnis der Rhetorik hat: Die atemphysiologischen Strukturgrundlagen bedingen die sprachlichen Strukturgesetze; hinzu treten die sprachpsychologischen Einflüsse, insbesondere die Einflüsse der bereits vorgegebenen nonverbalen Emotionen. Und diese sprachlichen Strukturgesetze beherrschen wiederum das Denken! (Vgl. dazu bereits Whorf, Sprache – Denken – Wirklichkeit, S. 51 ff.)

Das unbewusste System 1 eines Zuhörers registriert damit aus seinem Sprachzentrum heraus vermutlich permanent den situativen Zustand und auch das Sprech- und Stimmverhalten des Redners – genauso wie der Redner auf das sprachliche Aufnahmeverhalten des unbewussten System 1 des Zuhörers Einfluss nehmen kann. Auch hier gilt also der **neurolinguale Imperativ**: Ein Redner, der so spricht, wie der Zuhörer bereits unbewusst denkt, kann ihn dort auch sprachlich abholen, seine Gedanken gezielt vermitteln und damit eine beachtliche rhetorische Wirkung erzielen.

Dies ist der eigentliche Grund für die zentrale Forderung der Rhetorik: **Eine Rede ist keine Schreibe!** Über viele Jahrtausende hinweg war die Rede als zentrales Führungs- und Kommunikationsinstrument ohnehin an den (freien) Vortrag gebunden, weil die Schrift schlichtweg noch nicht erfunden bzw. in Gebrauch war.

Das Reden im Takt des Ausatmens bringt automatisch die Notwendigkeit von Pausen mit sich. Der Begriff **„inspiratorische Pause"** leitet zu einer wichtigen Funktion dieser Atempausen über: Es ist die Gelegenheit für den Redner, um buchstäblich neue „Inspirationen" aufzunehmen und Gedanken in den anschließenden Sätzen zu formulieren. Spiegelbildlich nutzt der Zuhörer die Pause, um das Gehörte kognitiv zu verarbeiten. **Die Pause ist damit ein konstitutives Element des Sprechens.** Ein Mensch, der buchstäblich „pausenlos" spräche, würde von den Zuhörern überhaupt nicht verstanden werden; sie würden aufgeben und abschalten. Ein Redner sollte diese physiologischen Grundlagen unbedingt beachten: Seine Redestruktur sollte grundsätzlich dem „atemtaktbedingten" Aufnahmerhythmus des Zuhörers und seiner selbst entsprechen. Auf diese Weise wird die neurolinguale Grundstruktur der menschlichen Kommunikation in der Kongruenz von Satzlänge und gewohnter Verarbeitungsdauer im unbewussten System 1 am besten umgesetzt.

Verstößt ein Redner gegen diese Basisregel, dann gerät etwas buchstäblich „aus dem (Atem-)Takt". Dies kann rhetorisch-gezielt sein; es kann aber auch eine unbewusste nervös-gezwungene Veränderung des Sprechens sein. Beides hat für sich genommen schon eine Bedeutung, die auf jeden Fall vom unbewussten System 1 bemerkt und aufgenommen wird.

Stimme und Sprache gezielt verbessern – neurolinguale Erkenntnisse

Stimmeinsatz und Sprechweise unterliegen zu einem erheblichen Teil der unbewussten Steuerung des System 1. Es ist an sich selbstverständlich, aber doch bemerkenswert, dass diese unbewusste Steuerung universell gültig auf der ganzen Welt gleich erfolgt. Damit sind Stimmeinsatz und Sprechweise in ihrer Grundstruktur ähnlich wie die Körpersprache universell gültig, auch wenn es gewisse interkulturelle Unterschiede geben mag. Für die wesentlichen menschlichen „Hauptgefühlsausdrücke" gibt es jedenfalls sprachliche und stimmliche Ausdrucksweisen, die fast überall identisch verwendet und verstanden werden:

Beobachten Sie, wie man stimmlich und sprachlich Freude, Überraschung, Trauer, Angst, Wut und Ekel ausdrückt – dafür gibt es auch beim Stimmeinsatz und Sprachgebrauch einen im Wesentlichen gleichen Code!

Zur Verdeutlichung darf noch ich einmal auf die 7-38-55-Regel des amerikanischen Psychologen Albert Mehrabian hinweisen: Genauso wie die Körpersprache bei der Kommunikation im Wesentlichen der unbewussten Steuerung von System 1 unterliegt (und 55 Prozent der übermittelten emotionalen Botschaften wiedergibt), so gilt dies auch für die Mitteilung des emotionalen Empfindens durch den stimmlichen-sprachlichen Ausdruck (der 38 Prozent der Wirkung einer Mitteilung über das eigene emotionale Empfinden wiedergibt). Lediglich 7 Prozent werden bewusst über den sprachlichen Inhalt übermittelt. In der therapeutischen Sprechwissenschaft ist es eine zentrale Erkenntnis, dass dem „Augenschein" der Körpersprache und dem Klang des Sprechausdrucks mehr geglaubt wird als den Worten (Pabst-Weinschenk, Grundlagen der Sprechwissenschaft, S. 18). Von dieser Erkenntnis lebt schließlich ein ganzer Berufsstand, was die reine Sprachvermittlung ohne Bild betrifft: es sind die Radiosprecher und -moderatoren. Sie sind das Pendant dazu, was perfekte Pantomimen für die Körpersprache sind: exzellente Übermittler von Stimme und Sprache – ohne dass man sie je gesehen haben muss.

Erfolgreiche Rhetorik setzt daher zentral eine trainierte und bewusste Beherrschung der eigenen Sprache und Stimme voraus! Das Beispiel von King George VI., der das wirklich einmalige historische Kunststück fertigbrachte, als Prinz Albert vor 100 000 Zuhörern im Wembley-Stadion eine Rede durch Stottern und Nervosität zu einem blamablen Fehlschlag werden zu lassen, ist eindringlich genug: Wer aufgrund von (häufig unbewusst ausgelösten) sprachlichen oder stimmlichen Störungen nur eingeschränkt kommunizieren kann, der beeinträchtigt die rhetorische Wirksamkeit seiner Rede enorm.

Um den Einsatz sprachlicher Mittel bewusst zu trainieren und den stimmlichen Ausdruck positiv zu beeinflussen, lassen sich Erkenntnisse der Evolutionsbiologie und Psychologie für die Rhetorik fruchtbar machen. Das Sprechen und die Nutzung der Stimme unterliegen im Wesentlichen der Steuerung des unbewussten System 1. Das bewusste System 2 ist hauptsächlich für die Produktion des Sprachinhaltes verantwortlich und darauf fokussiert, kann aber natürlich auch den stimmlichen Ausdruck gezielt steuern. Analog zur Körpersprache kann man davon ausgehen, dass das bewusst arbeitende System 2 auch im Sprach- und Stimmeinsatz in der Lage ist, Regeln zu befolgen und wohlüberlegte Wahlen zwischen vokalen Optionen zu treffen. Das zur Körpersprache bereits beschriebene Beispiel von Kahneman kann daher auch für den Bereich Sprache und Stimme Anwendung finden: Das unbewusste System 1 kann „eine Person als sanftmütig und ordentlich einstufen" und Ähnlichkeitsassoziationen generieren (Kahneman, S. 51ff.), aber nur das bewusste System 2 kann solch intuitives Wissen und Erkennen mit abstrakten Denkprozessen verknüpfen und daraufhin bewusste Entscheidungen fällen, die auch die Sprachsteuerung betreffen: „Wie kann ich diese sanftmütige Person gezielt ansprechen, was muss ich tun, wie muss ich meine Sprache, meinen stimmlichen Ausdruck anpassen?"

System 2 kann aber immer nur Teile der sprachlichen Äußerung steuern: Die unbewusste Steuerung des Spracheinsatzes ist wie die unbewusste Bearbeitung kognitiver Vorgänge normalerweise eine kontinuierliche Aufgabe des unbewussten System 1, in das durch das bewusste Denken des System 2 nur anlassbezogen eingegriffen wird, da sich das System 2 ansonsten auf den Inhalt des Gesprochenen fokussiert (so auch Pabst-Weinschenk, Grundlagen der Sprechwissenschaft, S. 18 f.). Unsere Stimme kann deshalb auch verräterisch sein: Wer in einer angespannten Situation Rede und Antwort stehen soll oder sogar gezwungen ist zu lügen, wird möglichst wenig sagen oder sich in Schweigen hüllen, um seine wahren Absichten zu verbergen. Lügendetektoren machen sich dieses Phänomen zunutze: Der bekannte Kriminalreporter Dagobert Lindlau bringt es auf den Punkt: „Der Lügendetektor beruht auf dem einfachen Prinzip, dass es anstrengender ist, zu lügen als die Wahrheit zu sagen." Darauf setzen auch erfahrene Vernehmungsbeamte, die auf instinktiv-unbewusst erkannte Unstimmigkeiten in der Vernehmung gezielt nachsetzen, um mögliche Unwahrheiten und Schwächen zu entlarven.

Um die bewusste Kontrolle der eigenen Stimme zu verbessern, können die grundlegenden psychologischen Erkenntnisse der NLI für die **neurolingual-vokale Intervention** genutzt werden. Der Mensch erzeugt Sprache und stimmliche Laute in einem eng begrenzten Bereich (Mund, Zunge, Kehlkopf), der über wenige Muskeln und Bänder angesteuert wird. Es handelt sich dabei um „unwillkürliche Muskulatur, die (häufig) schwer zu trainieren ist" (vgl. Tiggeler, Stimme, S. 86 f., zur Gaumenmuskulatur). Die Beeinflussung des Sprachapparats sollte deshalb vor allem mithilfe gezielter emotional-neuronaler Intervention erfolgen, denn nur so kann ein Redner etwas anderes sagen als er innerlich denkt und fühlt. Wir wissen: Das unbewusste System 1 kann nicht lügen – es muss also durch Ankern, Primen und Selbstsuggestion ganzheitlich auf die beabsichtigte Aktion eingestellt werden. Halten wir es mit dem klassischen Ratschlag der Schauspielschule: Wer sich vollständig in eine Rolle auch „innerlich-unbewusst" versetzt, kann diese ganzheitlich gut spielen (vgl. Molcho, S. 11 f.). Dann wird auch sein überwiegend unbewusst gesteuerter Sprach-/ Stimmeinsatz das ausdrücken und unterstützen, was er sagt (vgl. Tiggeler, Stimme, S. 97 f.).

Als Professor für Rechtswissenschaften kann ich aus meiner beruflichen Praxis bestätigen: Man kann lernen, zumindest für die Dauer eines Vortrages mit seinem Sprach-/Stimmeinsatz perfekt zu lügen, ob vor Gericht oder bei einer Rede oder privat. Alleine die Fälle, die regelmäßig vor Gericht verhandelt werden, zeigen die ganze Bandbreite der entsprechenden rhetorischen Talente: Heiratsschwindel, Schwindeleien am grauen Kapitalmarkt, Trickbetrug, Unterschlagungen usw.

Bitte verstehen Sie mich nicht falsch: dieses Lehrbuch will niemanden dazu bringen, zu lügen und sich ethisch-moralisch außerhalb jeder anerkannten Norm zu verhalten. Die gezeigten Extremfälle zeigen jedoch das Potenzial, das in der entsprechenden Methodik vorhanden ist und das natürlich auch gezielt für die eigenen (zulässigen) rhetorischen Zwecke eingesetzt werden kann. Eine realistische Methodik der neurolingual-vokalen Intervention für den richtigen Einsatz von Stimme und Sprache in der Rhetorik basiert auf folgenden Grundlagen:

a) Im Mittelpunkt steht die Aufgabe, zuerst die sprachlichen und stimmlichen Defizite des Redners festzustellen, zu analysieren; dann gilt es, das sprachlich-stimmliche Verhalten vor diesem Hintergrund Schritt für Schritt zu verbessern.

b) Dazu muss der Redner die wesentlichen Gesetzmäßigkeiten und Erkenntnisse des richtigen Einsatzes von Sprache und Stimme erlernen, um die „Dos and Don'ts" zu erkennen.

c) Ziel ist es, die Grundlagen für ein deutlich verbessertes Bewusstsein des Redners zu schaffen, ganzheitlich mit Sprache und Stimme zu kommunizieren. Er soll in die Lage versetzt werden, die entsprechenden Signale der Zuhörer und Gesprächspartner richtig zu interpretieren und selbst die eigenen Informationen effizient sprachlich-stimmlich zu vermitteln.

d) Geduld ist auch hier die Voraussetzung für den Erfolg: Die dauerhafte Vermeidung der wichtigsten Defizite und das Training sprachlich-stimmlicher Verbesserungen erfordert kontinuierliche Übung. Eine nach Prioritäten geordnete Liste von Defiziten und Verbesserungsmöglichkeiten ist eine gute Voraussetzung, den Redner systematisch zu verbessern.

2. Wesentliche Empfehlungen für den verbesserten Einsatz von Sprache und Stimme

Sprache und Formulierung

Wie erläutert folgen unsere Sprache und unser Denken dem Takt unseres Atems – also sollte es auch Ihre Rede tun. Die „atemtaktbedingte" Struktur unserer mündlichen Sprachproduktion und des spiegelbildlichen Zuhörens erlaubt es, in der Regel 8 bis 10 Wörter, maximal wohl 15 Wörter, „in einem Atemzug" zu sprechen und zu kommunizieren. Dies ist die klassische Struktur eines Hauptsatzes, der maximal mit einem Nebensatz verknüpft ist. Mehr kann ein Redner auf Dauer nicht durchhalten; und mehr kann ein Zuhörer buchstäblich nicht verstehend verarbeiten.

Das folgende **Beispiel** ist ein Satz zum Versbegriff aus Heinrich Plett, Systematische Rhetorik, S. 82. Bitte lesen Sie diesen Text einmal laut vor und versuchen Sie dabei seinen Inhalt unmittelbar zu verstehen. Legen Sie den Text dann zur Seite und versuchen Sie nach einer Minute, sich daran zu erinnern, was Sie behalten haben:

> „Der Vers lässt sich definieren als eine sprachästhetische Superstruktur, die sich aus den suprasegmentalen Phonemen Akzent, Pause und Tonhöhe konstituiert und deren Besonderheit darin besteht, dass sie das Lautkontinuum des Textes in äquivalente Abschnitte unterteilt."

Die Erfahrung zeigt, dass die meisten Sprecher während des Vortrags zweimal atmen und dass der Zuhörer von dem kontinuierlich vorgetragenen Text schlichtweg fast gar nichts behält. Selbst der fachsprachlich geschulte rhetorische Experte knickt ein! Die Empfehlung von Kurt Tucholsky an gute Redner kann daher nur unterstrichen werden: „Hauptsätze, Hauptsätze, Hauptsätze". Verwenden Sie einen aktiven Sprachwortschatz und versuchen Sie Substantive durch Verben zu ersetzen. Dies schafft einen verständlichen und dynamischen Sprachgebrauch: kein Diplomatendeutsch also, sondern lebendiges „Handlungsdeutsch".

Beispiele (nach Ruhleder, Rhetorik & Dialektik, S. 60 f.):

> „Der Minister sprach die begründete Hoffnung aus, dass" – besser: „Der Minister hoffte, dass"
> „unter Verwendung von" – besser: „mit, durch"

„Die aus dem Problem ableitbare Fragestellung für den weiteren Verlauf lautet" – besser: „daraus leitet sich folgende Frage ab"

Wer eine Rede entwirft, hat damit die zentrale Aufgabe, seine „Sprache für das Sprechen und Hören" zu strukturieren (vgl. Jaskolski / Pabst-Weinschenk, Körpersprache, S. 49 ff.; Pabst-Weinschenk / Wachtel, Schriftgeprägte Mündlichkeit, S. 97 f.). Die **wichtigsten 10 Regeln** dazu lauten:

1. Bei der Formulierung und den Satzzeichen an die Sprechpausen denken
2. Sätze sind gesprochene Gedankenschritte; für jeden Gedanken einen eigenen Schritt (Satz)
3. Hauptsätze sollen höchstens einen Nebensatz haben; aber auch nicht zu plakativ nur in Hauptsätzen sprechen
4. Verbal schreiben, also bevorzugt das Aktiv verwenden (weniger Passiva)
5. Nur Fremdwörter verwenden, welche die Zuhörer kennen
6. Mit Metaphern und rhetorischen Figuren nicht zu verschwenderisch umgehen
7. Zahlen aufrunden oder anschaulich machen, etwa mit Vergleichen und Statistiken
8. Eine zu große Häufung von Informationen bzw. ihre Verdichtung vermeiden; nicht zu viele Substantive oder Partizipien (s. das obige Beispiel von Plett)
9. Nicht unpersönlich reden. Verwenden Sie unbedingt den sogenannten „Sie-Standpunkt" und sprechen Sie Ihr Publikum an, indem Sie das „man" durch eine „Sie-Formulierung" ersetzen (Ruhleder, Rhetorik & Dialektik, S. 65 f.)
10. Konzentrieren Sie sich darauf, Gemeinsamkeiten zu benennen und auf ihnen aufzubauen (Ruhleder, Rhetorik & Dialektik, S. 64)

Atmung und Sprechdynamik

Die Sprechwissenschaft hat den wissenschaftlichen Nachweis erbracht, dass gerade die Atmung enorme Rückschlüsse auf den emotionalen und neurolingualen Zustand des Sprechers zulässt. Ausgangspunkt ist die sogenannte Atemmittellage (vgl. Eckert, Atmung und Stimme, S. 31). Der körperliche Anspannungszustand und die Atmung stehen in einem unmittelbaren Zusammenhang; dies konnte ja bereits bei der Darlegung des Lampenfiebers und seinen Folgen gezeigt werden (vgl. S. 277 f.).

Damit schließt sich der Kreis zu der zentralen neurolingualen Erkenntnis, dass das unbewusste System 1 auch im Zusammenspiel von (i. d. R. unbewusst gesteuerter) Körpersprache und (i. d. R. unbewusst gesteuerter) Atmung von zentraler Bedeutung ist. Sicher kann jede der Funktionen auch vom bewussten System 2 direkt angesteuert und geleitet werden; das komplexe Ineinandergreifen von Textformulierung, Sprachgebung, Körpersprache und Atmung führt aber unvermeidlich dazu, dass wesentliche Elemente dieser rhetorischen „Basisfunktionen" unbewusst gesteuert werden (müssen!). Würde der Redner versuchen, hierfür nur das langsame und bewusste System 2 einzusetzen, wäre diese bewusste Steuerung des Sprechens schlichtweg nicht möglich: Der Leser möge selbst versuchen, sich auf Atem und Sprechdynamik zu konzentrieren, gleichzeitig den Redeinhalt relativ frei zu sprechen und gegebenenfalls noch auf einzelne Teile seiner Mimik zu achten. Ich kenne keinen Probanden, der das je in einem meiner Seminare geschafft hat …

Dem System 1 gelingt die Steuerung von Atem und Sprechdynamik im unbewussten Hintergrund problemlos, aber eben auch großenteils ohne direkte Kontrolle durch System 2. System 1 arbeitet unbewusst „authentisch" gemäß der inneren Grundhaltung des Redners. Will ein Redner etwas anderes sagen bzw. „aussprechen" als er emotional-neuronal denkt, dann besteht die permanente Gefahr, dass seine Atmung und sein Sprachverhalten etwas anderes ausdrücken als der Redeinhalt vermitteln soll. Fehler wie etwa „Versprecher" (im wahrsten Sinn des Wortes!), stockender Atem, Veränderungen der Tonhöhe können entstehen und beim Zuschauer den (mindestens unbewussten) Eindruck hervorrufen, dass hier Diskrepanzen zwischen Inhalt und Form bestehen und die Glaubwürdigkeit des Redners zweifelhaft ist.

Eine bewusste Steuerung von Atmung und Sprachdynamik kann zumeist nur indirekt erfolgen; dabei sind die neuronalen und emotionalen Bedingungen zu akzeptieren, mit denen das System 1 arbeitet. Wie wir schon bei der Beeinflussung des Sprach-/Stimmapparates gesehen haben, ist geduldiges Training vonnöten, um mittels emotional-neuronaler Intervention das unbewusste System 1 so zu beeinflussen, dass es glaubhaft parallel das steuert, was System 2 bewusst ausdrücken will. Ankern, Priming, Selbstsuggestion und Hineindenken in die gewünschte „Schauspielsituation" sind wesentliche Hilfsmittel auch für die kongruente Anpassung von Atmung und Sprechdynamik an die auszudrückende Botschaft. Die vollständige bewusste Beherrschung eines hundertprozentig überzeugenden Einsatzes von Atmung, Stimme und Sprache ist, wie auch bei der Körpersprache generell, nicht möglich. Für die neurolinguale Intervention reichen aber schon die nachstehenden **6 Faustregeln:**

1. Denken Sie an eine der Zentralerkenntnisse der NLI: Versetzen Sie sich zur Einstimmung in die Redesituation und bemühen sich um die richtige innere unbewusste Stimmung. Behalten Sie diese Grundstimmung während der ganzen Rede. Auf diese Weise können Sie die Gefahr reduzieren, sich durch Versprecher, falsche Pausen, unnatürliche Tonhöhe, zu schnelle Aussprache o. ä. zu verraten! Setzen Sie sich dafür mentale Anker oder primen Sie sich ganz gezielt.

2. Im Mittelpunkt steht die gesprochene Information / das gesprochene Gefühl: Begleiten und verstärken Sie es maßvoll durch Ihre Sprechdynamik. Lautstärke, Tonhöhe und Sprechtempo lassen viele Variationen zu: nutzen Sie die ganze Palette sprachlicher Möglichkeiten von offen, entspannt und heiter bis besorgt oder skeptisch!

3. Üben Sie bewusst Ihr Atemverhalten und Ihre Sprachdynamik. Dies geschieht am besten mit einem Diktiergerät oder der Diktierfunktion Ihres Smartphones. Je mehr Sie selbst über Ihre eigene Sprache erfahren, umso mehr lernen Sie auch für Ihre unbewusste Selbstkontrolle.

4. Üben bzw. kontrollieren Sie Ihre Sprachdynamik gerade für die wichtigen Redepassagen!

5. Jeder Mensch hat seinen „Grundton“ und seinen Atemrhythmus. Empfohlen wird die sogenannte „atemrhythmisch angepasste Phonation“, also Sprechen in einem Rhythmus, der maßgeblich von dem natürlichen Atemrhythmus des Sprechers und der sogenannten Atemmittellage, aber auch der Tonmittellage ausgeht (vgl. Eckert, Atmung und Stimme, S. 23 f., S. 31 f.). Denken Sie daran, dass eine gepresste Stimme, ein unnatürlich hoher oder tiefer Sprachton, Verhaspeln und zu schnelles oder langsames Sprechen sehr schnell falsch wirken können. Es gibt Untersuchungen für den deutschen Kulturraum, die belegen, dass ein enger Zusammenhang zwischen Stimmlage und Glaubwürdigkeit besteht. Nicht von ungefähr spricht man daher auch umgangssprachlich vom „Brustton der Überzeugung“ (vgl. Allhoff / Allhoff, Rhetorik & Kommunikation, S. 43; Tiggeler, Stimme, S. 73 f.).

6. Wenn Sie Ihre stimmlichen Mittel souverän beherrschen, können Sie auf diese Weise auch starke Gefühle, Anspannung und Nervosität dämpfen. Oft stellen Redner bei der Videoanalyse überrascht fest, dass ihre Stimme viel ruhiger klingt, als sie in Erinnerung an die aufregende Redesituation erwartet hätten. Eine hilfreiche Übung, um Gefühlsaufwallungen stimmlich in den Griff zu kriegen, ist unter anderem das Lesen dramatischer Gedichte, etwa

der Klassiker von Goethe und Schiller: „Erlkönig", „Der Ring des Polykrates" und „Das Lied von der Glocke". Lassen Sie da mal sprachlich und stimmlich alles raus, was Sie können und haben, und nehmen Sie Ihren Vortrag auf. Erfahrungsgemäß ist das dramaturgisch lange viel zu brav: Dies zeigt Ihnen, dass häufig viel Luft nach oben ist. Üben Sie so lange und testen Sie Ihre Grenzen aus, bis Sie beim anschließenden Hören Ihrer Aufnahme das Gefühl haben, der Dramatik des Gedichts gerecht zu werden. Wenn Sie dann die Dimensionen Ihres Sprachraumes kennen, werden Sie zwar merken, wie wenig häufig von diesen dramaturgischen Höhen im Alltag übrig bleibt. Aber genau das ist eine wichtige Option: Sie wissen um Ihr verbessertes dramaturgisches Potenzial – aber Sie wissen auch, wie Sie es dosieren können. Eine wahrnehmbar ruhige Sprache kann in kritischen Situationen von großem Wert sein, während zu viel Dramaturgie der Glaubwürdigkeit Ihres Auftritts wohl eher abträglich wäre. Ich habe diese Erfahrung in den Jahrzehnten meiner beruflichen Tätigkeit in Führungspositionen häufig selbst gemacht.

Tonhöhe

Die Kriminalistik als exakte Wissenschaft des Tatnachweises nutzt mittlerweile bei der Analyse von Sprachaufnahmen die Erkenntnis der phonetischen Wissenschaft, dass jeder Mensch einen eigenen „phonetischen Fingerabdruck" hat. Dazu zählt auch der sogenannte „Eigenton", also eine ganz individuelle Tonhöhe der Sprache eines jeden Menschen; diese nennt man auch „Indifferenz- oder Wohlfühllage" (vgl. Tiggeler, Stimme, S. 73; Eckert, Atmung und Stimme, S. 22 f.). Dieser Eigenton liegt im unteren Drittel der Sprechstimme. Es ist diese Tonlage, die „Naturtalente" ohnehin verwenden und die Zuhörer unbewusst als authentisch empfinden (vgl. Tiggeler, Stimmme, S. 74; Eckert, Atmung und Stimme, S. 23). Redner (aktiv) und Zuhörer (passiv) nehmen diese entspannte Sprachverwendung positiv so wahr, dass der „Klang einfach stimmt". Die Tonlage wird standardmäßig als „eher tief, voll und warm, entspannt und trotzdem aktivierend und motivierend" empfunden (vgl. Tiggeler, Stimme, S. 73) – und das in der Regel unbewusst!

Ein zu hoher Basiston (bis hin zur femininen „Piepsstimme"), aber auch ein zu tiefer Eigenton sind Ergebnis eines fehlerhaften Spracheinsatzes und wirken daher nicht authentisch-entspannt. Ein zu tiefer Stimmeinsatz wird als selbstgefällig und arrogant-überheblich wahrgenommen. Die zu hohe Stimme kann ein Indiz für Ängstlichkeit oder Unmut sein. Zusätzlich sollte man beachten, dass ein zu hoher Sprachton auf Dauer lächerlich wirken kann (vgl. Ruhleder, Rhetorik & Dialektik, S. 56).

Wichtig ist die Erkenntnis, dass derartige Abweichungen wieder „rücktrainiert“ werden können. Der eigene „Brustton der Überzeugung“ ist somit durchaus erlernbar. Ich rate Ihnen dazu, Ihren Eigenton aus rhetorischem Eigennutz von einem erfahrenen Logopäden oder Sprechtrainer überprüfen zu lassen – nicht zuletzt auch deswegen, weil unnatürliche Veränderungen der Tonlage auch zu Schäden am Sprechapparat und der Sprachkondition führen können (vgl. Eckert, Atmung und Stimme, S. 23). Diese Symptomatik wird mitunter auch als „Lehrerkrankheit“ bezeichnet, da viele Lehrer mit diesen Problemen zu kämpfen haben. Um diesen Leidensweg gar nicht erst einzuschlagen, genügt oft schon eine einstündige Probesitzung beim Stimmexperten, in der Sie buchstäblich die „kritische Zweitstimme“ zu Ihrem Sprech- und Stimmverhalten hören und danach mit weiterführenden individuellen Empfehlungen an der Optimierung Ihres Eigentons weiterarbeiten können.

Sprechgeschwindigkeit

Das Sprechtempo ist nicht selten ein guter Indikator für die emotionale Befindlichkeit eines Redners. Das von Vorsicht, Unsicherheit oder mangelnder Vorbereitung geprägte zu langsame Aussprechen von Sätzen ist als das eine Extrem zu beobachten – das sich verhaspelnde oder stakkatoartige schnelle Hämmern von Wortabfolgen ist das andere. Das Hörverstehen des Zuhörers nimmt durchaus unbewusst wahr, ob das Sprechdenken des Redners „authentisch-normal“ ist oder nervös bzw. unsicher wirkt (vgl. Pabst-Weinschenk, Grundlagen der Sprechwissenschaft, S. 59 ff., S. 64 ff.). Auch die Zunahme der „korrigierenden Füllwörter“, zum Beispiel die „Äh-Frequenz“, ist einer dieser wahrgenommenen Indikatoren (vgl. ebd., S. 65 f.).

Ein normales und gut verständliches Sprechtempo liegt zwischen 80 und 100 Wörtern pro Minute und sollte ggf. eher langsamer werden als schneller (vgl. auch Ruhleder, Rhetorik & Dialektik, S. 54 f.): Das auf das normale Sprechtempo getaktete Aufnahmevermögen des Zuhörers stößt sonst schnell an seine Grenzen. Der Effekt wäre unangenehm: Es bestünde die Gefahr, dass der Zuhörer abschaltet und sich sein Denken verlagert, etwa auf die Frage: „Warum plappert der nur heute so schnell? Hat der ein Problem?“

Auch hier gilt der Ratschlag: Trainieren Sie bewusst Ihre Sprechgeschwindigkeit und Ihre Sprachdynamik mithilfe eines Diktiergeräts. Je besser Sie Ihre eigene Sprachperformance wahrnehmen können, umso besser können Sie auch diese weitgehend unbewussten Vorgänge beeinflussen.

Dynamik, Akzentuierung und Rhythmik als ganzheitliche Performance

Neben der Optimierung von einzelnen Elementen wie Stimme, Artikulation und Betonung ist das ganzheitliche dynamische Sprechen ein zentraler Schulungsbereich eines ganzen Berufsstandes von professionellen Rednern – den Schauspielern. Dieses Anliegen der „ganzheitlichen Optimierung" findet seine Rechtfertigung in der Erkenntnis, dass auch hier das Ganze mehr als die Summe der Einzelteile darstellt. Wir sind hier schon an der Schnittstelle zur Erscheinung des Gesamtcharakters, auf die wir noch eingehen werden – dem individuellen Rednertypus. Konkret lässt sich zur Performance des sprechenden Auftritts Folgendes ausführen: Die an der Textbedeutung orientierte Veränderung der Sprechstimme hat drei wesentliche Kernelemente (vgl. Tiggeler, Stimme, S. 95; zur Stimmbildung eingehend Eckert, Atmung und Stimme, S. 21 ff.; Hirschfeld / Stock, Aussprache, S. 40 ff.):

a) Veränderung der Lautstärke zur Betonung von Silben / Worten und Sätzen (laut – leise)
b) Veränderung der Geschwindigkeit (schnell – langsam)
c) Veränderung der Modulation (hoch – tief)

Von zentraler Bedeutung ist die aus der Schauspielkunst und dem Moderationstraining abgeleitete Erkenntnis, auf jeden Fall einen monotonen Sprechvortrag zu vermeiden. Er würde unverzüglich vom Publikum als apathisch, distanziert, nicht lebendig und damit fehlerhaft eingestuft werden. Bitte üben Sie dieses negative Sprachverhalten auch einmal. Sie werden selbst zu spüren bekommen, wie leblos Ihr Vortrag würde; er wäre geradezu von einer Lähmung befallen. Die daraus resultierende Erfahrung lautet daher: Seien Sie dynamisch, ziehen Sie diese Register. Es gilt aber die Einschränkung: bitte nicht zu viel. Ein Redner sollte auf keinen Fall so sprechen, als wolle er sich für einen „Poetry-Slam" qualifizieren! Wer zu viel betont, das Tempo permanent verändert und eine wilde Lautstärken-Achterbahn fährt, der wirkt sehr schnell unnatürlich, affektiert und völlig unglaubwürdig (vgl. Tiggeler, Stimme, S. 94).

Pausen und Schweigen

„Wer keine Pausen kennt, ist nicht dauerhaft." (Ovid)

Wie bereits bei den Grundlagen des Sprechens dargelegt (s. o. S. 313 ff.), ist Sprechen ohne Pause physiologisch und rhetorisch undenkbar. Die Konsequenz daraus lautet: Der Redner sollte unbedingt die vielfältigen Chancen nutzen, die sich mit einer guten Pausentechnik eröffnen.

Abspannpausen / inspiratorische Pausen: Die zum Atmen notwendige Zäsur der Pause ist ein idealer Anlass, die eigenen Gedanken für die Rede zu ordnen und buchstäblich für den nächsten Schritt „Atem zu schöpfen". Hier ist es wichtig, notorische Füllwörter („äh") zu vermeiden. Die geschwiegene Pause lässt auch dem Zuhörer die Zeit, um das Gehörte zu verarbeiten, ohne sich von stereotypen Füllwörtern ablenken zu lassen.

Eine gute Pausensetzung schafft auch beim Zuhörer einen **Spannungsbogen**, der auf das gerichtet ist, was nach der Pause folgt. Deswegen sind Pausen gerade dort ratsam, wo ein neuer Gedanke oder ein zentraler Gedanke folgt, dem „der nächste Atemzug" vollständig gewidmet ist. Daraus wurde die Technik abgeleitet, zu bestimmten Atempausen bewusst einen oder mehrere Momente zu **schweigen**. Diese schweigenden Momente stellen nicht nur eine Zäsur der Rede dar; sie zeigen das souveräne Verhalten des Redners im Umgang mit seinen Argumenten und führen durchweg auch zu einer Sammlung und Disziplinierung der Zuhörer. Diese bauen überrascht durch die Sprechflusspause eine kognitive Spannung auf das, was dann als Erstes weiter gesprochen wird (s. a. Ruhleder, Rhetorik & Dialektik, S. 61 f.).

Erich Kästner bringt es auf den Punkt, wenn er feststellt: „Man spricht durch Schweigen." Auch hier gilt allerdings der Grundsatz, es mit Pausen und Schweigen nicht zu übertreiben. Sie würden den spannungsvollen Redefluss auf Dauer zerhacken; bei den Zuhörern bestünde die Gefahr, dies als Unsicherheit und krampfhaftes Suchen nach Worten und Gedanken zu interpretieren.

XIII. Welcher Rednertyp sind Sie?

In den bisherigen Kapiteln wurde gefragt, wie die wichtigen rhetorischen Einzelfaktoren als Bestandteil der komplexen Rhetorik-Matrix wirken und wie verhaltenspsychologische Erkenntnisse im Modell der NLI genutzt werden können, um rhetorische Phänomene zu erklären und gezielt einzusetzen. In der Kommunikationspsychologie spielen allerdings auch Modelle eine wichtige Rolle, die jeden Menschen und damit auch jeden Redner typisieren wollen. Dies reicht vom „inneren Team" von Typen in der Kommunikationspsychologie von Friedemann Schulz von Thun (Miteinander reden 3: Das „Innere Team", S. 45 ff.) über die 4 / 8-Persönlichkeitsmodelle etwa von C. G. Jung und H. J. Eysenck (vgl. Ueckert u. a., Psychologie, die uns angeht, S. 207 f.) bis hin zum Konzept der Big Five (dazu etwa Saum-Adelhoff, Big Five, S. 15 ff.).

Bereits diese Vielfalt an potenziellen Konzepten zur Frage der Typisierung von Persönlichkeiten lässt einige vorläufige Schlüsse zu: Es gibt derzeit kein geschlossenes Modell für eine vollständige psychologische Typisierung des Menschen – und damit auch kein letztgültiges Konzept zur Typisierung von Redner oder Zuhörer. Allerdings hat der Versuch der Typisierung des menschlichen Charakters und seiner Aufnahme-/Denk- und Kommunikationsstruktur zu erstaunlichen Zwischenergebnissen geführt; diese können durchaus als „Näherungsergebnisse" auch in der Rhetorik diskutiert werden (vgl. weiterführend u. a. Lorber, Menschenkenntnis; s. a. Saum-Aldehoff, Big Five). Bei aller methodischen Vorsicht ist es daher durchaus sinnvoll, sich als Redner mit einem der gängigen „Typenschemata" zu beschäftigen und zu fragen, inwieweit typische persönliche Verhaltenseigenschaften zutreffen. Die Aussagen der Modelle über „Haupttypus" und Nebeneigenschaften werden zugegebenermaßen nur holzschnittartig zutreffen, die Übung kann aber für die rhetorische Selbsteinschätzung von durchaus interessanter Bedeutung sein.

So liefert etwa Samy Molcho (S. 12 f.) für den Beleg der „klassischen" Archetypen hervorragende und auch akzeptierte Charakterstudien in der Körpersprache mittels der Pantomime. Es handelt sich um das Konzept nach C. G. Jung und darauf aufbauend dem modernen Persönlichkeitspsychologen Hans Eysenck (1916–1997) mit den vier bekannten Typen:

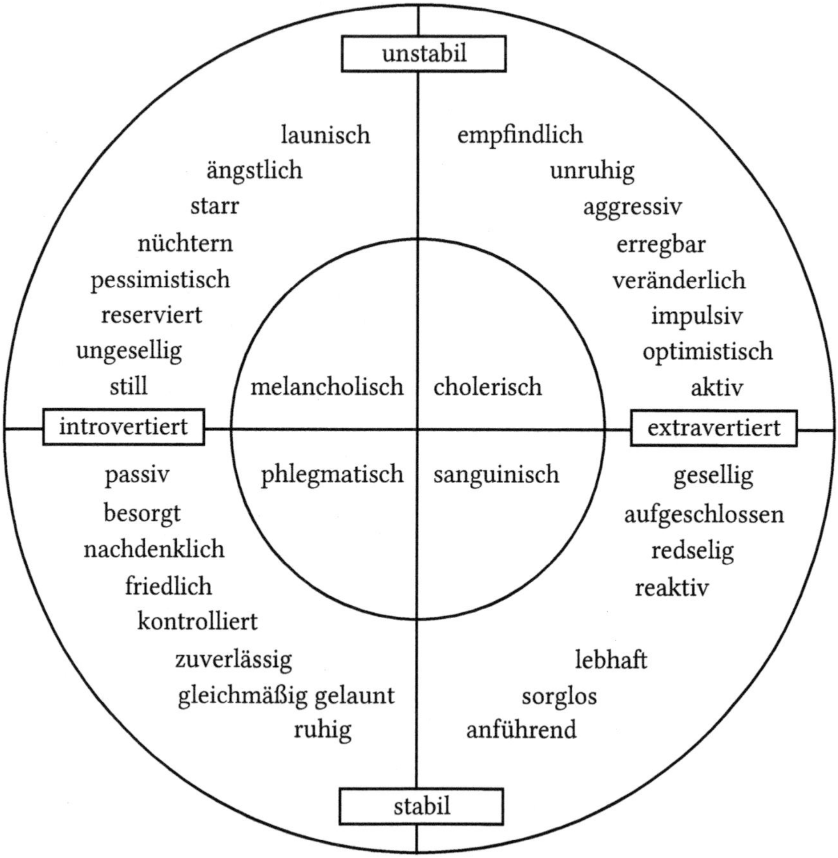

Persönlichkeitsmodell nach Eysenck, nach: Saum-Aldehoff, S. 20

- Choleriker: empfindlich, unruhig, aggressiv, erregbar, veränderlich, impulsiv, optimistisch, aktiv
- Melancholiker: launisch, ängstlich, starr, nüchtern, pessimistisch, reserviert, ungesellig, still
- Phlegmatiker: passiv, besorgt, nachdenklich, friedlich, kontrolliert, zuverlässig, gleichmäßig gelaunt, ruhig
- Sanguiniker: gesellig, aufgeschlossen, redselig, reaktiv, lebhaft, sorglos, anführend

Die Grundlagen dieses Konzepts wurden bereits durch den römischen Arzt Galen im 2. Jahrhundert n. Chr. entwickelt; damals korrelierte man einen der bekannten vier Körpersäfte (Blut, Schleim, gelbe und schwarze Galle) mit einem dieser Temperamente. 1700 Jahre später entwickelte der deutsch-britische Psychologe Eysenck bei der Suche nach einer grafischen Schematisierung bekannter Charaktertypen ein Koordinatenkreuz, das verblüffenderweise die psychosozialen Persönlichkeitseigenschaften in vier vergleichbaren Temperamenten abbildete. Das „Persönlichkeitsmodell nach Eysenck" findet sich auch heute noch häufig in populärpsychologischen Abhandlungen und in der Anthroposophie (vgl. z. B. Saum-Aldehoff, Big Five, S. 17 ff.).

Ein vergleichbares und auch deutlich aktuelleres Konzept liefert das sogenannte **5-Faktoren-Modell**, das seit etwa 80 Jahren in der Psychologie vor allem in den USA entwickelt wird. Es beruht auf der durch viele Studien belegten Einschätzung, dass insgesamt fünf „Hauptdimensionen" die Persönlichkeit des Menschen prägen; der Mensch könne sich mit dem jeweiligen Grad der Ausprägung jeder der Haupteigenschaften auch relativ genau beschreiben lassen (vgl. Saum-Aldehoff, Big Five, S. 36 ff.).

>\ Saum-Aldehoff, Thomas: Big Five. Sich selbst und andere erkennen, 3. Aufl. Ostfildern 2015

Dieses Konzept dürfte aktuell als das führende Konzept für Persönlichkeitsanalysen weltweit einzustufen sein. Es wird nachweislich für flächendeckende Werbekampagnen unter „Big Data-Bedingungen" getestet. Inwieweit die Behauptung zutrifft, dass die Wahlkampfkampagne Donald Trumps mit bis zu 220 Millionen darauf basierenden Persönlichkeitsprofilen gearbeitet habe, ist allerdings äußerst umstritten (zum Diskussionsstand vgl. Artikel „Big Five" bei Wikipedia).

Wesentlich für das Verständnis dieses Modells sind die folgenden Faktoren, mit denen im Rahmen einer Persönlichkeitsanalyse auch jeder Proband konfrontiert wird:

1. Aufgeschlossenheit / Offenheit für Erfahrungen („Openess")
   Dieses Eigenschaftsbündel kennzeichnet die eher positive bzw. eher negative Bereitschaft, kulturelle und intellektuelle Grenzen für sich zu überschreiten und Neues anzugehen. Dazu zählen folgende Einzelparameter:

- ▹ Bereitschaft zu / Aufgeschlossenheit für Gefühle
- ▹ Offenheit für Handlungen
- ▹ Offenheit für neue Ideen
- ▹ Aufgeschlossenheit für Ästhetik
- ▹ Bereitschaft zur Veränderung von Normen und Werten
- ▹ Aufgeschlossenheit für Fantasie

2. Gewissenhaftigkeit („Consciousness“)
   Hierunter werden Eigenschaften verstanden, die sich auf die „Persistenz“ eines Charakters, seine Fähigkeit zu diszipliniertem Handeln und Willensstärke beziehen, im Einzelnen:
   - ▹ Pflichtbewusstsein
   - ▹ Selbstdisziplin
   - ▹ Leistungsstreben
   - ▹ Ordnungsliebe
   - ▹ Besonnenheit
   - ▹ Positiv performant bzw. orientiert darauf, „kompetent“ zu wirken

3. Geselligkeit („Extraversion“)
   - ▹ Das individuelle Maß der sozialen Interaktion als wesentlicher Bereich der Persönlichkeit spielt eine zentrale Rolle bei der klassischen Persönlichkeitsanalyse. Die folgenden Eigenschaften beschreiben eine extravertierte Persönlichkeit, auf der anderen Seite der Skala steht die introvertierte Persönlichkeit.
   - ▹ Durchsetzungsfähigkeit
   - ▹ Geselligkeit
   - ▹ Aktivität
   - ▹ Fähigkeit zum Glückserleben
   - ▹ Wunsch nach neuen Erfahrungen und Erlebnissen
   - ▹ Freundlichkeit, Herzlichkeit

4. Verträglichkeit, Kooperationsbereitschaft, Empathie („Agreeableness“)
   Hier wird der Kern der Fähigkeit angesprochen, im Umgang mit anderen positiv-leutselig und eher altruistisch zu agieren – oder sich lieber im Gegenteil als Egomane mit einem eher feindselig-misstrauisch-dominanten Verhalten durch das Leben buchstäblich boxen zu wollen. Dieser Persönlichkeitsbereich ist gekennzeichnet von folgenden Eigenschaften:

- ▷ Fähigkeit zu Vertrauen
- ▷ Tendenz zur Aufrichtigkeit und Offenheit
- ▷ Bereitschaft zu Altruismus
- ▷ Positive empathische Grundeinstellung
- ▷ Bereitschaft zum Nachgeben und zu Kompromissen
- ▷ Veranlagung für Bescheidenheit und Nachsichtigkeit

5. Emotionale Labilität / Stabilität („Neuroticism")
Die Frage des emotionalen Umgangs mit der Umwelt ist der letzte Bereich der Persönlichkeitsanalytik mit nachstehenden Faktoren:
   - ▷ Gelassenheit oder Ängstlichkeit im Umgang mit Neuem
   - ▷ Provozierbarkeit oder Reizbarkeit
   - ▷ Veranlagung zu Depressivität
   - ▷ Minderwertigkeitsgefühle, soziale Befangenheit
   - ▷ Impulsivität bzw. geringe Frustrationstoleranz
   - ▷ Stresstoleranz / Resilienz oder Stressanfälligkeit

In dieser Reihenfolge ergibt sich auch eine kleine „Eselsbrücke": Das Konzept wird nach den Anfangsbuchstaben der englischen Begriffe für die fünf Hauptdimensionen auch „OCEAN"-Konzept genannt.

Die vorstehenden Parameter liefern mit ihren 30 angeführten Analysekriterien und einzelnen Messskalen ein doch imponierendes Volumen an Typisierungen von einzelnen Eigenschaften; sie können zusammengesetzt ein relativ valides Bild der meisten Persönlichkeiten abbilden. Für die Rhetorik beginnen damit aber erst die Probleme. Zum einen: Ist es möglich, neben dem Redner auch das gesamte Publikum zu typisieren? Zum anderen dürfte es schwer werden, mit wenigen Analyseergebnissen während einer eher unterbewusst gesteuerten Kontaktaufnahme etwa nach 3 Minuten ein „Psychogramm" eines einzelnen Kommunikationspartners zu erstellen – und dann zu versuchen, diesen gezielt zu beeinflussen! Wir wären ansonsten wohl schon im Bereich eines kaum tauglichen „Kalibrierungsversuchs" nach den Grundsätzen der neurolingualen Programmierung.

Messbare Gesetzmäßigkeiten, mit denen das Verhalten des Publikums zielgenau beschreiben werden könnte, um daraus das Auftreten des Redners zu optimieren, werden wohl auf absehbare Zeit nicht erarbeitet werden können. Dafür ist die Methode noch zu weit von der Fähigkeit zu wissenschaftlich-begründeten Einzelergebnissen entfernt. Vor diesem Hintergrund dürfte auch zu bezweifeln sein, dass Donald Trumps Wahlkampfkampagne mit bis zu 220 Millionen Persönlichkeitsprofilen tatsächlich gezielte Manipulationen erreicht hat. Dies kann allenfalls für das sogenannte Microtargeting, also die werbliche Ansprache einzelner Wähler gelten. Eine Reflexion des Redners darüber, welche der oben dargestellten Faktoren für ihn mehr oder weniger zutreffen, ist aber zweifelsohne von hohem Nutzen.

Der Gesamteindruck einer Person, der auch für die drei zentralen rhetorischen Faktoren Redeinhalt – Verbaler Ausdruck – Nonverbales Verhalten von wesentlicher Bedeutung ist, stellt die wesentliche Grundlage des authentischen Auftretens als Redner dar (vgl. auch Wieke, Handbuch Rhetorik, S. 52 f.). Wenn ein Redner sich anders präsentiert, als er nach seiner Persönlichkeit wirkt, wird dies auf Dauer zu Friktionen führen, die auch ein Zuhörer zumindest unbewusst wahrnehmen kann. Auch hier gilt der Grundsatz „Nosce te ipsum – lerne dich selbst kennen“: Je mehr der Redner über sich weiß, umso besser kann er aus dieser authentischen Grundhaltung heraus für sich eine Strategie finden, in seiner typischen Gesamthaltung (merke: nicht „Unzulänglichkeit“!) überzeugend zu wirken.

Bedenken Sie, dass es vor dem Hintergrund der enormen faktischen Bandbreite an unterschiedlichsten Rednerpersönlichkeiten keinen „idealen Rednertypus“ gibt und geben kann. Auch hier kommt es darauf an, dass der Redner im Zusammenspiel von System 1 und System 2 so authentisch wie möglich auftritt und keine Diskrepanzen zwischen Redeinhalt und Präsentation entstehen. Die große Bandbreite von unterschiedlichen Rednertypen ist mit Wieke (Handbuch Rhetorik, S. 53 ff.) beispielhaft zu kategorisieren:

a) Der Schüchterne (wer kennt nicht ein „Mauerblümchen“ m / w – etwa Angela Merkel kurz nach der Wende 1990 als Mitglied des damaligen „Demokratischen Aufbruchs“)
b) Der Distanzierte (z. B. der Thomas de Maiziere, CDU)
c) Der Überlegene (z. B. der Christian Lindner, FDP)
d) Der Mitteilungsfreudige (z. B. Wolfgang Kubicki, FDP)
e) Der Theatralische (z. B. der Schauspieler Sky du Mont)
f) Der Kommunikative (z. B. Thomas Gottschalk)

Wiekes Aufzählung lässt sich um weitere Typen ergänzen:

g) Der Genaue / Pedant (wie wäre es mit Prof. Karl Lauterbach, SPD?)
h) Der Leidenschaftliche (z. B. Anton Hofreiter, Bündnis 90 / Die Grünen)

i) Der Aggressiv-Kompromisslose (denken Sie an den legendären Redebeitrag von Chrustschow mit dem „Schuh" am 12. Oktober 1960 in der Vollversammlung der Vereinten Nationen oder an Nordkoreas Diktator Kim Jong-un)
j) Der „Betroffene"/Verletzte (z. B. Claudia Roth, Bündnis 90 / Die Grünen)

Es ist klar, dass eine detaillierte Beschreibung allein dieser 10 „Archetypen" eines Redners vor dem Hintergrund der „OCEAN"-Faktoren schon zu weit führen würde; es würde den Rahmen dieses Buches erst recht sprengen, für jeden dieser Typen eine individuelle Liste an Dos and Don'ts oder „better and worse"-Faktoren zu erstellen. Dennoch sollte sich jeder Redner dieser Analyse stellen, die Stärken seines Profils ausloten und Strategien für den Umgang mit seinen Schwächen entwickeln. Das Publikum einer Rede nimmt diese Kategorisierung ganz intuitiv vor: Am Ende fällt es mit wenigen Worten ein Urteil über den Redner, in dem frappierend häufig die vorstehenden Schlüsselworte verwendet werden. Sie können diesem Urteil aktiv begegnen und Ihre rhetorische Performance Ihrem Redetyp anpassen.

Wichtig ist auch hier die Erkenntnis, dass aus dem individuellen Redner kein rhetorisch-persönlicher Gigant produziert werden kann und auch nicht produziert werden muss! Wenn es aber gelingt, durch Analyse und Training an allen Faktoren von Persönlichkeit und Charakter zu arbeiten, also an Auftritt, Inhalt, verbalen und nonverbalen Elementen, dann ist eine signifikante Verbesserung der rhetorischen Performance jederzeit möglich. **Haben Sie Mut und sehen Sie hin** – oder um es mit dem Philosophen Friedrich Schleiermacher zu sagen: „Wer sich nicht selbst anschaut, nie wird er das ganze begreifen."

Hier liegt neben den „methodischen Einzeldetails" auch die wesentliche Verantwortung eines erfahrenen und professionellen Rhetoriktrainers: durch Videoanalysen und intensive Beschäftigung mit dem Probanden das Selbstbild zu erarbeiten und das objektivierbare Fremdbild dazu zu vermitteln, wie ein Publikum den Redner wahrnehmen dürfte. Zentral ist es dann, die Strategie zu erarbeiten, wie eine rhetorische Verbesserung in diesem Kontext erzielt werden kann. Die Methodik der NLI versteht sich dabei als eine Methodik der kleinen Schritte mit einem lernbereiten Redeschüler vor dem Hintergrund dessen, was verhaltenspsychologisch und rhetorisch an Analysen, Ergebnissen und Erfahrungen bekannt ist.

Für die Rhetorik gilt wie für das alte Rom: Ein Redner wird nicht an einem Tag gemacht!

XIV. Resümee: Auf dem Weg zu einem neuen wissenschaftlichen Verständnis der angewandten Rhetorik

Seit Jahrtausenden beschäftigt sich die Rhetorik mit der spannenden Erkenntnis, dass die Redekunst einerseits eine Wissenschaft und Technik ist, die sich andererseits nicht völlig rational erklären lässt, deren Wirkungen aber von enormer, ja manchmal sogar historischer Bedeutung sein können.

So wichtig es ist, Kommunikation und Rede so logisch exakt wie möglich zu gestalten – so wichtig ist die Erkenntnis, dass auf der anderen Seite die Macht der plausiblen Argumentation und der gezielt emotionalen Gedankenführung enorm ist. Gerade die aktuell ausgerufene „Ära des Postfaktischen" zeigt überdeutlich die Gefahren auf, die mit einer Rhetorik verbunden sind, die sich nicht mehr zentral auf Wahrheiten und Fakten bezieht. Im Mittelpunkt steht dabei der **Redner und Zuhörer als Human**, als Mensch mit all den Unzulänglichkeiten und Fehleranfälligkeiten, die Verhaltenspsychologie und Verhaltensökonomie seit einigen Jahrzehnten verstärkt erforschen und beschreiben.

Das von den Verhaltenspsychologen Thaler / Sunstein und Kahneman entwickelte Arbeitsmodell der „zwei Systeme", dem schnell-unbewusst arbeitenden System 1 und dem langsamen und überlegt-bewusst vorgehenden System 2, ist von wegweisender Prägnanz. Auch wenn es letztlich als Arbeitsmodell noch nicht exakt neurobiologisch vermessen und nachgewiesen werden konnte, hat es das Verständnis der Wirtschaftswissenschaften tief beeinflusst. Dieses Konzept hilft nicht nur viele kognitive Anfälligkeiten und Unzulänglichkeiten der Humans im Wirtschaftsleben zu beschreiben, zu verstehen und zu nutzen. Auch für die Rhetorik, das rhetorisch-kommunikative Denken und rednerische Handeln lassen sich diese Mechanismen mit enormem Nutzen für ein besseres Verständnis der einzelnen rhetorischen Disziplinen verwenden. Das Modell der zwei Systeme unter Berücksichtigung der von der Verhaltensökonomie beschriebenen denktechnisch-heuristischen Fehlerneigungen liefert wichtige Erklärungen dafür, wie die Mechanismenkaskade Denken – Reden und Zuhören – Verstehen funktioniert. Sie belegen eben auch, dass diese humane Kommunikation notorische kognitive Fehleranfälligkeiten besitzt, die auch rhetorisch von eminenter Bedeutung sind.

Die NLI führt diese Ergebnisse in einem neuen konzeptionellen Ansatz zusammen, der die **Rhetorik und ihre Einzelelemente durchweg neurolingual versteht** und damit neue Erklärungen für die Wirkweise rhetorischer Mittel sowie neue Regeln für deren Anwendungen bietet. Sowohl das Denken und Reden als auch das Zuhören / Verstehen und Reagieren unterliegen enormen neurolingualen Einflüssen, die in vielen verbalen und nonverbalen Situationen zum Tragen kommen und gezielt genutzt werden können, um menschliches Denken und Handeln zu beeinflussen.

Dabei wird bewusst davon abgesehen, diese neuen Erkenntnisse bereits als vollständig erarbeitete „neurolinguistische Programmierungsmethodik" einzustufen. Es gehört zur wissenschaftlichen Seriösität, explizit darzulegen, was der Ansatz der NLI kann – aber auch was sie nicht leistet! Die aktuellen neurolingualen Erkenntnisse der Rhetorik können in Entsprechung zur modernen Verhaltensökonomie erst als der methodische und unvollständige Anfang – und nicht der Schlussstein einer umfassenden rhetorisch-wissenschaftlichen Methodik verstanden werden. Es kann realistischerweise nur um die neurolinguale Intervention gehen und nicht um eine so nicht haltbare umfassende neurolinguistische Programmierbarkeit durch rhetorische Mittel. Dabei sind alle der Rhetorik verpflichteten Wissenschaftler eingeladen, die damit verbundenen Erkenntnisse in der Zukunft zu vertiefen und so die Optionen der NLI Schritt für Schritt auszubauen.

Die NLI betrifft alle Wirklinien der Rhetorik: neben verbaler und nonverbaler Kommunikation auch das Kommunikationsmodell von Redner und Zuhörer, die Grundsätze für Aufbau und Gliederung einer Rede, die Argumentation (als wesentlicher Plattform für den Einsatz der kognitiv-heuristischen Verzerrungen [Bias]), die Wirkungserklärung rhetorischer Stilmittel usw. Resultat der Untersuchungen zu den einzelnen Wirklinien der Rhetorik ist die **Rhetorik-Matrix**: Dieser Begriff bezeichnet die ineinander verwobene Verbundstruktur unterschiedlicher Elemente der Rhetorik zu einem einheitlichen Gesamtgebilde auf der Grundlage der konstituierenden neurolingualen Strukturen des Menschen.

Dieser ganzheitliche Ansatz der Rhetorik kann auch die Option sein, die Brücke zwischen der angewandten Rhetorik und den theoretischen Gebilden der allgemeinen Rhetorik mit ihren „sektoralen Rhetoriken" darzustellen. Zum einen wird die angewandte Rhetorik der Zukunft ohne die massive Integration neurolingualer Erkenntnisse kaum erfolgreich praktiziert und gelehrt werden können. Zum anderen wäre die allgemeine Rhetorik in ihren Bachelor- und Aufbaustudiengängen an den Universitäten ohne die nachhaltige Integration der neurolingualen Elemente der Rhetorik zu einem realitätsfernen Nischendasein verdammt.

Dagegen wird ein Rhetorik-Ansatz, der interdisziplinär operiert und auch künftig die neuen Erkenntnisse der Verhaltensökonomie, der Psychologie und der therapeutischen Sprechwissenschaften integriert, den Herausforderungen gewachsen sein, welche die moderne Gesellschaft an die Rhetorik stellt. Hier gibt es nicht wenige Sachverhalte, die auch einer wissenschaftlichen Diskussion durch die Rhetorik bedürfen: von „postfaktischer Argumentation" über „political correctness" bis hin zu der Rhetorik des modernen politischen Populismus jeglicher Couleur. Die aktuell auftauchende Frage von „chatbots" und „speakerbots" zeigt, dass auch die Digitalisierung eine Herausforderung für rhetorische Anwendungen sein wird.

Die jahrtausendealte Faszination der Menschenführung durch Rhetorik wird angesichts ihrer erweiterten Möglichkeiten sicherlich andauern und hoffentlich viele dazu bewegen, sich selbst aktiv als Redner zu betätigen. Ich kann Sie nur ermutigen, an dieser weiterentwickelten Redekunst teilzuhaben: Erkunden Sie Ihr rhetorisches Potenzial und schöpfen Sie es gezielt aus. Sie werden mit Ihren ersten rednerischen Erfolgen die ungeheuer befreiende und motivierende Erfahrung machen, dass Sie mit Worten mehr erreichen können, als Ihnen bisher bewusst war. Gute Kommunikation und gute Rhetorik sind in der Gesellschaft der digitalisierten Moderne von enormer Bedeutung. Lernen Sie die Rhetorik-Matrix anzuwenden und schaffen Sie damit eine wichtige Grundlage für Ihren persönlichen Erfolg im Beruf, im gesellschaftlichen Engagement und im Privatleben.

Literaturverzeichnis

Abromeit, Jörg: Lampenfieber und Prüfungsangst besiegen, Freiburg 2014

Adler, Rolf H.: Anamnese und körperliche Untersuchung, in: Thure von Uexküll: Psychosomatische Medizin, S. 307–321

Allhoff, Dieter, und Waltraud Allhoff: Rhetorik & Kommunikation. Ein Lehr- und Übungsbuch, 17. Aufl. München 2016

Allhoff, Dieter: Sprechangst, Psychophysische Grundlagen und Modelle zur Reduktion, in: Ders.: Mündliche Kommunikation: Störungen und Therapie, S. 145–160

Ders. (Hrsg.): Mündliche Kommunikation: Störungen und Therapie, Frankfurt / M. 1983

Ders.: Zum Umgang mit Sprechangst in Rhetorik-Seminaren, in: Geert Lotzmann: Sprechangst in ihrer Beziehung zu Kommunikationsstörungen, S. 238–249

Alt, Jürgen August: Richtig argumentieren: oder wie man in Diskussionen Recht behält, München 2000

Amtliches Handbuch des Deutschen Bundestages, Loseblattausgabe, Berlin 2017

Aristoteles: Drei Bücher der Rhetorik, übersetzt und herausgegeben von Gernot Krapinger, Reclam Studienausgabe, Stuttgart 1999

Aristoteles: Topik, übersetzt und kommentiert von Tim Wagner und Christof Rapp, Reclam Studienausgabe, Stuttgart 2004

Bartsch, Tim-Christian, Michael Hoppmann, Bernd Rex und Markus Vergeest: Trainingsbuch Rhetorik, 3. Aufl. Paderborn 2013

Baumeister, Roy F., Ellen Bratslavsky, Catrin Finkenauer und Kathleen Vohs: Bad is stronger than good, in: Review of General Psychology 5 (2001), S. 323–370

Bayer, Karl: Nota bene: Das lateinische Zitatenlexikon, 3. Aufl. Düsseldorf 2003

Bechmann, Sascha: Sprachwandel – Bedeutungswandel. Eine Einführung, Tübingen 2016

Beck, Hanno: Behavioral Economics. Eine Einführung, Wiesbaden 2014

Bender, Rolf, Armin Nack und Wolf-Dieter Treuer: Tatsachenfeststellung vor Gericht. Glaubwürdigkeits- und Beweislehre, Vernehmungslehre, 3. Aufl. München 2007

Best, Karl Heinz: Unser Wortschatz. Sprachstatistische Untersuchungen, in: Karin M. Eichhoff-Cyrus und Rudolf Hoberg (Hrsg.): Die deutsche Sprache zur Jahrtausendwende, Mannheim – Leipzig, S. 35–52

Biehle, Herbert: Redetechnik, 4. Aufl. Berlin – New York 1974

Birkenbiehl, Vera: Rhetorik-Training, 14. Aufl., München 2006

Bischof, Anita, und Klaus Bischof: Besprechungen effektiv und effizient, Planegg 1997

Böll, Heinrich: Die verlorene Ehre der Katharina Blum, München 1976

Braun, Roman: Die Macht der Rhetorik, München 2001
Bredemeier, Karsten: Rhetorik auf den Punkt gebracht, München 2014
Bruno, Tiziana, und Gregor Adamczyk: Körpersprache, Planegg 2004
Bruno, Tiziana, Gregor Adamczyk und Wolfgang Bilinski: Körpersprache und Rhetorik. Ihr souveräner Auftritt, 3. Aufl. Freiburg 2016
Cicero, Antonia, und Julia Kuderna: Die Kunst der „Kampfrhetorik". PowerTalking in Aktion, 3. Aufl. Paderborn 2000
Cicero, M. Tullius: Orator – Der Redner, übersetzt von Harald Merklin, Reclam Studienausgabe, Stuttgart 2015
Coué, Émile: Autosuggestion. Wie man die Herrschaft über sich selbst gewinnt, 5. Aufl. Zürich 2007
Cube, Felix von: Lust an Leistung. Die Naturgesetze der Führung, 9. Aufl. München 2002
Daub, Carl: Vorlesungen über die Prolegomena zur Dogmatik und über die Kritik der Beweise für das Dasein Gottes, Berlin 1839, S. 461–467
De Waal, Frans: Der Affe in uns. Warum wir sind, wie wir sind, München 2006
Diener, Ed, Derrick Wirtz und Oishi Shigehiro: End Effects of Rated Life Quality: The James Dean Effect, in: Psychological Science 12 (2001), S. 124–128
Dobelli, Rolf: Die Kunst des klugen Handelns. 52 Irrwege, die Sie besser anderen überlassen, München 2014
Ders.: Die Kunst des klaren Denkens. 52 Denkfehler, die Sie besser anderen überlassen, 13. Aufl. München 2015 (abgekürzt: Dobelli)
Dörpinghaus, Andreas, und Karl Helmer (Hrsg.): Rhetorik – Argumentation – Geltung, Würzburg 2002
Drath, Karsten: Neuroleadership. Was Führungskräfte aus der Hirnforschung lernen können, Freiburg, 2015
Duden-Redaktion: Reden gut und richtig halten, Mannheim u. a. 2000 (abgekürzt: Duden: Redekunst)
Duden-Redaktion: Rhetorik, Mannheim – Zürich 2011 (abgekürzt: Duden: Rhetorik)
Dutton, Kevin: Gehirnflüsterer. Die Fähigkeit, andere zu beeinflussen, übersetzt von Klaus Binder und Bernd Leineweber, München 2012
Eagleman, David: Inkognito – die geheimen Eigenleben unseres Gehirns, übersetzt von Jürgen Neubauer, 2. Aufl. Frankfurt / M. 2013 (abgekürzt: Eagleman)
Ders.: The Brain. Die Geschichte von dir, übersetzt von Jürgen Neubauer, München 2017
Ebeling, Peter: Rhetorik – der Weg zum Erfolg, 7. Aufl. München 1999
Eckert, Hartwig: Atmung und Stimme, in: Marita Pabst-Weinschenk: Grundlagen der Sprechwissenschaft, S. 14–31
Eco, Umberto: Einführung in die Semiotik, 9. Aufl. München 2002, insbes. Kap. A. 5.: „Die persuasive Botschaft: Die Rhetorik", S. 179–194

Edmüller, Andreas, und Thomas Wilhelm: Argumentieren, Freiburg 2005 / 2011 (abgekürzt: Edmüller / Wilhelm)
Dies.: Moderation, Planegg 1999
Dies.: Manipulationstechniken: So wehren Sie sich, 3. Aufl. Planegg 2002
Eibl-Eibesfeldt, Irenäus (Hrsg.): Grundriß der vergleichenden Verhaltensforschung, 7. Aufl. München 1987
Eichhoff-Cyrus, Karin M., und Rudolf Hoberg (Hrsg.): Die deutsche Sprache zur Jahrtausendwende, Mannheim – Leipzig 2000
Ekman, Paul: Gefühle lesen: Wie Sie Emotionen erkennen und richtig interpretieren, 2. Aufl. Berlin 2010
Ellis, Albert: Grundlagen der rational-emotiven Verhaltenstherapie, München 1993
Filipp, Sigrun-Heide / Aymanns, Peter: Bewältigungsstrategien (Coping), in: Thure von Uexküll: Psychosomatische Medizin, S. 277–290
Fisher, Roger, William Ury und Bruce Patton: Das Harvard-Konzept, 25. Aufl. Frankfurt – New York 2015
Flume, Peter, und Wolfgang Mentzel: Rhetorik, Freiburg 2011
Franke, Ulrike: Logopädisches Handlexikon, München 2016
www.wirtschaftslexikon.gabler.de: Gabler Wirtschaftslexikon online, Schriftleitung: Claudia Hasenbalg und Isabella Hanser, Wiesbaden; letzter Aufruf: 1. 4. 2018
Geisselhart, Roland, und Christiane Hofmann: Stress ade, 7. Aufl. Freiburg 2015
Gigerenzer, Gerd: Risiko. Wie man die richtigen Entscheidungen trifft, 4. Aufl. München 2013
Goethe, Johann Wolfgang von: Maximen und Reflexionen, herausgegeben von Helmut Koopmann, München 2006
Göttert, Karl-Heinz: Einführung in die Rhetorik, 4. Aufl. München 2009
Ders.: Mythos Redemacht, Frankfurt / M. 2015
Haft, Fritjof: Juristische Rhetorik, Freiburg – München 1978
Hall, Edward T.: Die Sprache des Raumes, Berlin 1994
Harenberg, Bodo: Lexikon der Sprichwörter und Zitate, Dortmund 1997
Harris, Thomas: Ich bin ok, Du bist ok. Wie wir uns selbst besser verstehen und unsere Einstellung zu anderen verändern können. Eine Einführung in die Transaktionsanalyse, übersetzt von Irmela Brender, Reinbek bei Hamburg 2001
Heidegger, Martin: Die Grundbegriffe der Metaphysik, Sonderdruck, Frankfurt / M. 2010
Herman, Edward S., und Noam Chomsky: Manufacturing Consent: The Political Economy of the Mass Media, München 2002
Herrmann, Markus, Michael Hoppmann, Karsten Stölzgen und Jasmin Taraman: Schlüsselkompetenz Argumentation, 2. Aufl. Paderborn 2012
Hess, Eckhard: Attitude and Pupil Size, in: Scientific American 212 (1965), S. 46–54
Hinterhuber, Hans: Zitate für Manager, 2. Aufl. Frankfurt / M. 2012

Hirschfeld, Ursula, und Eberhard Stock: Aussprache, in: Marita Pabst-Weinschenk: Grundlagen der Sprechwissenschaft, S. 32–49
Höhle, Barbara (Hrsg.): Psycholinguistik, 2. Aufl. Berlin 2012
Holzheu, Harry: Natürliche Rhetorik, München 1991 / 2000
Hott, Christian: Finanzkrisen – eine portfoliotheoretische Betrachtung von Herdenverhalten und Ansteckungseffekten als Ursachen von Finanzkrisen, Dresden 2002
Horaz (Quintus Horatius Flaccus): Epistula ad pisones – Der Brief an die Pisonen. Urschrift, Übersetzung, Erklärung von August Arnold, Halle 1860; Zugang über die Digitale Bayerische Staatsbibliothek
Horowitz, Mardi Jon: Stress response Syndromes: PTSD, Grief, Adjustment, and Dissociative Disorders, 5. Aufl. Lanham / Maryland 2011
Isaacson, Walter: Steve Jobs – die autorisierte Biografie des Apple-Gründers, übersetzt von Antoinette Gittinger u. a., München 2011
Janis, Irving L.: Group Think, Boston 1982
Jarass, Hans, und Bodo Pieroth: Grundgesetz für die Bundesrepublik Deutschland, Kommentar, 14. Aufl. München 2016
Jaskolski, Ernst W., und Marita Pabst-Weinschenk: Körpersprache, in: Marita Pabst-Weinschenk: Grundlagen der Sprechwissenschaft, S. 48–57
Jeske, Ralph: Erfolgreich verhandeln, München 1998
Kahneman, Daniel: Schnelles Denken, langsames Denken, übersetzt von Thorsten Schmidt, 4. Aufl. München 2014
Kahneman, Daniel, Jack L. Knetsch und Richard Thaler: Experimental Test of the Endowment Effect and the Coase Theorem, in: Journal of Political Economy 98 (1990), S. 1325–1348
Kanitz, Anja von: Gesprächstechniken, 2. Aufl. Planegg 2007
Kant, Immanuel: Kritik der praktischen Vernunft, herausgegeben von Joachim Kopper, Reclam Studienausgabe, Stuttgart 1961 / 2013
Ders.: Kritik der Urteilskraft, herausgegeben von Karl Vorländer, Leipzig 1924
Kaufhold, Martin: Die großen Reden der Weltgeschichte, 7. Aufl. Wiesbaden 2012
Kitz, Volker, und Manuel Tusch: Psycho? Logisch!, 11. Aufl. München 2014
Knape, Joachim: Was ist Rhetorik, Stuttgart 2000
Koch, Lutz: Versuch über Plausibilität, in: Andreas Dörpinghaus und Karl Helmer (Hrsg.): Rhetorik – Argumentation – Geltung, Würzburg 2002, S. 193–204
Kramer, Olaf: Goethe und die Rhetorik, Berlin 2011
Krämer, Walter, und Götz Trenkler: Lexikon der populären Irrtümer, 10. Aufl. Frankfurt / M. 1999
Krieger, Paul, und Hans-Jürgen Hantschel: Handbuch Rhetorik, Niedernhausen / Ts. 1998
Kuhnke, Elizabeth: Körpersprache für Dummies, 2. Aufl. Weinheim 2017
Kushner, Malcolm: Erfolgreich Reden halten für Dummies, 2. Aufl. Weinheim 2011

Lay, Rupert: Dialektik für Manager. Methoden des erfolgreichen Angriffs und der Abwehr, 3. Aufl. München 2001
Lorber, Lars: Menschenkenntnis – Der große Typentest, 2. Aufl. München 2015
Lotzmann, Geert (Hrsg.): Sprechangst in ihrer Beziehung zu Kommunikationsstörungen (Logotherapia: Materialen und Methoden der Sprachtherapie 2), Berlin 1986
Maslow, Abraham: Motivation und Persönlichkeit, übersetzt von Paul Kruntorad, Reinbek bei Hamburg 2001
Ders.: The farther reaches of human nature, New York 1971
Mednick, Sarnoff A.: The associative basis of the creative process, in: Psychological Review 69 (1962), S. 220
Mehrabian, Albert: Silent Messages. Implicit Communication of Emotions and Attitudes, 2. Aufl. Belmont / California 1981
Mischel, Walter: Der Marshmallow-Effekt. Wie Willensstärke unsere Persönlichkeit prägt, übersetzt von Thorsten Schmidt, München 2016
Mohl, Alexa: Der Zauberlehrling – das NLP Lern- und Übungsbuch, 8. Aufl. Paderborn 2003
Molcho, Samy: Körpersprache, München 1998
Morris, Desmond: Der nackte Affe, München 1995
Münchhausen, Marco von: So zähmen Sie Ihren inneren Schweinehund, Frankfurt / M. 2002
Mylius, Marc: Cui bono? Wem nützt das? Handbuch lateinischer Zitate, 9. Aufl. Wiesbaden 2011
Nagler, Georg, und Hubertus Wambsganz: Das Baukunstwerk Mae West, in: Veröffentlichungen der staatlichen Obersten Baubehörde Bayern, München 2012
Nöllke, Claudia: Präsentieren, Planegg 1998
Northcraft, Gregory B., und Margaret A. Neal: Experts, Amateurs and Real Estate: An Anchoring-and-Adjustment Perspective on Property Pricing Decisions, in: Organizational Behavior and Human Decision Processes 39 (1987), S. 84–97
Oppenheimer, Daniel M.: Consequences of Erudite Vernacular Utilized Irrespective of Necessity: Problems with Using Long Words Needlessly, in: Applied Cognitive Psychology 20 (2006), S. 139–156
O'Shea, Michael: Das Gehirn, übersetzt von Manfred Weltecke, Stuttgart 2008
Pabst-Weinschenk, Marita (Hrsg.): Grundlagen der Sprechwissenschaft und Sprecherziehung, 2. Aufl. München 2011
Dies., und Stefan Wachtel: Schriftgeprägte Mündlichkeit: „Schreiben fürs Hören", in: Marita Pabst-Weinschenk: Grundlagen der Sprechwissenschaft, S. 91–101
Peltzer, Karl: Das treffende Zitat, 5. Aufl. Thun 1974
Plett, Heinrich: Systematische Rhetorik, München 2000
Pohl, Elke: Erfolgreich argumentieren, Niedernhausen / Ts. 1999

Polya, George: Die Schule des Denkens. Vom Lösen mathematischer Probleme, 4. Aufl. Marburg 1995

Rappmund, Eike: Praxis-Handbuch Manipulation, Hamburg 2014

Rettner, Klaus: Reden halten – gewusst wie, Würzburg 2001

Rosenzweig, Phil: Der Halo-Effekt: Wie Manager sich täuschen lassen, übersetzt von Nikolas Bertheau, Offenbach / M. 2008

Rozin, Paul, und Edward B. Royzman: Negativity Bias, Negativity Dominance and Contagion, in: Personality and Social Psychology Review 5 (2001), S. 296–320

Ruede-Wissmann, Wulf: Satanische Verhandlungskunst und wie man sich dagegen wehrt, München 1993

Ruhleder, Rolf: Rhetorik & Dialektik, 17. Aufl. München 2016

Sacks, Oliver: Der Strom des Bewusstseins, übersetzt von Hainer Kober, Reinbek bei Hamburg 2017

Saum-Aldehoff, Thomas: Big Five. Sich selbst und andere erkennen, 3. Aufl. Ostfildern 2015

Sawizki, Egon: NLP im Alltag, 3. Aufl. Offenbach 1999

Scheerer, Harald: Reden müsste man können, 11. Aufl. Offenbach 2010

Schirach, Ferdinand von: Wahrheit und Wirklichkeit, in: Ders.: Die Würde ist antastbar. Essays, München 2014, S. 71–88

Schlüter, Hermann: Grundkurs der Rhetorik, München 1974; Nachdruck unter dem Titel: Das Handbuch der Rhetorik, Köln 2006

Schmidt, Lothar: Zitatenschatz für Führungskräfte, Wien / Frankfurt 1999

Schonecke, Othmar, und Jörg Herrmann: Psychophysiologie, in: Thure von Uexküll: Psychosomatische Medizin, S. 161–197

Schopenhauer, Arthur: Eristische Dialektik oder Die Kunst, Recht zu behalten, in: Arthur Schopenhauer. Der handschriftliche Nachlaß. Bd. 3: Berliner Manuskripte (1818–1830), herausgegeben von Arthur Hübscher, Frankfurt / M. 1970, Nachdruck Zürich 2006

Schulz von Thun, Friedemann: Miteinander reden, Reinbek bei Hamburg 1981 ff.: Band 1: Störungen und Klärungen. Allgemeine Psychologie der Kommunikation, Sonderausgabe zum 20-jährigen Erscheinen (2001); Band 2: Stile, Werte und Persönlichkeitsentwicklung. Differenzielle Psychologie der Kommunikation, Sonderausgabe zum 20-jährigen Erscheinen (2001); Band 3: Das „Innere Team" und situationsgerechte Kommunikation. Kommunikation, Person, Situation, 25. Aufl. 2016

Ders., Johannes Ruppel und Roswitha Stratmann: Miteinander reden: Kommunikationspsychologie für Führungskräfte, Hamburg 2003

Schwarz, Aljoscha, und Ronald Schweppe: Das Lexikon der Körpersprache, Rastatt 1998

Seidl, Barbara: NLP: Mentale Ressourcen nutzen, 3. Aufl. Freiburg 2015

Sperling, Jan Bodo, und Jacqueline Wasseveld: Führungsaufgabe Moderation, 3. Aufl. Planegg 1998
Thaler, Richard, und Cass Sunstein: Nudge. Wie man kluge Entscheidungen anstößt, übersetzt von Christoph Bausum, 6. Aufl. Berlin 2016
Thiele, Albert: Argumentieren unter Stress, 2. Aufl. 2007
Thorndike, Edward Lee: A constant error in psychological rating, in: Journal of Applied Psychology 4 (1920), S. 25–29
Tiggeler, Nicola: Mit Stimme zum Erfolg, München 2016
Tucholsky, Kurt: Ratschläge für einen guten Redner, www.rhetorik.ch/Tucholsky/Gut.html; letzter Zugriff: 2.3.2018
Ders.: Ratschläge für einen schlechten Redner, www.rhetorik.ch/Tucholsky/Schlecht.html; letzter Zugriff 2.3.2018
Ueckert, Hans, Rainer Kakuska und Jürgen Nagorny: Psychologie, die uns angeht, Gütersloh 1974
Ueding, Gert: Klassische Rhetorik, München 1995
Uexküll, Thure von (Hrsg.): Psychosomatische Medizin, 5. Aufl. München – Wien 1997
Walter, Tonio: Kleine Rhetorikschule für Juristen, 2. Aufl. München 2017
Wartenburger, Isabell: Sprache und Gehirn, in: Barbara Höhle: Psycholinguistik, S. 189–202
Wehling, Elisabeth: Politisches Framing. Wie eine Nation sich ihr Denken einredet – und daraus Politik macht, Köln 2016
Weisbach, Christian-Rainer: Professionelle Gesprächsführung, 4. Aufl. München 1999
Whorf, Benjamin Lee: Sprache – Denken – Wirklichkeit, übersetzt von Peter Krausser, Reinbek bei Hamburg 1963/1974
Wieke, Thomas: DuMonts Handbuch Rhetorik, Köln 2002
Wilhelm, Thomas, und Andreas Edmüller: Überzeugen: die besten Strategien, Planegg 2003
Winkielman, Piotr, und John T. Cacioppo: Mind at ease puts a smile on the face: Psychophysiological evidence that processing facilitation increases positive affect, in: Journal of personality and social psychology 81 (2001), S. 989–1000
Winkler, Maud, und Anka Commichau: Reden – Handbuch der kommunikationspsychologischen Rhetorik, Hamburg 2011
Zacker, Christina, und Georges Grantél: Die spontane Rede, Niedernhausen/Ts. 2000
Zajonc, Robert: Mere Exposure: A Gateway to the Subliminal, Current Directions, in: Psychological Science 10 (2001), S. 224–228
Zhong, C.-B., und K. Liljenquist: Washing away your sins: Threatened morality and physical cleansing, in: Science 303 (2006), S. 1451–1452